Babak Kaweh

Das Dschungelbuch der Erziehung

Babak Kaweh

Das Dschungelbuch der Erziehung

So gelingt der Familienalltag mit Mogli & Co.

VAK

VAK Verlags GmbH
Kirchzarten bei Freiburg

Bibliografische Information der Deutschen Bibliothek

Die Deutsche Bibliothek verzeichnet diese Publikation in der Deutschen Nationalbibliografie; detaillierte bibliografische Daten sind im Internet über http://dnb.ddb.de abrufbar.

VAK Verlags GmbH
Eschbachstraße 5
79199 Kirchzarten
Deutschland
www.vakverlag.de

Lektorat: Norbert Gehlen
Illustrationen: Microsoft ClipArt
Umschlagfoto: Christoph Wilhelm / getty images
Umschlagdesign: Hugo Waschkowski, Freiburg
Satz und Druck: Himmer AG, Augsburg
Printed in Germany
ISBN: 978-3-86731-049-9

Inhalt

Hinweise des Verlags

Dieses Buch informiert über eine Erziehung, die auf Werten basiert. Die vorgestellten Konzepte und Ideen werden nach bestem Wissen so wiedergegeben, wie von ihren Urhebern beschrieben. Die dargestellten Verfahrensweisen haben sich als sicher und effektiv bewährt. Wer sie anwendet, tut dies in eigener Verantwortung.

Autor und Verlag beabsichtigen nicht, individuelle Diagnosen zu stellen oder konkrete Erziehungsempfehlungen zu geben. Die hier beschriebenen Verfahren sind nicht als Ersatz für professionelle Beratung bei gravierenden Problemen zu verstehen.

Sofern personenbezogene Bezeichnungen nur in männlicher Form angeführt sind und sich aus dem jeweiligen Kontext nichts anderes ergibt, beziehen sie sich auf Frauen und Männer in gleicher Weise.

Ich widme dieses Buch
meinem Vater Freydoun Kaweh
und allen Kindern dieser Welt

Danksagung

Folgenden besonderen Menschen, die mit ihrer Arbeit, ihrem Lebenswerk, ihrer Kreativität, ihrer Hilfe, ihrem Feedback, ihrer Kritik und ihren wertvollen Tipps zur Entstehung dieses Buches wesentlich beigetragen haben, möchte ich an dieser Stelle ganz besonders danken:

Prof. Dr. Clare W. Graves und seinem Graves-Modell

Rudyard Kipling und seinen Dschungelbüchern

Walt Disney und seinen Mitarbeitern für die kreative und menschennahe Umsetzung der Ideen von Rudyard Kipling

Dr. Wyatt Woodsmall und Dr. Don Edward Beck für die Fortsetzung der Arbeit von Clare Graves

Uta Kenda für ihre wundervollen Beiträge und ihre große Unterstützung

Prof. Dr. Karl Garnitschnig für sein wertvolles Feedback und sein Vorwort

Julius Silver sowie Andrea und Lisa Übinger für das Zustandekommen des schönen Mutter-Kind-Bildes

Norbert Gehlen, Lektor des Verlags VAK, und allen anderen Beteiligten im Verlag sowie

... all den Eltern und Kindern, mit denen ich arbeiten durfte, und

... allen Kolleginnen und Kollegen, direkten und indirekten Lehrerinnen und Lehrern, die mir meine Erkenntnisse und Erfahrungen ermöglicht haben.

B. K.

VORWORT

ERZIEHEN WILL GELERNT SEIN ODER: WIE UNS IN EINER VERSCHLUNGENEN WELT VERSTEHEN GELINGT

So vielgestaltig und verschlungen wie der Dschungel sind zuweilen auch unsere Beziehungen. Rudyard Kiplings so unglaublich klar erfühlte Welt der Tiere des Dschungels mit dem kleinen Mogli, den man wegen seiner Natürlichkeit und seines Lebens nach seiner Lust lieben muss, bildet den Hintergrund einer liebevollen Charakterisierung von Personen und Beziehungen. Jedes dieser Tiere ist für sich gut – man muss sich nur entscheiden, wie man selbst sein will. Durch die vielfältige Charakterisierung und die Beschreibung der Beziehungen so unterschiedlicher Charaktere in den Rollen als Vater, Mutter, Sohn, Tochter, Bruder, Schwester ergibt sich ein äußerst differenziertes Bild, in dem sich jeder wiederfinden und wie in einem Spiegel anschauen kann. Dieses Erkennen seiner selbst, aber auch der anderen ist Bedingung für eine positive Veränderung von Beziehungen. Man lernt aus diesem Erkennen, zu verstehen und anzuerkennen. Wenn man versteht, wenn man erkennt und aus dem Selbstverstehen ehrlich zu sich selbst ist, dann können – aller Erfahrung nach – Beziehungen konstruktiv gestaltet werden und sich positiv verändern.

Shir Khan und Balu sind, wie sie sind, und man gesteht es ihnen zu. Diese Einstellung nützt der Autor in kluger Weise, um zu zeigen, dass auch wir, wenn wir einander so sein lassen, wie wir sind, und zu aktiven Mitspielern des verschlungenen Spiels des Lebens werden, unsere Handlungsmöglichkeiten erweitern. Denn Probleme zu lösen heißt immer auch, mehr Handlungsmöglichkeiten zu haben und über den momentanen Horizont hinauszusehen. Dann wird man – ohne Druck auszuüben – zum aktiven, bestimmenden Mitspieler im System.

Das vorliegende Buch ist kein Ratgeber im üblichen Sinn. Es antwortet nicht simpel auf Erziehungs- oder Beziehungsfragen, sondern fordert zu einer differenzierten Selbstanalyse heraus. Dies gelingt wie nebenbei, weil man sich beim Lesen in den Charakterisierungen wiederfindet – ohne dass sie aufdringlich wirken. Die angebotene Lösung heißt also: die eigenen Sichtweisen und Handlungsmöglichkeiten erweitern und so sich selbst reflektieren. Eine derartige Reflexion gibt Sicherheit. Man lernt, sich selbst als Verursacher seines Handelns zu sehen, und das motiviert zu neuer Aktivität. Entscheidungen werden dann nicht mehr von außen vorgegeben, sondern entspringen aus eigenen Motiven und auch ihre Umsetzung erfolgt aus eigener Motivation.

Beim Lesen dieses Buches werden Sie bemerken: Es ist ein kunstvoll geschmiedetes Werk. Sie werden sich möglicherweise gleich in eine Figur verlieben oder sich vielleicht auch öfter in das Buch vertiefen müssen, um zu erfassen, wer Sie sind, wer Ihre Frau, Ihr Mann, wer Ihr Sohn, Ihre Tochter ist usw. Betrachten Sie sich dann aber nicht als Baghira in Reinform oder als eine idealtypische Kaa, sondern achten Sie – wie der Autor dies auch selbst empfiehlt – darauf, ob Sie vielleicht auch Züge der anderen Charaktere haben. Deutlich wird in diesem Buch, dass nicht *ein* Charakter besser oder schlechter ist, sondern dass alle für sich in Ordnung und gleichwertig sind.

Der Autor Babak Kaweh zeichnet sich dadurch aus, dass er Zusammenhänge in einem kunstvollen Netzwerk zu einem Ganzen flicht. Spritzig, geistvoll und beziehungsreich geschrieben, lehrt das Buch zu verstehen; und aus diesem Verstehen heraus können wir unsere Probleme lösen. Nichts wird beschönigt oder bagatellisiert, nichts übertrieben. Die Darstellungen greifen Erfahrungen auf, die jeder kennt oder erleben könnte. Allerdings: Jede Beziehungssituation ist einmalig. Wir können hier daher *nicht* lernen, *wie* genau wir reagieren sollten, sondern nur die *Einstellung* gewinnen, dem anderen in jeder Situation neu, achtsam, wertschätzend und liebend zu begegnen.

Prof. Dr. Karl Garnitschnig

(Institut für Bildungswissenschaft der Universität Wien, Abteilung für Erwachsenenbildung, Fort- und Weiterbildung)

Teil 1

Panther, Tiger, Bär & Co. – willkommen im Dschungel!

Vorspann

„Nimm das Menschenjunge fort mit dir",
sagte Akela zu Vater Wolf,
„und erziehe es, wie es sich ziemt
für einen vom freien Volke." [1]

Haben Sie, liebe Leser, schon einmal überlegt, welche Probleme Sie in Ihrer Partnerschaft haben, seit Sie Kinder haben? Probleme, von denen Sie vorher nicht einmal wussten, dass es sie gibt? – Eines schönen Tages kam meine Cousine vorbei, sie war außer sich – vor Wut, Enttäuschung, Trauer. Sie verstand die Welt nicht mehr, sie verstand ihr Kind nicht mehr, sie verstand ihren Partner nicht mehr, sie verstand sich selbst nicht mehr. Was war passiert?

Ihr Sohn hatte es geschafft: Er hatte sie vollends aus der Reserve gelockt. Sie – die Ruhe in Person. Er sollte ein paar Minuten allein im Garten spielen; als sie zurückkam, traf sie fast der Schlag: Er war gerade dabei, das neue Auto zu „verzieren", er ritzte mit einem Stein seinen Namen quer über die ganze Seitentür. Sie ließ einen Schrei los: „Lass das! Bist du verrückt? Das darf doch nicht wahr sein!"

Er zuckte zusammen, ließ den Stein fallen und rannte davon, sie rannte hinterher und merkte, dass sie dabei war, die Hand gegen ihren Sohn zu erheben. Und das jagte ihr einen noch größeren Schrecken ein als die großen Buchstaben an der Autotür. Sie hielt inne und erschrak erneut – diesmal über ihre Gedanken: „Ich würde dich am liebsten zum Mond schießen oder an die Wand knallen." Und in diesem Moment bog ihr Mann um die Ecke …

Das Monster in mir. „Kinder zu haben ist das Schrecklichste und Herrlichste, was es gibt auf dieser Welt", heißt es. Manchmal sind sie Engel, dann wieder „Monster", die das Monster in *uns* wecken. In uns allen gibt es diese Monster, wir alle kennen diese Momente der Überforderung, des Außer-sich-Seins – und die gibt es in Zusammenhang mit unserer Elternschaft natürlich auch. Man hat uns nicht versprochen, dass Elternsein das reinste Honiglecken sei. Man hat uns aber auch nicht erzählt, dass *keine* Erfahrung auf dieser Welt dem Elternsein gleicht – das kann man nicht erklären, das kann man nur erfahren: Man erfährt da innigste, wahrhaftigste, bedingungslose Liebe – so ist die Liebe des Kindes zu Vater und Mutter. Doch wie soll man bedingungslos lieben, wenn das Kind gerade ein Auto zerkratzt oder einen Tobsuchtsanfall hat, mit Fäusten auf einen losgeht, die Wohnung in einen Schweinestall verwandelt, nicht zuhört, sich selbst und seiner Zukunft schadet, sinnlos rebelliert oder einfach macht, was es will? Keiner von uns hat je *gelernt*, auf solche Situationen zu reagieren.

Wie im Dschungel. Zurück zu meiner Cousine: Sie suchte bei mir Rat, sie war wirklich erschrocken und betroffen und mir fiel auf, dass ich ihr zuhörte und plötzlich schmunzelte. Mir war nämlich etwas Seltsames eingefallen: Walt Disneys *Dschungelbuch* – jene Szene, als Balu dem kleinen Mogli mit seiner Pranke einen „Klaps" gibt und Mogli versehentlich gegen einen Baumstamm schleudert. Der Kleine segelt durch die Luft, landet hart, schüttelt sich und wankt zurück zu Balu. Und obwohl unser Thema ein ernstes war, musste auch meine Cousine schmunzeln, als ich ihr diese Bilder schilderte und sie sich an den genialen Disney-Film erinnerte. Und was waren nun in dieser Filmszene Baghiras Worte? „Ein feiner Lehrer bist du! Sag mal, wie soll denn dein Schüler etwas lernen, wenn du ihn gleich halbtot schlägst?" Und Balus Antwort: „Ich... ähhh... ohhh ..., ich bedaure das selbst, das war nicht so gemeint." Und was machte Balu dann, um sich mit Mogli zu versöhnen? Er ließ zu, dass Mogli auf seinen Bauch kletterte und ihn kitzelte. Das Ganze endete in einer Lach- und Kitzelorgie.[2]

Wer fragt, gewinnt! Dieses Erlebnis hat mich dazu bewogen, mir den Film noch einmal genau anzuschauen und auch das Original, *Die Dschungelbücher* von Rudyard Kipling, zu lesen. Ich habe dabei viel mehr über Erziehung entdeckt, als ich vermutet hatte, und spannende Zusammenhänge, die Elternschaft und pädagogisches Handeln erleichtern können. Diese Erkenntnisse plus eigene Erlebnisse und Fehler aus der Vergangenheit – die Erziehung betreffend – plus berufliche Kenntnisse über diverse Persönlichkeitsmodelle und meine langjährigen Erfahrungen als Berater haben die Idee zu diesem Buch in mir reifen lassen, dem *Dschungelbuch der Erziehung*. Wenn Sie selbst Vater oder Mutter sind, dann fragen Sie sich vielleicht: Wie könnte ich mich in diesem Dschungel der Erziehung besser zurechtfinden? Wie könnte ich mit den unvermeidlichen Konflikten zwischen Eltern und Kindern besser klarkommen? Was könnte ich für mich und mein Kind verändern? Und wenn Sie noch keine Kinder haben, dann fragen Sie sich vielleicht: Wie könnte ich es von Anfang an anders machen? Anders als meine Eltern, Freunde, Nachbarn? – Wie auch immer – ich verspreche Ihnen: Es ist nie zu spät, eine Kurskorrektur in der Erziehung vorzunehmen; es ist nie zu spät, seine Beziehungen zu verbessern; es ist nie zu spät für eine geglückte Kindheit. Oft stehen banale Missverständnisse als Hindernisse zwischen den Menschen, die Denkweisen sind festgefahren und beide Seiten sind blind, doch vertrauen Sie darauf: Veränderung ist jederzeit möglich und meistens viel schneller, als Sie denken!

Die Strategien der Tiere

Fressen und gefressen werden. In erster Linie kommt es einmal darauf an, nicht „gefressen“ zu werden, bildlich gesprochen natürlich – als Eltern nicht vom Kind und als Kind nicht von den Eltern, so wie im wirklichen Dschungel. Auch dort gibt es innerhalb der Tierfamilien Konflikte um Lebensraum, Rangordnung, Nahrung, Fortpflanzungspartner; da gibt es Konflikte zwischen Alten und Jungen, Männchen und Weibchen, Angreifern und Verteidigern. Und die Tiere haben für diese Auseinandersetzungen die unterschiedlichsten Strategien, von denen die meisten friedlich sind, Aggression vermeiden und keine Tötungsabsicht verfolgen. Und *wenn* Blut fließt, dann ist es fast immer das Blut der *Beute*, nicht das der Sippe.

Tiere weisen uns den Weg. Wie Verhaltensforscher berichten, konnten sie unter Tieren zehn verschiedene Konfliktlösungsstrategien beobachten, und nur eine davon ist Kampf mit der Absicht des Tötens. Natürlich gibt es Kampf, aber meist *rituellen* Kampf, einen Kampf nach Regeln, mehr ein Spiel, bei dem keiner verletzt wird. Zu beobachten ist das etwa bei den Steinböcken, die ihre Hörner aneinanderschlagen und so ihre Kräfte messen. Was tun Tiere noch? Tiere drohen: Ein in die Enge gedrängter Hamster stellt sich aufrecht hin und bleckt die Nagezähne. Tiere imponieren, Tiere markieren, Tiere beschwichtigen – so *laust* zum Beispiel die Affenmama das Alphamännchen, um es zu besänftigen. Tiere flüchten oder verstecken sich, wenn das der Situation angemessen ist. Sie können aber auch kooperieren und mit den anderen Artgenossen einen Schwarm bilden, um sich zu verteidigen. Besonders elegant ist die sogenannte Übersprungshandlung: Zwei Tiere sind im Konflikt erstarrt und auf einmal macht einer der Kontrahenten etwas – etwas, was mit dem Konflikt überhaupt nichts zu tun hat. So beginnen Hähne während des Kampfes plötzlich damit, Körner aufzupicken; oder Katzen beginnen während des Kampfes plötzlich damit, sich zu putzen.

Halt den Kopf schief! Und so finden wir bei Tieren unterschiedlichste Rituale und Gesten, die die Ordnungen des Miteinanders aufrechterhalten sollen. So finden wir beispielsweise bei Hunden oder Wölfen als Unterwerfungsgeste die Schräghaltung des Kopfes – damit bietet der Unterlegene dem Überlegenen seine Halsschlagader an, er bietet ihm sein Leben an, und das hemmt den Beißreflex beim Angreifer sofort, er kann nicht mehr attackieren. In den Tieren ist das tief verankert und auch bei uns Menschen gibt es solche Mechanismen. So kann es hilfreich sein, wenn ich in einer Konfliktsituation mit meinem Kind weiß, wie ich zum Beispiel den „Beißreflex“ hemmen kann. Dazu lade ich Sie zu einem kleinen Test ein, anhand dieser beiden Fotos:

Der feine kleine Unterschied. Sie sehen zwei Fotos einer Freundin mit ihrem Baby; es sind zwei Versionen des gleichen Bildes. Und jetzt frage ich Sie: Welche dieser beiden Frauen könnte eher eine „Rabenmutter“ sein? Die rechte oder die linke? Sie können keinen Unterschied erkennen? Macht nichts! Vertrauen Sie ihrem ersten Eindruck, entscheiden Sie spontan aus dem Bauch heraus!

Ich habe die Erfahrung gemacht, dass *alle* Befragten zu folgendem Ergebnis kommen: Die Frau auf dem linken Foto ist eher die Rabenmutter. Haben Sie den *Unterschied* wahrgenommen? Er ist minimal: Die Mutter hält im rechten Bild ihren Hals leicht geneigt, links hält sie ihren Hals gerade. Die minimale Schräghaltung des Kopfes bewirkt, dass die Mutter rechts bei fast allen besser ankommt als die Frau mit dem aufrechten Hals. Also gibt es offenbar auch in uns Menschen tief verankerte Reflexe, die uns beeinflussen – ohne dass wir uns dessen bewusst sind. (Eine kleine Anmerkung: Die liebe Freundin, die sich dankenswerterweise für diesen Test zur Verfügung gestellt hat, ist alles andere als eine „Rabenmutter“!)

Wagen Sie ein Experiment! Die meisten verbinden schöne Erinnerungen mit dem *Dschungelbuch*, mit Mogli, Balu, Baghira und den anderen. Für jene, die das *Dschungelbuch* nicht kennen, gibt es im Anhang eine Kurzfassung der Geschichte. Und dann kann es gleich losgehen mit dem ersten Experiment: Wenn Sie sich an das *Dschungelbuch* erinnern, mit welcher Figur würden Sie sich am ehesten vergleichen? Ist es Baghira, der schwarze Panther – schlau, tollkühn, verständnisvoll? Oder King Louie, der Affenkönig – lustig, neugierig, verspielt? Oder Balu, der gemütliche Bär, der das Menschenkind schützt und es die Gesetze des Dschungels lehrt? Oder ist es Shir Khan, der Tiger – listig, gewaltig und machtvoll?

Welcher Figur würden Sie sich spontan zuordnen? Beziehen Sie sich weniger auf Ihre Elternrolle, sondern mehr auf sich selbst in Ihrem *gesamten* Menschsein, also wenn Sie Ihre *gesamte* Entwicklung betrachten, die Gesamtheit der Rollen, die Sie spielen im Spiel des Lebens: Da sind Sie mehr als Mutter oder Vater, Sie sind vielleicht auch Partner, Partnerin, Ehemann, Ehefrau, Kollege, Mitarbeiter, Führungskraft, Konsument, selbst Kind ihrer Eltern, Schwester, Bruder und mehr. Und sollten Sie sich nicht mehr genau an das *Dschungelbuch* erinnern, so lassen Sie sich einfach von den nachfolgenden Begriffen und Kurzbeschreibungen leiten und inspirieren. Versuchen Sie es einfach und vergleichen Sie sich – ganz spontan!

Ich bin am ehesten wie …

- Findelkind Mogli, das Hilflose
- Affe King Louie, der Stammesbruder
- Tiger Shir Khan, der Gewaltige
- Elefant Hathi, der Gerechte
- Schlange Kaa, die Schlaue
- Bär Balu, der Gesellige
- Panther Baghira, der Weise

Muss das sein? Was soll denn das bringen, dass ich mich da zuordne?, – fragt sich vielleicht der eine. So löse ich meine Erziehungsprobleme sicher nicht – denkt sich vielleicht der andere. Der macht es sich aber leicht, der kennt meine Kinder nicht – denkt sich wieder ein anderer. Das ist richtig, und doch bitte ich Sie, solche Gedankengänge einmal wegzulassen und sich auf dieses Experiment wohlwollend einzulassen: Entscheiden Sie sich und ordnen Sie sich einer Figur aus dem *Dschungelbuch* zu! Wohin das führen soll? Lassen Sie sich überraschen! Vielleicht sehen sich einige von Ihnen in *mehreren* dieser Figuren gleichzeitig. Auch das ist möglich. Versuchen Sie dennoch, bei diesem Gedankenspiel sich mit sich selbst auf eine einzige Rolle zu einigen. Es geht hier nicht um richtig oder falsch, sondern um eine spontane und dennoch möglichst objektive Einschätzung Ihrer Person. Es geht aber auch um Ihre prinzipielle Entscheidungsstrategie: Entscheidungen treffen gehört zu den wichtigsten Fertigkeiten im Elterndasein. Also spielen Sie mit und entscheiden Sie sich bitte für eine einzige Rolle – jetzt gleich, bevor Sie weiterlesen!

Treffen Sie Ihre Wahl und halten Sie einen Moment lang inne! Schlüpfen Sie jetzt einmal in die Rolle, die Sie gewählt haben, die Ihnen am meisten entspricht, und stellen Sie sich vor, wie es sich so im Dschungel lebt, wenn Sie diese Perspektive einnehmen … Beobachten Sie nun, was mit Ihrer Rolle passiert, wenn Sie eine ganz bestimmte Alltagssituation wählen: Zum Beispiel Sie in Ihrem *Berufsleben* – welcher Figur ähneln Sie denn da? Was ändert sich da? Oder in Ihrem eigenen Elternhaus, wie ist es oder war es *da*? (Es gibt viele, die sich in Shir Khan verwandeln, sobald sie ihrer Mutter gegenüberstehen.) Oder in Ihrer Partnerschaft, wie ist es da? Und nun nehmen Sie sich bewusst als *Elternteil* wahr – in einer Stress-Situation: Mit welcher Figur würden Sie sich da am ehesten vergleichen? Und wie würde diese Figur in einer *Konflikt*situation agieren? Was macht zum Beispiel King Louie, wenn seine Untertanen ausflippen? Oder wie reagiert Balu, wenn Mogli ihn ärgert? Oder wie erzieht ein Panther sein Kind? Oder wie bestraft Hathi, der Führer der Elefanten, sein Kind? Sie werden erkennen, dass wir die Rollen *wechseln*, dass wir unterschiedliche Figuren sein können; wir können sanft wie Baghira sein und genauso mächtig wie Shir Khan. Die Rollen verändern sich, unser Verhalten verändert sich – von Situation zu Situation und natürlich auch von Person zu Person.

„Es kommt ganz darauf an …“ – Viele sagen diesen Satz, wenn sie nicht mehr weiter wissen, und der eine oder andere mag sich denken: „Ja ja, das ist die Ausrede der Intellektuellen, das kenn ich schon!“ – Ja, das stimmt, ich kenne das auch. Aber was soll ich machen, es kommt wirklich darauf an, ich kann nicht alles in einen Topf werfen und verkünden: „Es gibt sie! Es gibt *die* Lösung für all Ihre Erziehungsprobleme!“ Es kommt wirklich darauf an, denn *die* Lösung kann es nicht geben, denn wir sind unberechenbare Menschen in einer wirklichen Welt, die da aufeinanderprallen, und nicht berechenbare Figuren in einer virtuellen Computerwelt. Und dennoch kann es ein Innehalten geben, ein Heraustreten aus Gewohntem, ein Erkennen, ein Bewusstwerden, und aus dem heraus können sich dann auch sinnvollere Handlungen *ergeben*, die Eltern und Kindern helfen. Daher soll dieses Buch kein weiterer „Ratgeber“ sein!

Warum nehmen wir unterschiedliche Rollen ein? Weil wir unterschiedliche Bedürfnisse haben – abhängig von der Situation, die wir gerade erleben, und/oder von dem Menschen, mit dem wir gerade zu tun haben. Bedürfnisse von Menschen können ziemlich unterschiedlich sein, nicht wahr? Das ist an sich noch kein Drama – das Drama beginnt oft erst, wenn wir Bedürfnisse anderer nicht erfüllen oder unsere eigenen Bedürfnisse unerfüllt bleiben. Wenn wir Menschen verstehen wollen, dann müssen wir ihre Bedürfnisse verstehen; und diese Bedürfnisse haben eine Hierarchie; einige sind wichtiger, andere weniger. Und vielleicht hat Weisheit ihren Ursprung in der Fähigkeit, die Welt aus verschiedenen Perspektiven wahrzunehmen, denn erst daraus ergibt sich die Chance, Zusammenhänge zu verstehen. Ein Beispiel:

Zwei Freundinnen beim Shoppen. Die eine wirft einen Blick auf das Kleid und weiß sofort, ob es ihr gefällt oder nicht. Die andere muss das Kleid anfassen, es an sich drücken, es anprobieren und weiß erst dann, ob es ihr gefällt oder nicht. Die eine erfährt mehr durch Ansehen, die andere erfährt mehr durch Berühren. Der einen wird wichtiger sein, dass das Kleid toll aussieht, der anderen wird wichtiger sein, dass es sich toll anfühlt. Sie haben unterschiedliche Bedürfnisse.

Und die anderen? Führen wir unser Experiment von vorhin weiter: Wie würden Sie nun Ihren Partner zuordnen? Und Ihr Kind, Ihre Kinder? Oder: Wenn Sie, als Noch-nicht-Eltern, sozusagen in einem Katalog ein Kind bestellen könnten, welchen Typ würden Sie am liebsten bestellen? Einen, der Ihnen *ähnlich* ist, oder einen komplett unterschiedlichen? Und was ist, wenn alles dann doch anders kommt? Wie würde dann zum Beispiel eine Baghira-Mama mit einem Shir-Khan-Kind umgehen? Oder wie würde ein Hathi-Papa mit einem King-Louie-Kind umgehen? Kein Wunder, dass wir als Eltern manchmal überfordert sind und unser Kind am liebsten auf den Mond schießen würden: Durch die Unterschiedlichkeit der Bedürfnisse werden Erziehung und Miteinander oft so anstrengend und schwierig, und das geht *nicht nur Ihnen* so, sondern den meisten Eltern. Nun, wie würde es Ihnen gefallen, wenn es dafür Lösungen gäbe?

Und was wäre, wenn es dahinter ein Muster gäbe? Eine Gesetzmäßigkeit? Eine Logik? Stellen Sie sich vor, Balu träfe auf Shir Khan, und gerade dieser knuddelig-gemütliche Balu müsste Shir Khan auffordern, seine Höhle aufzuräumen? Wie müsste er diese Aufforderung formulieren, um Erfolg zu haben? Glauben Sie, es gäbe überhaupt einen Weg? Ich gebe zu, auf den ersten Blick eine ziemlich absurde Vorstellung, besonders dann, wenn man sich das Ganze noch bildlich vorstellt: Ein gemütlicher Streichelbär trifft ein Raubtier, den Tiger – Vegetarier trifft Fleischfresser. Lassen Sie uns sehen, ob Sie sich richtig eingestuft haben und was es für Möglichkeiten gibt, wenn Sie und Ihr Kind, unterschiedliche Persönlichkeitstypen sind und unterschiedliche Werte haben. Sie werden lernen, sich und andere noch besser einzuschätzen, und Sie werden dann selbst zu Lösungen kommen, die Sie überraschen werden!

Im Dschungel der Erziehung

Es war einmal eine Seele, die geboren werden sollte, aber sie wollte nicht; sie hatte Angst, sie sagte zu Gott: „In dieser Welt, in die ich da geboren werden soll, da werde ich einen Leib haben und dieser Leib muss geschützt und genährt werden und davon habe ich keine Ahnung, deshalb mag ich nicht." Und Gott sagte: „Du bekommst Schutzengel zur Seite, damit du das alles bewältigen kannst." Die kleine Seele sagte: „Aber es gibt auch eine Sprache in dieser Welt, die es zu lernen gilt." Gott sagte: „Du hast ja deine Schutzengel zur Seite." Die kleine Seele sagte: „Aber dann gibt es noch Begierden und Leidenschaften; ich weiß nicht, ob ich mich dem stellen soll." Gott sagte: „Du hast ja deine Schutzengel." Die kleine Seele zögerte und fragte: „Aber meine Schutzengel, wo finde ich die, wie heißen sie?" Und Gott sagte: „Du wirst sie ganz einfach finden, du wirst Sie Vater und Mutter nennen."[3]

Entwicklung – eine Stufe nach der anderen

Mogli spricht:
„Menschen und Wölfe haben mich verstoßen.
Allein will ich jetzt in der Dschungel jagen."[4]

Zunächst eine Anmerkung zum Zitat: Sie wundern sich vielleicht, warum ich an dieser und auch an anderen Stellen des Buches, wenn ich Kipling zitiere, „die Dschungel" statt „der Dschungel" schreibe. Ganz einfach weil ich wortgetreu zitiere. In meiner Ausgabe von Rudyard Kiplings *Die Dschungelbücher* – ja, es gibt mehrere – aus dem Jahre 1951 war das Wort Dschungel noch weiblich – daher also „die Dschungel".

Die Geschichte mit dem kleinen Frosch ...

Krieg im Kinderzimmer. Stellen Sie sich vor: Ein anstrengender Arbeitstag neigt sich dem Ende zu; Sie holen Ihre Kinder bei Oma ab. Oma ist mit ihren Nerven am Ende und sagt: „Deine Kinder sind ziemlich verwöhnte Fratzen!" Sie lächeln gequält und verfrachten die Fratzen im Auto. Im Auto beginnen sie zu streiten und zu schreien, immer noch versuchen Sie Ruhe zu bewahren; daheim verschwinden die Kleinen in ihrem Zimmer, Sie atmen auf, räumen die Einkäufe weg und stellen sich an den Herd. Plötzlich hören Sie Ihr kleines Mädchen aufbrüllen wie am Spieß, Sie lassen den Kochlöffel fallen und stürzen ins Kinderzimmer. Dort sehen Sie Ihren kleinen Sohn mit seiner kleinen Schwester „Friseur spielen“ und Sie sehen Ihre kleine Tochter, die erschrocken in einen Spiegel blickt und brüllt. Der Bruder hat ihr mit einer Schere lauter Löcher in die Haarpracht geschnitten, lauter kahle Stellen ...

Solch eine Situation kennen Sie natürlich nicht, oder? Weiter in unserem Beispiel: Mutter erkennt sofort: Die einzige Lösung wird sein, den Kopf kahl zu rasieren. Mutter erschrickt und bekommt einen Heulkrampf, Tochter erschrickt und brüllt noch lauter, Sohn erschrickt und beginnt auch zu brüllen – und das Chaos im täglichen Familiendschungel ist wieder einmal perfekt.

Wie soll man da reagieren? Wer wäre da nicht überfordert? Keiner von uns hat ein „Überlebenstraining für Eltern“ gebucht, als sich Nachwuchs ankündigte. Keiner von uns hat eine Elternschule besucht und mit einer Reifeprüfung abgeschlossen. Keiner von uns ist perfekt vorbereitet auf die Elternschaft. Keiner von uns kennt die idealen Erziehungsmethoden. Wie denn auch? Vielleicht ist die einzig sinnvolle „Methode“ *Achtsamkeit* – als innere Einstellung, die das Handeln bestimmt. Wenn man sich Achtsamkeit zum Prinzip macht, sind Methoden vielleicht nicht mehr so wichtig. Und doch haben wir das Bedürfnis, über Erziehung nachzudenken und etwas zu verbessern oder anders zu machen oder von Anfang an gut zu machen.

„Gönn’ dir Fehler!“ Ich hatte einmal einen Lehrer, der solche Dinge zu uns Schülern sagte. Ungewöhnlich, nicht? Ungewöhnlich und genial. Er sagte auch: „Wenn du Fehler machst, ist das einfach ein Zeichen dafür, dass du gerade etwas lernst.“ Tatsache ist: Wir sind und bleiben Menschen, wir sind nicht perfekt, wir machen Fehler und wir lernen daraus – warum sollten wir uns deshalb schlecht fühlen? Wenn wir mit unserer Aufmerksamkeit beim vermeintlichen Fehler *bleiben*, hindert uns das eher am Lernen, Entwickeln und Verändern. Überlegen Sie einmal, wie Babys und Kleinkinder lernen: Versuch – Fehler – Versuch – Fehler – Versuch – Fehler ... Und das ist gut so, sonst würden wir wohl immer noch auf allen Vieren herumkrabbeln. Oder kennen Sie ein Baby, das den Versuch, gehen zu lernen, aufgegeben hat? *Aufgeben* lernen wir erst später. Menschsein heißt auch: in Entwicklung begriffen sein, und dazu gehört nun einmal das volle Programm: das

Versuchen, das Scheitern, das Gelingen. Da dürfen wir uns als Eltern nicht zu sehr unter Druck setzen und wir dürfen das schlechte Gewissen ablegen, wenn wir wieder einmal meinen, in der Erziehung versagt zu haben. So gebe ich also den Rat meines Lehrers an alle Eltern und Erzieher weiter, die es so gut meinen und trotzdem Fehler machen: Gönnen Sie sich Fehler und bleiben Sie aufmerksam dabei!

Entwicklung ist nie zu Ende. Sehr oft handeln wir in bester Absicht – nicht immer kommt dabei das Beste heraus. Im Idealfall machen wir also Fehler und *lernen* daraus und durchlaufen Entwicklungsstufen, während wir mehr und mehr Bewusstheit gewinnen, über uns selbst und unser Menschsein. Und für diese lebenslange Erfahrung wählen wir uns ein Du, ein Gegenüber, das auch Fehler macht und sich entwickelt. Und das Ganze ist eine Einbahnstraße! Man kann Entwicklung nicht rückgängig machen, genauso wie unser Körper wächst und wächst, sich entwickelt und irgendwann vergeht. Moshe Feldenkrais, der israelische Gelehrte und Begründer der Feldenkrais-Methode, sagte dazu sinngemäß: Bewegung ist Leben und Leben ist ein Prozess. Verbessere die Qualität dieses Prozesses und du verbesserst die Qualität des Lebens an sich!

Reif für den Dschungel? Wer weiß das schon? Ein Kind wird geboren und macht Mann und Frau zu Eltern. Schon darüber kann ich auf verschiedene Arten nachdenken, und jede Art hat etwas für sich. Ich kann den Kaiserschnitt exakt planen oder ich kann mich einer spontanen Geburt hingeben. Ich kann glauben, dass *ich* am besten weiß, *wann* das Baby reif ist für diese Welt. Oder ich kann glauben, dass die *Ärzte* am besten wissen, wann das Baby reif ist für diese Welt. Ich kann aber auch glauben, dass das Baby selbst am besten weiß, wann innerhalb des mütterlichen Leibes keine Entwicklung mehr möglich ist, und selbst den Geburtsvorgang einleitet. Ich kann auch an eine höhere Macht glauben, die das Ganze durchgeplant hat und allein den richtigen Zeitpunkt festgelegt hat.

Kompetente soziale Wesen. Ich kann glauben, dass Neugeborene schwach und völlig hilflos sind. Ich kann aber auch glauben, dass Neugeborene schon über bestimmte Fähigkeiten verfügen. Immerhin: Sie können ihre Nahrungsquelle finden, sie können saugen, sie können die Stimme der Mutter erkennen, können sehen, hören, greifen, riechen, fühlen. Sie wissen, wann sie hungrig sind, wann sie müde sind, und können dann Kontakt aufnehmen. Man könnte sie als kompetente soziale Wesen bezeichnen, die – kaum auf der Welt – bereits eine neun Monate lange Entwicklung hinter sich haben, bevor sie sich uns zeigen. Was wird mich als Elternteil *mehr* unterstützen? Der Glaube an die Hilflosigkeit und Bedürftigkeit meines Kindes oder der Glaube an die Fähigkeiten und Kompetenzen?

Und wie ist das in unserem Fall bei Mogli? Baghira findet mitten im Dschungel ein Baby: Mogli – das bedeutet so viel wie „kleiner Frosch“. Das hilflose Findelkind könnte allein in der Wildnis wohl kaum überleben. Baghira erinnert sich daran, dass eine Wolfsfamilie eben Nachwuchs bekommen hat, und bringt Mogli dorthin. Und das funktioniert: Die Wolfsmutter nimmt das Menschenkind liebevoll an und versorgt es wie eines der ihren. Welches Bedürfnis hat Mogli ganz zu Beginn? Da geht es schlicht und ergreifend ums Überleben: um Nahrung, Wärme, Nähe, Schutz. Ohne die Aufnahme im Wolfsrudel hätte er im Dschungel mit großer Wahrscheinlichkeit nicht überlebt. Das ist die erste Stufe unseres Menschseins, da brauchen wir andere, um zu überleben. Da brauchen wir Hilfe, um unsere Existenz zu sichern – eines unserer Urbedürfnisse.

Kaulquappen in Hathis Spur. In der Steppe können wir während der Regenzeit seltsame Phänomene beobachten: So sammelt sich zum Beispiel in einer Elefantenspur Regenwasser und innerhalb kürzester Zeit schwimmen in diesen Miniteichen Kaulquappen herum – aus Eiern geschlüpft, die im harten Wüstenboden vergraben waren. Es ist ja an sich schon ein Wunder, dass ein bisschen Wasser die Metamorphose vom Ei zum Frosch in Gang setzt. Zum Überleben ist solch ein Miniteich allerdings zu klein, und irgendwie wissen das die Kaulquappen auch. Und was tun sie? Nein, sie resignieren nicht, sie kämpfen ums Überleben: Sie „hüpfen“ aus der Elefantenspur heraus und hüpfen so lange, bis sie zu einer größeren Wasserlache kommen. Manche schaffen es sogar bis zu einem Fluss. Mutter Natur sorgt für ihre Kinder.

Stufenweise wachsen. Die Metamorphose von der Kaulquappe zum Frosch fasziniert Groß und Klein. Es ist wirklich ein kleines Wunder der Natur, wie innerhalb von drei Monaten aus einem mit dem Schwanz wackelnden Etwas ein richtiger Frosch mit vier Beinen wird. Mogli, unser „kleiner Frosch“ aus dem *Dschungelbuch*, braucht wie alle Menschenkinder etwas länger, bis sein Körper voll entwickelt ist. Und genauso wie das Äußere und Sichtbare des Menschen entwickelt und verändert sich auch das Innere und Unsichtbare – und das nicht immer auf glattem Wege, da gibt es Krisen zu durchleben, da gibt es Themen, die wir lösen, und andere, die wir mitnehmen. Doch das, was war, bildet das Fundament für das, was kommt. Es scheint für Entwicklung notwendig, dass wir die jeweilige Stufe auskosten, erst dann können wir die nächste Stufe erklimmen, erst dann sind wir reif dafür.

Eine Stufe nach der anderen

Jede Stufe hat ihre Qualitäten. Moglis Überleben ist erst einmal gesichert, Mutter und Vater Wolf beschützen und nähren ihn, er hat die erste Stufe ausgekostet und gemeistert. Er wird älter, größer, stärker und seine Bedürfnisse verändern sich. Er lebt jetzt wie ein Wolf unter Wölfen, er ist eng mit den Seinen verbunden. Er fühlt sich dem Wolfsrudel zugehörig und ordnet sich den Ritualen „seines" Stammes unter. Wie seine Wolfsbrüder gehorcht er dem Rudelführer Akela bedingungslos und nimmt im fahlen Mondlicht an den Ratsversammlungen der Wölfe teil. Doch es wird eine Zeit kommen, da wird Mogli nicht mehr stumm zuhören, sondern seine Stimme erheben und protestieren. Er wird mit den Bandarlog, dem Affenvolk, durch den Dschungel toben: Das gefügige Menschenkind wird zum rotzfrechen Halbstarken. Und auch das wird wichtig sein für sein Heranwachsen.

Jede Stufe macht Sinn und hat ihren Wert. Und so erklimmt der Mensch eine Entwicklungsstufe nach der anderen. Er kann auf jeder Stufe erfolgreich sein und er kann auf jeder Stufe scheitern. Er kann es lieben, als King Louie zufrieden unter Seinesgleichen zu leben, oder er kann es hassen. Als Colonel Hathi kann er es lieben, seine Herde zu leiten, oder er kann es hassen. Wenn ein Shir Khan in Balance ist, dann kann er gut und gerne so durchs Leben gehen. Wenn ein Shir Khan anderen und sich selbst das Leben mit seiner „Tigerenergie" zur Hölle macht, dann kann er sich schon fragen, ob nicht der nächste Entwicklungsschritt ansteht, ob ihm nicht eine andere Qualität guttäte: ein bisschen mehr Zielorientierung wie bei Kaa, der Schlange? Und ein bisschen mehr Gemütlichkeit wie bei Balu, dem Bären? Und ein bisschen mehr Mitgefühl wie bei Baghira, dem Panther?

Auf die Reihenfolge kommt es an. Es spielt aber nicht nur die Anzahl, die Art und die Ausreifung der Stufen eine Rolle, die wir durchschreiten, sondern auch die Reihenfolge. So lernen Babys nicht zuerst das Gehen und dann das Krabbeln. Auch die Entwicklung der menschlichen Fortbewegung vollzieht sich also eine Stufe nach der anderen. Zuerst *liegen* die Babys, dann lernen sie, sich zu *drehen*, danach lernen sie, sich *aufzurichten*, irgendwann *sitzen* sie, dann *krabbeln* sie und schließlich stehen sie zum ersten Mal auf. Wenn sie das *Stehen* beherrschen, wagen sie die ersten Schritte, und wenn sie das *Gehen* beherrschen, folgen die ersten Laufschritte. All das geschieht mit der größten Selbstverständlichkeit, als wäre es das Natürlichste auf der Welt und als gäbe es ungeschriebene Gesetze im Dschungel unseres Daseins.

Ich bin okay, du bist okay – wir sind okay und noch viel mehr als das. Natürlich vollzieht sich nicht nur die körperliche, sondern auch die geistige Entwicklung des Menschen in Stufen, so auch die geistige Entwicklung unserer *Kinder* – und die Großen dürfen diese Stufen kennen, respektieren und verstehen: damit sie die Kleinen besser begleiten und führen können. Und damit sie auch sich selbst besser verstehen und annehmen können. – Kann man eigentlich Stufen überspringen? Nein, denn jede Stufe an sich macht Sinn, jede Stufe an sich ist wertvoll. Und es geht auch nicht darum, dass wir andere oder uns selbst in Schubladen stecken, bewerten, einteilen, verurteilen. Was sollte es auch bringen, wenn Sie zu ihrem Partner sagen: „Jetzt weiß ich endlich, wie das heißt, was du bist: Du bist ein King Louie!" Oder so in dieser Art. Es geht viel mehr darum, dass wir Bewusstheit gewinnen, dass wir mithilfe eines Stufenmodells zu Erkenntnissen gelangen, die uns das Leben *erleichtern*. Ein Stufenmodell bietet einfach *eine* Möglichkeit, auf einen Menschen hinzuschauen, doch wir wissen alle, dass ein Mensch viel mehr ist als ein Begriff, ein Level, eine Stufe, eine Phase. Und dennoch kann es extrem hilfreich sein, wenn wir Prozesse vereinfachen, verallgemeinern und in einem Modell darstellen.

Du darfst so bleiben, wie du bist. Wir Menschen haben sämtliches Potenzial in uns und können uns frei fühlen, auf *der* Stufe zu bleiben, auf der wir bleiben *wollen*. Und wenn wir uns oder andere einstufen, dann handelt es sich um eine Momentaufnahme – so erleben wir uns selbst oder den anderen in diesem Augenblick. Und wir wissen genau: Ich kann auch anders, wenn ich will, und auch der andere kann anders, wenn er will. Jeder entscheidet für sich, wann und wie er die nächste Stufe erklimmen will (und ob überhaupt). Es ist auch in Ordnung, ein Leben lang auf derselben Stufe zu bleiben. Jeder darf so sein, wie er ist, darf so bleiben, wie er ist, und darf sich auch verändern, wenn ihm danach ist. Ich denke, für unser Miteinander ist die Vielfalt wichtig, die Tatsache, dass wir auf unterschiedlichen Stufen stehen und uns voneinander unterscheiden. Und im Ringen um Gemeinsamkeit und Begegnung lernen wir und erschaffen etwas Neues. Wenn jeder Bäckerlehrling sich dafür entscheiden würde, statt Bäckermeister gleich Manager eines Backimperiums zu werden, hätten wir bald kein Brot mehr. Wir brauchen sie alle – den Bäckerlehrling, den Meister und den Manager.

Trieb und Flucht

Mogli spricht:
„Ach, mein Herz ist voll und schwer
von all den Dingen, die mein Kopf nicht versteht." [5]

Bedürfnisse – was ist das?

Spielerisch lernen. Ein Freund erzählte mir von einem Erlebnis mit seiner ältesten Tochter. Sie war 6 Jahre alt, gerade in die Schule gekommen und wusste noch nicht recht, wozu das alles gut sein solle. Es machte jedenfalls im Moment für sie wenig Sinn. Und so saßen sie also vor der Hausaufgabe: Er redete auf sie ein und versuchte, sie zu motivieren, und sie hatte unzählige Ideen, was sie alles spielen könnten ... Dem Vater war und ist es aber total wichtig, dass seine Kleine gut und viel lernt, damit sie später im Leben alle Möglichkeiten hat. Der Kleinen hingegen ist es total wichtig, die seltenen Momente der Zweisamkeit mit ihrem Papa zu genießen. Verschiedene Menschen – verschiedene Bedürfnisse!

Menschen haben Bedürfnisse. Das ist uns schon klar, und wenn diese Bedürfnisse nicht erfüllt werden, fühlen die Menschen sich schlecht, sind zornig, traurig, aufgeregt, unglücklich, unzufrieden … Kennen Sie in Firmen Führungskräfte, die daran interessiert sind, dass die Bedürfnisse ihrer Mitarbeiter erfüllt sind? Wenn wir über Mitarbeitermotivation sprechen, dann sprechen wir genau darüber: Wenn wir Menschen motivieren wollen, müssen wir sie bei ihren Bedürfnissen packen, dann müssen wir herausfinden, welche Bedürfnisse die Mitarbeiter haben und wie diese mit den Zielen des Unternehmens in Einklang zu bringen sind. Und ähnlich ist es in der Familie, auch hier müssen die Bedürfnisse aller unter einen Hut gebracht werden – das ist nicht immer einfach.

Warum gehen Sie arbeiten? Wenn man den Menschen diese Frage stellt, antworten die meisten so: „Natürlich um Geld zu verdienen." Aber geht es wirklich um Geld? Würde man weiterfragen, so würden wohl sehr viele antworten: „Na ja, eigentlich geht es nicht um das Geld an sich, sondern um die Sicherheit, die mir das Geld gibt. Ich kann damit meine Miete zahlen, ich kann mir Essen kaufen, ich kann mir Kleidung kaufen …" Wir gehen also arbeiten, um unsere Bedürfnisse zu erfüllen. Und Bedürfnisse können sehr unterschiedlich sein, da können Welten aufeinanderprallen. Und selbst wenn unsere Bedürfnisse gleich sind, gibt es unterschiedliche Arten, wie wir sie erfüllt haben wollen. Ein Beispiel:

Mutter und Tochter wollen sich entspannen. Mama entspannt sich am besten, wenn sie leise Meditationsmusik auflegt und sich auf der Couch ausstreckt. Ihre dreizehnjährige Tochter entspannt sich am besten, wenn sie laute Heavy-Metal-Musik auflegt und tanzartige Bewegungen andeutet. Beide wollen dabei nicht angequatscht oder gestört werden. Falls sich nun beide zur selben Zeit im selben Raum entspannen wollen, führt das zu Komplikationen. Mama kann sich natürlich nicht entspannen, während die laute Musik dröhnt; und Töchterlein kann sich natürlich nicht entspannen, wenn Mama nörgelt. Dabei haben beide dasselbe Bedürfnis – nach Entspannung.

Kooperation statt Konflikt! Angenommen, ich hätte hellseherische Fähigkeiten und hätte erkannt, dass beide sich entspannen wollen, dass allerdings unterschiedliche Wege zur Entspannung führen, dann würde ich vielleicht nicht das tun, was viele Eltern in solch einer Situation tun würden: das Kind anbrüllen, um das eigene Bedürfnis nach Ruhe zu stillen (– das ist doch eigentlich eine kuriose, paradoxe Reaktion, oder?). Dann würde ich vielleicht erkennen, dass mein Kind nicht mit böser Absicht handelt. Dann könnte ich versuchen, offen über unsere Bedürfnisse zu reden, und gemeinsam mit meinem Kind nach Lösungen suchen. Dann könnte ich meinem Kind vielleicht eine Alternative anbieten: „Wie wär's, wenn du in *deinem* Zimmer Musik hörst, während ich mich hier zehn Minuten entspanne?" Oder: „Wie wär's, wenn du die Kopfhörer nimmst?" Oder ich spreche den anderen konkret auf seine Bedürfnisse an und frage ihn: „Wie kannst du dich sonst noch entspannen?" Dann kommt er vielleicht wirklich auf andere Ideen, die es sogar ermöglichen, sich nebeneinander (im gleichen Raum) zu entspannen. Aber zumindest haben wir über die unterschiedlichen Bedürfnisse laut nachgedacht und in den meisten Fällen erfüllen Menschen gerne die Bedürfnisse anderer. Wir wollen anderen etwas bedeuten, wir wollen anderen etwas geben, und wenn wir einander an der Erfüllung unserer Bedürfnisse hindern, so geschieht das meist aus Unwissen und ohne böse Absicht.

Beziehungsbedürfnisse. Wir Menschen sind „beziehungshungrige" Wesen und nicht dazu geschaffen, als Einzelgänger durchs Leben zu gehen. Und so gibt es auch eine ganze Reihe von „Beziehungsbedürfnissen" – von Bedürfnissen also, die wir uns nicht selbst erfüllen können, sondern für deren Befriedigung wir andere Menschen brauchen. Wenn unsere Beziehungsbedürfnisse nicht erfüllt werden, dann bleibt unser „Beziehungshunger“ ungestillt und wir empfinden mehr Stress. Woran das liegt? Wenn Stresshormone in uns frei werden, versetzen sie uns spürbar in Alarmbereitschaft. Und dann gibt es das „Kuschelhormon“ Oxytocin, das den Stresshormonen entgegenwirkt, uns wieder zur Ruhe kommen lässt, unser Vertrauen in uns selbst und unsere Umgebung stärkt, Schmerzen lindert, uns wieder mutig und neugierig macht ... Und wann wird Oxytocin ausgeschüttet? Vor allem dann, wenn ein anderer uns berührt – im wörtlichen Sinn, also zum Beispiel durch eine Umarmung, ein Streicheln, einen Kuss, ein Schulterklopfen, und auch im übertragenen Sinn: wenn uns ein anderer *innerlich* berührt, wenn ein anderer etwas in uns zum Klingen bringt, indem er beispielsweise unsere Beziehungsbedürfnisse erkennt und erfüllt.

Einige Beispiele für Beziehungsbedürfnisse:

- An erster Stelle steht bei vielen das Bedürfnis nach Sicherheit: Wir wollen uns sicher fühlen in unserem Land, in unserem Zuhause, an unserem Arbeitsplatz – aber vor allem wollen wir uns sicher fühlen in unseren Beziehungen. Wir wollen uns immer wieder vergewissern, dass andere uns zugetan sind, uns lieb haben, uns auffangen und festhalten.
- Viele – vor allem unsere Kinder – haben auch das Bedürfnis nach Grenzen, nach einem anderen, der sie in Schutz nimmt, indem er Grenzen aufzeigt oder erst setzt.
- Viele haben das Bedürfnis nach Bestätigung der eigenen Erfahrung: Wir wünschen uns ein Gegenüber, das mitfühlend nickt und zustimmt: „Ja, genau, das kenne ich auch. Das habe ich auch schon erlebt. Das habe ich auch so empfunden.“
- Viele haben auch das Bedürfnis, Einfluss auf andere zu nehmen. Sie wollen nicht ignoriert werden, sondern wahrgenommen, ernst genommen. Sie wollen mit ihrem Handeln etwas bewirken und sehnen sich nach Menschen, die auf sie reagieren, die sich von ihren Wünschen betreffen und vielleicht sogar beeinflussen lassen.
- Viele kennen auch das Bedürfnis, dass andere Menschen sich aus freien Stücken auf sie zu bewegen, dass sie nicht immer selbst den ersten Schritt machen und selbst Initiator sein müssen. Sie empfinden es als besonders beglückend, wenn der andere ihnen einen Wunsch von den Augen abliest und erfüllt, noch bevor sie ihn ausgesprochen haben.

- Dann gibt es zum Beispiel noch das Bedürfnis nach Einzigartigkeit: Wir sehnen uns nach Menschen, die uns für etwas ganz Besonderes halten. Wir wollen einmalig und unverwechselbar sein und eine ganz besondere Rolle im Leben derer spielen, die wir lieben.
- Ein weiteres menschliches Grundbedürfnis ist das Bedürfnis zu geben. Das funktioniert natürlich nur, wenn da ein anderer da ist, der bereit ist, zu nehmen und unsere Gaben zu empfangen. Dann fühlen wir uns glücklich und dankbar.

Haben wir unsere Bedürfnisse unter Kontrolle oder sie uns? Wie ist das zum Beispiel mit unseren Bedürfnissen, wenn wir Werbung sehen oder durch ein „Shopping-Center" bummeln? Bei mir werden da zum Beispiel Bedürfnisse geweckt, von denen ich vorher nicht einmal wusste, dass ich sie habe. Dass alles vorhanden ist, das hat auch Nachteile. Wir schaffen es nämlich in all dieser Fülle, die Brille des Mangels aufzusetzen: „Mein Leben ist mangelhaft, ich bin zu wenig klug, zu wenig attraktiv, zu wenig reich ..., es genügt nicht, ich genüge nicht." Das schmerzt und kann uns das Hier und Jetzt ganz schön vermiesen. Vielleicht liegt es daran, dass wir uns *oberflächliche* Bedürfnisse erfüllen, während wir über unsere tiefsten Sehnsüchte nicht einmal nachdenken? Wonach sehnen wir uns wirklich?

Das Prinzip ist simpel: Bedürfnisse erkennen und benennen! Basierend auf dem Grundsatz „Ich bin okay – du bist okay" lernen wir, über unsere Bedürfnisse zuerst einmal nachzudenken; dann können wir sie benennen und auch im Gespräch mit anderen formulieren. Im nächsten Schritt versuchen wir auch die Bedürfnisse *anderer* zu erraten und Wege zu finden, sie zu erfüllen. So lösen wir Konflikte schon im Ansatz oder lassen sie gar nicht erst entstehen. Um Menschen zu berühren, muss man die Bedürfnisse kennen – die eigenen und die der anderen. Genau damit arbeiten Werbeprofis: Sie erraten unsere unerfüllten Bedürfnisse und treffen mit dem Plakat oder dem Werbespot genau in diese Kerbe. Oder sie bringen uns überhaupt erst auf die Idee, dass uns etwas fehlen könnte zu unserem Glück; sie wecken Bedürfnisse in uns, von deren Existenz wir vorher gar keine Ahnung hatten. „Der sicherste Reichtum ist Armut an Bedürfnissen", – schon mal gehört?

Das Bedürfnis nach Schokoladeneis. Als Eltern arbeiten wir oft mit ähnlichen Methoden. Viele werden das kennen: Sie reden und reden, um ihr Kind zu etwas zu bewegen, aber nichts tut sich; und plötzlich, mit *einem* Satz, haben Sie ihr Kind erreicht. Wie das? Ganz einfach, Sie haben zufällig – oder vielleicht auch absichtlich – seine Bedürfnisse angesprochen, und darauf reagieren wir alle superschnell.

Und das, obwohl Schokoladeneis wissenschaftlich gesehen nicht ein wirklich echtes Bedürfnis ist. Dennoch, welcher Erzieher kennt das nicht: Schokoladeneis als Türöffner! Schokoladeneis und Luftballon und Karussellfahrt und Fernsehen und, und, und … – wir bestechen unsere Kinder, wir manipulieren sie, wir sprechen sie damit genau auf der Bedürfnisebene an. Bedürfnisse sind die Türöffner, sie sind Schlüssel zur Haustür des Gegenübers. – Natürlich haben Sie schon alles mögliche versucht, aber haben Sie es auch mit Bedürfnissen versucht? Welche Bedürfnisse außer Schokoladeneis hat Ihr Kind denn noch? Erdbeereis? Gut, und sonst? Und welche Möglichkeiten gäbe es, diese Bedürfnisse zu erfüllen? Und wie steht's mit Ihren eigenen Bedürfnissen?

☞ **Tipp: Innehalten!** Was geschieht in mir, wenn ich mit dem „Monster" in mir in Kontakt komme, wenn ich überfordert bin und einfach nicht mehr kann? Angenommen, ich will mein Kind bestrafen, weil ich in dem Moment meine, das sei die einzig mögliche Reaktion auf sein Verhalten … Versuchen Sie einmal, innezuhalten, bevor Sie strafen! Atmen Sie tief durch und stellen Sie sich eine einzige Frage: „Welche grundlegenden Bedürfnisse sind bei mir in diesem Moment unerfüllt?" Worum geht's mir eigentlich? Um Wertschätzung, um Sicherheit, um Anerkennung, um Ordnung, um Ehrlichkeit, um Respekt … Was liegt tatsächlich vor? Oft haben wir einfach nur unterschiedliche Weltbilder, unterschiedliche Bedürfnisse.

Sicherheit kontra Zugehörigkeit. Mogli hat den ersten großen Konflikt mit Baghira. Baghira will Mogli aus dem Dschungel wegbringen, zur Menschensiedlung, weil er erfahren hat, dass Shir Khan Jagd auf das Menschenkind macht und es töten will. Mogli will auf keinen Fall zu den Menschen, er hat keine Angst vor dem Tiger und will um jeden Preis bei seinen Freunden im Dschungel bleiben. Da prallen Bedürfnisse aufeinander, Baghiras Bedürfnis nach Sicherheit und Moglis Bedürfnis nach Zugehörigkeit.

Der faszinierende Blick aufs Ganze. Wenn wir lernen, innezuhalten und auf Bedürfnisse zu achten, dann haben wir schon gewonnen, dann stehen wir schon darüber und bekommen einen Blick aufs Ganze. So schaffen wir es dann vielleicht, in einer Konfliktsituation zweierlei wahrzunehmen: Mir persönlich geht es um das Bedürfnis X, meinem Kind geht es um das Bedürfnis Y – kein Wunder, dass wir da aneinandergeraten. Oder vielleicht geht es sogar beiden um das

Bedürfnis X und nur die Art und Weise, dies auszudrücken, ist bei jedem verschieden? Oder die Wege der Erfüllung dieses Bedürfnisses sind verschieden. Wenn ich erkenne, dass für mein Kind das Bedürfnis auf andere Art und Weise erfüllt wird als für mich, dann kann ich auch einmal *anders* handeln. Es geht darum, unsere Wahl- und Handlungsmöglichkeiten zu erweitern. Es geht darum, mit Wertschätzung und Respekt hinter den Spiegel zu schauen und zu erkennen, welche Bedürfnisse Menschen haben und wie sie verletzt und erfüllt werden. Ein Beispiel aus dem wirklichen Leben:

Zwei Mütter auf dem Spielplatz. Die Kinder spielen, die Mütter unterhalten sich. Nach einiger Zeit beginnt das eine Kind, Steine auf andere Kinder zu werfen, zu schubsen, zu schreien. Immer wieder versucht es, Mamas Aufmerksamkeit zu erregen. Das andere Kind beginnt, auf Mamas Schoß herumzuturnen, gibt sich hilfsbereit und zärtlich. Möglicherweise sehnen sich beide Kinder nach ein und demselben: Aufmerksamkeit. Doch wie äußert sich dieser Bedarf, diese Sehnsucht? Beim einen Kind durch auffälliges Verhalten, beim anderen durch „auffälliges" Bravsein. Doch wir *handeln* nicht nur unterschiedlich, wir nehmen auch unterschiedlich wahr.

Denk an einen Baum! Wir nehmen mit unseren fünf Sinnen wahr: Wir sehen, hören, fühlen, riechen und schmecken. Und jeder von uns macht das auf eine ganz spezielle Art und Weise. Wenn jemand ein Wort hört, macht er sich sofort ein inneres Bild dazu. Denken Sie zum Beispiel an das Wort „Baum" – da können unterschiedlichste Bilder in uns entstehen: Der eine denkt sofort an eine Birke, der andere an den Weihnachtsbaum, der Nächste an eine Buche, an eine tausendjährige Linde, an Bonsai, Fichte oder Trauerweide ... Das bedeutet: Wahrnehmen ist wie Filtern und jeder Mensch filtert etwas anderes heraus aus der Fülle von Information, die von außen auf ihn einströmt. Jeder zeichnet für sich seine inneren Bilder von der Wirklichkeit und erfasst immer nur einen Teil des Ganzen. Probleme entstehen, wenn einer etwas wahrnimmt und sich einbildet, dass jeder andere genau dasselbe wahrnimmt. Doch das ist ein großer Irrtum: Jeder nimmt andere Informationen auf und dann macht noch jeder etwas anderes aus diesen Informationen und bewertet sie auf seine persönliche Art – eine Quelle für Missverständnisse.

Moglis Schrei. Baghira will Mogli zur Menschensiedlung bringen, um ihn vor Shir Khan in Sicherheit zu bringen, doch Mogli will nicht. Schließlich klammert er sich an einen Baum und weigert sich, Baghira weiter zu folgen. Daraufhin hat Baghira die Nase voll, dreht sich um und lässt Mogli allein zurück. Nach einer Weile plagt den Panther das schlechte Gewissen: Das hilflose Menschenkind allein im Dschungel … Und dann ein furchtbarer Schrei! Es klingt so, als würde Mogli um sein Überleben kämpfen. Baghira eilt zurück – und was sieht er? Mogli und Balu, den liebenswerten Bären, der dem Menschenkind beibringen will, zu brüllen wie ein richtiger Bär!

Wahrnehmung oder Bewertung? Baghira hat einen Schrei wahrgenommen und daraus sofort den Schluss gezogen: Das Kind ist in Lebensgefahr! Doch diese *Bewertung* hat sich als falsch herausgestellt: Das Kind ist bester Laune und übt gerade, zu brüllen wie ein Bär – voller Freude über seinen neuen Lehrmeister Balu. Sie kennen das sicher: Sie gehen mit Freunden ins Kino und sehen sich einen Film an: 500 000 Bilder und eine Tonspur. Jeder erlebt den Film anders; der eine ist begeistert, der andere ist tief bewegt, der eine ist enttäuscht, der andere ist ärgerlich … Jeder nimmt also anders wahr und jeder bewertet dann das eben Wahrgenommene anders. Und was bringt uns diese Erkenntnis? Wenn wir anderen Menschen andere Wahrnehmungen und Bewertungen „zugestehen", dann haben wir schon den Grundstein gelegt für Verständnis und Miteinander: *Ich* habe *meine* Meinung und ich gestehe einem anderen *seine* Meinung zu – leben und leben lassen! Ein weiteres Beispiel:

Arme Leute. Ein Mann nimmt seinen Sohn mit aufs Land, er will ihm zeigen, wie arme Leute leben. Die beiden verbringen einen Tag und eine Nacht auf der Farm einer armen Familie. Zurück in der Stadt fragt der Vater den Sohn: „Wie fandest du unseren Ausflug?" – „Sehr interessant!", antwortet der Sohn. „Und hast du gesehen, wie arm Menschen sein können?" – „Oh ja, Vater, das hab ich gesehen." – „Was hast du also gelernt?" – „Ich habe gesehen, dass wir nur *einen* Hund haben und die Leute auf der Farm haben vier. Wir haben einen Swimmingpool, der bis zur Mitte unseres Gartens reicht, und sie haben einen See, der gar nicht mehr aufhört. Wir haben Lampen in unserem Garten und sie haben die Sterne. Unsere Terrasse reicht bis zum Vorgarten und sie haben den ganzen Horizont." Der Vater ist sprachlos und der Sohn fügt hinzu: „Danke, Vater, dass du mir gezeigt hast, wie arm wir sind."[6]

Ich seh etwas, was du nicht siehst. Es beginnt schon damit, dass Vater und Sohn Unterschiedliches wahrnehmen und dann auch noch unterschiedlich interpretieren. Was bedeutet schon „reich" oder „arm"? Was bedeutet „Erfolg" oder „Misserfolg"? Da hat jeder Mensch so seine Vorstellungen und jeder hat irgendwie recht, denn hier gibt es kein richtig oder falsch, hier gibt es einfach Unterschiede, und gerade die sind es, die Begegnungen zwischen Menschen so spannend machen. Wie unerträglich langweilig wäre das Leben, wenn wir uns nicht voneinander unterscheiden würden? Und wie unerträglich schön sind die Augenblicke, in denen wir einander erkennen und Gleichklang erleben!

Maskierte Bedürfnisse. Genauso wie Wahrnehmungen und Bewertungen unterscheiden sich auch die Bedürfnisse von Mensch zu Mensch. Und erschwerend kommt dazu, dass unsere Bedürfnisse oft hinter Masken verborgen sind, weil es uns aus irgendwelchen Gründen unmöglich erscheint, sie offen auf den Tisch zu legen und zu besprechen. So brauchen wir manchmal viel Fantasie und Einfühlungsvermögen, um zu erraten, worum es unserem Gesprächspartner wirklich gehen könnte. Und wir brauchen Übung, um die Tarnung auffliegen zu lassen und Bedürfnisse hinter Masken zu erkennen. Wir tun doch oft so, als könnten wir Gedanken lesen, oder? Gut, denn darum wird es auch beim folgenden Experiment gehen: Sie haben die Gelegenheit zu üben – jetzt und hier. Lesen Sie die nachfolgenden Sätze von Kindern und Eltern und versuchen Sie, die Bedürfnisse dahinter zu erraten!

Drei Sätze, die Kinder zu Eltern sagen

Satzbeispiel	**Welche Bedürfnisse stecken dahinter?**
„Immer muss ich das machen, was du sagst."	Freiheit? Unabhängigkeit? Lernen, indem man selbstständig handelt und Fehler macht? Grenzen austesten, um Sicherheit zu spüren? …
„Lass mich in Ruhe, ich will das alleine machen!"	Selbstständigkeit? Selbstbewusstsein stärken? Anerkennung suchen? Belohnt werden für eine Leistung? …
„Warum immer *ich* und nicht meine Schwester?"	Gerechtigkeit? Bevorzugte Behandlung? Einzigartigkeit? Aufmerksamkeit? Im Mittelpunkt stehen? …

Drei Sätze, die Eltern zu Kindern sagen:

Satzbeispiel	Welche Bedürfnisse stecken dahinter?
„In diesen Hosen siehst du aus wie ein Bettler!“	Sicherheit für das Kind? Ordnung in der Gesellschaft? Zugehörigkeit zur Familie? Respekt? Wertschätzung? …
„Es gibt Wichtigeres im Leben als Kino.“	Persönliche Entwicklung? Mitgefühl? Lernen? Erfolgreich sein? Liebe erfahren? …
„Du hast versprochen, du sorgst alleine für dein Haustier!“	Ordnung im Haushalt? Regeln und Vereinbarungen einhalten? Vertrauen? Verantwortung übernehmen? …

Bedürfnisse gibt es viele. Das waren einige Ideen für die maskierten Bedürfnisse hinter solchen Sätzen. Es kann aber noch ganz andere Beweggründe geben, warum ein Mensch so spricht. Das wird auch auf die Situation ankommen, in der der jeweilige Satz gesagt wird: „In diesen Hosen siehst du aus wie ein Bettler!“ – sagt das die Mutter zum sechzehnjährigen Sohn, wenn er morgens zur Schule geht oder wenn er zum Begräbnis der Großmutter geht? Ist es für Sie nachvollziehbar, dass das einen Unterschied machen kann? Es kommt auch immer darauf an, *wie* der Satz gesagt wird: Mit welcher Lautstärke? Mit welcher Klangfarbe? Mit welchem Sprechtempo? Und wie ist die Körpersprache dazu: Eine Drohgebärde? Ein Unterwerfen? Lächeln? Verbissene Miene? Weit aufgerissene Augen? Eindeutige Antworten werden wir selten finden – es sei denn, wir wählen den Weg des Dialogs und sprechen offen über Bedürfnisse mit den Menschen, die uns am Herzen liegen.

☞ **Tipp: Bedürfnisse erfragen!** Wenn ich als Elternteil es in einer Konfliktsituation schaffe, innezuhalten und meine eigenen Bedürfnisse für den Moment hintanzustellen, und wenn ich trotzdem keine Ahnung habe, was mit meinem Kind los ist, aber brennend daran interessiert bin, dann werde ich als Erste-Hilfe-Maßnahme damit beginnen, Fragen zu stellen. Zum Beispiel: „Könntest du mir bitte sagen, worum es dir jetzt geht? Ich weiß es einfach nicht.“ Oder: „Was ist dir in dieser Situation wichtig?“ Oder: „Was bräuchtest du jetzt von mir?“ Oder: „ Was könntest du tun oder anders machen für dein Glück?“ Oder: „Wovor hast du Angst?“

Ängste und was sie bedeuten

Wie Angst in die Dschungel kam. Davon erzählt Hathi, der Elefant, den Tieren beim Friedensfelsen – eine alte Geschichte, älter als die Dschungel, ungefähr so:

Ganz im Anfang, als die Dschungel entstand – und keiner weiß, wann das war –, lebten wir friedlich beisammen und keiner hatte Furcht vor dem anderen. Wir aßen nur Frucht und Blätter und Blüten und Gras und Rinde ... Die Tiere wussten nichts vom Menschen und lebten einträchtig, doch bald hoben sie an, um das Futter zu streiten, obwohl genug für alle da war. Träge wurden sie, jeder wünschte da zu fressen, wo er gerade lag. Tha, der erste Elefant und Herr der Dschungel, war eifrig dabei, neue Dschungel zu schaffen, und konnte nicht überall zugleich sein. So ernannte er den ersten Tiger zum Meister und Richter – vor ihn sollte das Dschungelvolk seine Streitigkeiten bringen. In jenen Tagen fraß der Stammvater der Tiger nur Früchte und Gras, wie die anderen, und alle kamen zu ihm ohne Furcht, und sein Wort war Gesetz.

Doch in einer Nacht entbrannte ein Futterstreit zwischen zwei Böcken. Als die beiden nun vor den Tiger traten, der gerade unter Blumen ruhte, da stieß ihn einer der Böcke mit den Hörnern. Der Tiger vergaß sich, warf sich über den Bock und brach ihm das Genick. Bis zu dieser Nacht war niemals einer von uns gestorben; und als der Tiger sah, was er getan hatte, und als der Geruch des Blutes ihm die Sinne verwirrte, da floh er. Das Dschungelvolk war nun ohne Richtung, die Tiere begannen miteinander zu kämpfen. Tha, der Stammvater der Elefanten, vernahm das Getöse und kam zurück und wählte einen neuen Richter: den grauen Affen. Doch bald musste Tha erneut eingreifen: Er fand den grauen Affen Kopf nach unten an einem Baum hängen und spotten; so gab es kein Gesetz in der Dschungel, nur dummes Geschwätz.

Da rief Tha alle zusammen und sagte: „Der erste eurer Meister brachte den Tod in die Dschungel, der zweite die Schande. Nun ist es an der Zeit, ein Gesetz zu schaffen, dass ihr nicht brechen könnt. Jetzt sollt ihr Angst kennenlernen – sie soll euer Meister sein und alles andere wird folgen." Da fragten einige: „Wer ist Angst?" Und Tha sagte: „Sucht, bis ihr sie findet!" Und von da an war Angst in der Dschungel.[7]

Menschen haben Angst. „Angh" bedeutet „eng" und ist die indogermanische Sprachwurzel des Wortes „Angst". Kaum ein anderer Satz kommt in der Bibel so oft vor wie dieser: „Fürchte dich nicht!" Angeblich 365 Mal – also für jeden Tag des Jahres einmal. Und doch tun wir es; wir fürchten uns, nicht nur die Kleinen, auch die Großen – wenngleich wir es zuweilen nicht zugeben wollen. Angst existiert und ihre Existenz macht Sinn, so wie jedes Gefühl Sinn macht. Denn die Angst ist ein zweischneidiges Schwert: Einerseits kann sie uns lähmen, hemmen, eng machen – andererseits gibt es wohl aus gutem Grund die Redewendung: „Angst verleiht Flügel!" Angst kann uns auch zu Höchstleistungen antreiben und uns veranlassen, Dinge zu tun, die wir aus einem Gefühl des Glücks heraus vielleicht nicht vollbringen könnten.

Grenzen überschreiten – das bedeutet auch: Neues wagen, hinaus in den Dschungel, hinein in das Ungeheure, das Unbekannte, das Erschreckende. Und diese Bewegung wird meistens von Ängsten begleitet, und von Fragen: Werde ich das schaffen? Wie wird das sein? Was wird alles auf mich zukommen? Und so beinhaltet alles Neue auch die *Angst* davor, und die Angst ist unser treuer Begleiter, wenn wir die großen Hürden in unserer Entwicklung nehmen: Wenn das Baby sich erstmals als getrennt von der Mutter erlebt; wenn das Kleinkind die ersten Schritte ohne die helfende Hand der Großen macht; wenn das Kind in die Schule kommt; wenn das Schulkind in die Pubertät kommt; wenn der junge Erwachsene sich für einen Beruf entscheidet; wenn dann im Beruf die ersten großen Herausforderungen anstehen ... Und so geht es weiter bis zur letzten großen Hürde: dem Sterben. Und immer sitzt einem die Angst im Nacken, einmal als hemmende Kraft, einmal als treibende Kraft.

Der Koffer steht im Eck. Während meines Studiums hörte ich einen Experten über „Borderline" sprechen – eine Art Persönlichkeitsstörung. Die Betroffenen leiden unter häufigen Stimmungsschwankungen, sie werden von ihren Emotionen beherrscht: Sie erleben schwere Krisen, sie explodieren vor lauter Wut und verhalten sich manchmal gewalttätig. Und die Gewalt richten sie nicht nur gegen andere, sondern auch gegen sich selbst. Die Ursache für diese Krankheit ist so gut wie immer eine traumatische Erfahrung in der Kindheit. Jedenfalls erzählte dieser Experte von einem Fall, der ihn anfangs verwirrte; er erzählte von einer jungen Frau, die typische Borderline-Symptome zeigte. Er suchte nach der klassischen Ursache, doch er konnte einfach kein traumatisches Erlebnis in der Kindheit dieser jungen Frau finden, im Gegenteil: Sie schien eine geradezu ideale Kindheit gehabt zu haben, liebevolle Eltern und eine „musterhafte" Erziehung.

Dann sprach er mit der Mutter. Sie erzählte ihm, sie und ihr Mann hätten die Tochter völlig antiautoritär erzogen und alles habe wunderbar geklappt; sie hätten immer eine herrliche Eltern-Kind-Beziehung gehabt. Schließlich sagte der Arzt: „Wissen Sie, ich habe selbst Kinder und es gibt Momente, in denen ich ihnen den Hals umdrehen könnte. Wie war das bei ihnen? Wie sind sie in solchen Fällen mit ihr umgegangen?“ Und die Mutter antwortete. „Ich hab gar nichts gemacht, keine Spur von Gewalt. Ich hatte aber immer einen gepackten Koffer in der Ecke stehen – und auf den habe ich gezeigt.“ Dieser Fingerzeig bedeutete für das Kind wahrscheinlich nichts anderes als: „Wenn du böse bist, wird dich deine Mama verlassen.“ Und das ist der pure Horror, das ist das Schlimmste. Laut diesem Professor damals wäre selbst ein Klaps auf den Hintern weniger schlimm als die Angst, die Eltern zu verlieren. Vielleicht würden viele Neurosen und Psychosen ausbleiben, wenn Kinder die Gewissheit hätten, dass ihre Eltern immer zur Verfügung stehen und immer da sind – egal, was die Kinder anstellen.

Die Angst des Kindes. Die Angst des Kindes ist anders als die Angst des Erwachsenen. Das Kleinkind erlebt oft nur die *lähmende* Seite der Angst, es hat oft noch keinen Blick für die motivierende Seite. Es kann sich noch nicht vorstellen, was es bringen soll, sich dieser Angst zu stellen, und wohin das führen soll. Ihm fehlt noch die Fähigkeit, nachzudenken und vorauszublicken. Es hat noch nicht die Wahlmöglichkeiten eines Erwachsenen, der schon aus seinen Erfahrungen gelernt hat. Werden Kleinkinder dann allein gelassen mit ihrer Angst, haben sie mehr Mühe, etwas Neues auszuprobieren, als Kleinkinder, die von Eltern, Großeltern, Geschwistern begleitet und ermutigt werden.

Die magischen Jahre. Zum fünften Mal in dieser Nacht hören die Eltern ihre kleine Tochter im Kinderzimmer aufschreien. Zum fünften Mal in dieser Nacht steht Mama auf, geht zu ihr und beruhigt sie. So erfüllt sie das Bedürfnis ihrer Tochter nach Trost und Nähe. Sie hat keine Ahnung, was mit der Kleinen seit Neuestem los ist, was sie so beunruhigt und erschreckt. Dann hat sie eine Idee: Sie nimmt ihre Tochter in die Arme und fragt: „Mein Schatz, gibt es irgendetwas, wovor du Angst hast?“ Die Kleine zögert kurz und sagt dann: „Vor dem Monster hinter dem Vorhang.“

Weg von … – hin zu … Wenn wir mit unseren Bedürfnissen in Kontakt sind, dann drängen wir zu deren Erfüllung hin. Das ist die eine Seite. Wenn wir mit unseren Ängsten in Kontakt sind, dann drängen wir weg von ihnen. Das ist die andere Seite. Es gibt das, was wir wünschen, und das, was wir meiden. Und es gibt immer beide Aspekte in unserem Leben: Weg von … und hin zu …, sie gehören zusammen – so wie Licht und Schatten, Tag und Nacht, Yin und Yang. Wenn ich also über ein Bedürfnis nachdenke, könnte ich auch über die Angst nachdenken, aus der dieses Bedürfnis vielleicht geboren wurde. Dann bewege ich mich weg von der Angst hin zur Erfüllung des Bedürfnisses. Erinnern wir uns an Mogli, der sich weigert, zu den Menschen zurückzukehren. Da haben wir einerseits sein Bedürfnis nach Verbundenheit mit denen, die ihn sein bisheriges Leben begleitet haben. Doch dann steckt auch noch Angst dahinter: Welche Angst könnte das sein, was meinen Sie? Vielleicht die Angst vor Veränderung. Und dieser Schritt zurück zu den Menschen wäre für Mogli eine riesige Veränderung; wir können verstehen, dass er sich fürchtet.

Die Angst vor Veränderung. Die meisten von uns kennen diese Angst, die gut zu unserer tiefen Sehnsucht nach Beständigkeit passt – die also eine aus einem Bedürfnis geborene Angst ist. Wir wissen, dass Veränderung notwendig ist, und gleichzeitig klammern wir uns an das Alte, Beständige. Weil wir uns davon Sicherheit versprechen, Kontinuität, Halt. Gerade Kinder legen besonders großen Wert auf Rituale, Wiederholungen, Abläufe, die sich Tag für Tag wiederholen. Immer wieder wollen sie dieselbe Geschichte hören, jeden Abend wollen sie das „volle Programm“ – ihr Zubettgeh-Ritual: waschen, Geschichte erzählen, kuscheln, Gute-Nacht-Kuss …, was auch immer dazugehören mag. Und wehe, man lässt einen Teil aus oder ändert die Reihenfolge! Dennoch muss es, wie jeder weiß, im Leben auch das Aufbrechen hin zu neuen Ufern geben, sonst gibt es kein Wachstum, keine Entwicklung. Und manchmal müssen wir es unseren Kindern zumuten, dass sie sich ihren Ängsten stellen, und wir müssen es uns selbst zumuten, dass wir sie dann loslassen und einen Rahmen schaffen, in dem sie Neues ausprobieren dürfen.

Die ungeschriebenen Gesetze des Dschungels oder die Ordnungen der Liebe

Balu spricht:
„Menschenjunges ist Menschenjunges,
und alle Gesetze der Dschungels muß er lernen.“[8]

Muss Ordnung sein?

Das Geheimnis des Lebens. Viele sehnen sich danach, die Geheimnisse des Lebens zu erfahren – wenn möglich zu Lebzeiten und nicht erst im Jenseits. Warum darf das Leben nicht einfach Mysterium sein und auch bleiben? Aber vielleicht gibt es ja doch Mächte, die im Hintergrund wirken und von denen wir etwas erfahren können? Vielleicht gibt es tatsächlich so etwas wie Spielregeln, nach denen wir in der Liebe verlieren oder gewinnen können? Vielleicht gibt es tatsächlich so etwas wie die „Ordnungen der Liebe“? Ein chinesisches Sprichwort besagt: „Wenn Licht in der Seele ist, ist Schönheit im Menschen. Wenn Schönheit im Menschen ist, ist Harmonie im Haus. Wenn Harmonie im Haus ist, ist Ordnung in der Nation. Wenn Ordnung in der Nation ist, ist Frieden in der Welt.“

Ordnung ist schön. Zahlreiche Studien beweisen: Menschen empfinden Symmetrie und Ordnung als „schön“. Wissenschaftler haben zum Beispiel eine schöne Frau fotografiert und die Symmetrie der Augen subtil verändert; dann haben sie die beiden Bilder nebeneinandergestellt und auf den ersten Blick war kein Unterschied zu erkennen. Dann wurden Menschen gefragt, welches Bild ihnen besser gefalle, und alle haben sich – ohne zu wissen, warum – für das symmetrische Bild entschieden.

Ordnung – muss das sein? Manche stört schon das Wort „Ordnung“, doch alles Leben entfaltet sich nun einmal innerhalb bestimmter Ordnungen. Ordnung setzt einerseits Grenzen, Ordnung gibt andererseits auch Raum, in dem sich Liebe entfalten kann. Es existieren Grundmuster, nach denen Leben sich entwickelt und erhält. In jeder einzelnen Zelle herrscht Ordnung, denn ohne sie gibt es keine Struktur, keine Form, keine Existenz im materiellen Sinne. Es gibt sogar ein neues Feld der Wissenschaft, in dem Strukturen des Chaos untersucht werden; selbst im Chaos herrscht also eine gewisse Ordnung – das wird Ihnen jeder „Teenie“

bestätigen. In der Natur genauso wie im menschlichen Körper braucht es offenbar Ordnung und wir alle wissen, was passiert, wenn ein Teil dieser Ordnung gestört ist. Das kann fatale Folgen für das ganze System haben – egal ob bei Pflanze, Tier oder Mensch. Und so könnte man auch auf die Familie als ein System hinschauen, das Ordnung braucht, um zu funktionieren.

Schicksalsgemeinschaft Familie? In gewisser Weise ja. Wir alle sind Teil einer Familie; ein unsichtbares Band verbindet uns mit Vater und Mutter, die uns das Leben geschenkt haben. Und durch unsere Eltern sind wir wiederum mit denen verbunden, die *ihnen* das Leben geschenkt haben, mit unseren Großeltern und mit den Urgroßeltern und auch mit all denen, die vorher waren. So bilden wir eine Gemeinschaft und in dieser Gemeinschaft können neben der genetischen Vererbung geheimnisvolle Kräfte wirken, die wir auf den ersten Blick nicht verstehen – unsichtbare Bande, die uns einerseits stärken und andererseits einschränken können, uns aber jedenfalls schicksalhaft miteinander verbinden. Und so fragen wir uns vielleicht: Wie ist es möglich, dass sich Geschwister bei gleicher Erziehung so unterschiedlich entwickeln? Noch erstaunlicher: Wie ist es möglich, dass eineiige Zwillinge sich so unterschiedlich entwickeln? Oder: Warum wiederholen sich Schicksale in Familien? Warum gibt es solche „Schicksalsdynamiken", in denen etwa alle Männer einer Familie – Großvater, Vater und Sohn – bei Autounfällen sterben? Welch unheimliche Kräfte sind da am Werk?

Es sind nur Tränen. *Mogli, Baghira, das Wolfsrudel und Shir Khan sind beim Ratsfelsen versammelt. Akela, der alte Leitwolf, hatte seine Beute verfehlt – das bedeutet, seine Tage als Rudelführer sind gezählt. Shir Khan nutzt diese Schwäche aus: Er verlangt die Auslieferung seiner „Beute" Mogli und spaltet mit seiner Hetze das Rudel. Doch Mogli schlägt dem Tiger einen brennenden Ast um die Ohren, Shir Khan beginnt vor Angst zu winseln und zu heulen, denn es gibt zwei Dinge, die selbst die stärksten Tiere der Dschungels fürchten: die rote Blume (– das Feuer) und den direkten Blick des Menschen.*

Mogli spricht: „Du versengte Dschungelkatze! Du kannst nun gehen! Aber wisse, dass ich das nächste Mal nur mit Shir Khans Fell um die Schultern hier zum Ratsfelsen kommen werde. Und ihr anderen, ihr falschen Brüder, hört meinen Willen! Akela geht frei von hier, wohin es ihm beliebt. Ihr werdet ihn nicht töten, weil ich es nicht will. Und nun fort mit euch allen! Ihr sollt hier nicht länger sitzen …"

Mogli schlägt mit dem brennenden Ast um sich, bis die Wölfe heulend davonrennen. Zuletzt sind nur noch Akela, Baghira und eine Handvoll Wölfe da, die

Moglis Freunde geblieben sind. Da erfasst Mogli ein Schmerz in seinem Inneren, wie er ihn noch nie erlebt hat; sein Herz krampft sich zusammen, er schluchzt und Tränen rinnen über seine Wangen. „Was ist das? Was ist das?", fragt er. „Bei euch in der Dschungel möchte ich bleiben, und ich weiß nicht, wie mir ist. Sterbe ich, Baghira?" – „Nein, kleiner Bruder, das sind nur Tränen, wie die Menschen sie haben. Und nun weiß ich, dass du ein Mann bist und kein Kind mehr. Die Dschungel ist dir in Zukunft verschlossen ... Lass sie rinnen, mein Mogli, es sind nur Tränen."

So sitzt Mogli und weint und weint, als wolle das Herz ihm brechen – weint zum ersten Mal in seinem Leben. Er eilt zur Wolfshöhle, wo seine alte Mutter mit dem grauhaarigen Vater noch immer wohnt, und er weint und weint an ihrem Halse, während seine vier Brüder jämmerlich heulen. „Ihr vergesst mich nicht?" – „Niemals, solange wir noch einer Spur folgen können." – „Vergesst mich nicht, Mutter, Vater, Brüder – und sagt allen in der Dschungel, sie sollen sich meiner erinnern!" Die Morgendämmerung steigt im Osten auf, als Mogli einsam die Hügel hinabschreitet hin zu den Rätselwesen – Menschen genannt.[9]

Warum ist Moglis Schmerz so groß? Weil es für Kinder die größte Zumutung ist, wenn sie von ihrer Familie getrennt werden. Wie ein Wolf unter Wölfen ist Mogli aufgewachsen, er betrachtet sich als einen der ihren, und auf einmal muss er erleben, wie sich ein Teil seines Rudels gegen ihn wendet. Er erfährt, wie es sich anfühlt, ausgeschlossen zu werden, nicht mehr dazuzugehören – und das bricht ihm fast das Herz. Gleichzeitig fühlt er in sich eine neue Kraft, er ist kein Kind mehr, aber auch noch kein Mann, und so befindet er sich in einem Dilemma: Er muckt auf, er eckt an, er drängt hinaus und gleichzeitig hat er den innigen Wunsch nach Zugehörigkeit – die beste Gelegenheit für heftige Krisen und Herzschmerz!

Im Leben wie beim Lotto gilt: Alles ist möglich! In einem Buch des Philosophen Immanuel Kant (*Kritik der praktischen Vernunft*) finden wir sinngemäß den Gedanken: Unser Leiden sei nicht zurückzuführen auf *ungünstige* Erfahrungen, die wir gemacht haben, sondern auf den *Mangel* an *günstigen* Erfahrungen. Das mag bedeuten: Wenn zwei das Gleiche erleben und der eine wird ein Verlierer, der andere ein Sieger, dann deshalb, weil diese Menschen zuvor Unterschiedliches erlebt haben. Vielleicht haben beide *ungünstige* Erfahrungen gemacht, aber der Sieger hat mit Sicherheit dazu noch eine ganze Reihe von *günstigen* Erfahrungen gemacht – der Verlierer nicht. Was bedeutet das, auf die Erziehung übertragen? Niemand kann sein Kind vor allen ungünstigen Erfahrungen beschützen, die passieren einfach, ob wir wollen oder nicht. Leben passiert, und dazu gehören auch große und kleine Dramen. Das ist nicht der Punkt, sondern: Jeder kann auch dafür sorgen, dass sein Kind dazu noch eine Menge von *günstigen* Erfahrungen sammelt. Vielleicht ist das eigentlich Schlimme die Unterlassung dessen, die Konzentration auf das Negative. Vielleicht beginnt es damit. Vielleicht begann es damit von Anfang an.

Das Gute, das du hättest tun können. Quer durch alle Kulturen finden wir die Idee, dass die Wurzel des Bösen die Unterlassung sei: das Gute, das man hätte tun können, aber nicht getan hat. Oder das Gute, das man zu lange zurückgehalten hat. Das Gute, dem man zu lange keine Chance gegeben hat. Es gibt Tage, da passieren durchaus schlimme Dinge und werfen ihren Schatten über uns, aber sogar diese Tage können am Ende großartig gewesen sein. Wann gilt das? Dann, wenn wir aus der ungünstigen Erfahrung kein Drama machen und dem Tag dennoch die Chance geben, großartig zu werden, indem wir offen bleiben für das Gute, indem wir uns trotzdem der Sonne zuwenden, indem wir trotzdem für günstige Erfahrungen sorgen. Wenn ein Mensch sich aber daran gewöhnt hat, aus einer unguten Kleinigkeit für den Rest des Tages ein Drama zu machen, dann hat das Gute, das theoretisch immer möglich wäre, praktisch keine Chance mehr.

Wir können alles sein, alles werden. „Ja, aber die Gene!", höre ich einige seufzen. Ja, die Gene sind die Gene und wir wissen heute noch nicht mit Sicherheit, wie stark sie uns beeinflussen. Es gibt aber bereits zahlreiche wissenschaftliche Untersuchungen, die belegen, dass wir unabhängig von genetischer Veranlagung alle Möglichkeiten in uns haben, dass wir Menschen alles sein können, von Anfang an, dass Kinder alles lernen können. Menschen quer durch alle Kulturen lernen durch *Sozialisierung* die bizarrsten Dinge. Es gibt zum Beispiel Kulturen, in denen Frauen von klein auf lernen, immer mehr Ringe um ihren Hals zu tragen. Der Hals wird immer länger, die Muskulatur immer gedehnter – so lange, bis sie auf diese Ringe angewiesen sind, weil sie ohne Ringe ihren Hals nicht mehr aus eigener Kraft aufrecht halten könnten ... Ähnlich wie im *Dschungelbuch* gibt es auch in dem Land, in dem ich aufgewachsen bin, Geschichten von Wolfskindern; von Kindern, die unter irgendwelchen Umständen in der Natur verloren und dann von Tieren großgezogen wurden – genauso wie unser kleiner Mogli. Das erste Beispiel, das dokumentiert wurde, dürfte aus dem 19. Jahrhundert stammen: Da wurde in Indien ein Geschwisterpaar gefunden, das von einer Wölfin großgezogen worden war. Die beiden haben sich verhalten, gegessen, geschlafen wie Wölfe. Ein anderes Mal wurde ein Kind angeblich von Antilopen großgezogen; es hat sich bewegt, ernährt, verhalten wie eine Antilope. So funktioniert Sozialisierung.

Jedes Kind ist ein prachtvoller Garten. Wenn wir geboren werden, schöpfen wir aus einer Fülle an Möglichkeiten. Es ist alles da. Wovon hängt es also ab, was wir aktivieren? Zum großen Teil von dem Umfeld, in das wir hineingeboren wurden, von den Angeboten, die uns die Menschen machen, in deren Nähe wir aufwachsen. Jedes Kind könnte man mit einem perfekt angelegten Garten vergleichen. Das, was wir begießen, wird wachsen und gedeihen – der Rest wird verdorren und eingehen. Eltern sollten sich also die Mühe machen, möglichst viele Beete in diesem Garten zu begießen und dazu auch noch regelmäßig Unkraut zu jäten oder zumindest den Boden zu bereiten für all die Samen, die sie säen und noch säen wollen – diesen wunderbaren Garten sollten wir liebevoll hegen und pflegen, solange uns unsere Kinder anvertraut sind.

Wonach sehnen wir uns wirklich? Meinen eigenen Beobachtungen nach haben noch nie so viele Menschen den Kontakt zu ihren Eltern abgebrochen wie heute, und noch nie haben so viele Menschen nach Halt gesucht wie heute. Könnte es da einen Zusammenhang geben? Einerseits dieser Wunsch der Menschen nach Freiheit, Unabhängigkeit, Selbstbestimmung und andererseits die rastlose Suche nach dem Sinn. Was könnte die *größte* Sehnsucht des Menschen sein? Vielleicht seine Sehnsucht nach Zugehörigkeit, sein inniger Wunsch, Teil eines großen Ganzen zu sein und zu jemandem zu gehören – zu einer Gruppe gleich Gesinnter, vielleicht zu einem Verein, zu einem Team, zu einem Freundeskreis, zu mehreren „Lebensabschnittspartnern“ oder dem einen Lebenspartner, der einen begleitet, und letztendlich vielleicht doch zur Ursprungsfamilie: zu Vater und Mutter, Bruder und Schwester und all denen, die sonst noch dazugehören.

Wir wollen dazugehören! Dazugehören ist offenbar wirklich alles. Auch bei Naturvölkern war die schlimmste aller Strafen der Ausschluss aus dem Stamm, die Verbannung – das war schlimmer als der Tod. So manchen Eltern dürfte das nicht bewusst sein, was Ausschluss für Kinder bedeutet, denn sonst würde man sie vielleicht seltener Sätze sagen hören wie diese: „Wenn du nicht brav bist, kommt dich die Polizei holen!“ Oder: „Wenn du dich nicht zusammenreißt, dann stecke ich dich ins Internat!“ Welche Drohungen für Kinder, deren schlimmster Verlust der Verlust der Eltern ist! In dieselbe Richtung gehen Sätze wie: „Sag nicht mehr Mama zu mir, ich bin nicht mehr deine Mama, du hast jetzt keine Mama mehr!“ Oder: „Du benimmst dich ja furchtbar, du gehörst nicht mehr zu unserer Familie.“ Wenn mir einmal bewusst ist, dass Zugehörigkeit zur Familie die größte Sehnsucht meines Kindes ist, dann kann ich im Konfliktfall vielleicht anders reagieren.

☞ **Tipp: Ich werde da sein!** Angenommen, mein Kind reizt mich gerade wieder bis aufs Blut und ich spüre in mir den Satz hochsteigen: „Ich halt' das nicht mehr aus, mir reicht's! Am liebsten würde ich abhauen und nie mehr wiederkommen!" Bevor mir dieser Satz herausrutscht, wird mir klar, dass diese Worte tief verletzen können – sie treffen mein Kind dort, wo es am meisten schmerzt, sie kränken das innigste Bedürfnis meines Kindes nach Zusammenhalt. Wenn mir das bewusst ist, dann kann ich eher innehalten, tief durchatmen und andere Sätze wählen wie zum Beispiel: „Geh zur Toilette, wasch' dein Gesicht mit kaltem Wasser und komm dann wieder; ich werde hier warten und dann reden wir weiter!" Dann bin ich trotz Konflikt präsent, dann stehe ich zu meiner Verantwortung, dann ist mir bewusst, dass ich als Elternteil eine Aufgabe zu erfüllen habe.

Präsent sein. Und so kann ich mich als Elternteil fragen: Wie kann ich meinem Kind zeigen, dass es dazugehört – zu jeder Zeit und egal, was geschieht? Wie kann ich für mein Kind präsent sein? Wie kann ich ihm zeigen, dass ich da bin und zur Verfügung stehe? Kinder brauchen die starke Hand eines Großen an ihrer Seite. Manche Kinder erleben die Präsenz ihrer Eltern in Form von Gewalt; die Eltern sind – schmerzlich spürbar – anwesend, aber immerhin: Sie sind anwesend; so traurig das auch sein mag. (Und viele meiner kleinen Klienten sagten mir, dies sei ihnen lieber als *überhaupt keine* Aufmerksamkeit ihrer Eltern.) Elterliche Präsenz kann also unterschiedliche Gesichter haben: Da gibt es Eltern, die sich nicht aufdrängen und doch Acht geben, die sich nicht einmischen und doch Interesse zeigen, die einfach da sind, wenn ihre Kinder sie brauchen. Und dann gibt es die Mutter, die meint, ihr Kind völlig gewaltfrei zu erziehen, aber immer den gepackten Koffer in der Ecke stehen hat; vielleicht hat das Kind jedes Mal beim Anblick des Koffers an der Präsenz seiner Mutter gezweifelt, vielleicht konnte es sich der Anwesenheit der Mutter nie sicher sein, vielleicht dachte es sich jedes Mal angesichts des Koffers: „Mama wird mich verlassen, wenn ich nicht das mache, was sie will."

Die Großen und die Kleinen

Die Eltern sind die Großen. Eine der wichtigsten Voraussetzungen für elterliche Präsenz ist die Idee: Die Eltern sind die Großen und die Kinder sind die Kleinen. Diese Idee sollte in den Köpfen von Eltern fest verankert sein – als eine innere Haltung und geistige Einstellung zur Elternschaft. Wie geht es Ihnen, wenn Sie diesen Gedanken denken? Fühlt sich das gut an? Voll und ganz präsent sein als Mutter oder Vater kann ich erst, wenn ich für mich diesen Gedanken angenommen und innerlich vollzogen habe. Ich *gebe* in erster Linie und mein Kind nimmt in erster Linie. Ich stehe zu meiner Größe und erlaube meinem Kind, klein zu sein. Was heißt das konkret?

Uns geht es schlecht – tatsächlich? Eine Frau trifft auf der Straße eine Bekannte mit ihrem kleinen Sohn und fragt: „Na, wie geht es dir denn?" – „Uns geht es schlecht, wir haben einen schlimmen Schnupfen und haben in der Nacht kaum geschlafen." Jetzt könnte man meinen, dass beide kränkeln und schlecht drauf sind, in Wahrheit hat nur das Kind einen Schnupfen und sieht eigentlich ziemlich vergnügt aus. Was passiert hier? Wir haben hier eine Mutter, die sich mit ihrem Kind identifiziert, die keine Unterscheidung trifft zwischen ihrem eigenem Befinden und dem des Kindes. Wir haben hier eine Mutter, die sich klein macht und keine Größe zeigt.

Einfacher für beide wäre es wahrscheinlich, wenn sie zu ihrer Kraft stehen und aus einem Kinderschnupfen kein Drama machen würde. Dann hätte der Kleine eine große Mama an seiner Seite – und das fühlte sich garantiert besser an als eine kleine Mama, die mit dem Schnupfen des Kindes mehr Mühe hat als das Kind selbst.

Groß sein heißt:

- Autorität sein
- Vorbild sein
- Grenzen setzen
- Macht (im Sinne von Klarheit) ausüben zu guten Zwecken
- Regeln und Rituale in der Familie festlegen
- Entscheidungen treffen
- Eine eigene Meinung haben und sie auch äußern
- Konsequent sein und damit auch berechenbar
- Daheim für Ordnung, Klarheit und Struktur sorgen
- Lieben und loslassen
- Geben statt nehmen
- Die Kinder nicht zu „brauchen" …

Die Kinder sind die Kleinen – dann ist es in Ordnung. Um den unvergleichlichen Geschmack der Kindheit schmecken zu dürfen, müssen die Kleinen auch klein sein dürfen. Dazu gehört, dass Eltern sie nicht wie Erwachsene behandeln und auf dieselbe Stufe stellen. Dazu gehört, dass Eltern die Ungleichheit zwischen Groß und Klein erkennen und bewahren. Dazu gehört, dass Kinder die Präsenz der Großen an ihrer Seite spüren – einen Vater und eine Mutter, die für Ordnung in den eigenen vier Wänden sorgen. Schön und gut, doch wie ist das dann mit den unzähligen getrennt lebenden Familien? Was ist mit alleinerziehenden Eltern? Und was ist mit den Patchworkfamilien? Natürlich gibt es auch in solchen Familienzusammensetzungen Chancen und Fallen und darauf werde ich später im Detail eingehen. Für den Moment reicht es, sich bewusst zu machen: Erst durch das Erfahren der Unterscheidung zwischen Groß und Klein erwächst im Kind so viel Stabilität, dass es in der Folge verantwortungsvoll mit Freiheit umgehen und sie genießen kann. Und wenn ein Kind *das* in der Erziehung nicht mitbekommt, macht ihm das sein Leben unnötig schwerer. Ein Kind soll also klein sein dürfen. Was heißt das konkret? Ein Beispiel:

Das geht dich nichts an! Die Tochter hört, dass Mama und ihr neuer Partner eine Auseinandersetzung haben. Sie läuft aufgeregt aus ihrem Zimmer und ergreift Partei für ihre Mama. Das wäre an sich noch kein Problem – es sei denn, die Mutter lässt diese Einmischung zu; damit hebt sie das Kind auf die Ebene der Erwachsenen, indem sie gestattet, dass es sich an einem Konflikt zwischen Erwachsenen beteiligt. Und damit ist die Ordnung gestört und der Unterschied zwischen Groß und Klein aufgehoben.

Einfacher wäre es wahrscheinlich, wenn die Mutter der Tochter ganz klar sagen würde: „Bitte misch' dich nicht ein! Das geht nur mich und meinen Freund etwas an, dich geht das nichts an. Mir wäre es angenehm, wenn du in dein Zimmer zurückgehen würdest, dann könnten wir unsere Diskussion in Ruhe beenden."

Klein sein heißt:

- Große neben sich haben
- Von Vorbildern lernen
- Grenzen erfahren und Sicherheit erleben
- Hilfe suchen und Hilfe annehmen

- Sich nicht einmischen in die Angelegenheiten der Großen
- Nehmen statt geben
- Vater und Mutter zu „brauchen“ …

Verantwortung übernehmen. Am empfindlichsten kann es die Ordnung innerhalb der Familie stören, wenn Eltern von Kindern *nehmen* und dadurch kleiner werden und wenn Kinder den Eltern *geben* und dadurch größer werden. Die richtige Formel lautet: Die Eltern geben und die Kinder nehmen – sonst kommen die Eltern in eine Abhängigkeit, die ihnen schadet, und die Kinder übernehmen eine Verantwortung, die ihnen schadet. Am besten kann das Miteinander in der Familie gelingen, wenn Vater und Mutter selbst die Verantwortung übernehmen, ihr eigenes Verhalten immer wieder hinterfragen und sich ihre Größe immer wieder bewusst machen. Sie gehen achtsam mit der Macht um, die mit der Größe einhergeht. Das ist nicht immer einfach, doch die Unsicherheiten und Ängste, die dabei vielleicht auftreten, kann man auch als Zeichen verstehen – als Zeichen für Lebendigkeit, Entwicklung und lebenslanges Wachsen und Lernen.

Wer groß ist, hat Macht … und Verantwortung!

Großmeister Kwon. Zu Beginn meines Medizinstudiums war ich sehr fasziniert von der Philosophie der Samurais. Ich hatte im Land meiner Geburt schlechte Erfahrungen mit Kampfsportarten gemacht, doch an der Uni in Köln wollte ich erneut „schnuppern“ und begann mit Taekwondo. Gefallen hat mir die Einstellung meines Lehrers, der gleich zu Beginn sagte: „Wenn ich einmal sehe, dass ihr das, was ihr hier lernt, sinnlos einsetzt, dann bekommt ihr es mit mir zu tun!“

Einmal hatten wir hohen Besuch: Großmeister Kwon aus Korea! Mein Lehrer lud ihn auf ein Bier ein, als plötzlich drei riesengroße, tätowierte radikal orientierte Schlägertypen in der Kneipe auftauchten. Einer erblickte Großmeister Kwon, kam näher, schlug ihm auf den Rücken und ätzte: „Na, du Schlitzauge, was hast denn du hier verloren!“ Großmeister Kwon stand auf, tupfte sich mit der Serviette den Mund ab, zahlte sein Bier, verbeugte sich und verließ die Kneipe. Mein Lehrer staunte und fragte ihn draußen auf der Straße: „Warum haben Sie sich nicht gewehrt? Eine Bewegung mit Ihrer linken Hand hätte gereicht und die drei wären in der Ecke gelegen?“ Und er antwortete: „Das zu wissen hat mir gereicht.“

Der Umgang mit dem „Feuer". Das ist eine Qualität, die wir uns als Erzieher aneignen könnten: den Umgang mit dem „Feuer" zu beherrschen; das Wissen, dass du könntest, wenn du wolltest ..., und dieses Wissen allein genügt. Dann brauchst du keine Beweise mehr für deine Macht, dann zeigst du wahre Größe. Du hast es nicht nötig, deine Macht zu demonstrieren, weil für dich die Ungleichheit eindeutig ist: Du bist der/die Große und dein Kind ist der/die Kleine. Dieses Wissen wirkt im Hintergrund, es gibt dir Sicherheit und Macht – ohne dass du sie anwenden musst. Vielleicht ist diese Qualität ein Aspekt von Größe und Charisma: Du beherrschst Strategien, die du nicht einsetzt, aber du weißt, du könntest, wenn du wolltest ... Und so vermittelst du indirekt, dass du Kraft hast und sie auch einsetzen könntest, wenn du wolltest, aber bewusst darauf verzichtest – und das kann „die Kleinen" mächtig beeindrucken.

> ***Der Blick und die rote Blume.*** *Als Mogli heranwächst, beginnen die Tiere der Dschungel ihn zu fürchten, weil er ihnen in gewisser Weise überlegen ist. Zum einen ist da Moglis Blick: „Sieh mich an", sagt Baghira, und Mogli blickt ihm fest in die Augen. Nach einer halben Minute wendet der große schwarze Panther den Kopf zur Seite. „Sogar ich vermag dir nicht gerade in die Augen zu sehen, und doch wurde ich unter Menschen geboren und liebe dich, kleiner Bruder. Aber die anderen hassen dich, weil deine Augen ihnen wehtun ..."*[10]
>
> *Zum anderen ist da die „rote Blume" – kein Tier des Dschungels würde das Feuer je bei seinem Namen nennen. Doch Mogli ist ein Mensch und es steht in seiner Macht, die „rote Blume" zu beherrschen. Das Feuer ängstigt die Tiere und Mogli weiß das, und er spielt mit ihrer Angst und mit seiner Macht. Mit dem Feuer weiß er schon umzugehen, mit seiner Macht noch nicht. Und das ist einer der Unterschiede zwischen Groß und Klein: Der Große kann sich beherrschen.*

Kräfte messen. Vielleicht kennen Sie das: Kinder kommen zu ihnen und wollen raufen, balgen, Kräfte messen. Sie als Großer wissen, dass Sie das Kind mit einer Hand auf den Boden werfen könnten, aber Sie tun es nicht, weil sie es verstehen, die Kraft, die Sie haben, sorgsam einzusetzen. Sie kontrollieren das Spiel und sorgen dafür, dass das Kind nicht übertreibt und weder sich noch einen anderen verletzt. Für einen Augenblick tun Sie vielleicht auch so, als würde das Kind Sie besiegen, doch letztendlich wissen beide, dass der Erwachsene der Stärkere ist, und das Kind vertraut darauf, dass der Erwachsene nicht seine ganze Kraft einsetzt. Vielleicht erinnern Sie sich an die Szene im Disney-Film, als Mogli und Balu einander kennenlernen:

Balu beschnuppert Mogli, Mogli haut ihm eins auf die Nase und sagt: „Laß mich allein!“ Balu sagt: „Ganz schön große Klappe, kleiner Hosenmatz!“ – „Auch ganz schön stark!“, erwidert Mogli und beginnt auf Balus Bauch einzuboxen. Der packt den strampelnden, boxenden Mogli und hält ihn mit einer Tatze vor sich in die Luft und sagt: „Tsss, bedauernswert! Mein Kind, du brauchst Hilfe! Der alte Balu wird dir beibringen, wie man als Bär kämpfen muss.“ Und das ist der Beginn einer wunderbaren Freundschaft.

Macht und Ohnmacht. Marshall B. Rosenberg, der Begründer der „gewaltfreien Kommunikation“, unterscheidet hier zwischen beschützender und bestrafender Anwendung von Macht.[11] Mit *beschützender* Anwendung von Macht wollen wir Verletzung oder Ungerechtigkeit verhindern – so halten wir das Kind fest, wenn es auf die Straße läuft und das Auto übersieht; so beschützen wir es und sorgen für seine Sicherheit, und das ist gut so. Gerade dafür brauchen die Kleinen die Großen an ihrer Seite. Mit *bestrafender* Anwendung von Macht wollen wir Kinder aber für ihre scheinbaren Missetaten leiden lassen – sei es durch einen Angriff auf den Körper oder auf die Seele des Kindes, sei es durch eine Ohrfeige oder durch einen Satz wie diesen: „Wie kannst du nur so dumm sein!“ Wir beschuldigen sie, wir verurteilen sie, wir gehen mit unserer Macht achtlos um, wir missbrauchen unsere Macht vielleicht sogar.

Macht = Verantwortung. Das Wort „Macht“ hat also zumindest zwei Gesichter und manchmal einen seltsamen Beigeschmack. Wir hören „Macht“ und denken vielleicht an Gewalt und Hilflosigkeit, Täter und Opfer, Schuld und Unschuld. Doch das ist nur die eine Seite, die „dunkle Seite der Macht“, wie die Jedi-Ritter aus *Krieg der Sterne* sagen würden. Die andere Seite der Macht hat zu tun mit Verantwortung. Wenn wir Verantwortung übernehmen, gewinnen wir Macht. Und doch haben wir hin und wieder den Wunsch, es uns leichter zu machen und Verantwortung abzuschieben; dann ist das Kind schuld oder der Partner oder die Migräne oder die eigenen Eltern oder die Politik oder – wenn sich auf Erden keiner findet – der liebe Gott im Himmel. Doch das ist ein kindisches Spiel, das einen schwächt. Dann bin ich blind dafür, dass ich selbst Ursache bin. Erst wenn ich das erkenne, bin ich wirklich erwachsen, dann übernehme ich tatsächlich Verantwortung, dann stehe ich zu meiner Größe und zu meiner Macht. Und genau dies sollte auch eine unserer indirekten Botschaften an unsere Kinder sein: „selbst Verantwortung übernehmen“.

Der Schlüssel der Macht. In jeder Kultur haben wir Symbole für Macht. Dazu gehört der prächtige Kopfschmuck des Indianerhäuptlings genauso wie die brandneue Luxuskarosse des Firmenchefs, die goldene Kreditkarte genauso wie der Haustorschlüssel. Was bedeutet das in einer Partnerschaft, wenn ich den anderen frage: „Willst du den Schlüssel zu meiner Wohnung haben?“ Oder was bedeutet das, wenn ich meinen Sohn frage: „Soll ich dir den Autoschlüssel borgen?“ Ist mir bewusst, dass ich in diesem Moment auch Macht übergebe? Natürlich! Schlüssel bedeutet Macht, Schlüssel heißt aber auch Verantwortung. Ob der Schlüssel des Petrus zum Eingang ins Himmelreich oder der Autoschlüssel oder der Firmenschlüssel oder der Tresorschlüssel – der Schlüssel ist ein Symbol für Macht und für Verantwortung, weil die beiden zusammengehören; das eine sollte nicht sein ohne das andere.

Autorität sein. Wenn einer verantwortungsvoll mit seiner Macht umgeht, dann besitzt er Autorität, dann erfüllt er seine Rolle als Großer. Und Kinder haben einen Anspruch darauf, ihre Eltern in allen Lebensphasen als Autorität zu erleben. Was ist der Unterschied zwischen denen, die *Autorität* sind, und denen, die *autoritär* handeln? Derjenige hat Autorität, der dem anderen Gutes tut mit seiner Macht, der seine Macht beschützend anwendet – zum Wohle des anderen. Derjenige, der autoritär handelt, wendet seine Macht bestrafend an; er muss autoritär handeln, weil er sonst nichts hat; weil ihm jene innere Größe fehlt, die ihm Kraft und Sicherheit gibt. Denken Sie an Balu, den Bären: auch er wächst erst in die Rolle des Erziehers und Lehrers hinein, zu Beginn muss er noch autoritär handeln. Baghira hingegen hat es nicht nötig, laut und grob zu werden, er ist von Anfang an Autorität, sein Wort zählt, sein Blick sagt mehr als tausend Worte.

Grenzenlos glücklich?

Glück kann vieles sein – ein kurzes Aufwallen von Freude und genauso länger anhaltende Zufriedenheit; die Befriedigung, die sich einstellt, wenn man einer sinnvollen Tätigkeit nachgeht, und genauso innere Gelassenheit und Frohsinn und noch viel mehr als das. Glück kann von unterschiedlichen Faktoren abhängen: von äußeren Geschehnissen und genauso von inneren Einstellungen, von der Persönlichkeit eines Menschen. Der eine empfindet mehr Glück in einem Zustand der Ruhe, der andere empfindet mehr Glück in einem Zustand der Aktivität. So empfindet Mogli Glückseligkeit, wenn er bei Vollmond atemlos durch den Dschungel rennen kann, und der buddhistische Mönch empfindet Glückseligkeit, wenn er bei Vollmond in atemloser Stille meditieren kann. Doch wie auch immer ein Glücksgefühl entstehen mag, eins steht fest: Es ist endlich, es ist begrenzt; und unendliches, grenzenloses Glück bleibt Illusion. Beim großen Denker Carl Gustav Jung lesen wir: „Auch das glücklichste Leben ist nicht ohne ein gewisses Maß an Dunkelheit denkbar, und das Wort Glück würde seine Bedeutung verlieren, hätte es nicht seinen Widerpart in der Traurigkeit.“[11]

Zum Glück gibt's Grenzen! Wenn einer Glück ohne Grenzen sucht, wird er statt glücklich höchstens süchtig. Dann will er immer mehr, immer höher hinaus, immer noch Größeres und noch Besseres, den immer stärkeren Kick, und was hat das zur Folge? Eine nie zu stillende Sehnsucht: Er sehnt sich und sucht weiter, was er vermisst. Glück begegnet ihm zwar in hellen Momenten, doch er kann es nicht nehmen, es erfüllt ihn nicht mehr, eben weil es für ihn keine Grenzen gibt und er seine Suche ins Grenzenlose ausweitet. Dasselbe würde mit einem Kind geschehen, das jeden Tag ein Geschenk bekommt. Irgendwann wird es dieses Geschenk brauchen, einfordern und ohne dieses Geschenk nicht mehr sein wollen, und das, obwohl die Geschenke an sich für dieses Kind überhaupt keine Bedeutung mehr haben. Dennoch ist das tägliche Empfangen des Geschenks wie eine Sucht geworden, eine „Sehn-Sucht“ nach mehr und mehr und mehr, während das Kind weniger und weniger und weniger Glück empfinden kann. Da sind wir als Erzieher gefordert; wir können ganz einfach zum Glück unserer Kinder beitragen: indem wir ihnen Grenzen setzen.

Bitte sag nein! Ich erinnere mich an eine Situation mit einer befreundeten Familie: Wir waren zum Essen in ein feines Restaurant eingeladen; das Kind war extrem unruhig, es meckerte und jammerte in einem fort und gab schlimme Schimpfwörter von sich, um Aufmerksamkeit zu bekommen. Schließlich packte es die Tischdecke, riss mit aller Kraft daran und warf alles um – totales Chaos ... Und wie reagierte die Mutter? Sie eilte zum Kind, nahm es in den Arm und fragte unsicher, sanft und mit zitternder Stimme: „Sind wir heute vielleicht wieder einmal schlecht drauf?“ Im Blick dieses kleinen Kindes habe ich eine Verzweiflung gesehen, als wollte es sagen: „Nein, Mama, du verstehst mich nicht, das wollte ich nicht hören, das wollte ich damit nicht erreichen!“ Und prompt kam die Reaktion darauf: Es zerkratzte der Mutter das Auge. Zuerst lachte es sogar noch, doch als die Mutter ins Krankenhaus musste, weil das Auge so stark blutete, erschrak es und war endlich ruhig. Das Auge der Mutter konnte gerade noch gerettet werden ...

Unerzogen – was heißt das überhaupt? Wohin wird man gezogen? Und von wem? Die antiautoritäre Erziehung wurde von vielen missverstanden oder übertrieben und auch heute sind die Grenzen für viele Kinder unklar und verschwommen. In unserer Kultur wachsen sie oft ohne Maß und Grenze auf. Denken Sie nur an die „All-inclusive-Klubs" mit ihren Buffets: Im ersten Moment gefällt uns dieser Gedanke der Freiheit, aber dann? Was tu ich jetzt damit? Was wähle ich? Was nehme ich mit? Was lasse ich da? Was versäume ich, wenn ich nicht alles probiere? Dann kann es passieren, dass ich mich wie erschlagen fühle von dieser ganzen Freiheit, Maßlosigkeit und Grenzenlosigkeit. Dann muss ich überlegen, wählen, entscheiden, dann habe ich die Qual der Wahl. Und so hat diese Fülle, in der wir leben, vielleicht auch ihre Schattenseiten und schürt unsere Ängste. Weniger ist mehr, heißt es so oft – dieser Gedanke könnte auch zur Kindererziehung passen. Kinder brauchen nicht jedes Spielzeug, jeden Luxus, jede Erlaubnis; Kinder brauchen Eltern, die für Kontinuität und Stabilität sorgen, die Regeln aufstellen und Grenzen setzen, denn genau das gibt ihnen Sicherheit.

Kleine brauchen Klarheit. Warum loben Eltern ihre Kinder für Unfug, den sie machen? Ja, natürlich, das Kind soll Anerkennung erfahren, Respekt und Wertschätzung – aber nicht auf diese Art und Weise. Ich kann mir vorstellen, dass sich das Kind dabei höchst unwohl fühlt, weil ein Teil in ihm weiß, dass sein Verhalten nicht in Ordnung war. Dann kann es passieren, dass das Kind immer größeren Unsinn anstellt, nur um endlich Grenzen zu erleben. Kinder versuchen dann auf diese seltsame Art, die Grenzen auszutesten; und oft genug wird dieses Verhalten von Außenstehenden missverstanden und als „unerzogen" oder „krank" angesehen. Dabei fordern die Kinder uns Erwachsene oft nur heraus, weil sie Grenzen ersehnen, denn Grenze bedeutet nicht nur Einschränkung, sondern auch Sicherheit. Eltern, die keine Grenzen setzen, werden von ihren Kindern als schwach erlebt. Das Kind erhält äußerlich Macht, doch innerlich leidet es und fühlt sich selbst schwach und orientierungslos. Keine Grenzen zu setzen, Lob zur falschen Zeit – das wäre falsch verstandene Anerkennung und würde die Ordnung in der Familie auf den Kopf stellen.

Folge dem Wasser! Erinnern Sie sich vielleicht an die dramatische Geschichte des Mädchens, das einen Flugzeugabsturz im Dschungel heil überstand? Sie war die einzige Überlebende, ihre Mutter und die anderen Mitreisenden waren ums Leben gekommen. Und in höchster Not erinnerte sie sich an das, was ihr Vater – ein erfahrener Naturforscher – sie gelehrt hatte: „Solltest du dich einmal in der Wildnis verlaufen, dann suche Wasser, das kleinste Rinnsal, und folge ihm; denn das Rinnsal wird zum Bächlein, das Bächlein zum Bach, der Bach zum Fluss, der Fluss zum Strom, und entlang des Stromes findest du früher oder später Menschen." Und so war es auch: Sie wurde von einem Eingeborenen gefunden und gerettet.

> ***Die Gesetze des Dschungels.*** *Als Mogli von den Bandarlog, dem Affenvolk, verschleppt wird, erinnert er sich an das „Meisterwort", das Balu ihm beigebracht hat. Nur so gelingt es ihm, Tschil, den Geier, mit der Bitte um Hilfe zu Balu und Baghira zu senden.*
>
> *„Das Menschending wusste das Meisterwort, ich tat nur meine Pflicht!", spricht Tschil. „Das lobe ich mir!", lacht Balu stolz. „Er hat den Kopf nicht verloren, der Prachtkerl! So jung er ist, hat er das Vogelwort nicht vergessen – und dabei noch auf der wilden Jagd durch die Baumwipfel." – „Nachdrücklich genug ist es ihm eingetrichtert worden", knurrt Baghira. „Aber stolz bin ich auf ihn, und nun fort, so schnell wie möglich zur Affenstadt!"*[13]

Jugendliche brauchen genauso Klarheit. In der Beziehung zu ihren Eltern bleiben Kinder nämlich immer die Kleinen, egal, wie alt sie sind. Und so stehen auch Jugendliche auf das „Meisterwort". Ich erinnere mich an meine eigene Jugend: Ich habe bald *mehr* gewusst als mein Vater und wurde dann auch bald anmaßend. Ich habe auch bemerkt, wie schlecht mir das tat: Solange mein Vater „groß" war, fühlte ich mich sicherer, zufriedener, glücklicher. Als ich nicht nur körperlich drei Köpfe größer war, sondern mich auch intellektuell „größer" fühlte und mein Vater in meiner Wahrnehmung immer kleiner wurde, fingen meine Probleme an. Erst viel später war ich reif genug, ihm wieder den Platz zu geben, der ihm gebührte. Und das geschah an dem Tag, als ich selbst Vater wurde. Plötzlich liefen die Szenen zwischen meinem Vater und mir wie ein Film ab und all die Anmaßungen wurden mir bewusst. Und dann stand ich da als stolzer Vater, hielt mein erstgeborenes Kind in den Händen und war erfüllt von Demut und Dankbarkeit. Von da an war mir klar: Dieser Mann ist und bleibt mein Vater, er hat mehr Erfahrung, und auch wenn er vielleicht intellektuell weniger weiß, so bleibt er doch der Große und ich der Kleine. Und für meine Tochter habe ich augenblicklich Verantwortung und Vaterrolle übernommen und gewusst: Für sie bist und bleibst du der Große und sie ist und bleibt die Kleine, und das ist gut so.

Die Mitte finden. Groß sein, Grenzen setzen, Glück schenken, geben statt nehmen – das klingt alles so einfach, ist es aber nicht immer. Es ist vielmehr eine Gratwanderung. Man kann es auch übertreiben mit der Ordnung und jegliche

Entwicklung beim Kind abtöten. Genauso kann man es übertreiben mit der Unordnung und das Kind mit zu viel Freiheit überfordern. Und niemand kann das besser erkennen als ich selbst – vorausgesetzt, ich schaue hin. Das Gute ist, unsere Kinder sind wie Spiegel und reagieren sensibel auf das, was sie durch uns erfahren und erleben. Sie konfrontieren uns immer wieder mit unseren eigenen Schwächen. Sie fordern uns heraus, sie testen uns, sie versuchen, wie weit sie gehen können, sie sind aber auch letztendlich dankbar, wenn wir klare Grenzen ziehen. Um das erfüllen zu können, brauchen wir für uns selbst Klarheit und Bewusstheit. Dazu überprüfen wir unsere Überzeugungen und Geisteshaltungen zum Thema Erziehung, dazu tauschen wir uns aus mit Partnern, Freunden, gleich Gesinnten, dazu lesen wir Bücher wie dieses und lernen weiter.

Die Eltern sind immer die richtigen Eltern für das Kind. Und das Kind ist immer das richtige Kind für die Eltern. Niemand ist fehlerlos, *ich* nicht, mein Kind genauso wenig. Eltern können ihr Kind nicht umtauschen, wenn sie einen Mangel entdecken, und Kinder können ihre Eltern ebenso wenig umtauschen, wenn sie einen Mangel entdecken. Kinder und Eltern gibt es nur „all inclusive", mit allen Eigenheiten, die sie mitbringen. Es gibt keine anderen Eltern als die, die man hat, und es gibt keine anderen Kinder, als die, die man bekommt. Und die sind richtig so, wie sie sind, mit all ihren Schwächen und Stärken, ihren Besonderheiten und Eigenarten. Oft setzen wir uns als Elternteil da ziemlich unter Druck; wir wollen die perfekte Mutter, der perfekte Vater sein. Oder noch schlimmer: die perfekten Kinder erziehen! Ein Ding der Unmöglichkeit!

So, wie du bist, bist du richtig. Warum gönnen wir uns nicht eine angemessene innere Einstellung und sagen uns: „So, wie ich bin, bin ich richtig. Ich tue, was ich kann, ich tue, was in meinen Kräften steht und wozu ich fähig bin, und das ist genug." Und zu meinem Kind sage ich auch: „So, wie du bist, bist du richtig!" – Ja, aber *wie* genau *bin* ich denn? Das interessiert mich schon. Und wie ist mein Kind? Und was hat es mit den Dschungeltypen auf sich? Was mache ich jetzt mit der Erkenntnis: Ich bin eine Baghira-Mama mit einem Shir-Khan-Kind? Oder ein Balu-Papa mit einem King-Louie-Kind? Im nächsten Kapitel ist es so weit: Da wagen wir uns mitten hinein ins Herz des Erziehungsdschungels. Packen Sie Ihren Rucksack voll mit Abenteuerlust, Neugier und Forschergeist und begleiten Sie mich auf eine Reise weit hinaus … in Ihr Inneres!

Zusammenfassung

- **Entwicklung – eine Stufe nach der anderen**
- Entwicklung hat eine Richtung und verläuft in Stufen.
- Jede Entwicklungsstufe hat ihre Qualitäten.
- Entwicklung ist nie zu Ende, wir lernen ein Leben lang weiter.
- Wer lernt, macht Fehler – wer Fehler macht, lernt! Und das ist okay.

- **Trieb und Flucht**
- Menschen werden von ihren Bedürfnissen beeinflusst.
- Menschen können aber auch über die Bedürfnisse ihre Beziehungen beeinflussen.
- Bedürfnisse können von Mensch zu Mensch grundverschieden sein.
- Ebenso kann der Ausdruck der Bedürfnisse grundverschieden sein.
- Und ebenso kann der Weg zur Erfüllung der Bedürfnisse grundverschieden sein.
- Der erste Schritt: Eigene Bedürfnisse erkennen und benennen!
- Der zweite Schritt: Die Bedürfnisse anderer erraten oder erfragen!
- Menschen werden auch von ihren Ängsten beeinflusst.
- Ängste können uns hemmen und sie können uns motivieren.
- Ängste machen Sinn und dienen uns als Hinweis.
- Bedürfnisse und Ängste haben miteinander zu tun.
- Haben wir unsere Bedürfnisse im Blick, dann drängen wir hin zu deren Erfüllung.
- Haben wir unsere Ängste im Blick, dann drängen wir weg von ihnen.
- Entwicklung ist oft begleitet von Ängsten.
- Wir können unsere Kinder nicht vor Ängsten bewahren, aber wir können ihnen beistehen.
- Gerade durch die Sicherheit, die wir ihnen durch das Setzen von Grenzen geben, können wir ihre Grundangst mindern.

- **Die ungeschriebenen Gesetze des Dschungels**

- Jedes System braucht eine Ordnung, um zu funktionieren – auch die Familie. Hier wirken die Ordnungen der Liebe.
- Die größte Angst, die Grundangst des Kindes ist die Angst vor dem Verlust der Eltern.
- Das größte Bedürfnis des Kindes ist das nach Zugehörigkeit zur Familie.
- Wesentliche Aufgabe in der Erziehung ist: als Elternteil präsent sein.
- Die Eltern sind die Großen.
- Groß sein heißt: Autorität und Vorbild sein, Grenzen setzen, Verantwortung übernehmen, für Ordnung, Klarheit, Struktur sorgen, konsequent sein, geben statt nehmen, die Kinder nicht zu „brauchen" …
- Die Kinder sind die Kleinen.
- Klein sein heißt: Große neben sich haben, Grenzen erfahren, Sicherheit spüren, sich heraushalten aus den Angelegenheiten der Großen, nehmen statt geben, Vater und Mutter zu „brauchen" …
- Wer groß ist, hat Macht. Wer Macht hat, der hat Verantwortung.
- Kinder fordern uns Erwachsene oft nur deshalb heraus, weil sie Grenzen suchen – und Sicherheit.
- Eltern, die keine Grenzen setzen, werden von ihren Kindern als schwach erlebt.
- Wenn einer Glück ohne Grenzen sucht, wird er höchstens süchtig statt glücklich.
- Wir können zum Glück unserer Kinder beitragen: indem wir ihnen Grenzen setzen.
- Kinder jedes Alters – auch Jugendliche – brauchen Grenzen und Klarheit.
- Die Eltern bleiben die Großen – egal, wie alt die Kinder sind.
- Die Eltern sind immer die richtigen Eltern für das Kind.
- Das Kind ist immer das richtige Kind für die Eltern.

Die sieben Typen aus dem *Dschungelbuch*

Wie jede Blüte welkt und jede Jugend
Dem Alter weicht, blüht jede Lebensstufe,
Blüht jede Weisheit auch und jede Tugend
Zu ihrer Zeit und darf nicht ewig dauern.
Es muß das Herz bei jedem Lebensrufe
Bereit zum Abschied sein und Neubeginne,
Um sich in Tapferkeit und ohne Trauern
In andre, neue Bindungen zu geben.
Und jedem Anfang wohnt ein Zauber inne,
Der uns beschützt und der uns hilft, zu leben.

Wir sollen heiter Raum um Raum durchschreiten,
An keinem wie an einer Heimat hängen,
Der Weltgeist will nicht fesseln uns und engen,
Er will uns Stuf' um Stufe heben, weiten.
Kaum sind wir heimisch einem Lebenskreise
Und traulich eingewohnt, so droht Erschlaffen,
Nur wer bereit zu Aufbruch ist und Reise,
Mag lähmender Gewöhnung sich entraffen.

Es wird vielleicht auch noch die Todesstunde
Uns neuen Räumen jung entgegen senden,
Des Lebens Ruf an uns wird niemals enden ...
Wohlan denn, Herz, nimm Abschied und gesunde![14]

Hermann Hesse

Hinter die Masken schauen. Im Folgenden wollen wir unsere Bedürfnisse und unsere Werte genauer unter die Lupe nehmen, wir wollen mit Respekt hinter die Masken schauen und versuchen zu erkennen, welche Bedürfnisse Menschen bewegen, welche Werte erfüllt sind und welche unerfüllt. Wir werden Detektiv spielen und uns Fragen stellen: Warum handle ich auf meine typische Art und Weise? Warum handeln andere auf ihre typische Art und Weise? Was ist das Motiv dahinter? Was bewegt die Menschen? Worum geht es wirklich? Geht es vielleicht um Sicherheit, Anerkennung, Ordnung, Ehre? Oder um Selbstverwirklichung, Macht, Unabhängigkeit, Ruhe ...? – Moment – ist es wirklich notwendig, so komplex über mich selbst und andere nachzudenken? Wenn ich meine Wahl- und Handlungsmöglichkeiten erweitern will, dann schon. Wenn ich Verhaltensmuster erkennen und verändern will, dann schon. Wenn ich meine Beziehungen verbessern will, dann schon. Und wenn ich erziehen statt dressieren will, dann schon. Kompliziert wirkt das nur zu Beginn, wenn ich meine Wahrnehmung erweitere. Aber wie an alles Neue im Leben, so gewöhne ich mich auch *daran* und bemerke, wie es mir mit der Zeit immer leichter fällt und mir das Leben immer leichter macht.

Der Wertekompass. Wir agieren und wir reagieren, doch nicht willkürlich. Wir werden dabei geleitet von einer Art innerem Kompass, der bei jedem Menschen individuell ist. Was ist dieser innere Kompass, der mir den Weg einmal in die eine und einmal in die andere Richtung zeigt? Und inwiefern hilft mir dieser innere Kompass, mich im Dschungel des Beziehungsalltags zurechtzufinden? Die meisten von Ihnen werden das schon am eigenen Leib erfahren haben: In uns wirken Kräfte, die unsere innere Kompassnadel in die eine oder andere Richtung lenken. Da ist einerseits das, was wir verlangen und anstreben – und da ist andererseits das, was wir vermeiden und ablehnen. Da sind einerseits unsere *Bedürfnisse* – und da sind andererseits unsere *Ängste*; und beide hängen zusammen mit unseren *Werten*, mit dem, was uns wirklich wichtig ist im Leben.

Das *Dschungelbuch*. Es war für mich ein vergnügliches Erlebnis, Walt Disneys berühmten Zeichentrickfilm *Das Dschungelbuch* zu sehen, und es war auch ein Erlebnis und Vergnügen, Rudyard Kiplings Vorlage – die Original-Dschungelbücher – zu lesen. Es war noch mehr als das, es war mir Inspiration: Es hat mich einerseits an ein Modell menschlicher Entwicklung, und zwar an das Modell des bekannten amerikanischen Professors Clare W. Graves erinnert, dem ich im Zuge meiner Ausbildung immer wieder begegnet bin. (Interessierte Leser können im Anhang des Buches ab Seite 265 nähere Informationen dazu finden.) Und es hat mich andererseits dazu inspiriert, ein eigenes Modell daraus zu entwickeln, das ich Ihnen nun Stufe für Stufe vorstellen möchte. Es soll Ihnen ganz allgemein im Umgang mit anderen Menschen nützlich sein, im Zusammenleben mit Partnern, mit Freunden, mit Arbeitskollegen – im Besonderen aber im Umgang mit Kindern.

Die verschiedenen Typen im *Dschungelbuch*. Wir können davon ausgehen, dass Menschen mit unterschiedlichen Wertesystemen auch unterschiedliche Ansichten haben – über Religion, Wirtschaft, Politik, Familie, Ausbildung, Gesundheit, Freizeit bis hin zum Sinn des Lebens. Menschen denken auch unterschiedlich nach über Ziele, Moral, Motivation, Lebensstil und anderes. Menschen *glauben* auch an unterschiedliche Dinge. Und doch entdeckt man dann Gemeinsamkeiten und kann eine Zuordnung wagen, um sich im Dschungel des Lebens besser zurechtzufinden. Doch was genau können wir zuordnen? Wir charakterisieren mit dieser Zuordnung zu einem bestimmten Typ einfach eine bestimmte Art des Denkens.

Kompetenz in Sachen Menschlichkeit. Zu welcher Zeit ein Mensch lebt und in welchem Umfeld, unter welchen Bedingungen – das bewirkt natürlich Unterschiede. Jeder Mensch befindet sich also in seiner speziellen Umwelt – mit den dazugehörigen Problemen – und agiert und reagiert, wie er es gelernt hat. Eins ist mir sehr wichtig: Die Zuordnung des Menschen zu einem bestimmten Typ enthält *keine Bewertung*! Da geht es nicht um wünschenswert oder weniger wünschenswert, um gut oder schlecht, um richtig oder falsch – es ist einfach eine *Möglichkeit*, auf Menschen hinzuschauen. Da geht es vielmehr um die Flexibilität des eigenen Denkens, um die Verbesserung des eigenen Einfühlungsvermögens und um die Stärkung der eigenen Kompetenz in Sachen Menschlichkeit.

Ich wende das im Folgenden beschriebene Modell der *Dschungelbuch*-Typen an, um …

- Kraft zu sparen
- mich selbst besser einzuschätzen
- es meinem Kind leichter zu machen
- im Gespräch zu bleiben
- die eigenen Ziele zu verwirklichen
- auf die Bedürfnisse eines Menschen gezielt zu reagieren
- meine Umwelt besser zu verstehen
- angemessener auf verschiedene Situationen zu reagieren
- Konflikte oft schon im Vorfeld zu vermeiden
- einfühlsam mit anderen Kulturen umzugehen …

Das hat zur Folge: mehr Ausgeglichenheit, mehr Selbstbewusstsein, mehr mentale Stärke, mehr Zielorientierung, mehr Entwicklungspotenzial, mehr Lebenskraft! Wenn das auch Ihnen verlockend erscheint, dann sehen Sie sich jetzt meine konkrete Umsetzung dieses Modells an und erfahren Sie, was all das zu tun hat mit Mogli, Balu, Baghira & Co. Viel Freude mit den *Dschungelbuch*-Typen!

Typ 1: Mogli

Findelkind Mogli, das Hilflose

Im Gebüsch raschelte es leise, und Vater Wolf duckte sich, zum Sprunge bereit. Dann aber geschah etwas höchst Seltsames … „Ein Mensch", stieß er hervor. „Ein Menschenjunges! Sieh nur!" Gerade vor ihm stand ein nackter, brauner Junge, der eben erst laufen gelernt hatte – ein ganz zartes, kleines, krauslockiges Wesen, das da in der Nacht zu einer Wolfshöhle gekommen war. Es sah dem Wolf ins Gesicht und lachte. „Was?", fragte Mutter Wolf. „Ist das ein Menschenjunges? Ich hab noch nie eins gesehen … Wie winzig, wie nackt – und wie tapfer!" Der Kleine drängte die Wolfsjungen beiseite, um dicht an das warme Fell der Mutter zu gelangen. „Er sucht seine Nahrung ganz wie die anderen. Das also ist ein Menschenjunges? Sag, hat sich je eine Wölfin rühmen können, ein Menschenjunges unter ihren Kindern zu haben?" – „Hier und dort hörte ich davon, doch niemals in unserem Rudel oder zu meiner Zeit", antwortete Vater Wolf. „Aber sieh doch, wie es aufschaut zu uns, und nicht ein bisschen Angst hat es."[15]

Jeder von uns war einmal dort. Jeder von uns kennt diese erste Stufe der menschlichen Existenz, denn wir alle wurden geboren, wir alle waren einmal Baby und Kleinkind. Und damals ging es uns allen um dasselbe: Es ging ausschließlich um Trinken, Essen, Nähe, Wärme, Kuscheln, Schlafen. Es ging um die Erfüllung der grundlegenden Bedürfnisse des Menschen. Und auch jetzt schlummert in jedem von uns immer noch das Kind, das genährt, versorgt, behütet, gewärmt und geliebt werden will. Eigentlich ist jener Teil unserer Persönlichkeit der älteste Teil unseres Innenlebens – und auch wenn wir uns vielleicht nicht mehr bewusst zurückerinnern, so haben doch die meisten schon Extremsituationen erlebt, in denen dieser Teil wieder an die Oberfläche kam, um dafür zu sorgen, dass unsere grundlegenden Bedürfnisse erfüllt werden: dass Hunger und Durst gestillt werden, dass uns Wärme und Geborgenheit umgeben, dass Schlafen und Ausruhen möglich sind, aber auch, dass man nicht allein ist oder dass ein körperlicher Schmerz wieder aufhört.

„Drücke dich sofort aus, um zu überleben!" So könnte das Motto des Einsers lauten. Und so, wie Mogli gleich die Nähe der Wolfsmutter sucht, weil er instinktiv weiß, dass es dort Wärme und Nahrung und Sicherheit für ihn gibt, so sucht jedes Baby genau das bei seinen Eltern, im ersten Lebensjahr vorrangig bei seiner

Mutter. Es ist noch ganz intensiv in Kontakt mit seinen natürlichen Instinkten und reagiert spontan und situationsangemessen: Es brüllt sich die Seele aus dem Leib, wenn eines seiner körperlichen Grundbedürfnisse unerfüllt ist. Und erfreulicherweise folgen die meisten Mütter ihren Instinkten und können nachfühlen, was das Baby gerade braucht, und dann dafür sorgen, dass das Bedürfnis erfüllt wird. Und wenn das aus irgendeinem Grund nicht möglich ist, dann haben sie doch zumindest Verständnis für den Schmerz, die Ungeduld, das Verlangen des kleinen Mogli an ihrer Seite.

Wer ist ein typischer Einser? Es gibt nicht allzu viele andere Beispiele (als die Kleinkinder) für Zugehörige zum Mogli-Typ: Heutzutage könnte man am ehesten noch schwer behinderte Menschen, schwer kranke Menschen, senile Menschen, vielleicht einige Drogenabhängige oder Obdachlose hier einordnen. Ihr Anteil an der erwachsenen Bevölkerung ist gering. Doch die „klassischen Einser" sind natürlich die Babys und Kleinkinder. Interessant ist jedoch der Gedanke, dass unter bestimmten Umständen jeder Einzelne von uns wieder auf diese Mogli-Stufe zurückfallen kann. Durch welche Umstände? Ich kann Ihren Protest schon fast hören: „*Ich* sicher nicht! Niemals! Unter keinen Umständen!" Und wie ist das in lebensbedrohlichen Extremsituationen? Wenn es uns wirklich an den Kragen geht? Oder wenn das Leben unserer Kinder auf dem Spiel steht? Wenn wir unsere eigene Existenz oder die unserer Kinder sichern müssten, dann würden wohl die meisten von uns wie Einser handeln: Wir würden danach trachten, existenzielle Bedürfnisse zu erfüllen, unsere Bedürfnisse nach Wasser, Essen, Wärme, Schlaf – mit einem Wort: nach dem Überlebensnotwendigen!

Beispiele für Einser-Verhalten

Das Unfassbare verstehen. Sie kennen wahrscheinlich die Geschichte vom Flugzeugabsturz im Hochgebirge: Keine Rettung in Sicht; die Menschen, die den Absturz lebend überstanden hatten, waren letztendlich von Hunger und Durst so gepeinigt, dass sie die letzte Möglichkeit darin sahen, die Verstorbenen aufzuessen – um zu überleben!

Das Tier in dir. Vielleicht kennen Sie auch eine bestimmte Art Menschen – liebenswert, freundlich, umgänglich – doch wehe, sie müssen Hunger aushalten oder Kälte! Dann verwandeln sie sich in ungeduldige, gereizte, zornige Wesen. Doch kaum haben sie ihren Hunger gestillt oder sich gewärmt, ist der Spuk wieder vorbei und sie sind liebenswert, freundlich, umgänglich wie zuvor. Kaum sind diese grundlegenden Bedürfnisse erfüllt, wird ihr Verhalten wieder ausgeglichen. Auch das könnte man als Eintauchen in die Mogli-Stufe verstehen.

Alkohol muss her. Obdachlose Mitbürger mit einem Hang zum Alkohol treffen sich manchmal in Gruppen, um leichter Zugang zu Alkohol zu erhalten und um in Zeiten, wenn die Versorgung knapp und der Durst groß ist, von den anderen etwas abzubekommen. Das, was sie am meisten motiviert, ist die Erreichbarkeit von Hochprozentigem. Das, was sie am meisten frustriert, ist der Entzug desselben.

Kaspar Hauser. Die meisten von Ihnen werden die Geschichte dieses „Findelkindes" kennen, das im Jahre 1828 völlig allein und verwahrlost in Nürnberg aufgefunden wurde. Obwohl Kaspar bereits 16 Jahre alt war, konnte er nicht sprechen – er war viele Jahre lang allein in einem Keller eingeschlossen gewesen. Das Tageslicht blendete ihn, er zog die Dunkelheit vor. Er nahm zunächst nur Wasser und Brot zu sich und ohne Scheu griff er in eine Kerzenflamme, weil er nicht wusste, dass dies schmerzhaft war ...

Kaspar Hauser wohnt nebenan. Wissenschaftler verstehen unter dem sogenannten Kaspar-Hauser-Versuch die isolierte Aufzucht von Tieren. Diese Experimente dienen dazu, herauszufinden, welche Fähigkeiten bei einem Lebewesen angeboren sind und welche erst nachträglich erworben werden. Aber wissen Sie, wo der vielleicht größte Kaspar-Hauser-Massenversuch aller Zeiten stattfindet? Hier und jetzt. Vielleicht sogar im Haus oder in der Wohnung nebenan; überall dort, wo wohlhabende, aber emotional verwahrloste Jugendliche vor Computern, Fernsehgeräten, Stereoanlagen „dahindümpeln" und immer mehr vereinsamen und dadurch zurückfallen auf die Mogli-Stufe, die erste Stufe der Entwicklung des Menschen. Aber „da kann man halt nichts machen" – oder vielleicht doch? Im zweiten Teil des Buches werde ich noch detaillierter darauf eingehen (ab Seite 125).

☞ **Einladung zum Gedankenexperiment:** Denken Sie kurz darüber nach, ob Sie (erwachsene) Einser in Ihrem Umfeld haben? Allein gelassene Kasper Hausers? Oder vielleicht ist es vielleicht der Bettler an der Ecke, dem Sie hin und wieder Kleingeld zustecken? Oder ein pflegebedürftiger alter

Mensch, der Ihnen nahe steht? Oder ein arbeitsloser Alkoholiker, der sich durch einen Entzug quält? Oder vielleicht fällt Ihnen auch eine Figur aus Film und Fernsehen dazu ein: Einer von den „Simpsons"? Oder eine Figur aus dem „Raumschiff Enterprise"? Oder aus „Starwars"? Oder aus „Asterix und Obelix"?

Meine Vergleiche und noch weitere Details über die Dschungelbuch-Typen finden Sie in den Übersichten, die als kostenloses Bonusmaterial zum Herunterladen auf folgenden Internetseiten zu finden sind: www.dschungelbucherziehung.com oder www.vakverlag.de (Bei VAK finden Sie diese Listen unter der Rubrik „Downloads". Zum Herunterladen benötigen Sie jeweils ein Passwort und einen Benutzernamen, die in diesem Fall der Einfachheit halber identisch sind. Geben Sie dort also zweimal dieses Wort ein: meinkind)

Instinkt als Schlüssel zum Dasein. Der Einser lebt in einer Welt, in der es fast ausschließlich ums Überleben geht. Er ist in gewisser Weise hilflos – der Willkür der Natur untergeordnet, den Umwelteinflüssen ausgeliefert. Doch er hat seinen Instinkt als Schlüssel zum Dasein, der ihm hilft zu überleben. Die Befriedigung der Grundbedürfnisse bestimmt sein Leben. Er lernt durch Anpassung und Gewöhnung – wie Babys lernen. Sie machen noch keinen Job, sie leisten noch keinen Beitrag zur Gesellschaft, sie haben auch keinerlei Macht oder Einfluss auf System und Politik. Sie reagieren einfach nur auf körperliche Signale und wollen Befriedigung biologischer Bedürfnisse und Triebe, und das nicht irgendwann in ferner Zukunft, sondern sofort im Hier und Jetzt. Sie haben keine Bewusstheit über Vergangenheit oder Zukunft, sie leben mit Haut und Haar in der Gegenwart.

Wie komme ich mit dem Einser am besten aus? Schiefgehen wird es, wenn ich ihm Essen und Trinken entziehe, ihm drohe oder ihm Schmerzen zufüge. Alles, was Unwohlsein bei ihm auslöst, ist kontraproduktiv. Gut gehen wird es, wenn ich dafür sorge, dass seine biologischen Bedürfnisse erfüllt werden, wenn ich ihn öfter mal berühre, ihm Wärme und Geborgenheit gebe, ihm das Gefühl von Sicherheit vermittle. Unmittelbare Belohnung wird wohl die einzige Möglichkeit sein, ihn zu motivieren. Als Bestrafung hingegen erlebt der Einser-Mensch den Entzug von Nahrung und Wärme; bei Drogensüchtigen wäre das der Entzug ihrer Suchtmittel, bei Babys wäre das der Entzug der mütterlichen Brust oder des Fläschchens oder der Entzug körperlicher Nähe und Berührung. Falls Sie gerade ein Neugeborenes daheim haben und dieser kleine Mogli Sie gerade wieder mit seinem

Brüllen nervt und so richtig den Einser „raushängen" lässt – wird das für Sie nicht leichter erträglich, jetzt, da Sie wissen, dass das kleine Wesen noch nicht anders kann? Hat Ihnen das etwas mehr Verständnis für das Verhalten des Kindes vermittelt?

Blickkontakt – der direkte Draht zur Seele. Nicht nur der kleine Mogli, auch ältere Kinder und Jugendliche brauchen jene stille Liebe der Eltern, die durch die Augen zu ihnen fließt. Jeder hat schon einmal am eigenen Leib gespürt, wie wohl ein zärtlicher, liebevoller Blick tun kann und wie stark die Verbundenheit zwischen Menschen spürbar wird, wenn sie einander tief in die Augen blicken. Als Vater und Mutter *geben* wir nicht nur durch Worte, Sätze, Berührungen, Gesten oder Dinge, als Eltern *geben* wir auch durch die Augen – durch intensiven Blickkontakt. Und manchmal kann ein liebevoller Blick einem Kind mehr bedeuten als der Satz „Ich hab dich lieb". Manchmal ist dieser „Gefühlstransfer" über die Augen wichtiger als alle Worte. Wenn ich meinem Kind durch meine Augen *gebe*, verändert sich automatisch meine ganze Mimik und Gestik, meine Körperhaltung, meine Stimme; dann kann ein inniges Geben und Nehmen stattfinden, das uns Menschen tief berührt und miteinander verbindet. Das gilt natürlich auch für das Geben und Nehmen zwischen Mann und Frau.

Gemeinsam geht's leichter. Durst, Hunger, extreme Hitze oder Kälte, Schmerzen – sie stressen den Einser gewaltig. Wir können beobachten: Die Überlebensstrategie von Obdachlosen, Drogenabhängigen, Alkoholkranken und anderen „Outlaws" besteht oft darin, sich in kleinen Gruppen zusammenzuschließen; das erleichtert die Beschaffung von Lebens- oder Suchtmitteln. Außerdem bringt es mehr Sicherheit, denn in der Gemeinschaft mit anderen lassen sich die Gefahren von außen – ob von der Natur oder von anderen Lebewesen ausgehend – besser abwehren. Wie bei einer Herde beschützen dann die Stärkeren die Schwächeren. Die Gruppenmitglieder finden in erster Linie zur Nahrungsaufnahme zusammen und darüber hinaus erleichtert der Zusammenschluss zu kleinen sozialen Einheiten auch die Fortpflanzung. Und so verwandelt sich der Einser in den Zweier, der Einzelgänger in den Stammesbruder. Doch das ist für uns als Eltern nicht so relevant. Uns interessiert vor allem, wie aus Mogli ein King Louie wird, wie unsere Kinder den Schritt vom Einser zum Zweier vollziehen.

Der Einser im Überblick

- Beispiele:
  - Neugeborene, Babys
  - Frühe Menschen, Steppenbewohner
  - Bei Erwachsenen in erster Linie: Traumaopfer, schwer behinderte Menschen, schwer kranke Menschen, senile Menschen, Obdachlose, Drogenabhängige …
- Grundsatz: Drücke dich selbst sofort aus, um zu überleben!
- Sein größtes Bedürfnis: Die grundlegende, essenzielle Versorgung (mit Wasser, Nahrung, Wärme, Zuwendung, Ruhe und Bewegung) soll gesichert sein.
- Seine größte Angst: Auf sich selbst gestellt sein / Entzug
- Seine größte Stärke: sein Instinkt
- Ziele: Überleben sichern durch sofortiges Befriedigen grundlegender Bedürfnisse wie Trinken, Essen, Schlafen, Wärme, Geborgenheit, Sicherheit ...
- Überlebensstrategie: Folge deinem Instinkt!
- Stressfaktoren: Durst, Hunger, extreme Hitze oder Kälte, Schmerzen, Entzug von Suchtmitteln …
- Motivation: Unmittelbare Belohnung mit Nahrung, Wärme, Berührung …
- Lernen: Durch Gewöhnung und Anpassung, noch kein abstraktes Lernen möglich.
- Aufgaben des Verantwortlichen bzw. der Eltern: Nähren, wärmen, beschützen, trösten …
- Erziehung: Das Kleinkind braucht in dieser Phase am allermeisten Nahrung, Berührung, Nähe, Wärme, Trost und einen direkten und liebevollen Blickkontakt. Mama und Papa geben, das Baby nimmt und nimmt ... (Und wie übersteht man diese anspruchsvolle Phase der Elternschaft? Mehr darüber im zweiten Teil des Buches, ab Seite 123)

- Beziehungen: Der Einser ist auf sich selbst fixiert und dennoch extrem abhängig von anderen Menschen, die ihn versorgen und beschützen.
- Kommunikation: Kaum Bewusstheit seiner selbst und anderer.
- Die Einser-Welt: Hier geht es um das nackte Überleben; der Mensch ist abhängig von anderen Menschen und von Umwelteinflüssen. Die Befriedigung der biologischen Grundbedürfnisse bestimmt sein Leben.

Weitere Details über den Einser finden Sie in den Übersichten, die als kostenloses Bonusmaterial auf folgenden Internetseiten zu finden sind: www.vakverlag.de oder www.dschungelbucherziehung.com (Vgl. dazu den Hinweis im Anhang, Seite 266)

Typ 2: King Louie

Affe King Louie, der Stammesbruder

„Schau, Kleiner", sagte King Louie zu Mogli. „Ich bin, wie du weißt, der König aller Affen. Aber ich bin es leid, immer nur den Affen zu spielen. Ich wünsche mir, ein Mensch zu sein und in ein Dorf zu gehen. Zeige mir, was ich dazu tun muss! Wenn du mir das Geheimnis der Menschen, Feuer zu machen, verrätst, kann ich sein wie sie." – „Aber ich weiß nicht, wo die Menschen das Feuer herhaben", antwortete Mogli treuherzig. King Louie war überzeugt, dass der Junge sich über ihn, den Beherrscher der Affenwelt, lustig machen wollte, und polterte los: „Ich werde dir zeigen, was man bei uns mit unartigen Kindern macht!"… Zum wilden Takt einer Buschtrommel tobten die Tänzer kreischend und zeternd um ihren Gefangenen herum. Sie zogen, schubsten und stießen ihn und zwangen Mogli, wie sie zu hüpfen und zu springen. (Aus Walt Disneys Film „Das Dschungelbuch")

Das Ich erwacht. Zuerst ist das Kind noch verbunden mit allem, was ist; es lebt in einem Zustand der „Ununterschiedenheit", es trennt nicht zwischen innen und außen, ich und du. Doch Kleine wachsen, sie wachsen stufenweise, die gesamte Entwicklung vollzieht sich stufenweise. Und eines schönen Tages hat das Kind plötzlich Bewusstheit über sein Selbst, es lernt zu unterscheiden zwischen seinem eigenen Körper und dem der Mutter, zwischen Tag und Nacht und so weiter. Das Ich erwacht sozusagen, und mit dem Ich erwacht auch allmählich das Erkennen des Zusammenhangs zwischen Ursache und Wirkung. Und dann ist der Mensch bereit für den Schritt auf die *zweite* Ebene und nun heißt es: Willkommen auf der King-Louie-Stufe!

Dubidu, ich möcht' so sein wie duhuhu! Erinnern Sie sich? So singt und swingt King Louie, der König der Affen, und legt mit Mogli ein flottes Tänzchen aufs Parkett. Und so wie der kleine Mogli, das hilflose Findelkind, das perfekte Beispiel für einen Einser ist, so ist King Louie mit seinem Affenvolk – den Bandarlog – der Prototyp des Zweiers. Die Affen hausen in „Cold Lairs", einer alten, von Menschen verlassenen Stadt mitten im Dschungel. Oft hocken sie im Kreis im verfallenen Ratssaal des Königspalastes, suchen sich gegenseitig nach Flöhen ab und tun so, als seien sie Menschen. Nachdem sie Mogli gefangen haben, erhoffen sie sich, von ihm mehr über die Geheimnisse der Menschen zu erfahren, die ihnen Angst machen. Die Tiere des Dschungels wissen, dass die Affen in der Gruppe gefürchtete Kämpfer sind; sie kämpfen niemals anders als hundert zu eins, und kein Dschungeltier setzt sich gerne solcher Ungleichheit aus. Die Bandarlog hüten ihre Bräuche, Rituale und ihre Heiligtümer, bewachen ihre Schätze und verehren ihren geschätzten Anführer King Louie.

„Diene dem Stamm, ehre die Ahnen!" So könnte das Lebensmotto des Zweiers lauten. Man kann sich vorstellen, wie rätselhaft, gefährlich, unberechenbar unseren Vorfahren einst die Welt erschienen sein mag – allein schon die Eskapaden der Natur: Zuerst galt es die Dürrezeit zu überstehen, dann floss der Regen wieder im Überfluss und schwemmte alles weg, was auf den Feldern angebaut war. Dann gab es da noch die Furcht einflößenden Geräusche der Natur – wie Donner nach dem Blitz –, die in unterschiedlicher Art und Weise verstanden wurden: Einmal war es der Zorn der Götter, dann wieder ein Zeichen einer höheren Macht. Wenn einer alleine auf Jagd ging, hatte er weniger Erfolg als eine ganze Gruppe von Jägern. Leichter war es in der Gemeinschaft mit gleich Gesinnten, da konnte man eher den Gefahren des Lebens trotzen und Schutz finden in dieser wie von Geisterhand gelenkten Welt. Die Gemeinschaft wurde so wichtig, dass der Einzelne bereit war, sich für den Stamm zu opfern, für den Häuptling, den Medizinmann, die weise Frau, die Traditionen, für die Totems und andere heilige Kultobjekte. Der Zweier besänftigte die „Geister", indem er ihre Wünsche erfüllte; er glaubte an Zeichen, Omen, Prophezeiungen, Rituale, Traditionen, Tabus.

Wer ist ein typischer Zweier? Der klassische Zweier ist Angehöriger eines Stammes. In der heutigen Zeit finden wir solche Stämme noch in Teilen Afrikas, Südamerikas, Ozeaniens und der Arktis. Die Zweier-Denkweise finden wir aber auch hier in unserem Teil der Welt, zum Beispiel bei Mitgliedern von Gangs, Klubs, Vereinen oder Sportmannschaften; auch jeder, der ein bisschen abergläubisch ist, trägt mit diesem Aberglauben etwas vom Zweier in sich – also fast jeder, oder? Und dann ist da natürlich das Kleinkind, das dem Einser entwachsen ist und Zweier-Verhalten an den Tag legt. Und auch das haben wir alle am eigenen Leib erfahren, denn genauso, wie wir alle einmal kleine Moglis waren, haben wir uns dann irgendwann zu kleinen King Louies weiterentwickelt.

Beispiele für Zweier-Verhalten

Der Zauberlehrling. Bei Johann Wolfgang von Goethe lesen wir: „Herr und Meister, hör mich rufen! – Ach, da kommt der Meister! Herr, die Not ist groß! Die ich rief, die Geister, werd' ich nun nicht los."

Grundausbildung. Bei der Ausbildung von Soldaten werden Menschen manchmal auf die Zweier-Stufe zurückgedrängt, um dann als Gruppe wieder aufgebaut zu werden. Dann sind Zugehörigkeitsgefühl und Loyalität besonders stark entwickelt; der Einzelne ist dann eher bereit, sich zum Wohl der Gruppe oder des Kommandierenden oder seines ganzen Volkes zu opfern.

Das klassische Mitläufersyndrom. Ein Mitglied einer Gruppe führt gemeinsam mit anderen einen Befehl des Anführers aus, gehorcht bedingungslos, auch wenn es anderer Meinung ist. Der Mitläufer wagt es nicht, seine eigenen Ideen einzubringen und sich selbst zu verwirklichen – aus Angst, aus der Gruppe ausgeschlossen zu werden. Er ist loyal und schwimmt mit dem Strom, auch gegen die eigene Überzeugung.

Ein echter Wiener. Der Star der österreichischen Kultfernsehserie „Ein echter Wiener geht nicht unter" heißt Edmund Sackbauer – „Mundl", wie ihn alle nennen –, seines Zeichens ein herzhafter Haustyrann, unerschrockener Biertrinker und eingeschworener Familienmensch. Mundl er- und überlebt das Chaos des Lebens in einem überschaubaren Ausmaß bei sich zu Hause. Wenn's rund geht, verweist er sicherheitshalber immer auf den Großvater und die Familientraditionen: „Aber der Großvater, der da hängt, hat gesagt …" Passieren Fehler, sind immer die anderen schuld. „Was kann denn ich dafür, wenn …" Er meint keinen Einfluss auf sein Leben und seine Zukunft zu haben, die Zukunft sieht er von den anderen bestimmt. Er will immer das haben, was die anderen auch haben; bekommt zum Beispiel der Nachbar ein Auto, dann will der Mundl auch ein Auto. Er hackt auf seinen Lieben herum: „Der Karli, mein Bub, der Trottel …" Aber wenn's ernst wird, dann steht er seinen Mann: „Eh, kloar!" – „Eh, logisch!"

☞ **Einladung zum Gedankenexperiment:** Denken Sie einmal kurz nach, welche Zweier Sie persönlich kennen. Vielleicht haben Sie Tag für Tag mit ihnen zu tun? Ist eines Ihrer Kinder gerade in dieser Zweier-Phase? Gab es Phasen in Ihrer eigenen Kindheit, als die „Familienbande" geschlossen das tat, was der „Häuptling" – also Vater oder Mutter – anordnete? Oder gibt es Momente in Ihrem gegenwärtigen Leben, in denen Sie selbst zu King Louie werden? Oder was müsste passieren, damit Sie selbst Zweier-Verhalten zeigen? Oder Ihr Partner? Vielleicht fällt Ihnen auch zum Zweier eine Figur aus einem Buch, aus Film oder Fernsehen ein? Zum Beispiel: der Eingeborene, dem Robinson Crusoe den Namen „Freitag" gibt. Wer noch?

Das Zweier-Kind. Angenommen, ich hätte es daheim gerade mit einem kleinen King Louie zu tun: Was brauchte mein Schützling in dieser Lebensphase am allermeisten? Das Kleinkind beginnt die Welt außerhalb zu entdecken und die kann manchmal voller Rätsel, Magie und Mystik sein. Da gibt es offenbar Mächte, die es nicht sehen und begreifen kann, die aber alles lenken und leiten, und das macht Angst. Und je mehr Angst ein Kind hat, desto größer wird seine Sehnsucht nach Sicherheit und Geborgenheit sein, nach körperlicher Nähe und steter Präsenz der Eltern. Diese Angst kann bereits aufflammen, wenn Mama nur für kurze Zeit das Zimmer verlässt oder wenn fremde Menschen sich nähern oder wenn Schlafenszeit ist. Da fürchtet das Kind plötzlich, die Mama zu verlieren, weil sie nicht mehr greifbar und sichtbar ist – im simplen Denken des Kindes hört sie damit auf zu existieren. Eine schreckliche Idee! Allmählich lernt das Kind dann, dass die Mama dauernd existiert, auch wenn es sie nicht dauernd sieht und spürt. Doch bis es so weit ist, müssen wir als Eltern wohl oder übel unsere Anwesenheit *beweisen* – und sei es um drei Uhr nachts! (Ich persönlich habe schon Mühe damit, mir *selbst* zu dieser nächtlichen Stunde meine Anwesenheit zu beweisen …)

Diese Frau kenne ich nicht! Vielleicht haben Sie sich auch schon gewundert über die Reaktion Ihres Babys, als Sie nach einer längeren Zeit der Abwesenheit wieder zurückkehrten. Erwartet haben Sie sich wahrscheinlich, dass es über das ganze Gesicht lächeln würde und Laute des Entzückens von sich geben, Ihnen seine kleinen Ärmchen entgegenstrecken und mit seinen Lippen ein Wort formen würde, das ganz eindeutig „Mama“ oder „Papa“ bedeutete. Und was ist tatsächlich geschehen? Ihr Baby hat Sie vielleicht kaum eines Blickes gewürdigt, ganz zufrieden mit der Oma gespielt und gequengelt, als sie es auf den Arm genommen haben.

Meine Tante ging einmal mit ihrem Mann auf Europareise und ließ ihren kleinen Sohn derweil bei meinen Eltern zurück. Er konnte schon laufen und ein wenig sprechen. Als dann die Tante nach einigen Wochen von der Reise zurückkam, um ihn abzuholen, schaute der Kleine meine Mutter an und sagte: „Die Frau kenn’ ich nicht!“ Wie kann ein Kind so fremdeln? Wie kann es seine Mutter so bestrafen? Trösten Sie sich, dieses Verhalten ist in gewisser Weise normal und gehört zu einer bestimmten Entwicklungsphase. Ich werde später noch auf die innige Bindung des Kindes an die Eltern eingehen.

Wie komme ich mit dem Zweier am besten aus? Schiefgehen wird es, wenn ich mein Kind mit seinen Ängsten allein lasse und mehr von ihm verlange, als es leisten kann: mehr Verständnis, mehr Vernunft, mehr Selbsterkenntnis, mehr Selbstbeherrschung, mehr Kontrolle über seine Triebe und so weiter; diese Fähigkeiten eignet sich das Kind erst nach und nach an. Sie werden in Kürze erfahren, dass Kontrolle überhaupt erst ab einer bestimmten Entwicklungsstufe möglich ist! Unterstützend in dieser King-Louie-Phase sind fixe Abläufe im Leben der Familie, die sich Tag für Tag wiederholen: von der Essenszeremonie bis zum Zu-Bett-geh-Ritual. Je mehr Regeln und Traditionen es in der Familie gibt, je mehr sich das Kleinkind auf Reaktionen der Eltern verlassen kann, desto eher wird es Sicherheit erfahren, Ordnung und Wohlbefinden, desto rascher wird es seine Ängste überwinden und mit guten und bösen Geistern seiner Welt klarkommen. Veränderung lieben die kleinen Zweier gar nicht, denn Veränderung bringt zu viel Neues, Unbekanntes, Aufregendes, das wieder Angst macht.

Die Eltern sind eine Konstante, das Leben ist Veränderung. Jetzt könnte man meinen: Na gut, dann werde ich eben dafür sorgen, dass möglichst alles beim Alten bleibt, damit mein Kind keinen Stress hat. Diese Idee ist gut gemeint, kann aber nicht funktionieren, denn Leben *ist* Veränderung. Und unsere Erziehungsaufgabe besteht wohl eher darin, dass *wir* die Konstante sind im Leben unserer Kinder; das Leben an sich ist abwechslungsreich und herausfordernd genug. Wir dürfen unseren Kindern beibringen und vorleben, wie man Veränderung als Chance sehen kann, wie das Lernen immer weitergehen kann, wie man Ängste aushalten und daran wachsen kann, wie man immer mehr Flexibilität erlangen kann – und das am besten in einem sicheren Rahmen: im Schutz des Nestes daheim.

King Louie lernt dazu. Der Zweier lernt am besten durch Konditionierung. Das bedeutet: Er assoziiert verschiedene Dinge, Abläufe, Handlungen miteinander, er bringt sie in Verbindung. Vielleicht haben Sie von den Experimenten des russischen Forscherehepaares Pawlow mit ihren Laborhunden gehört? Immer, wenn die Tiere ihr Futter bekamen, läutete eine Glocke. Nach mehreren Wiederholungen hatten die Hunde gelernt: Glockenton bedeutet Fressen, und der Klang der Glocke reichte schon aus, um ihren Speichelfluss anzuregen. So funktioniert Lernen durch Konditionierung, beim Menschen genauso. Ein Beispiel: Stellen Sie sich vor, Sie beißen kraftvoll in eine Zitrone! Spüren Sie, wie der Speichel in Ihrem Mund zusammenrinnt? Wie ist das möglich? Ganz einfach: durch Konditionierung. Irgendwann haben wir gelernt: Zitrone schmeckt sauer, sehr sauer. Und mittlerweile reicht es aus, wenn wir an den Geschmack von frischem Zitronensaft auf der Zunge nur *denken*, damit der Speichel fließt. Ein anderes Beispiel:

Fliegeralarm! Das Fallen der Bomben im Zweiten Weltkrieg hat die Menschen zu Recht in Angst und Schrecken versetzt. Oft ertönte vorher Fliegeralarm und der Klang dieser Sirenen reichte dann schon aus, um die Menschen in Angst und Schrecken zu versetzen. Sogar in Friedenszeiten haben viele von uns ein seltsames Gefühl, wenn sie die Sirene hören, selbst wenn es sich nur um einen Probealarm handelt. Auch das haben wir gelernt durch Konditionierung.

Noch einmal! Noch einmal! Konditionierung ist die einfachste Art zu lernen. Die Basis dafür bilden unsere angeborenen Reflexe, wie etwa der Lidschlag, die Speichelabsonderung oder der Fluchtreflex. Das Kleinkind lernt den Zusammenhang zwischen Ursache und Wirkung kennen – auf A folgt B: Wenn ich den Becher umwerfe, rinnt der Saft heraus. Oder: Wenn ich die Rosen anfasse, zersteche ich mir die Finger. Oder der Klassiker: die heiße Herdplatte ...! Meistens wird man eben nur durch Erfahrung klug. Der Schriftsteller Kurt Tucholsky schrieb: „Erfahrungen vererben sich nicht – jeder muss sie allein machen." Und dann lernen die Kleinen auch noch durch Nachahmen; sie sehen bei den Großen etwas und versuchen, das Verhalten Schritt für Schritt zu kopieren – auch wenn sie es noch nicht vollständig verstehen. Und dann wird das Gelernte unzählige Male wiederholt, bis es automatisiert ist. Vielleicht haben Sie schon einmal erlebt, wie amüsiert ein Kind reagiert, wenn man eine Geste oder ein bestimmtes Wort mehrmals hintereinander wiederholt. Kinder wiederholen selbst die Sachen, die sie amüsieren und belustigen – manchmal so oft, dass wir als Erwachsene uns wundern, wie sie es schaffen, sich bei all diesen Wiederholungen nicht zu langweilen.

Lerne in *deinem* Tempo, in *deiner* Art und Weise! Will ein Entwicklungshelfer bei einem Eingeborenenstamm ein Schulprojekt starten, dann muss es vom Häuptling gewollt und gesegnet sein. Afrikanische Kinder wurden zum Beispiel gezwungen, ruhig zu sitzen, um zu lernen. Das war Strafe für diese Kinder und keine Schulung. Ihr Unterricht hätte viel mehr Bewegungs- und Spielelemente enthalten müssen. Was immer das Nervensystem eines Menschen stresst – in diesem Fall das Stillsitzen –, das führt dazu, dass Lernen zum Horror wird! Was heißt das für uns als Eltern? Ich ermögliche meinem Zweier-Kind, dass es in *seinem* Tempo und in *seiner* Art lernen kann – in einem sicheren Umfeld. Ich unterstütze seine Experimente und zolle auch der hundertsten Wiederholung ein und derselben Übung immer noch Beifall. Ich erkläre, ich gebe Hilfestellung, ich lasse es zu, dass mein Kind selbst ausprobiert, und sorge für seine Sicherheit.

Den Dingen Bedeutung geben

Mogli wuchs mit den Wolfsjungen auf, aber diese waren natürlich schon groß und stark, ehe er noch alle seine Milchzähne hatte. Vater Wolf lehrte ihn alles, was ein Wolf wissen muss, und weihte ihn in das Leben der Dschungel ein, bis jedes Rascheln im Grase, jeder Hauch der warmen Nachtluft, jeder Ruf der Eule über seinem Kopf, jeder Kratzer von den Krallen der Fledermäuse und jeder klatschende Sprung des kleinsten Silberfisches im Teiche – bis dies alles seine genaue Bedeutung für ihn hatte.[16]

Der Zweier im Überblick

- Beispiele:
- – Kleinkinder
- – patriarchale Familien, Clans, Guru-Sekten, Blutsbande, Stammesgesellschaften, Naturvölker …
- – Menschen wie Sie und ich, bei denen Aberglaube und tagtägliche Rituale eine große Rolle im Leben spielen
- Grundsatz: Opfere die eigenen Wünsche zugunsten der höheren Mächte, des Häuptlings, des Bosses, der Geister, des Stammes.
- Seine größten Bedürfnisse: Sicherheit und Zugehörigkeit
- Seine größte Angst: Verlassen werden; Ausschluss aus dem „Stamm", aus der Gemeinschaft, der Familie …
- Seine größte Stärke: Treue
- Ziele: In Harmonie mit der Natur und der Gemeinschaft leben
- Überlebensstrategie: Zusammenhalten, dem „Häuptling" folgen und zur Not auch persönliche Opfer bringen
- Stressfaktoren: Veränderungen, geheimnisvolle Mächte, das Fehlen von Struktur und Ordnung, das Ignorieren oder Umwerfen von Traditionen …
- Motivation: Greifbare Anerkennung für erbrachte Leistungen, Befriedigung biologischer Triebe und Erhöhung des Sicherheitsgefühls.
- Lernen: Verschiedene Dinge werden miteinander assoziiert; das ist die klassische Konditionierung oder Signallernen.
- Aufgaben des Anführers bzw. der Eltern: Führen, für Sicherheit sorgen, Traditionen bewahren …
- Erziehung: In dieser Phase müssen wir als Eltern besonders greifbar und präsent sein; wir müssen Regeln vorgeben und für deren Einhaltung sorgen, immer wiederkehrende Rituale und Abläufe einführen – so vermitteln wir dem Zweier-Kind Geborgenheit und Sicherheit.
- Beziehungen: Die Gruppe zählt mehr als der Einzelne; der Zweier hat starkes Gemeinschaftsgefühl und Familiensinn. Er schätzt die Autorität

des Anführers oder des Familienoberhauptes und ist bereit, Opfer zu bringen.

- Arbeit: Ideal in einer kleinen Arbeitsgruppe in enger Zusammenarbeit mit dem Familienoberhaupt, dessen Zustimmung gesucht wird; Loyalität, Kooperation und Einsatzbereitschaft.
- Kommunikation: Weitergabe von Informationen nur über den „Anführer"; was er/sie sagt, hat Gewicht – sogar mehr als das geschriebene Wort.
- Die Zweier-Welt ist unverständlich, mysteriös, braucht Erklärungen und Interpretationen und eine starke Hand, die die Geschicke lenkt.

Weitere Details über den Zweier finden Sie in den Übersichten, die als kostenloses Bonusmaterial auf folgenden Internetseiten zu finden sind: www.vakverlag.de oder www.dschungelbucherziehung.com (Vgl. dazu den Hinweis im Anhang, Seite 266)

Typ 3: Shir Khan

Tiger Shir Khan, der Gewaltige

Shir Khan brüllte im Kreis der Wölfe am Ratsfelsen: „Freies Volk, das Menschenjunge war meine Beute von Anbeginn! Liefert ihn mir aus! Meine Geduld mit ihm ist zu Ende! Dieser Menschenwolf hat zehn Jahre lang in der Dschungel sein Unwesen getrieben! Gebt ihn heraus oder … ich schwör's … ich werde immerdar in euren Gründen jagen und keinen trockenen Knochen übriglassen. Mensch ist er, eines Menschen Kind – ich hasse ihn, bis in das Mark meiner Gebeine hasse ich ihn!" … „Kein Menschenjunges darf laufen und leben mit den Völkern des Dschungels", heulte Shir Khan. „Gebt ihn mir frei!"[17]

Der kleine Tyrann. Eines Tages ist es dann so weit und Sie erleben ihr blaues Wunder: Das liebe, angepasste Kind hat sich über Nacht verwandelt – in einen aufmüpfigen Revoluzzer; das zahme Äffchen in einen wilden Tiger. Was gestern noch gepasst hat, passt heute nicht mehr; was gestern noch funktioniert hat, funktioniert heute nicht mehr – da wird heftig protestiert, reklamiert, attackiert. Und der erschrockene Vater und die verzweifelte Mutter fragen sich: Was ist los mit meinem Kind? Was ist da passiert? Vielleicht vergleichen Sie ihr Kind dann sogar insgeheim mit anderen Kindern oder mit sich selbst und denken sich: Das kann unmöglich *mein* Kind sein! Von wem hat es das nur? Nun ja, jetzt heißt es: in die Hände spucken und den Tiger beim Schopf packen! Ihr Kind hat bemerkt, dass es Kräfte hat und Macht und einen eigenen Willen. Der Wechsel von King Louie zu Shir Khan ist markant und spannend. Ihr Kind testet nun die nächste Stufe, ihr Kind hat den Zweier hinter sich gelassen und ist nun mit Haut und Haaren ein Dreier – willkommen auf der Shir-Khan-Stufe!

Der Dreier im Extrem

„Ich bin ich – und die anderen interessieren mich nicht." So könnte das Lebensmotto des extremen Dreiers lauten. Die Welt ist kein Vergnügungspark, die Welt ist ein Dschungel – gefährlich, rücksichtslos, brutal, voller Feinde und Fallen. Da können nur die Stärksten und Härtesten überleben. Wer so denkt, handelt auch dementsprechend: Der fordert viel und gibt wenig, der kümmert sich in erster Linie um sich selbst, der ist impulsiv und unberechenbar, verwegen und impulsiv, selbstverliebt und aggressiv. Der Dreier ist aber auch risikofreudig und mutig und kann großen körperlichen Einsatz bringen, er ist hart im Nehmen, gewitzt und kühn. Und so ist er genauso wertvoll für unsere Gesellschaft wie alle anderen. Es gibt viele Aufgaben – zum Beispiel körperlich anstrengende Arbeit, die der Dreier exzellent erledigen kann. Anders als beim Zweier ist das Selbst nun wichtiger als die Gruppe. Gemeinschaft und Miteinander – wozu? Der Dreier ist ein Einzelkämpfer wie Shir Khan, der Tiger. Auch er jagt nie im Rudel, sondern immer allein; höchstens die Abfälle lässt er übrig für Schakale und Geier und andere Aasfresser, die er verachtet. Er schert sich einen Dreck um andere und ist einzig und allein auf seinen Vorteil bedacht. Er macht den anderen Tieren Angst, er schüchtert sie ein und demonstriert seine Macht und Kraft, er ist nachtragend, brutal und ungeheuer stolz – der König des Dschungels!

Extrembeispiele für Dreier-Verhalten

Der Macho. Viele Leserinnen werden genau wissen, was ich meine: Da gibt es Männer, die kaum Gefühle zeigen, die ihre Frauen ausnutzen und ausbeuten, die es nicht aushalten, wenn ein weibliches Wesen einen eigenen Willen oder eine eigene Meinung hat. Zu groß ist ihre Angst, ihr Gesicht zu verlieren, lächerlich gemacht zu werden, Macht und Kontrolle über ihre Frau zu verlieren. Manche gehen so weit, dass sie ihre Frauen misshandeln – körperlich und seelisch.

Der Tyrann. Wenn Dreier an die Macht kommen, dann endet das meist in der Staatsform der Diktatur. Ob Herrscher wie Ödipus in der griechischen Mythologie oder Hitler oder Stalin oder Saddam Hussein – keine Zeit und keine Gesellschaft scheint davor gefeit zu sein. Ihre „Untertanen" agieren meist als Zweier und sind ihrem „Häuptling" hörig. Wie solch ein Tyrann mit Andersdenkenden, politischen oder sonstigen Gegnern umgeht, können wir fast täglich in den Zeitungen lesen.

Don Giovanni. Er ist der Titelheld in Mozarts Oper – eine faszinierende und skrupellose Gestalt, ein Frauenverführer. Seine ganze Umgebung stürzt er in Verwirrung und Unglück: Donna Anna, die er zu verführen versucht und deren Vater er im Zweikampf tötet. Donna Elvira, die er verlassen hat und die zwischen Liebe und Hass schwankt. Zerline, ein junges Bauernmädchen, das seinem Werben fast erliegt ... Don Giovanni verkörpert eine Naturgewalt ohne Empfinden für Moral und Verantwortung; er will nur eines: dasjenige weibliche Wesen erobern und besitzen, in das er gerade verliebt ist.

Was wäre das Allerschlimmste für den Dreier? Sein Gesicht zu verlieren! Sich lächerlich zu machen! Das würde er als größte Schande empfinden, als Beleidigung und Zurückweisung. Deswegen kämpft der Dreier ständig um den Respekt der anderen und versucht, Scham und Schande unbedingt zu vermeiden. Er vertraut nur sich selbst, er lehnt Autoritäten ab, er hat weder schlechtes Gewissen noch Schuldgefühle – die existieren auf der Shir-Khan-Stufe noch nicht. Er kann auch die Konsequenzen seiner Handlungen noch nicht einschätzen, er lebt im Hier und Jetzt, er ist in gewisser Weise noch nicht gezähmt, noch nicht zivilisiert. Sein Lieblingswort lautet: „Ich." Er überschätzt sich selbst und unterschätzt andere. Und um Kontrolle und Macht zu erhalten oder zu erlangen, sind ihm viele Mittel recht – nach dem Motto. „Ich nehme alles, was ich kriegen kann; ich mache alles, was ich will; ich darf mich nur nicht dabei erwischen lassen!"

Wer ist ein typischer Dreier? Ich sage nur eines: Rambo lebt! Das ist natürlich ein Extrembeispiel, doch dieser raue Filmheld zeigt wirklich sehr deutlich Dreier-Verhalten und Dreier-Denkweise. Oder Superman, Terminator, Tarzan, Casanova,

Don Juan, und genauso die weibliche Ausprägung als Primadonna, Lolita, Amazone, Vamp … Auch viele Texte der Rap-Musik drücken diese Denkweise aus. Sie sehen, den Dreier finden wir in unserer Gesellschaft schon öfter als den Einser oder Zweier. Jeder zeigt Dreier-Verhalten, der kein Bewusstsein für die Konsequenzen seiner Handlungen hat – ob Held oder Rebell, Heiratsschwindler oder Halbstarker. In Gefängnissen findet man dieses Verhalten oft, in Gettos, Lagern, bei Mitgliedern von Gangs und Banden, aber genauso auf dem Sportplatz: bei den Anhängern von Kampfsportarten und Wettkämpfen – der Dreier liebt das!

Hauptsache cool. Typische Dreier-Energie spüren wir auch beim trotzigen Kind in einer Phase des Aufbegehrens, Revoltierens, Zerstörens oder eben beim jugendlichen „Halbstarken“ mit dem unwiderstehlichen Drang, verbotene Sachen zu machen, ohne Rücksicht auf Verluste. Regeln sind schließlich da, um gebrochen zu werden, oder? Hauptsache cool! Es kann passieren, dass Shir Khan aus der Balance gerät und das äußerste Extrem seiner Entwicklungsstufe ausleben muss. Dann brauche ich wahrscheinlich mehr als Verständnis, dann brauche ich Erste-Hilfe-Maßnahmen und spezielle Strategien. Ist dieser Shir Khan ein Kind oder Teenager, dann brauchen nicht nur wir als Eltern, sondern vielleicht auch der Mensch selbst Erste-Hilfe-Maßnahmen und spezielle Strategien – so wie jeder Mensch, der aus der Balance gerät und sich in seiner Haut nicht mehr wohl fühlt.

Eltern am Limit. Ich hatte einen lieben Bekannten, der als allein erziehender Vater mit seinen Söhnen lebte. Mit dem ältesten Sohn (19) hatte er größte Probleme. Der Bursche führte sich wirklich auf wie ein Berserker – ein Sonderexemplar eines Dreiers. Und das Verhalten des Vaters trug dazu bei, dass es immer noch schlimmer wurde. Schließlich versperrte er nachts die Tür zu seinem Schlafzimmer, weil er wirklich Angst hatte, sein Sohn könnte ihm etwas antun. Der Bursche bestahl zum Beispiel die Großmutter und seinen kleinen Bruder, er log in einem fort, der Vater konnte ihm kein Wort mehr glauben. Es war so schlimm mit ihm, dass er sogar für zwei Monate in die Psychiatrie kam, auf eine geschlossene Station.

Die beiden hatten zum Beispiel eine Abmachung: Der Sohn sollte um 22 Uhr daheim sein – er hielt sich nicht daran. Als er dann viel später auftauchte, war der Vater außer sich und so am Limit, dass er den Jungen nur mehr anbrüllen konnte. Einmal wurde er so wütend, dass er schrie: „Geh und stirb!“ Die Gespräche zwischen den beiden waren nur mehr Gebrüll und Geschrei. Daheim verwandelte sich der Junge in eine kriminelle Bestie, doch ganz anders außerhalb der eigenen vier Wände – da gab er sich als netter, kluger junger Mann.

Einmal war der Vater wieder so wütend, dass er sagte: „Jetzt reicht es! Ich habe endgültig genug von dir! Morgen ziehst du aus! Wage es ja nicht, morgen noch hier zu sein!“ Der Sohn zeigte sich sofort von seiner liebevollen und anhänglichen Seite. Da hielt der Vater sein Wort nicht, und am nächsten Tag kam es noch schlimmer ...

Ein Modell ist ein Modell und ein Mensch ist ein Mensch. Sie denken sich jetzt vielleicht: Um Gottes Willen, bloß nichts mit Dreiern zu tun haben, bloß selbst kein Dreier sein, das ist ja ein Albtraum! Das täuscht, das ist nur die eine Seite der Medaille. Shir Khan erweckt vielleicht den Eindruck, dass man auf ihn verzichten könnte? Das wirkt nur auf den ersten Blick so. Ich habe zuerst Extrembeispiele gebracht und absichtlich übertrieben, um das Modell so anschaulich und klar wie möglich zu präsentieren. Das gilt generell für alle Entwicklungsstufen, die ich in diesem Buch anspreche: Die Extrembeispiele und Übertreibungen sollen Ihnen dabei helfen, die jeweilige Energie zu spüren und zu verstehen, doch mit Ihrer familiären Wirklichkeit haben sie wahrscheinlich wenig zu tun. Das gilt generell für alle Modelle: Man kann sich selbst und andere zwar einstufen oder wiederfinden, aber niemals kann ein Modell einem Menschen in seiner ganzen Persönlichkeit gerecht werden; man erfasst damit immer nur einen Aspekt des Menschseins, aber niemals den Menschen an sich. Warum dann überhaupt Modelle verwenden? Um das Verhalten anderer einschätzen zu können, um mehr Bewusstheit zu gewinnen und mehr Möglichkeiten des Denkens und Handelns. Und das hat zur Folge: weniger Stress und mehr Entspannung. Und wenn Kinder gleich welchen Alters etwas schätzen, dann sind es entspannte Erwachsene an ihrer Seite.

Der Dreier in Balance

Shir Khan in Balance. Ich nehme nun den Dreier als Anlass, um Sie zu beruhigen und zu ermutigen: Mit dem *ausgewogenen* Dreier kann man fein auskommen, als Dreier in Balance kann man gut durchs Leben gehen, gemäßigter Dreier darf man sein und bleiben. Auch das gilt für alle Stufen: Alle sind gut und wichtig und richtig, so, wie sie sind. Problematisch wird es, wenn ein Mensch die

Balance innerhalb seines Typs, seiner Entwicklungsstufe verliert und ins Extreme abgleitet – das macht es anderen und auch ihm selbst schwerer. Doch selbst dann können wir genauer hinschauen und überlegen: Welche Bedürfnisse sind unerfüllt? Was fordert dieser Mensch so vehement ein? Was fehlt ihm? Shir Khan braucht zum Beispiel das Gefühl der Macht und Selbstbestimmung, er braucht Anerkennung. Es geht ihm um Selbsterhaltung und dafür ist er bereit, zu kämpfen. Sie haben vielleicht schon am eigenen Leib erlebt, wie stark der Selbsterhaltungstrieb des Menschen sein kann. Und auch dahinter steckt Angst. Mit diesem Wissen können wir viele der Dreier-Handlungen als ein Ringen um Anerkennung verstehen.

☞ **Einladung zum Gedankenexperiment:** Denken Sie kurz darüber nach, welche Dreier Sie persönlich kennen: Der junge Mann, der Ihnen gerade wieder einmal die Zimmertür vor der Nase zugeknallt hat? Ihre Tochter, der es superpeinlich ist, wenn Sie sie einmal von der Schule abholen? Gibt es Momente in Ihrem Leben, in denen Sie Rot sehen und der Dreier in Ihnen selbst durchkommt? Oder waren Sie schon einmal bei einem Fußballmatch? Oder haben Sie einmal beim Wrestling zugesehen? Vielleicht fällt Ihnen auch zum Dreier noch eine Figur aus Literatur, Film oder Fernsehen ein? Denken Sie zum Beispiel an die guten alten Westernfilme …

Wahrnehmen und entspannen! Glauben Sie mir: Sie sind die beste Mama für Ihr Kind, Sie sind der beste Papa für Ihr Kind! Niemand kennt Ihr Kind besser als Sie, niemand hat ein besseres Gespür für Ihr Kind, niemand liebt es so wie Sie. Deshalb vertrauen Sie Ihren eigenen Lösungen und Ihrer Intuition! Allein die Tatsache, dass Sie ein Buch wie dieses zur Hand nehmen und über Erziehungsthemen nachdenken, spricht für Ihre Kompetenz als Mutter oder Vater. Lehnen Sie sich einfach zurück, während Sie mit diesem Modell und den einzelnen Stufen vertrauter werden – all das kann Sie dabei unterstützen, noch entspannter wahrzunehmen, was ihrem Kind gerade fehlt und was es braucht. Sie werden noch etliche Tipps lesen und Vorschläge hören, die erprobt sind und gut funktioniert haben, doch wesentlich ist und bleibt ihre innere Stimme, der Sie vertrauen können. Letztendlich werden Sie selbst am besten wissen, was Ihnen und Ihrem Kind guttut.

Wir brauchen ihn. Wir können auf die Shir-Khan-Qualitäten in unserer Gesellschaft gar nicht verzichten, im Gegenteil, wir brauchen sie: Ohne Dreier gäbe es die Fußballweltmeisterschaft genauso wenig wie die Olympischen Spiele; ohne Dreier gäbe es keine Rockstars, keine Vorbilder für unsere Kinder. Es gäbe auch keine Polizei-Spezialeinheiten, die unser Land verteidigen und für unsere Sicherheit sorgen. Ist der Dreier in Balance, kann er der Stolz der Nation sein, der Schwarm aller Schwiegermütter. Sicher, der Dreier steht gern im Mittelpunkt, dafür ist er bereit, außerordentlich hart an sich zu arbeiten und außerordentliche Leistungen zu erbringen. Wenn diese dann noch sofort und gut belohnt werden, ist er selig. Er steht zu seiner Kraft und demonstriert sie auch gerne. Er ist gern Vorbild für andere, er mag es, bewundert zu werden. Seien wir ganz ehrlich: Wer mag das nicht?

Die „Gang". Haben Sie schon einmal beobachtet, wie Jugendliche sich in ihren Gruppen verhalten? Sich Respekt verschaffen – das ist das Wichtigste. Das geht am einfachsten durch Prestigeobjekte wie Geld, Handy, Designerklamotten und so weiter. Um keinen Preis der Welt möchten sie sich mit minderwertigen Schuhen oder Kleidern sehen lassen, das wäre Gesichtsverlust. Oder noch schlimmer: Wenn die Gruppe zum Beispiel mitbekommt, wie Eltern ihr Kind vor den anderen blamieren, bloßstellen oder sich lustig machen.

Das Dreier-Kind. Zu Beginn *bekommen* die Kinder von ihren Eltern bedingungslos. Die Eltern haben keinen Anspruch auf irgendeine Gegenleistung seitens des Kindes. Doch das Kind wächst heran und mit der Zeit beginnen die Eltern, mehr und mehr Bedingungen zu stellen; und vielleicht wird das Kind durch die wachsenden Anforderungen zornig, und vielleicht ist das auch der Moment, in dem es beginnt, erwachsen zu werden. Vielleicht ist dieser Zorn, diese Dreier-Energie wichtig, um aus der Abhängigkeit des Elternhauses zu entkommen, um Selbstständigkeit zu erlernen und Selbstbewusstsein zu erlangen. Und so kann man auch diese Entwicklungsphase als sinnvoll erachten, denn auch hier wächst und lernt der Mensch. Wenn das Kind in die Shir-Khan-Stufe eintritt, dann ist es erstmals in seiner Kraft, dann beginnt es sich abzugrenzen – und das Mittel zum Zweck heißt meistens Konflikt.

Nahkampf-Phase. In welchem Alter das Kind als Dreier agiert, lässt sich nicht genau fassen. Leider heißen die Halbstarken zu Unrecht halbstark, in Wahrheit sind die ziemlich stark, und egal, in welchem Alter unser Kind uns mit diesem Verhalten konfrontiert, es kostet Nerven und Kraft, denn nun sind wir in der Nahkampf-Phase. Der können wir uns nicht entziehen, da müssen wir durch, doch auch hier gibt es Ideen, die uns unterstützen können, und Erste-Hilfe-Maßnahmen, die ich Ihnen im zweiten Teil des Buches verraten werde. Das eine Kind lebt die Trotzphase so intensiv aus, dass es im Alter von vier schon alles gelernt hat, was es auf dieser Stufe zu lernen gibt. Das andere Kind ist daheim friedlich, aber im Kindergarten ein Shir Khan, ein Raufbold, Revoluzzer und Bandenführer. Das nächste Kind gibt in der Schule den Halbstarken, das nächste beginnt erst in der Pubertät aufzubegehren – gegen die Eltern, die Regierung, das Establishment, gegen Gott und die Welt. Manche tun das ein Leben lang.

Wie komme ich mit dem Dreier am besten aus? Jedes Kind braucht Grenzen, doch der Dreier bettelt geradezu darum. Gerade indem er aufbegehrt und aneckt, testet er die Grenzen. Er braucht auch ein Vorbild, das ihn beeindruckt, er braucht Große mit Größe an seiner Seite, die er respektiert und achtet, die machtvoll agieren und immer wieder ihre Autorität demonstrieren; er braucht Strenge, Klarheit und Entschiedenheit. Drohen? Nur wenn Sie ihr Zuhause in ein Schlachtfeld verwandeln wollen. Drohen Sie dem Dreier besser nicht, und wenn doch, dann bleiben Sie hart, aber fair! Drohen Sie schon gar nicht, wenn Sie die Drohung nicht wahr machen können oder wollen – sonst verliert ihr Kind den Respekt vor Ihnen und jegliche Scheu! Und falls Sie meinen, keine andere Wahl zu haben als Bestrafung, dann rechnen Sie mit Gegenangriffen! Viel besser als Bestrafung greift bei Shir Khan aber die Belohnung, und zwar nicht irgendwann, sondern gleich und sofort. Dann wird er sich auf den einen oder anderen Deal einlassen, er wird sich Herausforderungen stellen, Wetten annehmen, Risiken eingehen – wenn er sich einen sofortigen Gewinn daraus verspricht. Wenn Sie mit ihrem Dreier-Kind ein Problem besprechen, dann immer unter vier Augen und niemals in Gegenwart seiner Freunde oder anderer Familienmitglieder. Senden Sie klare, eindeutige Botschaften und bringen Sie auf den Punkt, was Sie von ihm erwarten und was für ihn dabei herausschaut!

So, wie du bist, bist du genau richtig. Es gab gute Gründe, Dreier zu werden, und es gibt gute Gründe, Dreier zu sein und auch zu bleiben. Da spielen mehrere Faktoren eine Rolle. Lebt ein Mensch zum Beispiel in einem Getto und eignet sich Sechser-Verhalten an, dann wird er es schwer haben, denn der Dreier „frisst" den Sechser. Im Getto macht es definitiv Sinn, Dreier-Verhalten zu zeigen – da ist der Nutzen ein großer. Kommt der Mensch aber in andere Gesellschaftskreise, wird es für ihn auf einmal mehr Sinn machen, seinen inneren Vulkan zu zähmen: Dann wird dieser Mensch innerhalb seiner jeweiligen Entwicklungsstufe die Balance suchen und sich in der goldenen Mitte einpendeln und gut zurechtkommen. Oder er wird vielleicht das Bedürfnis haben, sich an seine neue Umgebung anzugleichen, und den Wunsch entwickeln, die nächste Stufe zu erforschen. Eines ist mir hier noch wichtig: Entwicklung von einer Stufe auf die nächste muss nicht immer bedeuten, dass der betreffende Mensch deshalb glücklicher lebt; es kann ihm unter Umständen auch schlechter gehen als zuvor. Manchmal bringt es mehr, die goldene Mitte zu finden, als eine Weiterentwicklung zu *erzwingen*. Das Maß aller Dinge ist jedenfalls immer der Mensch selbst – mit seinen ganz speziellen Bedürfnissen, Motiven, Hoffnungen und Ängsten.

Der Dreier im Überblick

- Beispiele:
  - Kinder, Pubertierende
  - Banden, Gangs, Machthaber, Kämpfer, Eroberer, Machos
  - Menschen wie Sie und ich, die sich als Einzelkämpfer durchs harte Leben boxen
- Grundsatz: Nur die Stärksten überleben!
- Sein größtes Bedürfnis: Macht, Selbsterhaltung
- Seine größte Angst: Kontrollverlust, Gesichtsverlust
- Seine größte Stärke: Mut
- Ziele: Sofortige Bedürfnisbefriedigung. Macht, Einfluss und Besitz vergrößern, es sich im Hier und Jetzt gut gehen lassen.
- Überlebensstrategie: Eigeninitiative zeigen und kämpfen, um eigene Ziele zu erreichen.
- Stressfaktoren: Wenn ihn jemand beleidigt oder beschimpft oder in Frage stellt, wenn ihm jemand droht oder mit mächtigeren Waffen kämpft als er selbst …
- Motivation: durch unmittelbare Bestätigung – Leistungen und positives Verhalten sollte man anerkennen und loben, oft und sofort belohnen
- Lernen: durch unmittelbare Belohnung und sofortige Erfolge
- Aufgaben des Anführers bzw. der Eltern: Autorität sein, Macht demonstrieren, Entscheidungen treffen – den Respekt und die Anerkennung des Dreiers muss man sich erst verdienen!

- Erziehung: Mehr als in jeder anderen Phase müssen wir als Eltern hier Größe und Macht zeigen, eine starke Beziehung leben, präsent sein, für alles zuständig sein. Das Dreier-Kind – besonders der Dreier-Jugendliche – braucht Vorbilder, Klarheit, Grenzen und Ordnung als Gegenpol zum Chaos, das es erlebt im Dschungel seines Daseins.
- Beziehungen: schwierig! Der Dreier ist ein Einzelgänger, der sich hauptsächlich um sich selbst kümmert, weil er davon ausgeht, dass es kein anderer tut. Wenn er Beziehungen eingeht, dann deshalb, weil er seine Primärbedürfnisse befriedigen will oder weil er dominieren und daraus einen Gewinn erzielen will: noch mehr Spaß, Macht, noch mehr Kontrolle, noch mehr Erfolg, Geld, Status.
- Arbeit: Er kann unter Kontrolle hart und ausdauernd arbeiten, wenn es sich für ihn auszahlt.
- Kommunikation: Erzählen Sie dem Dreier in erster Linie, was der Nutzen für ihn ist! Vermeiden Sie logische Argumente, Appelle oder Drohungen!
- Die Dreier-Welt ist ein Dschungel – unpersönlich und gefährlich; es zählt nur das „Überleben des Stärksten"; der Einzelne ist wichtiger als die Gruppe, die ihn nur behindert auf seinem Bedürfniserfüllungstrip – genauso die Regeln und Traditionen, die ihn nur einschränken. Shir Khan lässt sich nicht gerne zähmen.

Weitere Details über den Dreier finden Sie in den Übersichten, die als kostenloses Bonusmaterial auf folgenden Internetseiten zu finden sind: www.vakverlag.de oder www.dschungelbucherziehung.com (Vgl. dazu den Hinweis im Anhang, Seite 266)

Typ 4: Hathi

Eine Stufe überspringen? Sie grübeln noch immer nach, wie man die Shir-Khan-Stufe am besten umgehen könnte? Das ist eine interessante Idee, funktioniert nur leider nicht. Auf jeder Stufe gibt es etwas zu lernen! Auch die Erfahrungen als Shir Khan sind wichtig und notwendige Voraussetzung, damit ein Mensch die nächste Stufe überhaupt erst leben kann, falls ein Wechsel der Stufen überhaupt ansteht. Wie gesagt, man kann gut und gerne als Dreier durchs Leben gehen und es sich dabei gut gehen lassen. Oder wenn ein Mensch in einem Dreier-Umfeld aufwächst und sein Leben lang dort bleibt, dann wird es für ihn nicht leicht sein, Vierer zu werden. Ihm fehlen die Vorbilder, der Nutzen und vielleicht auch die Notwendigkeit, sich zu verändern. Andererseits kann es auch passieren, dass ein Mensch sich auf seiner Stufe nicht mehr wohl fühlt und bereit ist zur Veränderung. Apropos Veränderung – das ist etwas, was der Vierer gar nicht mag. Schauen wir uns den Vierer einmal genauer an!

Elefant Hathi, der Gerechte

„Aus Willkür hast du getötet?" Wenn Hathi eine Frage stellt, ist es angeraten zu antworten. „Das tat ich. Mein Recht war es und meine Nacht. Du weißt es, o Hathi!" Fast unterwürfig hatte Shir Khan gesprochen. „Ich weiß", erwiderte Hathi; und nach einem kurzen Schweigen: „Hast du dich satt getrunken?" – „Für heute Nacht, ja!" – „So geh denn! Der Fluss ist zum Trinken da und nicht zum Besudeln. Nur der lahme Tiger bringt es fertig, sich mit seinem Recht zu brüsten in einer Zeit wie dieser, wo wir alle gemeinsam leiden, Menschen- und Dschungelvolk, rein oder unrein. Troll dich in deine Höhle, Shir Khan!" Die letzten Worte dröhnten hell wie Trompetenklang, und Hathis drei Söhne schoben sich einen halben Schritt vor; doch es war nicht nötig. Shir Khan schlich davon und wagte nicht einmal zu knurren, denn er wusste wie alle – kommt es zum Letzten, so ist Hathi Meister der Dschungel.[18]

Die Geburt der Zivilisation. Irgendwann kommen einige in ihrer Entwicklung zu dem Bewusstsein, dass sie sterblich sind. In diesem Moment der Erkenntnis wird sozusagen das Gewissen geboren, das logische Denken. Der Mensch handelt nicht mehr allein instinktiv, er erkennt einen Nutzen für sich darin, die Befriedigung einiger Bedürfnisse auf später zu verschieben. Er beginnt, die Konsequenzen für sein Tun sorgfältig einzuschätzen, kontrolliert sich selbst, zwingt sich, etwas zu tun oder bleiben zu lassen. Er beginnt auch, die Zeit anders zu erleben: Als Dreier war er noch ganz verbunden mit dem Hier und Jetzt, fest verankert in der Gegenwart – was Vor- und Nachteile haben kann. Beim Wechsel zum Vierer entwickelt er ein anderes Zeitgefühl: Plötzlich gibt es so etwas wie Zukunft für ihn – das hat Vor- und Nachteile. Jedenfalls beginnt damit auch ein Prozess, den man die Geburt der sogenannten „zivilisierten Gesellschaft" nennen könnte. Die Mehrheit der Menschen in Europa sind Vierer, die es schätzen, wenn die Welt, in der sie leben, geregelt und geordnet ist. Sie auch? Willkommen auf der Hathi-Stufe – willkommen daheim!

Der Vierer im Extrem

„Ordnung muss sein!“ So könnte das Lebensmotto des Vierers lauten. Im Unterschied zum Dreier hat er seine Bedürfnisse unter Kontrolle, er versagt sich auch einmal etwas, um später zu ernten; er gönnt sich nicht alles gleich und sofort, er bringt in der Gegenwart Opfer, um in der Zukunft belohnt zu werden. Der Vierer ist gut darin, für Ordnung zu sorgen – wie Colonel Hathi, der ehrwürdige Elefant, der im Dschungel für Recht und Ordnung sorgt. Er legt Wert auf Sicherheit, Loyalität, Tradition, Treue, Fairness, Stabilität, Pflichterfüllung, Disziplin, Moral, Religion. Er kennt die Regeln in- und auswendig, er ist ein „guter Bürger“, er ist zuverlässig, vertrauenswürdig, konservativ und gründlich. Wenn es zum Streit kommt und die Tiere allein damit nicht mehr klarkommen, dann gehen sie zu Hathi, er ist die letzte Instanz, er hat das letzte Wort, er ist der Meister des Dschungels, Richter der Gerechten und Ungerechten.

Ehre, Gott und Vaterland. Zum Wohle und zur Erhaltung der Gesellschaft ist die Durchsetzung von Idealen, Gesetzen, Regeln, Strukturen und allgemein gültigen Verfahren wohl notwendig, doch bitte machen Sie sich bewusst: Auch das ist eine Gratwanderung! Denn genauso, wie uns der extrem ausgeprägte Dreier Mühe macht, macht es auch der extrem ausgeprägte Vierer. Denken Sie zum Beispiel an radikale Politiker und Feldherrn, die ihre Feinde verteufeln, an fanatische Staatsanwälte und Richter, die für die Todesstrafe plädieren, an verbissene Religionsfanatiker, die ihren Gegnern nicht unbedingt Nächstenliebe entgegenbringen … Die Gefahr besteht auch bei der Erziehung: Wenn ich als Elternteil aus der Balance ins Extrem gerate und zu viel Vierer-Energie zeige, zu starr bin in meinem Denken, zu enge Grenzen setze, zu streng bin – dann ersticke ich unter Umständen jeden Keim von Kreativität oder Freiheit in meinem Kind oder brutalisiere den Abnabelungsprozess meines Kindes. Auch hier hilft, wenn mir das einmal zu Bewusstsein kommt und ich einfach einmal darüber nachdenke.

Extrembeispiele für Vierer-Verhalten

Der verbohrte Beamte. Er schätzt die fixen Reglements und Abläufe, er mag Bürokratie und Struktur, Ausnahmen macht er nie, denn Vorschrift ist Vorschrift. Er hat keine Mühe mit Hierarchien – im Gegenteil, dann weiß er genau, wie er sich eine Ebene nach der anderen nach oben arbeiten kann. Titel und Orden imponieren ihm sehr; er ist ein treuer Staatsdiener, der sich streng an die Vorschriften hält und seinen Teil dazu beiträgt, dass die Nation nicht ins Chaos stürzt.

Der Laternenanzünder. Der kleine Prinz von Antoine de Saint-Exupéry trifft auf seiner Reise viele sonderbare Gestalten; eine davon ist der erschöpfte Laternenanzünder, der in jeder Minute seine Laterne einmal anzündet und einmal auslöscht. Früher hatte sich sein kleiner Planet langsamer gedreht, da hatte es Sinn gemacht, die Laterne morgens auszulöschen und abends wieder anzuzünden. Doch der Planet begann sich von Jahr zu Jahr schneller und schneller zu drehen, und die Weisung ist dieselbe geblieben, nur macht sie keinen Sinn mehr. Aber was soll man tun, Pflicht ist eben Pflicht!

Strafe muss sein! Kennen Sie auch Menschen, die alles, was im Gesetz oder in der Vorschrift steht, für das einzig Richtige halten? Schließlich hat diese Regeln jemand aufgestellt, der es wissen muss, und es gibt keinen Grund, das zu hinterfragen oder über die Sinnhaftigkeit nachzudenken. Kommt aber einer daher, der gegen die Regeln verstößt – zum Beispiel ein Dreier, dem gerade *das* Vergnügen bereitet –, dann steigt der Vierer auf die Barrikaden, fordert Bestrafung und Sanktionen.

Ein starker Glaube. Eine Nonne ist mit dem Auto auf einer einsamen Landstraße unterwegs. Plötzlich geht ihr das Benzin aus und sie findet keinen Reservekanister, sieht aber in der Ferne eine Tankstelle. Da nimmt sie in der Not kurzerhand ihren Nachttopf und lässt ihn mit Benzin befüllen. Zurück beim Auto leert sie den Nachttopf in den Tank. Ein anderer Autofahrer, der gerade des Weges kommt, traut seinen Augen nicht, als er das sieht. Er hält seinen Wagen an, steigt aus, schüttelt den Kopf und meint: „Gute Frau, *Ihren* Glauben möchte ich haben ...“

Wer ist ein typischer Vierer? Monk, der neurotische Meisterdetektiv der gleichnamigen US-Fernsehserie mit seinem Ordnungszwang und Sauberkeitstick, ist ein Musterbeispiel für einen extremen Vierer. Er macht damit alle anderen verrückt und sich selbst dazu. Das Militär ist auch eine typische Vierer-Organisation, dort läuft alles nach einem genauen Plan ab, dort gibt es Drill und Gehorsam, Struktur und Ordnung. Jeder, der einmal Soldat war, kann ein Lied davon singen und Geschichten erzählen von Heeresangehörigen, die die Grenzen dieser Stufe austesten und sich selbst und ihre Kameraden dadurch in Extremsituationen hineinmanövrieren. Hathi-Verhalten zeigt zum Beispiel auch der unmündige Patient, der – ohne zu hinterfragen – alles mit sich geschehen lässt, nur weil die Götter in Weiß es so angeordnet haben.

Der Vierer in Balance

Ein bisschen Hathi steckt wahrscheinlich in den meisten von uns. Vierer in Balance sind wir, wenn wir einen Sinn für Recht und Ordnung haben, wenn wir in manchen Situationen nur das Entweder-oder sehen, nur das Schwarz-Weiß und keine Grautöne dazwischen. Vierer sind wir auch, wenn wir Sehnsucht nach Gleichheit haben und uns am liebsten mit gleich Gesinnten umgeben, wenn wir Gesetzen gehorchen und für Gerechtigkeit kämpfen in einer ungerechten Welt, wenn wir unsere Pflicht tun und uns für eine Sache einsetzen, weil wir davon überzeugt sind. Vierer sind wir, wenn wir unsere Arbeit genau und verlässlich erledigen und loyale Mitarbeiter unseres Unternehmens sind, wenn wir auf Disziplin achten und auf Moral. Der Vierer ist der perfekte Dienstleister und es gibt sehr viele Unternehmen, die ohne diese Qualität nicht existieren könnten. Und dann gibt es natürlich auch in der *kindlichen Entwicklung* diese Phase: Auf einmal beginnt Shir Khan sich unterzuordnen, zu folgen, um Erlaubnis zu bitten, auf Traditionen wieder Wert zu legen, nur mehr zögernd seine Meinung zu äußern. Die Raubkatze ist gezähmt und verwandelt sich in einen Elefanten – zur Freude und Erleichterung vieler Eltern! Und ohne ihr Zutun, einfach so, unabhängig von stundenlangen Gesprächen, Warnungen und guten Ratschlägen, unabhängig von einer aktiven Erziehung.

Aktiv oder passiv erziehen? Was mag das wohl wieder bedeuten?, fragt sich vielleicht der eine oder andere. *Aktiv* erziehen, darunter verstehe ich das bewusste Setzen von Erziehungsmaßnahmen: auf das Kind einreden, dem Kind Vorschläge machen, Fragen stellen, dem Kind befehlen, an das Kind appellieren, alle möglichen Arten des aktiven Eingreifens. Oft genug erfordert die Situation genau das von uns Eltern und wir sind gefordert, aktiv zu handeln. Doch dann gibt es auch noch die *passive* Erziehung. Darunter verstehe ich das Vorleben, das Vorbildsein. Dann verzichte ich auf bewusste Propaganda und lebe einfach das vor, was ich auch bei meinem Kind gerne sehen würde. Aktive und passive Erziehung – beide haben ihre Berechtigung, doch es gibt Situationen im Erziehungsdschungel, in denen das Passive sogar von Vorteil sein kann. Zum Beispiel im Umgang mit Teenagern. Wenn ich aktiv predige: „Rauchen ist schlecht!“, und mir selbst das Rauchen nicht verkneifen kann, wird das erzieherisch wenig Wert haben. Wenn ich aber aktiv vorlebe, wie man gesund durchs Leben geht, dann wird das erzieherisch mehr Sinn machen und besser fruchten. Natürlich kann sich der Jugendliche auch so dagegenstellen und tun, was er will; dies kann unter Umständen mit einem schlechten Gefühl gekoppelt sein, im besten Fall mit einem Bewusstsein vom eigenen Trotz. Bewusstsein schaffen – wenn uns das gelingt, dann haben wir als Eltern schon viel erreicht.

In der Schule eine Vier. Die Schule ist eine klassische Vierer-Organisation. Vielleicht ist das auch für viele Kinder der Auslöser, auf die Hathi-Stufe zu treten, denn als Shir Khan wäre man Lehrern und Mitschülern ein Dorn im Auge. Da fährt man schon besser nach dem Motto: „Um keinen Preis auffallen!" Und dann gleichen sich die Vierer einander an, es gibt einen unausgesprochenen „Dresscode" und Einheitslook. In manchen Schulen in England oder Amerika, aber auch in Japan gibt es nach wie vor einheitliche Schuluniformen für alle. Die Schüler sind sich meist rasch einig, welche Fächer und Lehrer etwas taugen und welche nicht. In den meisten Klassen gibt es dann auch ein, zwei Außenseiter – Ausreißer, mit denen der Rest der Klasse oft hart ins Gericht geht. Die meisten Schulsysteme haben ganz klare Strukturen, die Lehrpläne sind im Detail vorgegeben, da ist wenig Freiraum für flexibles und individuelles Eingehen auf den Einzelnen – kein Problem für den Vierer-Lehrer! Das ist weit verbreitet: Hathi-Lehrer unterrichten im besten Fall Hathi-Schüler in einem Hathi-System.

Der Hathi-Lehrer. Im Dschungel lenkt Colonel Hathi seine Elefantenpatrouille mit starker Hand und noch stärkerem Willen; dabei zeigt er manchmal ziemlichen Starrsinn und eine Gesetzestreue, die oft wenig Sinn macht. Ich selbst hatte Lehrer, die ähnlich arbeiteten und davon ausgingen: „Es gibt nur eine Wahrheit und die bringe ich den Schülern bei, und diese Wahrheit sollen sie dann bei Tests, Arbeiten und Prüfungen wieder von sich geben." Information aufnehmen und wiedergeben – das reicht. Die Lösung ist entweder richtig oder falsch, das Thema getroffen oder verfehlt. Diese Vierer-Welt wirkt oft simpel und klar. Bücher und Aufzeichnungen sind ihm wichtig, ebenso Zeugnisse und andere Dokumente. Auch der Rahmen, in dem das Lernen stattfindet, und die Methoden sind jahrelang dieselben. *Selbst* nachdenken, eigene Lösungen finden, neue Ideen einbringen oder das Erprobte und Altbewährte hinterfragen oder gar das System an sich – das liebt der Vierer gar nicht. Die „Aufmüpfigen" gehen ihm gegen den Strich, die untergraben seine Stellung und die Ordnung in der Schule. Einzige Autoritäten im Klassenzimmer sind Schulordnung und Lehrer: erstens, weil er mehr weiß, und zweitens, weil er schon rechtmäßig der „Klügere" ist. „Allzu viel Nachsicht tut den Kindern nicht gut", denkt er sich vielleicht und überlegt sich kollektive Strafen und selten Belohnungen. Und die Schüler? Die meisten spielen das Spiel mit, einige wenige schwimmen gegen den Strom. Das ist vielleicht wieder etwas überzeichnet und Fakt ist: Ohne Vierer gäbe es ein heilloses Durcheinander in unseren Schulen, Chaos im ganzen Staat. Ohne Vierer gäbe es keine Demokratie, keine Gesetze, keine Sicherheit und Stabilität im Land – oder auch keine Hilfsorganisationen wie das Rote Kreuz (– außer man steht auf höherer Stufe und hält sich selbstbestimmt an Recht und Ordnung).

> ☞ **Einladung zum Gedankenexperiment:** Denken Sie kurz darüber nach, welche Vierer Sie persönlich kennen: Kennen Sie Leute, die bestimmte Informationen für die absolute Wahrheit halten, nur weil sie in der Zeitung geschrieben stehen? Haben Sie vielleicht einen Bekannten oder Kollegen, der meint, auf der Autobahn andere Autofahrer mit Lichthupe oder anderen Aktionen „erziehen" zu müssen? Oder wann haben Sie sich das letzte Mal über zu wenig Flexibilität und zu viel Bürokratie geärgert? Und dann nehmen Sie sich einmal selbst unter die Lupe: Wann kommt bei Ihnen der Vierer zum Vorschein? Gehen Sie jeden Sonntag zur Kirche? Oder jeden Mittwoch zum Sportverein? Und wie ist das bei Ihrem Partner, Ihren Freunden, Ihren Kindern? Wird Ihre Tochter nervös, wenn die Klassenarbeit verschoben wird? Oder ärgert sich Ihr Sohn, wenn das Fußballtraining ausfällt? Wie würden Ihre Kinder reagieren, wenn Sie vorschlagen würden, Weihnachten einmal ganz anders zu feiern? Vielleicht fällt Ihnen auch zum Vierer eine Figur aus Literatur, Film oder Fernsehen ein? Ich denke da zum Beispiel an Doris Day oder an das Komikerduo Stan Laurel und Oliver Hardy, besser bekannt als Dick und Doof ...

Das Vierer-Kind. Der oder die kleine Hathi liebt Rituale, Prozeduren, Abläufe, die sich Tag für Tag wiederholen, Familienfeste, die immer in derselben traditionellen Weise gefeiert werden, Gute-Nacht-Geschichten, die immer auf dieselbe Art erzählt werden – am besten (ähnlich dem Zweier-Kind) immer von denselben Personen. Der Vierer mag klare und detaillierte Anweisungen und ist stolz, wenn er eine Aufgabe zur Zufriedenheit der Großen erledigt hat. Auch hier gilt: Mit dem *ausgeglichenen* Vierer-Kind kommt man gut zurecht; schwierig wird die *extreme* Ausprägung. Wie die aussehen könnte? Nur einmal angenommen, Ihr Kind entwickelt sich zum „Kontrollfreak", es beginnt, den Eltern Vorschriften zu machen und ungeschriebene „Familiengesetze" zu seinen Gunsten auszulegen. Ein

Beispiel? Stellen Sie sich vor, Sie wollen am Abend zu einer Party gehen – Ihr Kind steht vor Ihnen mit erhobenem Zeigefinger und mahnt: „Du brauchst aber acht Stunden Schlaf, deswegen musst du ganz früh wieder nach Hause kommen!“ Regeln, die Sie zum Wohl des Kindes aufgestellt haben, werden nun gegen Sie verwendet. Damit haben Sie ein Strukturproblem in der Familie. Das überkorrekte Vierer-Kind wird anmaßend und beginnt, Vater und Mutter zu maßregeln. Das ist ein Eingriff in die Intimsphäre, der die Eltern unter Umständen so einschränken kann, dass sie einen (vermeintlichen) Fehler nach dem anderen machen – und dadurch fühlt sich das Kind in seinem starren Vierer-Denken noch mehr bestätigt und meint sich im Recht mit seinen Zurechtweisungen der „fehlerhaften“ Eltern. Vorausgesetzt, die Eltern lassen sich auf dieses Spiel ein, bei dem die Grenzen zwischen Groß und Klein verschwimmen.

Wie komme ich mit dem Vierer am besten aus? Das extreme Vierer-Kind, das versucht, seine Eltern zu beherrschen und zu kontrollieren, braucht eine Art Familiengesetzbuch, eine Art Familienbibel, ein Schriftstück, das das Miteinander in der Familie regelt. Da stehen die Spielregeln schwarz auf weiß, die – ausschließlich von den Eltern – jederzeit ergänzt und aktualisiert werden dürfen. Zum Beispiel dann, wenn das Kind wie ein Winkeladvokat eine Gesetzeslücke findet und ausnützt. Dann können die Eltern das Gesetz gleich adaptieren und dem Gesetzesmissbrauch einen Riegel vorschieben. Welche innere Haltung der Eltern kommt so zum Ausdruck? Wir Eltern sind die Großen, ihr Kinder seid die Kleinen. Wir haben die Macht, wir haben die Verantwortung, wir lassen es nicht zu, dass ein Kind sich über uns erhebt und sich größer macht, als es ist. Das wäre nicht nur eine Anmaßung, sondern auch eine Überlastung der Kinderseele. Wenn wir uns also unsere Größe bewusst machen, dann strahlen wir auch Autorität aus, dann können wir beim nächsten „Übernahmeversuch“ des Kindes ruhig, aber klar antworten: „Mein Kind, das entscheide ich allein, dich geht das nichts an! Das ist meine Angelegenheit, halt dich bitte da raus!“

Der Vierer im Überblick

- Beispiele:
- – Kinder: sogenannte „pflegeleichte“ Kinder, „Musterschüler“ …
- – Soldaten, Bauern, Burschenschaftler, Pfadfinder, Parteimitglieder, Konservative, Fundamentalisten, Vereinsmitglieder …

- Menschen wie Sie und ich, die versuchen sich im Rahmen von religiösen, staatlichen und sozialen Gesetzen vorbildlich zu benehmen und denen Recht und Ordnung einfach wichtig ist.

- Grundsatz: Entweder du bist für uns oder gegen uns – Ordnung muss sein!
- Sein größtes Bedürfnis: Sicherheit, Ordnung, Gerechtigkeit
- Seine größte Angst: das totale Chaos, Veränderung, Strafe
- Seine größte Stärke: Loyalität, Ordnungssinn
- Ziele: sich den übergeordneten Gesetzen unterwerfen, die das Zusammenleben und das Alltagsverhalten regeln; Ordnung und Stabilität schaffen durch die Einteilung der Welt in Gut und Böse.
- Überlebensstrategie: Gutes tun und auf dem rechten Weg bleiben, seinen Ideen treu bleiben; schlechte Wege und den Umgang mit bösen Menschen meiden.
- Stressfaktoren: Veränderungen, Angriffe auf die Wahrheit, Zweideutigkeiten, Verletzungen der Regeln und Ordnungen, Erzwingen von Entscheidungen …
- Motivation: Am stärksten ist die Furcht vor Bestrafung, daher ist Schuldgefühl der stärkste Antrieb; und die Hoffnung, dass die Opfer und Qualen der Gegenwart in der Zukunft belohnt werden.
- Lernen: Informationen aufnehmen und wiedergeben; mag gerne schriftliche Unterlagen und klare Anweisungen, Prozeduren: Schritt 1, Schritt 2, Schritt 3 ...; lernt am besten durch Vermeidung, durch die Korrektur von Fehlern, durch das In-Aussicht-Stellen von Auszeichnungen …
- Aufgaben des Anführers bzw. der Eltern: fair und aufrichtig handeln, moralisch einwandfrei und ohne Widersprüche; Regeln aufstellen und deren Nichteinhaltung ahnden, Pläne machen, Anweisungen geben …
- Erziehung: Eltern strahlen Autorität und Größe aus; in Extremfällen, wenn das Kind zum Kontrollfreak wird, hilft es, eindeutig zu markieren: Wir sind die Großen und du bist der Kleine; wir machen die Familiengesetze und sorgen dafür, dass sie eingehalten werden; bei Bedarf ergänzen und ändern wir allein diese Spielregeln des Miteinanders.

- Beziehungen: Er weiß gerne ganz genau, woran er ist: entweder – oder; alles soll in geregelten Bahnen verlaufen; wichtig sind Treue, Loyalität, Verantwortung, wiederkehrende Rituale, Sicherheit …
- Arbeit: Er wird sich einsetzen für seine Firma und seinen Chef, mag knappe, formelle Anweisungen – am liebsten schriftlich; ist ein zuverlässiger, vertrauenswürdiger und loyaler Mitarbeiter, aber nicht sehr flexibel.
- Kommunikation: verläuft meist etwas einseitig, von oben nach unten, vom Chef zum Mitarbeiter, vom Erzieher zum Kind. Das Vierer-Denken erschwert einen Dialog, macht einen echten Gedankenaustausch manchmal sogar unmöglich, da es nur richtig oder falsch gibt und nichts dazwischen.
- Die Vierer-Welt ist schwarz und weiß, gut und böse, richtig und falsch; und sie tendiert zum Chaos, deswegen braucht man Recht und Ordnung, Gesetze und Regeln.

Weitere Details über den Vierer finden Sie in den Übersichten, die als kostenloses Bonusmaterial auf folgenden Internetseiten zu finden sind: www.vakverlag.de oder www.dschungelbucherziehung.com (Vgl. dazu den Hinweis im Anhang, Seite 266)

Typ 5: Kaa

Schlange Kaa, die Schlaue

„Also, das ist der Mannling!“, sprach Kaa. „Sehr weich ist seine Haut und er hat mit den Bandarlog rechte Ähnlichkeit. Sieh dich vor, kleiner Mann, dass ich dich nicht für einen Affen halte im Zwielicht, wenn ich die Haut gewechselt habe.“ – „Wir sind vom gleichen Blute, du und ich!“, antwortete Mogli. „Du hast mich vom Tode errettet heute Nacht, und es gehört dir alles, was ich in Zukunft erlege, wenn du hungrig bist, Kaa!“ – „Sehr verbunden, kleiner Bruder!“, sagte Kaa mit ernsthaftem Gesichte, wenn er auch mit den Augen blinzelte. „Und was erlegt denn ein so kühner Jäger? Ich frage nur, damit ich auf deiner nächsten Pirsch deinen Spuren folgen kann!“ – „Ich töte nichts, jetzt noch nicht, ich bin noch zu klein, aber wenn ich jage, treibe ich meinen

Freunden wilde Ziegen zu. Darauf verstehe ich mich vortrefflich. Wenn du hungrig bist, komm nur getrost zu mir und überzeuge dich …" – „Hast ein braves Herz, Mannling!", zischte Kaa. „Und eine höfliche Zunge! Damit wirst du weit kommen in der Dschungel. Aber nun geh schnell fort von hier mit deinen Freunden. Geh und leg dich schlafen, denn der Mond geht unter, und was nun folgt – das ist nichts für dich, Söhnchen, … denn nun beginnt der Tanz, der Jagdtanz Kaas!"[19]

Gleich genießen. Der Vierer verzichtet oft auf sein Wohlergehen im Hier und Jetzt, um später zu ernten: Erfolg, Wohlstand, Glück, Zufriedenheit … Doch dann kommen manche Menschen in ihrem Leben zu dem Punkt, wo sie all das und noch mehr im Hier und Jetzt genießen wollen: Der Genussmensch ist geboren, der Mensch, der den Begriff „Lifestyle" erfunden hat, vielleicht auch den Begriff „Kaufrausch". War auf der Hathi-Stufe Gleichheit noch sehr wichtig, so wird nun der Unterschied wichtiger. Die Gruppe ist weniger attraktiv, der Schwerpunkt liegt wieder auf dem Einzelnen. Der Mensch traut sich vieles zu, er hat nun ein fundiertes Selbstvertrauen, er beginnt Autoritäten in Frage zu stellen. Er entdeckt neue Möglichkeiten des Denkens und Handelns, er erkennt, dass man auf geregelte Abläufe auch einmal verzichten und etwas Neues ausprobieren kann, er entdeckt neue Wege und versucht den besten auszuwählen. Auch das kommt Ihnen bekannt vor? Willkommen auf der Kaa-Stufe!

Der Fünfer im Extrem

„Du kannst im Leben alles erreichen!" So könnte das Lebensmotto des Fünfers lauten. Im Unterschied zu vorher liegt nun wieder – ähnlich wie bei Shir Khan – mehr Betonung auf dem Ich als auf dem Wir. Die Riesenschlange Kaa ist in erster Linie auf ihren eigenen Erfolg bedacht, sie ist listig und schlau, eitel und mächtig, sie plant ihre Jagd strategisch, sie liebt das Risiko und das Kräftemessen und am allermeisten den Sieg. An einer Stelle des *Dschungelbuchs* fragt Kaa den Mogli: „Der Dschungel gibt dir also alles, was du dir wünschen kannst, kleiner Bruder?" Mogli meint, er habe den Dschungel und der Dschungel Gunst, was gäbe es noch mehr zu wünschen zwischen Sonnenaufgang und Sonnenuntergang? Doch dann führt ihn Kaa zur verlassenen Stadt mitten im Dschungel und zeigt ihm ein unterirdisches Verließ, in dem die Menschen einst unermessliche Reichtümer angehäuft haben: Silber, Gold, Juwelen – Schätze von unschätzbarem Wert. Aber nur für den, der um die Bedeutung dieser Dinge weiß. Mogli fasst das Gold an und sagt: „Das ist hier derselbe Stoff, mit dem das Menschenvolk spielt; nur ist dieser hier gelb, der andere war braun." Das einzige, was ihn fasziniert, sind die Messer, doch da sie nicht so gut in der Hand liegen wie sein eigenes, lässt er sie wieder fallen; er meint: „Hart und kalt sind diese Sachen, und zum Essen nicht zu gebrauchen." Und Kaa ist höchst erstaunt.[20]

Reich, schön, berühmt. Ich schätze, dreißig Prozent der Erwachsenen agieren auf der Kaa-Stufe und diese dreißig Prozent verfügen über fünfzig Prozent der Macht. Die Fünfer haben das Geld, aber nicht die Mehrheit, und doch finden sie Möglichkeiten, die Mehrheit zu beeinflussen. Ganz krass ausgedrückt: Die Fünfer haben das Geld, mit dem sie die Dreier und Vierer zu ihrem Nutzen an die Front schicken; die Fünfer sitzen an den Hebeln der Macht. Denken Sie nur an die Rüstungsindustrie, an Erdöl und an andere Faktoren, die wirtschaftliche Motivation für Kriege sein könnten. Viele, die in Wirtschaft und Politik eine Rolle spielen, bewegen sich auf der Kaa-Stufe: Da wird hoch gepokert, verloren und gewonnen. Um zu siegen, ist der extreme Fünfer auch einmal bereit, die Grenzen der Legalität oder Moral zu überschreiten. Nicht der Weg ist das Ziel, sondern das Ziel ist das Ziel. Schlagworte sind: freier Markt, Plansoll, Strategien, Wettbewerbsfähigkeit, Investitionen, Innovationen, Leistung, Fortschritt, Unternehmerdenken, Produktivität, Profit, Werbung, Marketing, Lobbyarbeit … – allesamt Begriffe, die wir vielleicht bei unserer Arbeit hören oder selbst in den Mund nehmen.

Extrembeispiele für Fünfer-Verhalten

Die Zweckheirat. In früheren Zeiten war es üblich, dass Zweckehen geschlossen wurden, um Besitz und Macht zu vermehren. Wo die *Liebe* hinfiel, das war einerlei. Benachbarte Könige vermählten ihre Kinder miteinander, um den Staat zu vergrößern, und genauso drängten benachbarte Bauern ihre Kinder zur Ehe, um ihre Ländereien zu vergrößern. Heutzutage gibt es das nicht mehr, oder?

Rolex, Gucci und Co. Kennen Sie Menschen, die sich extrem über *Dinge* definieren? „Es kommt auf die Marke an." Ohne Fünfer gäbe es kein Markenbewusstsein, keine „First Class" im Flugzeug und keine „High Society", vermutlich keine Aktien und Fonds, keine Extremsportarten, keine exklusiven Golfklubs und keine Gourmettempel, in denen das Essen mager und die Brieftasche fett sein muss.

Für einen guten Zweck. Berühmtheiten nehmen an Wohltätigkeitsveranstaltungen teil, Politikergattinnen genauso wie Hollywoodschauspieler, die sich für einen guten Zweck engagieren. Fünfer nutzen ihre Prominenz, um Ziele der Allgemeinheit zu unterstützen, versprechen sich davon aber vielleicht auch einen Eigennutzen, Werbung in eigener Sache – für noch mehr Geld, Ruhm und Ansehen. Verstehen Sie mich richtig: Ich finde karitatives Engagement wertvoll und wichtig, und doch ist die persönliche Eitelkeit eine Fünfer-Komponente, die (nicht immer, aber oft) mit hineinspielt.

Vom Winde verweht. Erinnern Sie sich an die weibliche Hauptrolle dieses Hollywoodepos, Scarlet O'Hara? Sie ist bezaubernd schön, heißblütig, temperamentvoll und zielstrebig, aber auch berechnend und kaltherzig. Sie will ihren Besitz um jeden Preis erhalten und dafür kämpft sie mit allen Mitteln. Die Liebe zu ihrem Besitz ist stärker als ihre Menschenliebe.

„Ein unmoralisches Angebot". Vielleicht haben Sie diesen Kinofilm gesehen, der von vielen diskutiert wurde. Wie reagiert man, wenn ein Mann daherkommt und eine Million Dollar bietet für eine einzige Liebesnacht? Und noch dazu, wenn das nicht irgendein Mann ist, sondern Robert Redford? Und noch dazu, wenn man in finanziellen Nöten steckt? Aber man ist ja nicht allein auf der Welt, im Gegenteil, man befindet sich gerade in den Flitterwochen und sollte im siebten Himmel schweben, und dann kommt so ein Angebot daher ... Schwierige Entscheidung, oder? Da taucht in mir die Frage auf: Inwieweit ist der Mensch käuflich? Die typische Fünfer-Antwort wäre: *Jeder* hat seinen Preis!

Wer ist ein typischer Fünfer? „Man gönnt sich ja sonst nichts" – kennen Sie diesen Spruch? Der Mensch steckt sich hohe Ziele – materielle und ideelle, und wenn er sie erreicht, ist er höchst zufrieden. Dafür nimmt er Risiken in Kauf, er agiert flexibel und rasch, er spielt und manipuliert, er kauft und verkauft. In der Fünfer-Welt muss es Hightechprodukte geben und Statussymbole, vom neuesten Flachbildschirm bis zum neuesten Sportwagen. Der extreme Fünfer ist ein Narziss – er liebt sich selbst, seine Erfolge, Wohlstand, Stil, Luxus; er will immer vorne dabei sein, immer schneller, immer besser; er mag Trendsportarten, aber keine Teamsportarten, sondern eher Einzelwettkämpfe wie Tennis, Golf, Marathon, Triathlon, dafür investiert er gerne Zeit und Geld. Er vergleicht, er zählt, er rechnet, er misst sich im ständigen Wettkampf mit den anderen Spielern seiner Liga – das ist ein wichtiger Indikator für sein Selbstwertgefühl. Und für außerordentliche Leistungen erwartet er sich auch außerordentlichen Lohn; der steht ihm zu, schließlich hat er hart dafür gearbeitet. Auch beim Kind oder Jugendlichen kann es die extreme Ausprägung dieser Stufe geben: Dann werden die Eltern nach Strich und Faden ausgenommen, dann wird gerechnet und gepokert, auch mal mit falschen Karten gespielt; das Kind wirkt ehrgeizig und beherrscht, vielleicht sogar überheblich, jedenfalls sehr cool – und *spielt* unter Umständen mit den Gefühlen derer, die es lieben.

Der Fünfer in Balance

Vom Tellerwäscher zum Millionär. Ein bisschen Kaa-Energie tragen wohl etliche Menschen in sich – vorwiegend in Industriestaaten. Aber ganz ehrlich: Ein bisschen Kaa-Energie hat auch noch keinem geschadet! Im Gegenteil, genauso, wie wir die anderen Stufen brauchen, brauchen wir auch den Fünfer, den Macher, den Aktiven, den Produktiven. Ist er ausgeglichen und in Balance, dann sorgt er dafür, dass unsere Welt nicht stagniert und Fortschritt und Wachstum möglich wird. Diese Art zu denken finden wir in den westlichen Ländern, besonders ausgeprägt in den USA. Sie kennen sicher die Geschichten vom Tellerwäscher, der sich mit unermüdlichem Fleiß, Ausdauer und Ehrgeiz zum Millionär hochgearbeitet hat. Die osteuropäischen Länder sind auf dem Weg dorthin und das bringt gesellschaftspolitische Veränderungen mit sich. Blicken Sie nur nach Russland oder China – unter dem kommunistischen Regime typische Vierer-Staaten. Dort beginnen die Menschen immer mehr Wert zu legen auf Produktivität, Karriere, Individualität.

Ideen, die die Welt bewegen. Der Fünfer ist auch der unermüdliche Forscher, der begnadete Wissenschaftler, der mit seinen Erkenntnissen und Ergebnissen die Welt bewegen kann und damit nicht nur sein eigenes Leben, sondern auch das Leben seiner ganzen Kultur bereichert und erleichtert. Denken Sie nur an die Entdeckung der Elektrizität oder des Penicillins, an die Wirksamkeit von Impfstoffen, generell an die medizinische Forschung, aber auch an technische Errungenschaften und Entwicklungen, an Geschichtsforschung, an Archäologie und so weiter. Um es sich und anderen besser ergehen zu lassen, investiert der Fünfer Energie, Zeit, Geld; er erwirbt neue Fähigkeiten, lernt ständig dazu, legt Wert auf Optimierung und Verbesserung; er nimmt Gefahren auf sich, zeigt Entschlossenheit und liebt die Herausforderung.

☞ **Einladung zum Gedankenexperiment:** Überlegen Sie mal, welche Fünfer Sie persönlich kennen: Kennen Sie erfolgreiche Unternehmer? Oder kennen Sie Menschen, die extrem viel arbeiten und am Rande des „Burnout" stehen? Oder stellen Sie sich vor, Sie würden an einer seltenen Krankheit leiden – wer wäre Ihnen als Arzt lieber: Hathi, Shir Khan oder Kaa? Gibt es vielleicht spezielle Berufsgruppen, in denen in erster Linie Fünfer arbeiten? Wann haben Sie Ihren letzten wirklich großen Erfolg gefeiert? Oder was verstehen Sie persönlich unter „Erfolg"? Wie viel Fünfer-Qualität entdecken Sie bei Ihrem Partner, bei Ihren Kindern, Freunden, Nachbarn? Wie würden Ihre Kinder reagieren, wenn Sie zu einem Wettkampf mit einer gigantischen Siegerprämie einladen würden? Vielleicht fällt Ihnen auch zum Fünfer eine Figur aus Literatur, Film oder Fernsehen ein? Aus Soapoperas und Telenovelas? Ich erinnere mich an die US-Fernsehserie „Dallas" und J. R. Ewing, den stinkreichen Serienbösewicht, oder an Dagobert Duck ...

Kraft und Schnelligkeit

Dann begannen sie ihr regelmäßiges Abendspiel: Der Knabe in seiner überschäumenden Kraft und der Phyton im Prunk seiner neuen Haut richteten sich gegeneinander auf zu einem Ringkampf – zu einer Probe auf Kraft und Schnelligkeit des Blicks. Natürlich hätte Kaa, wenn er gewollt hätte, ein Dutzend Moglis zerquetschen können, aber er spielte vorsichtig und gebrauchte nie mehr als ein Zehntel seiner Kraft. Seit Mogli stark genug war, derbes Zupacken zu vertragen, hatte Kaa ihn das Spiel gelehrt, und es machte seine Glieder geschmeidig wie kein anderes …

Das Spiel endete stets in derselben Weise: mit einem geraden, schwingenden Schlag des Kopfes der Schlange, worauf der Knabe einen Purzelbaum schoss. Mogli brachte es nie fertig, diesem blitzartigen Stoß auszuweichen; und Kaa meinte, es nütze ihm nichts, es zu versuchen, es würde ihm doch nie gelingen.[21]

Das Fünfer-Kind. Die kleine Kaa liebt ihr Sparschwein und mag großzügige Geschenke, ist auch selbst großzügig und schenkt ihre Spielsachen anderen Kindern, um ihre Freundschaft zu gewinnen. Sie verschenkt das letzte Stück des Kuchens, obwohl sie das am liebsten selbst genießen würde, aber noch mehr Wert ist die Anerkennung, die sie für ihre Tat bekommt. Das kennen Sie vielleicht auch von den Großen: Fast in jedem Team gibt es ein, zwei Kollegen, die sich kalkuliert aufopfern und strebsam anstehende Arbeiten erledigen – einerseits, damit etwas weitergeht, und andererseits auch mit dem Hintergedanken, dass dieses Verhalten gesehen, geschätzt und honoriert wird. Zumindest ist es ein schlagkräftiges Argument bei der nächsten Gehaltsverhandlung mit dem Chef. Das Fünfer-Kind ist ehrgeizig und arbeitet an sich selbst: In der Schule legt es Wert auf gute Noten, beim Sport will es zu den Besten gehören, das Verlieren fällt diesem strebsamen Menschen schwer.

Wie komme ich mit dem Fünfer am besten aus? Wenn der Gewinn passt, dann zeigt sich Kaa kooperativ und arbeitet daheim gut und gerne mit, sie kann sich ihre Zeit gut einteilen und anpacken. Das Fünfer-Kind verhandelt aber auch gerne mit den Eltern – über Taschengeld, Ausgang, Statussymbole und vieles andere. Sie können sich vorstellen, dass der Fünfer-Teenager seinen Schulabschluss besonders gut schaffen wird, wenn Sie ihm beim Erreichen des Ziels Führerschein und eigenen Wagen versprechen. Als Bestrafung empfindet der Fünfer jedes Spiel, das er verloren hat: Du hast riskiert und nun musst du dafür büßen, so sind nun mal die Spielregeln. Er braucht keine weitere Strafe, denn das Scheitern ist Strafe genug. Wesentlich stärker ist sein Bedürfnis, zu siegen und erfolgreich zu sein. Und so motiviert ihn sein Wunsch, das *nächste* Spiel zu gewinnen, das nächste Ziel zu erreichen, die nächste Belohnung einzustreifen und in den Augen der anderen als Sieger dazustehen.

Der Fünfer im Überblick

- Beispiele:
  - Kinder, Jugendliche
  - Manager, Unternehmer, Führungskräfte, Politiker, Golf- und Tennisprofis, Forscher, Lifestyle-Anhänger, Menschen im Rampenlicht …
  - Menschen wie Sie und ich, für die Sieg, Erfolg und Karriere eine ständige treibende Kraft darstellen
- Grundsatz: Du kannst im Leben alles erreichen, es liegt in deiner Hand. Zeit ist Geld und Geld ist Macht und Macht regiert die Welt.
- Sein größtes Bedürfnis: Erfolg und Anerkennung
- Seine größte Angst: Misserfolg, Machtverlust, Entbehrungen
- Seine größte Stärke: Durchsetzungskraft, Ehrgeiz
- Ziele: Wohlstand, Popularität, Ansehen, Macht erreichen und vermehren, exzellente Leistungen bringen, das Spiel gewinnen, das Höchste, Beste, Teuerste erreichen

- Überlebensstrategie: sich mutig, effizient und entschlossen dem Wettbewerb stellen, Zeit und Kraft investieren, Risikofreude und Neugier zeigen, Verbesserung anstreben, Helfer und Hilfsmittel nutzen, Entscheidungen treffen – rasch, strategisch und clever
- Stressfaktoren: Hindernisse und Stolpersteine auf seinem Weg zum Erfolg, Abwertung seiner Ziele und seiner Person, Vorenthalten der Belohnung, Gleichheit einfordern, „demokratische" Mehrheitsentscheidungen
- Motivation: klare Zielvereinbarungen treffen, persönliche und materielle Anerkennung in Aussicht stellen, Imagegewinn, Zeugnisse, Preise, Pokale, Auszeichnungen, Ehrenmedaillen, Titel, Urkunden, Zertifikate …
- Lernen: Der Fünfer lernt durch Versuch und Irrtum; er strengt sich gerne selbst an, hin und wieder zieht er es vor, nicht alles vorgekaut zu bekommen und eigene Lösungen zu finden. Er lernt rasch und effizient und verspricht sich dadurch weiteren Erfolg und Ruhm.
- Aufgaben des Anführers bzw. der Eltern: Mentor und selbst „Experte" sein, Kompetenz beweisen und auch Mut zum Risiko; „Karrierechancen" aufzeigen, große Ziele vorgeben, motivieren, anfeuern, Mut machen, loben, Gewinn und Nutzen in Aussicht stellen
- Erziehung: Als Eltern dürfen wir hier besonders die Selbstständigkeit des Kindes fördern, es in die Eigenverantwortung entlassen, ihm vieles zutrauen, aber auch konkrete Leistungen einfordern – Kaa liebt dieses „Spiel" – und natürlich: Belohnen, belohnen, belohnen! Den „ethischen Rahmen" vorleben.
- Beziehungen: Er liebt auch in Beziehungen die Abwechslung, die Überraschung; den täglichen Trott mag er weniger; übernimmt gerne Verantwortung und trifft gerne Entscheidungen; ist gerne „Familienoberhaupt" und sorgt für die Seinen; hat manchmal Mühe damit, seine Gefühle zu zeigen und auszuleben.
- Arbeit: Die Leistung zählt; er bringt sich gerne ein und übernimmt gerne Führung und Verantwortung, mag Hierarchie, steht auf Beförderungen und klettert voll Leidenschaft die Karriereleiter nach oben; kann sich selbst gut organisieren und verteilt die Arbeit wirkungsvoll,

kann Arbeitsprozesse optimieren und erzielt Ergebnisse; misst seinen Erfolg an finanzieller und menschlicher Anerkennung.

- Kommunikation: Er ist ein sachlicher, flexibler Gesprächspartner; ist ideenreich und innovativ, kann Probleme gut analysieren und Lösungen vorschlagen; legt Wert auf ein respektvolles Miteinander und setzt sich für andere ein.
- Die Fünfer-Welt ist ein Universum des Zähl- und Messbaren; sie bietet eine Fülle von ungeahnten Gelegenheiten und Chancen; und wer geschickt ist, der kann alles erreichen und extrem erfolgreich sein. Es zählen Disziplin, Leistung, Erfolg, Effizienz, Ehrgeiz, Wohlstand, Prestige.

Weitere Details über den Fünfer finden Sie in den Übersichten, die als kostenloses Bonusmaterial auf folgenden Internetseiten zu finden sind: www.vakverlag.de oder www.dschungelbucherziehung.com (Vgl. dazu den Hinweis im Anhang, Seite 266)

Typ 6: Balu

Bär Balu, der Gesellige

„Wer spricht für das Menschenjunge?", fragte Akela, der Leitwolf, bei der Ratsversammlung. „Wer unter dem freien Volke spricht für ihn?" Keiner meldete sich, und Mutter Wolf machte sich bereit zu ihrem letzten Kampf – denn sie wusste, dass es ihr letzter Kampf sein würde, wenn es zum Kampfe kam. In diesem Augenblick stellte sich Balu auf die Hinterbeine und knurrte – Balu, der schläfrige braune Bär, der die jungen Wölfe das Dschungelgesetz lehrt. Der einzige Fremdling ist er im Rat der Wölfe, er kann gehen und kommen, ganz wie er will, denn er lebt nur von Nüssen, Wurzeln und Honig. „Das Menschenjunge, das Menschenjunge?", fragte er. „Ich spreche für das Menschenjunge. Warum denn nicht? Was kann ein Menschenjunges dem Pack schaden? Wie? Schöne Reden halten kann ich nicht, aber ich spreche die Wahrheit. Nehmt ihn auf und lasst ihn im Rudel laufen. Ich selbst werde ihn unterrichten."[22]

Geld regiert die Welt? Ich weiß nicht. Manche Menschen entdecken für sich eine andere Wahrheit; sie erleben, dass ihnen materieller Wohlstand weniger Glück,

Frieden und Seelenheil bringt, als sie erhofft hatten. Erneut wenden sie dann den Blick weg von sich selbst hin zu anderen Menschen, sie haben verstärkt das Bedürfnis nach Gemeinschaft und entwickeln die Idee, dass die Begegnung mit Menschen wertvoller sein könnte als das Streben nach Erfolg und Ruhm. Auch diesen Schritt kann der Mensch erst dann machen, wenn er den Geschmack von Erfolg und Ruhm gekostet und all das Sinnvolle gelernt hat, was es auf der Fünfer-Stufe zu lernen gibt. Und eines Tages kann es dann geschehen, dass Kaa erneut die Schlangenhaut wechselt; und zum Vorschein kommt – ein Bär: Herzlich willkommen auf der Balu-Stufe!

Der Sechser im Extrem

„Lasst uns füreinander da sein und miteinander in Frieden leben!“ So könnte das Lebensmotto des Sechsers lauten. Gemeinsam hin zu mehr Frieden, Harmonie und Miteinander! Nach dem Motto: Einer für alle, alle für einen. Während der Fünfer davon überzeugt ist, dass wir in einer Welt leben, in der alles möglich und fast alles erlaubt ist, ist der Sechser davon überzeugt, dass wir in einer Welt leben, die wir nicht schamlos für unsere Zwecke ausnutzen sollten. Er engagiert sich dafür, dass wir mit den Möglichkeiten und Schätzen von Mutter Erde sorgsam umgehen; er macht sich Sorgen über die Ausbeutung von Mensch, Tier, Natur; er ist bereit, sich einzuschränken und Opfer zu bringen, um seinen Beitrag zu leisten – für ein höheres Prinzip und für andere Menschen. Ähnlich wie Balu, der Bär, der sich einfühlsam und selbstlos um die jungen Wölfe und um seinen Liebling Mogli kümmert. Er setzt sogar sein Leben aufs Spiel, um seinen Schützling vor den Gefahren der Dschungel zu retten. Er liebt ihn von Herzen, er lehrt ihn die Gesetze der Natur, bringt ihm alles bei, was er wissen muss für ein friedliches Miteinander im Dschungel. Leben und leben lassen!

Die goldene Mitte. Wie auf den anderen Stufen ist auch hier die goldene Mitte angenehm, denn als extremer Sechser kann man sich selbst und anderen das Leben ganz schön schwer machen: Dann verliert man vielleicht den Bezug zur Realität, wirkt naiv und gefühlsduselig, übertreibt beim Streben nach Gleichheit und Brüderlichkeit und leugnet seine Einzigartigkeit. Dann achtet man vielleicht so sehr auf Harmonie, dass man kaum etwas Produktives leistet in Beruf und Privatleben: weil man sich dem Gruppendruck unterwirft oder Probleme unterschätzt oder keine unpopulären Entscheidungen treffen mag. Als stark ausgeprägter Balu-Elternteil gibt man sich vielleicht über alle Maßen tolerant, lässt alles durchgehen, während das Kind immer verzweifelter seine Grenzen einfordert. Oder man pendelt ins andere Extrem und attackiert all jene, die den eigenen Traum nicht teilen und andere Visionen haben, und verurteilt all jene, die anders denken.

Extrembeispiele für Sechser-Verhalten

Kommunenleben. Ich denke hier an Künstler- oder Selbstversorgerkommunen, die auf Gemeinsamkeit und Übereinstimmung achten; Entscheidungen werden von allen gemeinsam getroffen, es gibt keinen Anführer, alle sind gleich; es wird versucht, es allen recht zu machen. Spiritualität, Liebe, Gleichheit, Gemeinschaft haben hohen Stellenwert. Die Gefahr besteht darin, dass der Mensch seine Individualität aufgibt zugunsten der Gruppe oder der gemeinnützigen Idee, der er sich verschrieben hat. Oder dass die gesamte Gruppe ein wenig den Bezug zur Realität verliert.

Aussteiger. Haben Sie den Film *The Beach* mit Leonardo di Caprio gesehen? Junge Menschen steigen aus und bilden eine Lebensgemeinschaft auf einer paradiesischen Insel. Eine schöne Vision. Es gibt nur eine Regel, und die lautet: „Verstoßen werden all jene, die dieses Paradies in Gefahr bringen." Solange die Sonne scheint und Einheit herrscht, gibt es keine Probleme, doch sobald Zwietracht in den Herzen der Leute auftaucht, entstehen Chaos und Anarchie und das Leben der Menschen ist in Gefahr ... Dies könnte aber auch ein Beispiel für eine Vierer-Kommune sein.

Eine Seele von einem Menschen. Die meisten werden die Namen derer kennen, die ich hier als Beispiele nenne; sie haben Geschichte geschrieben und dazu beigetragen, dass mehr Frieden ist auf dieser Welt: so außergewöhnliche Menschen wie Mutter Theresa, Mahatma Gandhi, Martin Luther King, Michail Gorbatschow, Nelson Mandela … Doch eine solche „Seele von einem Menschen" kann auch in ihrer Nähe leben: Vielleicht ist es der Pfarrer ihrer Gemeinde, der dem Begriff „Seelsorger" gerecht wird, oder die Frau nebenan, die ein Herz hat für orientierungslose Jugendliche, oder der Arzt, der mit besonderer Anteilnahme seine Patienten betreut …

Die Geschichte von Jesus. Marshall B. Rosenberg, erzählt eine Geschichte über jene Frau, die ihm Lehrerin und Vorbild war – und ein Naturtalent in gewaltfreier Kommunikation: seine Großmutter. Obwohl sie in Zeiten der wirtschaftlichen Depression selbst neun Kinder großzog, nahm sie immer wieder Menschen in ihrem Haus auf, die es noch schwerer hatten. Aber einmalig ist die Geschichte mit Jesus:

„Es ist eine wahre Begebenheit aus einer Zeit, als ein Mann an Großmutters Tür anklopfte und um etwas zu essen bat. Das war nicht ungewöhnlich. Auch wenn meine Großmutter sehr arm war, wusste die ganze Nachbarschaft, dass sie jedem, der an ihre Tür kam, etwas zu essen gab. Der Mann hatte einen Bart und wirres, schwarzes Haar; seine Kleider waren abgerissen und um den Hals trug er ein Kreuz aus Zweigen, zusammengebunden mit einer Schnur. Meine Großmutter lud ihn in ihre Küche ein, und während er aß, fragte sie ihn nach seinem Namen. „Mein Name ist Jesus", erwiderte er. „Haben Sie auch einen Nachnamen?", bohrte sie weiter. „Ich bin Jesus, der Herr." (Meine Großmutter beherrschte die englische Sprache nicht allzu gut. Ein Onkel erzählte mir später, dass er in die Küche kam, während der Mann noch am Essen war, und Großmutter den Fremden als „Herr Derherr" vorgestellt hatte.) Während er weiter aß, fragte ihn meine Großmutter, wo er wohnte. „Ich habe kein Zuhause." – „Ja, aber wo bleiben Sie denn heute Nacht? Es ist kalt." – „Ich weiß es nicht." – „Möchten Sie gerne hier bleiben?"… Er blieb 7 Jahre lang.[23]

Wer ist ein typischer Sechser? Oft sind es Menschen, die sich einer „wertvollen Aufgabe" widmen: Sie arbeiten für karitative Organisationen oder in sozialen Berufen oder Schulen, zum Beispiel als Lehrer, Sozialhelfer, Altenpfleger, Krankenpfleger, Lebens- und Sozialberater, Hospizmitarbeiter, Kämpfer für Menschen-, Tier- oder Umweltrechte. Der Beruf ist meist mehr als ein Job und stellt eine Lebensaufgabe dar und die Erfüllung einer Mission. Manche gehen so darin auf, dass sie sich über Gebühr anstrengen und verausgaben; als hilflose Helfer engagieren sie sich für Menschen und hehre Ideale und bleiben dabei selbst auf der Strecke. Sie sind zum Teil auch unverbesserliche Idealisten, sehen Probleme mit verklärtem Blick und lassen sich von ihren Gefühlen hinreißen; sie misstrauen Autoritäten und verurteilen manchmal Andersdenkende. Und es gibt natürlich auch Sechser-Kinder und -Jugendliche: ein Mädchen, das überzeugte Vegetarierin ist und nichts essen will, was Augen hat; und wenn die Eltern hin und wieder für sich selbst Fleisch oder Fisch zubereiten wollen, überschüttet die Kleine die Großen mit Vorwürfen. Oder ein kleiner Junge, der am Abend nicht einschlafen kann, weil er sich solche Sorgen um die Umweltverschmutzung macht und Angst hat, dass die Erde das nicht länger verkraftet. Oder ein Jugendlicher, der sich mit Freunden zusammentut, um friedlich gegen Atomkraftwerke zu demonstrieren. Oder ein Jugendlicher, der sich an einen Baum kettet, um zu verhindern, dass er gefällt wird, nur damit die Straße verbreitert werden kann.

Der Sechser in Balance

Make love, not war! Liebe statt Krieg! Anfang der sechziger Jahre traten Menschen geschlossen gegen den Krieg auf und formierten sich in der Friedensbewegung, lebten als Hippies gemeinsam mit gleich Gesinnten ein „Flower-Power"-Leben. Hier sind auch die Wurzeln der Umweltschutzbewegung, des New-Age-Denkens, der Politik der Grünen, internationaler Hilfsorganisationen – von *Amnesty International* über WWF bis Greenpeace. Die Caritas, das Rote Kreuz und die Vereinten Nationen stehen für Sechser-Gedanken. Hier steht nicht mehr wie beim Fünfer der Verstand im Vordergrund, sondern das Gefühl. Diese Bewegung hin zu mehr Menschlichkeit kann auch als Antwort verstanden werden auf unsere Wohlstandsgesellschaft, die zwar bequem sein mag, aber zum Teil auch unpersönlich ist, hoch technisiert, gefühllos. Für den Sechser sind Beziehungen und ein reiches Seelenleben wichtiger als ein Leben in Luxus; Spiritualität ist wichtiger als Wohlstand – vor allem, wenn der auf Kosten anderer geht. – Balu denkt sich: „Probier's mal mit Gemütlichkeit, mit Ruhe und Gemütlichkeit!" Er hasst den Wettkampf und liebt die Kooperation, hat auch wenig Interesse an Sport, weil er weder gewinnen noch verlieren will. Er denkt über Beziehungen nach und strebt ein friedvolles Leben an.

Ein großes Herz. Auf der Balu-Stufe zeigen sich Menschen brüderlich und demokratisch, fürsorglich und verantwortlich; sie nehmen teil am Schicksal anderer und legen größten Wert auf persönlichen Freiraum, Entwicklung und Entfaltung, auf Seelenfrieden und Harmonie. Die primäre Motivation und Antriebskraft für den Sechser ist die Liebe. Die Menschheit betrachtet er am liebsten als eine große Familie: Die Menschen sollen einander unterstützen und gemeinsam die Probleme meistern. Dieses Sechser-Denken findet man überall dort, wo Menschen sich mit dem Einsatz humanitärer Programme und mit Fragen der sozialen Gerechtigkeit, der Gleichberechtigung, Basisdemokratie, Ökologie befassen. Es gibt auch Unternehmer, die so denken: In deren Firmen existieren meist demokratische Strukturen; die Teamarbeit steht im Mittelpunkt, die Mitarbeiter bringen sich ein und bestimmen mit; es finden viele Besprechungen statt, um eine gute Lösung für alle zu finden. Die Sozialleistungen sind meistens beachtlich und die Mitarbeiter überdurchschnittlich engagiert.

☞ **Einladung zum Gedankenexperiment:** Haben Sie eine Idee, wie sich ein Sechser fühlen könnte? Oder wer in Ihrem Bekanntenkreis auf der Balu-Stufe daheim sein könnte? Kennen Sie Menschen, die sich außerordentlich für andere Menschen einsetzen? Gibt es Berufe, für die ein Sechser besonders gut geeignet wäre? Was könnte der Sechser unter „Erfolg" verstehen? Erinnern Sie sich an Menschen, die mit dem Friedensnobelpreis geehrt wurden? Haben vielleicht auch ihre Familienmitglieder Sechser-Qualitäten? Wie würde Ihre Familie reagieren, wenn Sie beschließen würden, einen Obdachlosen in ihrem Haus aufzunehmen? Vielleicht fällt Ihnen auch zum Sechser eine Figur aus Literatur, Film oder Fernsehen ein? Erinnern Sie sich an das Filmmusical *Hair*? Oder die Familienserie *Die Waltons*? Oder die sieben Zwerge im Märchen von Schneewittchen ...?

Das Sechser-Kind. Der oder die kleine Balu liebt die Gegenwart anderer Menschen, liebt das Beisammensein, Gespräche, Diskussionen – mit Eltern und Geschwistern, aber auch mit Freunden und Bekannten – und derer existieren viele in seinem Umfeld. Das Sechser-Kind ist nicht gern allein, es ist offen, freundlich, umtriebig, kontaktfreudig, quatscht auf der Straße fremde Menschen an und verstrickt sie in Diskussionen über Gott und die Welt. Größte Mühe hat es mit starren Regeln, die – seiner Meinung nach – keinen Sinn machen, mit allen strikten Vorgaben, die den kleinen Freigeist einschränken und ihm Wahlmöglichkeiten rauben. Es denkt mit, es fühlt mit und kann auch auf die Bedürfnisse anderer Rücksicht nehmen. Angst bekommt es, wenn es in seinem Umfeld Streit gibt, wenn Aggression im Raum ist oder ein Konflikt schwelt, der nicht offen besprochen wird. Problematisch kann es werden, wenn das Kind versucht, den Streit zwischen Erwachsenen zu schlichten: weil es sich einerseits in Sachen einmischt, die es nichts angehen, und andererseits sehr darunter leidet, wenn die Harmonie in der Familie, in der Schule, im Freundeskreis gestört ist.

Echte Tierliebe. Eine Bekannte hat mir eine Geschichte erzählt über ihre Tochter und einen Hund: Der Hund gehörte den Nachbarn, die selten mit dem Tier spazieren gingen und sich wenig kümmerten. Meine Bekannte und ihre Tochter bauten eine enge Beziehung zu dem Hund auf, gingen oft mit ihm spazieren und hatten ihn von Herzen gern. Eines Tages war der Hund fort. Die Nachbarin erzählte, dass eine freundliche ältere Dame sich in den Hund „verliebt“ und ihn zu sich genommen habe, dass sie ein großes Herz habe und viel Zeit für das Tier, viel Zeit zum Spazierengehen und einen großen Garten. Meiner Freundin rannen die Tränen über die Wangen und sie fürchtete sich beim Gedanken daran, dass sie ihrer kleinen Tochter erzählen müsse, was mit dem Hund geschehen war. Abends nahm sie ihre Kleine beiseite und erzählte ihr die ganze Geschichte. Und sie war höchst erstaunt über die Reaktion des Kindes: Es sah sie lange an, überlegte und sagte dann: „Mama, ich bin schon traurig für mich und für dich, aber ich freue mich für den Hund! Er wird es sicher bei der alten Dame besser haben, die wird ganz lieb zu ihm sein, ihn viel streicheln und ganz oft mit ihm spazieren gehen.“

Wie komme ich mit dem Sechser am besten aus? Vielleicht sollte die Frage eher lauten: Wie kommt mein Sechser-Kind mit mir aus? Dazu fällt mir das Stichwort „antiautoritäre Erziehung“ ein. Gut oder schlecht? Es kommt darauf an! Für den kleinen Shir Khan wäre das eine Katastrophe und das Gegenteil von dem, was er braucht; für den kleinen Balu kann sich eine freiere Form der Erziehung schon wesentlich besser eignen. Als Eltern eines Sechser-Kindes sollten wir kompromissbereit sein, uns auf Diskussionen einlassen, viele Gespräche führen – dieses Kind braucht viel Zeit und viel Aufmerksamkeit; es schätzt die Sensibilität der Großen und legt größten Wert darauf, Liebe und Zugehörigkeit zu empfinden, aber auch anderen zu schenken. Als schlimmste Strafe empfindet es Liebesentzug – wie alle anderen Kinder auch, doch das Balu-Kind leidet wohl am stärksten darunter. Es orientiert sich stark am Vorbild der Eltern und anderer Menschen, die es achtet und bewundert. Es kann ein Verhalten an den Tag legen, das uns Große erstaunen und sogar als Vorbild dienen kann. Als Elternteil ist man gefordert, vieles zuzulassen, was das Kind ausprobieren will, aber auch Rückmeldung zu geben und alles zu tun, um das innere Wachstum dieses sensiblen jungen Menschen weiter zu fördern und zu begleiten. Kleine Balus stehen zum Beispiel auf Geschichten, die Emotionen in ihnen wachrufen – so können Eltern ihre Botschaften ans Kind gut verpacken, so kann sie das Kind gut annehmen. Wenn der Sechser in Balance ist, wird er Vater und Mutter viel Freude machen, viel Liebe schenken und eine innige Beziehung zu den Eltern, zu anderen Familienmitgliedern und zu Menschen allgemein aufbauen.

Der Sechser im Überblick

- Beispiele:
  - Sozialarbeiter, idealistische UNO-Mitarbeiter, Friedensnobelpreisträger, Ärzte ohne Grenzen, Amnesty International
  - Menschen wie Sie und ich, die sich außerordentlich für andere Menschen einsetzen, für wohltätige Projekte, für Natur- und Tierschutz …
- Grundsatz: Lasst uns miteinander in Frieden leben! Der Weg ist das Ziel.
- Sein größtes Bedürfnis: Beziehung, Liebe, Partnerschaft und Zugehörigkeit
- Seine größte Angst: Ausschluss aus der Gruppe, Einsamkeit
- Seine größte Stärke: Einfühlungsvermögen, Teamfähigkeit
- Ziele: von gleich Gesinnten umgeben sein, für sich den Sinn des Daseins ergründen, Frieden auf der Welt und in den Herzen der Menschen! Dafür engagiert sich der Sechser; er arbeitet für das Wohl der Gemeinschaft und kämpft gegen Ausbeutung, Ungerechtigkeit, Konsumdenken, Rassismus, Umweltzerstörung, Armut …
- Überlebensstrategie: kooperieren, gemeinsam mit anderen entscheiden, gemeinsam Verantwortung übernehmen und sich einbringen zum Wohle aller
- Stressfaktoren: Aggression, Konflikt, Unstimmigkeiten, Konkurrenz, Ungerechtigkeit; genauso Autoritäten, die die Gruppe bedrohen; Befehle, einseitige Kommunikation, die einen Austausch unmöglich macht …
- Motivation: Liebe, Liebe, Liebe – zum Menschen, zur Natur, zu allen Lebewesen
- Lernen: Er lernt am besten, indem er andere beobachtet und Erfahrungen nachempfindet, aber auch indem er selbst ausprobiert: learning by doing
- Aufgaben des Anführers bzw. der Eltern: Sensibilität und Menschlichkeit zeigen, Ängste aus dem Weg räumen, sich Zeit nehmen für Gespräche, die Diskussion leiten, viel Nähe und Interaktion zulassen, Feedback geben, inneres Wachstum fördern und Entwicklungspotenziale aufzeigen; Emotionen zeigen und wecken …

- Erziehung: Kooperieren statt dressieren! Einfühlsam auf das Kind eingehen, regen Gedankenaustausch und Gespräche ermöglichen, Vertrauen schenken und besonders viel Liebe; für Begegnung zur Verfügung stehen, mental und auch körperlich – in Form von Kontakt, Berührungen, Halten, Drücken, Kuscheln; Vorbild sein, indem man selbst Werte wie Harmonie, Frieden, Gleichheit anstrebt; die Persönlichkeitsentwicklung fördern …
- Beziehungen: Er hat viele Beziehungen, da er das Miteinander liebt und sich vielfach auch über andere definiert; ist zu innigen Begegnungen fähig und bereit, sein Herz für andere zu öffnen: für Mensch, Tier, Natur, Gott und die Welt.
- Arbeit: Er liebt die Teamarbeit; gegenseitige Ermutigung und Unterstützung innerhalb der Gruppe; mag flexible Arbeitszeiten und eine Aufgabenvielfalt; übernimmt gerne Verantwortung für andere und sucht den Konsens mit der Gruppe; liebt die Interaktion, Gespräche, Diskussionen – oft mehr als die Ergebnisse.
- Kommunikation: Er liebt die Begegnung mit Menschen, den Austausch; kann sich gut in andere einfühlen, ist verständnisvoll und offen; erforscht Gefühle und teilt seine Erfahrungen gerne mit anderen, arbeitet daran, seine kommunikativen Fähigkeiten zu verbessern, um noch besser mit Menschen in Kontakt zu kommen.
- Die Sechser-Welt ist geprägt von Ungerechtigkeiten, ungleichen Chancen und zur Neige gehenden Gütern. Da braucht es Menschen, die für andere einstehen, die sorgsam mit Mutter Erde und ihren Schätzen umgehen, die in Gemeinschaft mit anderen ein Leben anstreben, das lebenswert ist – in Frieden und Harmonie. Für ihn ist durch den Fortschritt und den Glauben an die Technik in vielen Menschen eine spirituelle Leere entstanden, die durch eine Verschiebung der Werte wieder gefüllt werden kann.

Weitere Details über den Sechser finden Sie in den Übersichten, die als kostenloses Bonusmaterial auf folgenden Internetseiten zu finden sind: www.vakverlag.de oder www.dschungelbucherziehung.com (Vgl. dazu den Hinweis im Anhang, Seite 266)

Typ 7: Baghira

Panther Baghira, der Weise

Ein dunkler Schatten fiel in den Kreis der Wölfe bei der Ratsversammlung. Es war Baghira, der schwarze Panther, tintenschwarz über und über, doch mit der Pantherzeichnung, die in der Seide des Fells zuweilen aufleuchtete. Jeder kannte Baghira, und niemand kreuzte gern seinen Pfad; denn schlau war er wie der Schakal, stark wie der Büffel und tollkühn wie Hathi, der Elefant, wenn er verwundet ist. Aber seine Stimme war sanft wie wilder Honig, der vom Baume tröpfelt, und sein Fell weicher als Flaumfedern.

„Du, Akela, und ihr, das freie Volk!", schnurrte er. „Ich habe kein Recht in eurer Versammlung; doch nach dem Dschungelgesetz kann das Leben eines Jungen, dessen Aufnahme bestritten wird, für einen Preis erkauft werden. Und das Gesetz schreibt nicht vor, wer den Preis bezahlen soll und wer nicht … Ich habe kein Recht, hier zu sprechen, so bitte ich um eure Erlaubnis!" – „Sprich nur!", schrien zwanzig Wolfsstimmen. „Ein nacktes Junges zu töten ist Schmach und Schande. Im Übrigen taugt es besser dazu, euch an ihm zu erproben, wenn es erst groß und erwachsen ist. Balu hat gesprochen. Den Worten Balus füge ich nur einen Bullen hinzu – fett, sage ich euch, und eben erst getötet! Keine halbe Meile liegt er von hier …" Und so geschah es, dass Mogli im Rudel der Sioniwölfe aufgenommen wurde.[24]

Ein freier Geist. Erinnern Sie sich an Baghira? Welches Gefühl haben Sie, wenn Sie an den beeindruckenden schwarzen Panther aus dem *Dschungelbuch* denken? Was assoziieren Sie damit? Welche Kraft, welche Energie, welche Qualitäten? Was gibt diese Figur alles her, was haben Sie für einen Eindruck? Wir sind nun an einem Endpunkt angelangt, der keiner ist. Das Modell der Dschungelbuch-Typen ist nach oben hin offen und es soll offen bleiben – wie so vieles in unserem Leben, das uns immer wieder mit Vielfalt und Veränderung überrascht. Ich möchte Ihre Fantasie nicht einschränken, indem ich nun auch noch den Siebener im Detail vorstelle oder indem ich Thesen über weitere Stufen in den Raum stelle. Warum? Weil es noch kaum Baghira-Kinder gibt – ich persönlich kenne kein einziges. Weil das derweil in der Erziehung noch keine Rolle spielt. Weil auf unserem Planeten zu Beginn des neuen Jahrtausends überhaupt erst wenige Baghira-Menschen leben.

Ein Beispiel für Siebener-Verhalten

Tenzin Gyatso, der vierzehnte Dalai Lama, seines Zeichens weltliches und geistiges Oberhaupt der tibetischen Buddhisten. Die Gläubigen halten ihn für einen Gott, der sich aus Mitgefühl entschlossen hat, durch *Reinkarnation* wieder in die gewöhnliche menschliche Existenz einzutreten, um anderen Wesen zu dienen, obwohl er sich – als erleuchtetes Wesen – dem Kreislauf der *Wiedergeburt* hätte entziehen können. Auch im Westen gilt er als moralische Autorität, als Botschafter des Friedens und des Mitgefühls, und beeindruckt Jung und Alt mit seinem „Markenzeichen“: seinem Lächeln. Für seine Politik der *Gewaltlosigkeit* und seine Bemühungen um Frieden wurde er im Jahr 1989 mit der Verleihung des *Friedensnobelpreises* gewürdigt.

Weitere Details über den Siebener finden Sie in den Übersichten, die als kostenloses Bonusmaterial auf folgenden Internetseiten zu finden sind: www.vakverlag.de oder www.dschungelbucherziehung.com (Vgl. dazu den Hinweis im Anhang, Seite 266)

Der Siebener ist selten. Es gibt bis zum Erscheinungsdatum dieses Buches einige wenige, die als Siebener durchs Leben gehen, und es gibt noch nicht allzu viele Erkenntnisse und Erfahrungen über die weiteren Stufen. Und doch ist es möglich, dass die Menschheit schon bald bereit ist für den nächsten Schritt in der Evolution, für weitere Erscheinungsformen und Entwicklungen, von denen wir jetzt nicht einmal zu träumen wagen. Es gibt kein Ende, es gibt kein endgültiges Ziel, es gibt kein Paradies auf Erden. Es ist ein unendliches Suchen und Streben, und das, was ist, ist wohl immer ein Vorspiel dessen, was noch sein könnte. Kennen Sie den Satz: Die Probleme von heute sind die Lösungen von morgen. Je komplexer die Welt wird, desto mehr Entwicklungsstufen wird es auch geben. Wer kann heute schon sagen, wozu die Menschen der Zukunft fähig sein werden? Welche Typen werden da noch in Erscheinung treten? Unserer Fantasie sind keine Grenzen gesetzt. Es gibt im *Dschungelbuch* noch andere Tiere, die in meinem Buch bis jetzt nicht aufgetaucht sind, und auch im wirklichen Leben gibt es noch ganz andere Typen, die uns begegnen werden. Lassen wir uns überraschen!

Eines Tages verkündete der Meister, einer der jungen Mönche habe einen fortgeschrittenen Zustand der Erleuchtung erlangt. Diese Neuigkeit sorgte für ziemliche Aufregung unter den anderen Mönchen. Einige gingen zu dem betreffenden Mönch hin und fragten ihn, ob es stimme, dass er erleuchtet sei. Er antwortete: „So ist es." – „Und wie fühlst du dich?" – „Genauso miserabel wie vorher", meinte der Mönch.[25]

Die lange Reise von Mogli zu Baghira – wozu?

Baghira spricht:
„Der Bengel ist mir irgendwie
an's Herz gewachsen."

Warum wechseln wir überhaupt die Stufen? Bevor wir uns im nächsten Kapitel im Detail Tücken und Gelingen des Miteinanders der unterschiedlichen *Dschungelbuch*-Typen ansehen, sollten wir uns noch einige prinzipielle Fragen stellen: Warum wechseln Menschen eigentlich von einer Stufe zur nächsten? Was motiviert sie? Was treibt sie an? Warum wechselt mein Kind zum Beispiel von der King-Louie- auf die Shir-Khan-Stufe? Welche Kraft wirkt da im Hintergrund? Vielleicht haben auch einige Leser schon darüber nachgedacht und Antworten für sich gefunden. Der eine meint: Das ist Evolution, der Mensch kann nicht anders, das liegt in unseren Genen. Vielleicht. Der andere meint: Leben ist ein Prozess des Wachsens und nicht des Stillstehens; der Mensch verspürt den Drang, sich zu entwickeln und eine Lebensstufe nach der anderen zu erklimmen. Vielleicht. Sogar innerhalb einer Stufe ist Entwicklung und Anpassung möglich – indem ich mich weg vom Extrem und hin zur Balance bewege. Und genauso kann ich spüren, dass es mir innerhalb meiner aktuellen Stufe zu eng wird, und die nächste Stufe anpeilen. Der Philosoph Ken Wilber schreibt: "We got a journey to take – from body to spirit." Wir treten eine Reise an – vom Körper zum Geist. Bei Konfuzius lesen wir: „Wer lange glücklich sein will, der muss sich oft verändern." Vielleicht verändern sich im Laufe unseres Lebens einfach unsere Bedürfnisse …

Ich habe dazu ein Märchen für Sie:

Es war einmal ein junger Prinz. *Er wuchs wohlbehütet im Schoße seiner Familie in einem kleinen Königreich auf. Als er die Kindheit hinter sich gelassen hatte und zum jungen Mann herangewachsen war, sehnte er sich nach Abenteuern jenseits der engen Schlossmauern, nach wilden Drachen und schönen Prinzessinnen; er wollte seinen Mut erproben und sich im Kampfe mit anderen messen. Da riefen ihn seine Eltern zu sich: Seine Mutter, die Königin, schenkte ihm ihren Segen; sein Vater, der König, schenkte ihm sein Schwert. Er* *empfing beides, nahm Abschied von dem kleinen Königreich und zog in die weite Welt hinaus. Und tatsächlich: Er bestand Abenteuer und trotzte der Gefahr, er kämpfte allein gegen Drachen und rettete fremde Prinzessinnen.*

Doch irgendwann wurde der junge Prinz müde, er hatte genug von all den Aufregungen, genug vom Alleinsein und sehnte sich nach Gemeinschaft und einem Zuhause. Also warb er um eine edle Prinzessin, sprach zu ihr Worte der Liebe und nahm sie als seine Gemahlin heim in sein kleines Königreich. Seine Eltern waren alt geworden und regierten mehr schlecht als recht; es herrschte Chaos und Unordnung im ganzen Reich. Da wurden der junge Prinz König und seine junge Frau Königin. Sie sorgten wieder für Ordnung, sie führten Regeln und Gesetze ein und fügten sich selbst. Sie schenkten drei Kindern das Leben und lebten friedlich und sicher innerhalb der Grenzen ihres Königreiches.

Und so ging das einige Zeit, die Königskinder wuchsen heran. Der König wurde nach und nach unzufriedener, er begann, unter der Enge und Begrenztheit des kleinen Königreiches zu leiden. „Das kann doch noch nicht alles gewesen sein. Ich kann mehr daraus machen, da ist noch mehr drin“, sagte er sich. Er ließ seine Familie zurück und machte sich erneut auf in die Fremde – diesmal mit dem Ziel, sein Königreich zu vergrößern, um mehr Macht, Ansehen und Reichtum zu erlangen. Und so gab er dem Prinzen des benachbarten Königreichs seine erstgeborene Tochter zur Frau. Sein Vorhaben wollte gelingen und eine Zeitlang sonnte er sich zufrieden im Ruhm seiner Erfolge.

Doch irgendwann schwanden Zufriedenheit und Glück und er fühlte sich einsam, ausgebrannt, innerlich leer. „Wer ganz oben ist, ist oft allein“, sinnierte er. „Wozu das alles? Was ist der Sinn dahinter?“ Und wieder sehnte er sich nach Gemeinschaft, nach Begegnungen mit anderen Menschen, nach Harmonie und Miteinander. Darin suchte er Sinn und Bestätigung. „Genug Außenpolitik gemacht! Jetzt mache ich Innenpolitik!“, dachte er sich. Und so richtete er seine Aufmerksamkeit wieder verstärkt nach innen. Er nahm sich wieder mehr Zeit für seine Familie und freute sich an seinen Kindern und Kindeskindern. Er nahm sich mehr Zeit für seine Untertanen: Er begann, die Schwachen zu unterstützen, die Hungrigen zu nähren, die Kranken zu versorgen. Er begann, sein Herz für andere weit zu öffnen, und empfand dabei Glück und Seligkeit. Und so verstrich Jahr um Jahr, bis er eines Tages …

Und wenn er nicht gestorben ist, dann verändert er sich noch heute.

Unbändige Lust auf Veränderung? Menschen verändern sich meistens nicht deshalb, weil sie unbändige Lust dazu haben, sondern weil sie unzufrieden sind mit dem, was ist. Weil das, was bislang gepasst hat, auf einmal nicht mehr passt. Weil die Strategien, mit denen sie bisher Probleme gelöst haben, auf einmal nicht mehr greifen. Und in dem Augenblick, in dem der Mensch sich dessen bewusst wird, steht er vor einer Entscheidung: Mache ich weiter wie bisher oder probiere ich etwas Neues aus? Mache ich mehr von dem, was nicht funktioniert, oder mache ich etwas anderes?

Ein Mensch ist zum Beispiel ein zufriedener Hathi, ein Vierer, der Struktur und Ordnung liebt und großen Wert legt auf Sicherheit; er arbeitet in einem großen Unternehmen. Eines Tages macht ihm der Chef ein Angebot: Er soll Abteilungsleiter werden, eine Gruppe von zwanzig Mitarbeitern führen und die Umsätze dieser Abteilung verbessern. Mit seinen gewohnten Hathi-Strategien wird er an dieser Herausforderung vermutlich scheitern – so lange, bis seine Unzufriedenheit so groß ist, dass er neue Strategien entwickelt und sein Verhalten verändert: von Kleinmut zu Risikofreude, von verkrustetem Denken zu Unternehmergeist, von Hathi zu Kaa, vom Vierer zum Fünfer. Also, was treibt den Menschen an? Seine Krise, ein Scheitern, sein Misserfolg – das motiviert ihn zum Aufbruch in neue Dimensionen, auf neue Stufen. Und mit jeder neuen Stufe erweitern sich seine Möglichkeiten des Denkens und Handelns. Die Welt mag dann vielleicht komplexer erscheinen, aber der Mensch selbst erlebt ein immer höheres Maß an Freiheit.

Anpassen und überleben. Genauso wie Mogli, unser Dschungelkind, das heranwächst, sich von seinem Wolfsrudel trennt und immer selbstständiger wird. Wie der junge Prinz im Märchen wird es ihm in der Wolfshöhle zu eng und er will tiefer in den Dschungel vordringen, er will Abenteuer erleben, mit den Elefanten ziehen, mit den Affen toben und gegen Tiger kämpfen. Es würde uns seltsam vorkommen, wenn Mogli zeitlebens in der Wolfshöhle bleiben und mit dem Rudel laufen würde. Zumindest wäre es dann kein Stoff, aus dem Geschichten gemacht sind. Doch das, was wir im *Dschungelbuch* lesen, kommt uns normal und natürlich vor: Mogli wird älter, seine Bedürfnisse ändern sich, seine Umgebung ändert sich, seine Beziehungen ändern sich – und so bleibt ihm nichts anderes übrig, als auch sein Verhalten zu verändern, das Innere dem Äußeren anzupassen, wenn er im Dschungel überleben will. Der Mensch reift, er entwickelt eine komplexere Art zu denken, um den neuen Herausforderungen gewachsen zu sein, die das Leben für ihn bereithält. So passt er sich seiner Umgebung an, so reagiert er auf seine sich stets verändernden Lebensbedingungen. So entwickelt sich das Individuum und mit ihm seine ganze Kultur.

Updates installieren. Der Wechsel von einer Stufe auf die nächste vollzieht sich in Phasen. Zuerst geht es darum, das Alte loszulassen; dann erst bin ich bereit, das Neue auszuprobieren. Dabei können wir unsere Kinder unterstützen, wir können ihnen helfen zu sehen, dass ihr derzeitiges „Betriebssystem“ nicht mehr richtig funktioniert: Die „Hardware“ ist okay, aber die „Software“ ist nicht mehr zeitgemäß, bringt immer öfter das ganze System zum Absturz und schreit nach „Updates“. Eine mögliche Reaktion des Kindes kann sein, dass es noch vehementer auf seinen alten Strategien beharrt. Es erkennt zwar, dass es nicht mehr rund läuft, aber gleichzeitig hat es Angst vor dem Neuen, dem Unbekannten. Da gilt es, Ruhe zu bewahren, Geduld zu haben und zu erkennen: Diese extreme Reaktion ist bereits ein Zeichen des Fortschritts. Es ist ein Zeichen dafür, dass sich in meinem Kind etwas getan hat und bereits etwas in Bewegung geraten ist.

Endlos ermutigen! Das Kind braucht aber nicht nur reife Begleiter an seiner Seite, die es endlos ermutigen. Genauso wichtig ist, dass es Modelle für die nächste Stufe hat, Idole, Vorbilder, von denen es abschauen und lernen kann. Und je mehr Bewusstheit wir als Eltern über die unterschiedlichen Stufen haben, desto leichter können wir das leisten und unsere Kinder unterstützen, sich in neue Modelle einzugliedern, sich auf neuen Stufen wohl zu fühlen und ihren Alltag leichter zu meistern. – Jetzt aber weg von der Theorie hin zur Praxis: Begleiten Sie mich weiter durch den zweiten Teil des Buches! Schnüren Sie Ihr „Überlebenspaket“ im Erziehungsdschungel, lernen Sie lustvoll, wie Sie King Louie, Shir Khan, Kaa & Co. bändigen können! Und erleben Sie, wie Sie mithilfe des Modells der Dschungelbuch-Typen Ihren Familienalltag leichter meistern und noch mehr genießen können!

Teil 2

Notfallkoffer für Eltern – Überleben im Erziehungsdschungel

Erste-Hilfe-Massnahmen

Der „Kinderflüsterer"

Die goldene Mitte. Aus der Vereinigung von Mann und Frau entsteht Leben – Fleisch gewordene Liebe: Ein Kind wird geboren. Die frischgebackenen Eltern haben vielleicht Kurse besucht, die Begegnung mit anderen Eltern gesucht und vielleicht sogar Ratgeber gelesen, und doch betreten sie nun Neuland und fühlen sich vielleicht verunsichert und überfordert im Umgang mit dem Neugeborenen. Im besten Fall kommen sie aber bald in Kontakt mit jenem tiefen Wissen, das in uns allen schlummert: „Ich bin die beste Mutter für mein Kind, ich bin der beste Vater für mein Kind. Und alles, was ich dazu brauche, habe ich längst in mir: Ich habe meine Instinkte, mein Gespür, meine Erfahrungen, meine eigene Wahrheit und meine eigenen Ideen dazu, welche Lösungen für meine Familie am besten sind." Mir ist es sehr wichtig, Ihnen *Vertrauen in Ihre Kompetenz als Elternteil* zu vermitteln. Alles, was ich Ihnen in diesem Buch mitgebe, sind hilfreiche Ideen, die auch funktionieren. Das heißt aber nicht, dass es die einzig möglichen Ideen sind. Fühlen Sie sich frei, jene Ideen auszuprobieren und umzusetzen, die Ihnen besonders zusagen! Fühlen Sie sich frei, Ideen wegzulassen, die Ihnen weniger zusagen! Und vor allem: Vertrauen Sie Ihren *eigenen* Ideen! Die sind die allerbesten, denn niemand kennt ihr Kind besser als Sie. Schöpfen Sie aus dem Vollen und finden Sie für sich und Ihre Lieben aus all der Vielfalt die „goldene Mitte"!

„Kinderflüsterer" werden. Vielleicht haben Sie den Film *Der Pferdeflüsterer* gesehen oder ein Buch zu diesem Thema gelesen? Dann wissen Sie das schon: Der Pferdeflüsterer ist ein Meister der Wahrnehmung: Er schaut ganz genau hin. Bevor er Strategien entwickelt, nimmt er wahr, was ist. Wahrnehmen, was ist – das klingt so einfach und ist oft gar nicht so einfach. weil wir als Eltern befangen sind, weil wir betriebsblind sind, weil wir manches gar nicht so genau sehen wollen oder weil wir nicht daran gewöhnt sind, zu beobachten, ohne sofort zu reagieren. Bevor man über Lösungen nachdenkt, könnte es Sinn machen, sich eine Qualität anzueignen, über die ich in den letzten Kapiteln schon berichtet habe: die Qualität des Innehaltens. Unser Lebensglück wird nämlich nicht durch die Ereignisse an sich bestimmt, sondern durch unsere *Reaktion* auf das, was rund um uns geschieht. Und eine *geniale* Reaktion – vor allem im Konfliktfall – ist erst einmal das Innehalten. Baghira im *Dschungelbuch* ist ein Meister darin; er stürmt nicht gleich los, er überlegt sich zuerst eine Strategie, bevor er handelt; er nimmt sich zurück. Und das ist auch schon der erste Schritt bei der „Ausbildung zum Kinderflüsterer“.

- **Lektion Nummer 1: Innehalten.** Wer darin schlecht ist, dem kann ich empfehlen: Üben Sie es! Meditieren Sie, machen Sie Yoga, entspannen Sie sich! Ziehen Sie sich hin und wieder zurück, beten Sie oder gehen Sie in die Natur! Oder tun Sie es einfach – halten Sie inne, wenn Ärger, Zorn, Wut Sie übermannen wollen! Halten Sie laute, verletzende Worte zurück, die über ihre Lippen den Weg ins Freie suchen – so lernen Sie, das „Feuer“ zu beherrschen, so lernen Sie den Umgang mit der „roten Blume“ – wie die Dschungelbewohner das Feuer nennen. So lernen Sie, Ihre Gefühle zu beherrschen und spielerisch mit ihnen umzugehen. Wir alle wissen: Es ist wesentlich angenehmer, *Herr* über seine Gefühle zu sein, als von ihnen beherrscht zu werden. Und dann atmen Sie tief durch – dreimal durch die Nase ein und durch den Mund wieder ausatmen!
  Und weiter? Wenn einem das Innehalten gelingt, schafft man sich Raum. Man nimmt sich selbst zurück und stellt den anderen oder das andere in den Mittelpunkt der Aufmerksamkeit; man schweigt, beobachtet, hört erst einmal aufmerksam zu. Man lässt sich Zeit und beweist Mitgefühl und Einfühlungsvermögen. Man tritt heraus aus Gewohntem und hat dadurch die Möglichkeit, mehr zu erkennen und mehr Bewusstheit zu gewinnen. Man ist nicht länger blind und nur auf sich selbst bezogen, sondern schaut weg von sich, hin zum anderen. Man hat das innere „Monster“ in den Dschungel zurückgejagt und kann nun zu recht stolz auf sich sein und sich denken: „Ich bin der Meister der Dschungel, ich beherrsche den Umgang mit dem Feuer.“ Und dann ist man fähig zum nächsten Schritt:
- **Lektion Nummer 2: Wahrnehmen, was ist.** Und jetzt? Was folgt, wenn ich es also geschafft habe, mich zurückzuhalten? Dann wende ich mich voll und ganz meinem Kind zu und nehme wahr, was es wahrzunehmen gibt: Ich sehe, ich höre, ich spüre, ich rieche, ich schmecke und bleibe dabei in Kontakt mit meiner Intuition, meinem Gespür für das Wesentliche. Vielleicht sehe ich dann die roten Wangen meines Kindes, die vor Aufregung glühen, oder die Tränen, die in den Augen schimmern, die Mundwinkel, die nach unten gezogen sind, die Lippen, die immer schmäler werden, und die Anspannung im ganzen Körper … Vielleicht höre ich dann die schrille, sich überschlagende Stimme und kann den Stress nachempfinden, den mein Kind in dieser Konfliktsituation gerade hat. Ich kann erkennen, wie sehr es emotional beteiligt und mitgenommen ist, vielleicht viel mehr als ich selbst. Ich bin unter Umständen nur zum Teil darin gefangen, aber mein Kind vielleicht mit Haut und Haar. Ich habe bereits genügend Abstand und kann mich emotional befreien, aber meinem Kind fehlen

diese Mittel und Möglichkeiten, es ist zu hundert Prozent gefangen im Konflikt. Und dann kann ich mich fragen: Worum geht es meinem Kind jetzt gerade? Was ist ihm in diesem Moment so wichtig? Und mit diesem Gedanken bin ich schon beim nächsten Schritt:

- **Lektion Nummer 3: Bedürfnisse erforschen.** Albert Einstein sagte einmal sinngemäß: Alles, was von Menschen getan oder erdacht werde, gelte der Befriedigung wahrgenommener Bedürfnisse sowie dem Stillen von Schmerzen; dies müsse man sich immer vor Augen halten, wenn man geistige Bewegungen und ihre Entwicklung verstehen wolle. – Bedürfnisse sind ein zentrales Thema dieses Buches, weil sie es sind, die Groß und Klein antreiben, bewegen, berühren, motivieren. Erst einmal geht es weniger um die *eigenen* Bedürfnisse als um die des Kindes an unserer Seite – da können wir Mentor sein, Coach, liebevoller Begleiter, Kinderflüsterer. Da können wir groß sein und auf das kleine Menschenkind (auch wenn es schon siebzehn ist) achten und aufpassen. Und so können wir immer wieder versuchen, unsere Kinder zu erforschen und ihre Sehnsüchte ans Licht zu bringen, indem wir uns immer wieder fragen: Welche grundlegenden Bedürfnisse sind bei meinem Kind im Moment unerfüllt? Was braucht zum Beispiel der kleine Mogli, wenn er sein Fläschchen ablehnt und weiterhin schreit? Wonach sehnt sich mein kleiner Shir Khan, wenn er seine Schuhe partout selbst anziehen will, es nicht schafft und dann wild um sich schlägt? Warum leidet mein kleiner Balu so extrem darunter, wenn ich ihn zum „Abkühlen" in sein Zimmer schicke? In den nachfolgenden Kapiteln werden Sie noch ausführlich über die Bedürfnisse der Kinder auf den einzelnen Entwicklungsstufen lesen und viele anschauliche Beispiele finden.
- **Lektion Nummer 4: Bedürfnisse erfüllen.** Angenommen, man hat es schon geschafft, „mehrdimensional" über die Bedürfnisse seines Kindes nachzudenken, und angenommen, man ist auf Ideen gekommen, was dem Kind im Moment fehlen könnte – was wäre der nächste sinnvolle Schritt? Seine Ideen mitteilen, das heißt: das Kind ganz konkret fragen, ob man richtig geraten hat und ob es tatsächlich um die Erfüllung dieses Bedürfnisses geht. Probieren Sie es aus, Sie werden überrascht sein – oft wissen bereits Kleinkinder sehr genau, was sie brauchen. Auch hier macht Übung den Meister; bald werden Sie immer besser im Erraten der großen Bedürfnisse der kleinen Menschen.
  Bald werden Sie erraten, dass Shir Khan wahrscheinlich deshalb wild um sich schlägt, weil er selbstständig sein will und sich vor den anderen Kindern geniert, wenn er es nicht schafft, selbst seine Schuhbänder zu binden. Dann werden Sie daheim gemeinsam das Schnürsenkelbinden üben oder Schuhe mit

Klettverschluss besorgen, bis ihr Kind das Schnürsenkelbinden erlernt hat. Und bald werden Sie auch erraten, warum der kleine Balu viel schwerer als seine Geschwister darunter leidet, wenn er zum „Abkühlen" in sein Zimmer muss. Wahrscheinlich, weil ihm nichts wichtiger ist als das Gefühl dazuzugehören und weil Wegschicken für ihn die schlimmste Strafe ist. Wenn Ihnen das bewusst ist, werden Sie vielleicht eine andere Möglichkeit der Konfliktlösung finden. Und beim Baby? Das Baby können Sie leider nicht nach seinen Bedürfnissen fragen; aber Sie können Ruhe bewahren, Geduld haben und so lange versuchen, bis Sie – absichtlich oder zufällig – den „richtigen Knopf" erwischen und das richtige Bedürfnis stillen.

- **Lektion Nummer 5: Dranbleiben**. Manche Eltern versuchen es, scheitern und geben auf – viel zu früh, so als würden sie sich und ihrem Kind die Lösung nicht zutrauen. Dabei können sie darauf vertrauen, dass jedes Problem die Lösung bereits in sich trägt, und wenn man wach bleibt und an der Sache dran bleibt, offenbart sich die Lösung auch. Daher: Bleiben Sie dran, suchen Sie weiter und öffnen Sie Ihre Sinne in dem Wissen: Die Lösung ist da, auch wenn ich sie im Moment nicht erfassen kann. Erwarten Sie keine übermenschlichen Großtaten von sich, suchen Sie einfach den nächsten kleinen Erziehungsschritt, während Sie mit ihrer Aufmerksamkeit bei ihrem Kind bleiben und bei der Liebe, die sie für es empfinden. Auch wenn das Kind ein „brüllendes" Baby ist, ein hilfloser kleiner Mogli, der sich im Moment nur durch Brüllen artikuliert. Sie haben das Baby gefüttert, Sie haben es gewickelt, Sie haben es gestreichelt, Sie haben seinen Bauch massiert, Sie haben ihm sein Lieblingslied vorgesungen – und es schreit immer noch wie am Spieß ... Dann heißt es: dranbleiben und etwas anderes ausprobieren! Suchen Sie weiter nach einer Möglichkeit, Ihr Baby zu beruhigen, und irgendwann schläft es dann ein ...

Die Wirklichkeit ist nicht so, wie ich sie gerne hätte. Sie ist nicht so, wie sie sein sollte.
Sie ist nicht so, wie man mir gesagt hat, dass sie sei. Sie ist nicht so, wie sie einmal war.
Noch ist sie so, wie sie morgen sein wird. Die Wirklichkeit um mich herum ist, wie sie ist ...

Ich bin, wer ich bin. Ich bin nicht der, der ich sein möchte. Noch bin ich der, der ich sein sollte. Ich bin nicht der, den meine Mutter gern in mir sähe. Und auch nicht der, der ich einmal war. Ich bin der, der ich bin ...

Du bist, wer du bist. Du bist nicht der, den ich in dir suche. Du bist nicht der, der du einmal warst. Du bist nicht so, wie es mir passt. Du bist nicht so, wie ich dich will.

Du bist, wie du bist …

Dies zu akzeptieren bedeutet, dich zu respektieren und nicht von dir zu verlangen, dass du dich änderst. Vor kurzem habe ich begonnen, die wahre Liebe folgendermaßen zu definieren: als die uneigennützige Aufgabe, Raum zu schaffen, damit der andere sein kann, wer er ist.[26]

Liebe definieren. Ist das nicht eine gelungene Definition von Liebe?: Raum schaffen, damit der andere sein kann, wer er ist. Das könnte gelten für die Liebe der Eltern zueinander und genauso gut für die Liebe der Eltern zum Kind. Raum schaffen, damit der andere sein kann, wer er ist. Interessanterweise entspricht das genau der Art und Weise, in der Kleinkinder ihre Eltern lieben: Sie lieben sie genauso, wie sie sind. Sie vergleichen sie nicht mit anderen, sie mäkeln nicht an ihnen herum, sie versuchen nicht, sie zu ändern; sie lieben sie einfach, und allein durch ihr Dasein schaffen sie Raum für noch mehr Liebe. Denken Sie nur an das erste Lächeln, das Ihr Baby ihnen geschenkt hat …, oder an das erste Mal, als es seine kleinen Ärmchen um Ihren Hals gelegt hat …, oder an das erste Mal, als es „Mama" und „Papa" gesagt hat …, oder an den ersten Kuss, den ersten feuchten Schmatz mit offenem Mündchen …, und dann erinnern Sie sich, wie Ihr Herz aufging in diesen Momenten, und Sie sich dachten: „Das ist es wert! Allein dieser Moment ist all die Strapazen wert!" Für die „Noch-nicht-Eltern" oder Interessierten unter den Lesern: Das alles erwartet Sie!

Du bist vollkommen. Diese Idee des Annehmens des Menschen an meiner Seite passt bestens zu einer anderen grundlegenden Idee, die da lautet: „Du bist vollkommen! Du hast alles, was du brauchst, in dir!" Wir kämmen uns täglich die Haare, wir waschen täglich unseren Körper, wir putzen täglich unsere Zähne, aber wir kümmern uns nicht täglich um unsere Gedanken. Was denkt ein Mensch über seine Kinder? Was denkt er über seinen Partner? Wie kritisch schaut er hin auf seine Lieben? Und auf sich selbst? Was traut er ihnen zu, was nicht? Und welchen Unterschied macht es, ob ich meinem Kind wenig oder viel zutraue? Mit welcher inneren Einstellung betrachte ich mein Kind? Welche Gedanken wirken im Hintergrund?

Jedes Kind ist Genie

Benjamin Constant war vier, als sein Lehrer vorschlug, sie sollten zusammen eine Sprache erfinden. Sie gingen auf dem Hof umher, gaben allen Dingen einen Namen und erarbeiteten eine Grammatik. Und sie erfanden sogar eigene Buchstaben, um die Laute aufzuschreiben. Benjamin war sechs, als er herausfand, dass er Griechisch gelernt hatte.

Unser Lehrer schrieb das Wort Algebra an die Tafel, und da stand es klein und gemein auf der großen schwarzen Tafelfläche. Er sagte. „Bis jetzt habt ihr es leicht gehabt, doch Algebra ist ein wirklich schweres Fach.“ Zum kleinen Albert Einstein dagegen wurde gesagt: „Algebra ist eine Jagd auf ein Wesen genannt ‚x‘, und wenn man es einfängt, muss es seinen tatsächlichen Namen verraten.“[27]

Haare und Gedanken kämmen. Überprüfen Sie regelmäßig Ihre Gedanken und fragen Sie sich: Sind das Gedanken, die mich und meine Lieben unterstützen? Oder sind das Gedanken, die mich und meine Lieben hemmen und einschränken? Bin ich auf das *Problem* fokussiert oder auf die *Lösung*? Vielleicht kommen Sie dann zu dem Schluss: „Es ist gut so, wie es ist, und ich mache das Beste aus dem, was ist. Ich muss nicht permanent an mir weiterarbeiten und noch perfekter werden als Mutter, Vater, Ehefrau, Ehemann … Ich darf so sein, wie ich bin, und das genügt. Und auch mein Partner und meine Kinder dürfen so sein, wie sie sind, und das genügt.“ Damit schaffen Sie Raum dafür, dass der Mensch sein kann, wer er ist. Damit schaffen Sie Raum für Liebe. Und dann werden Sie noch entspannter wahrnehmen, was Ihre Kinder brauchen, dann werden Sie auf eigene Ideen kommen, dann werden Sie einiges lösen und einiges offen lassen. Es geht weniger darum, eine Formel auswendig zu lernen; es geht viel mehr darum, selbst eine Formel zu entwickeln. Und dann werden Sie Spuren hinterlassen und dabei Ihren eigenen unvergleichlichen Weg gehen – Schritt für Schritt. Wichtig ist, zu unterscheiden, ob es *mein* Weg ist oder der, den meine Eltern für mich vorgesehen haben. Und was ist, wenn ich das nicht weiß? Wenn ich das Gefühl habe, meinen Weg nicht zu erkennen? Haben Sie Vertrauen, jenes Urvertrauen, das die Kinder haben. Ihr Weg wird sich zeigen – weil er einfach schon da ist; vielleicht ist er jetzt noch nicht offensichtlich, aber er existiert. Mit Sicherheit.

Die Krone der Schöpfung. Nun wollen wir uns nacheinander noch einmal im Detail alle Stufen anschauen, die unsere Kinder im Laufe ihres Heranwachsens durchleben können und die wir selbst (zumindest bis zu einem gewissen Grad) durchlebt haben. Sie werden noch genauer erfahren, welche Energien die einzelnen Stufen bestimmen und welche Ängste und Bedürfnisse wie, wo und warum wirken. Ich werde „typische“ und auch extreme Verhaltensweisen in den einzelnen Entwicklungsstufen aufzeigen, Lösungsideen anbieten und Sie weiter darin bestärken, Ihren eigenen Lösungen zu vertrauen. Und gleichzeitig möchte ich Sie um Achtsamkeit bitten: Dieses Modell der *Dschungelbuch*-Typen ist und bleibt ein Modell und kann dem Menschen niemals zu hundert Prozent gerecht werden. Der Mensch ist derart komplex in seiner „Ausführung“ wie kein anderes Lebewesen auf diesem Planeten, er ist die Krone der Schöpfung. Der Mensch mag ein „Sechser-Verhalten“ an den Tag legen, er mag in diesem Modell Balu sein, aber er ist noch viel mehr als das. In erster Linie ist er einzigartig und soll es auch bleiben. Wenn wir aber sorgsam mit diesem Modell und diesem Wissen umgehen und es ausschließlich *für* und nie *gegen* andere verwenden, dann kann es uns nützlich sein bei unserem Streben nach einem sinnvollen Miteinander in der Familie, im Beruf, in allen Gemeinschaften.

Der Einser: Mogli, das hilflose Findelkind

Es gibt noch keine Eltern, welche in ihrem Kinde,
vom ersten Tage an, die neue Individualität sehen und achten,
die doch mit jedem neuen Kinde im Keime gegeben ist.
Die Besten streben danach, „etwas aus ihrem Kinde zu machen“,
und ahnen nicht, wie sehr sie sich damit am Leben versündigen,
das nicht gemacht, sondern nur genährt sein will.[28]

Rainer Maria Rilke

Das Neugeborene. Fangen wir ganz von vorne an, bei Stufe 1 oder Level 1: Ein Mensch wird geboren, er wagt den Schritt ins Sein und beginnt dort, wo wir alle begonnen haben, und seine Bedürfnisse sind elementar: essen, trinken, schlafen, kuscheln, sich wohlfühlen … Das Baby kostet alle Momente des Mogli-Levels voll aus, es gibt kein Gestern und kein Morgen, es gibt nur den gegenwärtigen Moment, und so lebt das Baby vollkommen im Hier und Jetzt. Es ist tief verbunden mit seinen Instinkten, die ihm helfen zu überleben. Wenn es Hunger hat, schreit es. Wenn der Bauch zwickt, schreit es. Wenn die Windel nass ist, schreit es. Wenn ihm kalt ist, schreit es. Wenn es Berührung braucht, schreit es … Die Befriedigung seiner biologischen Bedürfnisse soll am besten *sofort* erfolgen. Und bei uns Eltern sind Flexibilität, Hingabe und Einfühlungsvermögen gefragt: Ist es hungrig und will gefüttert werden? Ist es einfach überdreht und will in den Schlaf gewiegt werden? Ist es aufgebläht und will massiert werden? Oder ist ihm einfach langweilig und will es unterhalten werden? So viele Möglichkeiten, und wir probieren eine nach der anderen aus – so lange, bis das drängende Bedürfnis unseres Babys erfüllt ist und wieder Frieden einkehrt.

Hilfe, es beruhigt sich nicht! Gerade beim ersten Kind bekommen es die frischgebackenen Eltern manchmal mit der Angst zu tun: Jetzt schreit der kleine Liebling seit einer Stunde und es ist kein Ende in Sicht, obwohl die Eltern schon das ganze – ihnen bekannte – Repertoire zur Beruhigung durchprobiert haben ... Ich denke, das haben die meisten Eltern zumindest *einmal* mit ihrem Baby durchgemacht, nur erinnern sich viele nicht mehr daran oder wollen sich nicht mehr daran erinnern.

- Manche sind mit dem schreienden Baby ins Krankenhaus gefahren – in die Notaufnahme.
- Manche haben das Baby geschnappt und einen Spaziergang gemacht – selbst um Mitternacht.
- Manche haben das Baby ins Auto gesetzt und eine Runde gedreht – die halbe Nacht lang.
- Manche haben das Baby auf die Waschmaschine gelegt und sie eingeschaltet – den Schleudergang! (Es soll Babys geben, die das sanfte Rütteln sehr beruhigend finden ...)
- Manche haben bei der Nachbarin geläutet und ihr das schreiende Baby in die Hand gedrückt – um sechs Uhr früh.
- Manche haben erfahrene Mütter im Freundeskreis angerufen und um Rat gefragt – währenddessen ist das Kind eingeschlafen …

Und Sie? Welchen Tipp würden *Sie* den verzweifelten Eltern geben? Vielleicht würden Sie etwas in dieser Art sagen: „Ich kenne das, die meisten Eltern kennen das. Bleib ruhig und vertrau deiner Intuition! Probier alles Mögliche aus, und wenn das eine nicht funktioniert, dann probier etwas anderes! Und wenn du dir wirklich extreme Sorgen um die Gesundheit deines Babys machst, dann fahr zum Arzt oder ins Krankenhaus! Hör auf deinen Instinkt und handle dementsprechend!"

Ein diszipliniertes Baby? Während der ersten Lebensmonate ist das Kind intellektuell noch nicht imstande, sich zu beherrschen. So kann es zum Beispiel seinen Hunger nicht aufschieben und seinen Appetit nicht unterdrücken. Der Hunger ist zwingend und muss sofort gestillt werden, sonst verspürt es größte Hilflosigkeit und Not. Aus dem Hunger spricht ganz simpel der Überlebenstrieb des Menschen. Weil Babys auch noch keinen Zeitbegriff haben, können sie eben nicht warten und sind auch anderen logischen Argumenten gegenüber nicht sehr aufgeschlossen. Aber sie spüren, was sie brauchen, und protestieren so lange, bis sie bekommen, was sie brauchen. Vielleicht erinnern Sie sich: Als Vater Wolf das hilflose Findelkind mitten im Dschungel aufstöbert und es in die Wolfshöhle bringt, sucht der kleine Mogli instinktiv sofort die Nähe der Wolfsmutter. Er hört auf zu schreien, klammert sich an ihr kuscheliges, warmes Fell und sucht unwillkürlich nach ihren Zitzen, nach der Nahrung, die er zum Überleben braucht. Und sie schenkt ihm Nahrung, Wärme, Geborgenheit und mehr als das, sie schenkt ihm eine Familie.

Es ist nur eine Phase. Wenn wir als Eltern über alle Maßen gefordert sind und uns die „Brutpflege" auf der Einser-Stufe total erschöpft, kann uns der Gedanke unterstützen: Das ist nur eine Phase im Leben meines Kindes, die wieder vergehen wird ... Mich hat dieser Gedanke immer getröstet, wenn ich eine Entwicklungsphase im Leben meiner Kinder gerade als besonders anstrengend und anspruchsvoll erlebt habe. Was wären auch die Alternativen? Wir wissen: Man kann vom Baby keine Disziplin verlangen, kein Verständnis, keine Rücksichtnahme. All das kann das Baby noch nicht leisten, dazu ist es noch nicht fähig. Es „quält" uns nicht mit Absicht; es ist mit Sicherheit kein berechnender kleiner Ganove, der hinter den Stäben seines Gitterbetts Pläne schmiedet, wie er seine Eltern fertig machen kann. Es ist ein kleines Wesen, das eben erst lernt zu unterscheiden – zwischen innen und außen, Ich und Du. Es ist ein kleiner Mensch auf der ersten Stufe der Entwicklung. Es ist Mogli, das hilflose Findelkind, das alleine im Dschungel nicht überleben kann, sondern Große, Starke, Mächtige neben sich braucht, die es nähren, pflegen, beschützen und lieben.

Ein grausames Experiment. Im zwölften Jahrhundert wollte der Staufenkaiser Friedrich II. herausfinden, welche natürliche Sprache Kinder entwickeln, wenn sie ohne Ansprache, Berührung und Zuneigung aufwachsen. Er hatte angeordnet, Ammen sollten die Neugeborenen nähren, sie aber weder berühren, noch mit ihnen sprechen. Über den genauen Hergang des Experiments ist wenig bekannt, das Ergebnis ist allerdings niederschmetternd: Alle Kinder starben. Er schrieb dazu: „Sie vermochten nicht zu leben ohne das Händepatschen und das fröhliche Gesichterschneiden und die Koseworte ihrer Ammen."[29]

Sensibel sein, da sein. Gerade im ersten Lebensjahr ist das Baby noch eng mit seiner Mutter verbunden, es erfährt innige Bindung. Schon Neugeborene können die Stimme ihrer Mutter aus vielen Stimmen heraushören. Die körperliche Nähe, der Klang und der Duft der Mutter beruhigen das Kind und bieten Schutz. Aber auch zum Vater und zu weiteren Bezugspersonen, die viel Zeit mit ihm verbringen, entwickelt es schon bald eine innige Bindung. Was wird also die wesentliche, entscheidende Maßnahme sein, die den kleinen Mogli zufrieden stimmt? Sie ahnen es sicher schon: Anwesenheit und Präsenz – und das am besten rund um die Uhr. Das ist viel verlangt und jeder, der im Halbschlaf aus dem Bett taumelt, um das Baby zu beruhigen, das schon zum zehnten Mal in der Nacht aufweint, der weiß, wovon ich rede.

Eine sichere Bindung. Seit ungefähr fünfzig Jahren beschäftigen sich Psychologen mit Theorien zur Bindung des Kleinkindes an seine Eltern. Bindung dürfte ein angeborener Mechanismus sein, der das Baby an seine Mutter bindet. Bindung äußert sich im Austausch von Blicken, Mimik und zärtlichen Berührungen. Und die Qualität dieser Bindung dürfte die Entwicklung des Kindes grundlegend beeinflussen. Sie beeinflusst zum Beispiel die Fähigkeit des Babys, seine Umgebung wahrzunehmen und zu erforschen, oder die Art der Beziehungen, die es mit anderen Kindern aufbaut. Wenn ein Kind erlebt, dass Mutter und Vater zur Verfügung stehen, um seine Bedürfnisse zu befriedigen, dann erfährt es Zuverlässigkeit, Sicherheit und Vertrauen in ungeahntem Ausmaß. Dann erfährt es eine sichere Bindung. Die Präsenz der Eltern während der ersten Lebensjahre und Entwicklungsphasen beeinflusst die Stabilität der Beziehungen, die das Kind erlebt und erleben wird.

Harry Harlows Experimente mit Ersatzmüttern (1958): Affen, die allein ohne Mutter oder Artgenossen aufgezogen werden, wenden sich eher einem Holzblock zu – mit Plüsch bezogen und einem einfachen Gesicht versehen – als einer „Drahtmutter" – einem Drahtgestell, auf dem zwei Milchflaschen befestigt sind. Sogar dann, wenn sie hungrig oder durstig sind, kuscheln sie lieber mit dem plüschbezogenen Holzblock. Auch wenn sie erschrecken, klammern sie sich an dieses „Fell" ihrer Ersatzmutter und leiden darunter, wenn sie von ihr getrennt werden.[30]

Man könnte diese Experimente so deuten: das Bedürfnis des Affenkindes nach einer liebevollen Beziehung – in diesem Fall durch das „Fell" der Ersatzmutter wahrgenommen – ist stärker als das Bedürfnis nach Nahrung. Liebeshunger ist größer als Nahrungshunger.

Trennung stresst. Babys sind sehr neugierig; die meisten haben Spaß dabei, eine neue Umgebung zu erkunden – vorausgesetzt, sie fühlen sich sicher. Und sicher fühlen sie sich, wenn Mama oder eine andere wohlbekannte Bezugsperson in greifbarer Nähe ist. Sobald das Baby erschrickt, kehrt es zur sicheren Ausgangsbasis zurück; dann sammelt es neuen Mut und bricht auf zum nächsten Abenteuer. Und Mama ist immer nur einen Gedanken und einen Blick weit weg. Verlässt Mama aber den Raum, beginnt das Baby zu weinen, es lässt seinen Blick auf der Suche nach ihr immer wieder durch den Raum schweifen. Vielleicht krabbelt es sogar in Richtung Tür, hinter der Mama verschwunden ist, sucht verzweifelt und weint weiter. Kommt dann noch eine fremde „Tante“ und versucht zu trösten, wird es vielleicht noch lauter protestieren. All das sind normale und angemessene Reaktionen des Babys in einer solchen Trennungssituation. Johann Wolfgang von Goethe soll einmal gesagt haben, jeder Abschied sei ein kleiner Wahnsinn. Das mag vor zweihundert Jahre genauso gegolten haben wie vor zweitausend Jahren oder heute: Trennung stresst. Und wenn einem das bewusst ist, kann man auch angemessen reagieren und selbst möglichst oft präsent sein oder für die Präsenz einer anderen nahen Bezugsperson sorgen.

Liebe einprägen. Die meisten Eltern haben ein tiefes inneres Wissen, ein Gespür für das Richtige, sie haben Zugang zu ihren natürlichen Instinkten und können die Signale ihres Babys einigermaßen deuten. Im besten Fall können sie nachfühlen, was das Baby gerade braucht, und dann dafür sorgen, dass es das bekommt. Und falls das gerade nicht möglich ist, können sie doch Verständnis zeigen und einfühlsam bleiben. Dann streicheln sie ihr Kind, lächeln ihm zu, sprechen mit zärtlicher Stimme, trösten und herzen es – und bleiben in der Nähe. Und diese frühen Liebeserfahrungen prägen das Kind und vermitteln Sicherheit und Geborgenheit in hohem Maße. Später erinnern wir uns dann gerne zurück an diese Zeiten der innigen Verbundenheit mit unseren Kindern, denn je älter sie werden, desto weniger brauchen sie unsere körperliche Nähe. Denken Sie nur an den Gesichtsausdruck eines Zwölfjährigen, den seine Mutter voller Inbrunst an sich drückt! Aber das ist eine andere Geschichte …

☞ **Einladung zum Gedankenexperiment:** Überlegen Sie: Wann macht es einem Baby am meisten Spaß, seine Umgebung zu erkunden? Wenn es alleine im Raum ist? Oder wenn Mama in der Nähe ist? Wie reagiert das Baby auf etwas Neues, Beunruhigendes? Was macht es in einer fremden Umgebung? Was macht es in einer fremden Situation? Wird es erst einmal die Nähe einer Bezugsperson suchen oder sich neugierig auf Entdeckungsreise begeben? Und wie wird es am ehesten reagieren, wenn diese Bezugsperson aus seinem Blickfeld verschwindet? Kann es für den kleinen Mogli überhaupt eine Trennung von den Eltern geben, die *nicht* mit Stress einhergeht? Wenn ja, welche?

Was *braucht* das Einser-Baby? Was braucht Mogli? Was sind zentrale Bedürfnisse auf dieser Lebensstufe?

- **Die Präsenz der Hauptbezugspersonen:** „Mama und Papa sollen mir bedingungslos zur Verfügung stehen, präsent sein, einfach da sein."
- **Verständnis für das Unverständnis**: „Mama und Papa sollen genau wahrnehmen, was ich brauche; sie sollen meine Gedanken lesen, meine Bedürfnisse erraten und sie – so gut es geht – erfüllen."
- **Ausdauer und Nerven:** „Mama und Papa sollen Ruhe bewahren, dranbleiben und sich selbst vertrauen – und mir. Wir schaffen das schon."

Der Zweier: King Louie, der Stammesbruder

Die Kindheit ist ein Land, ganz unabhängig von allem.
Das einzige Land, in dem es Könige gibt.
Warum in die Verbannung gehen?
Warum nicht älter und reifer werden in diesem Lande?
Wozu sich gewöhnen an das, was andere glauben?
Hat das etwa mehr Wahrheit, als was man glaubt
im ersten starken Kindvertrauen?

Rainer Maria Rilke

Das Zweier-Kleinkind

Das Kleinkind. Das Baby wird Kleinkind, Mogli wird King Louie, der Einser wird Zweier. Sie fragen sich vielleicht: In welchem Alter? Wann genau? Und wieder lautet die Antwort. Das kommt darauf an; das ist von Kind zu Kind verschieden. Und das gilt für alle Wechsel von einem Level zum nächsten. Es lässt sich nicht verallgemeinern, mit welchem Alter ein Kind den nächsten großen Entwicklungsschritt macht, es spielt auch keine Rolle, denn jede Stufe macht Sinn zu ihrer Zeit und darf dauern, solange sie eben dauert; und Entwicklung vollzieht sich auch *innerhalb* einer Stufe. Ich habe es schon erwähnt: Oft ist die Entwicklung vom Extrem hin zur Balance innerhalb einer Stufe genauso wichtig und wertvoll wie die Entwicklung von einer Stufe zur nächsten.

Magische Zeiten. Erinnern Sie sich an King Louie – für viele eine der schillerndsten Figuren ins Walt Disneys *Dschungelbuch*. In seinen Augen ist die Welt, die ihn umgibt, voller Rätsel und Magie: die Natur, die Sonne, der Mond, der Wind, der Regen, das Feuer ... geheimnisvoll, unerklärlich, mystisch. Genauso ergeht es dem Kleinkind, das die Welt erforscht und überall auf Magie, Rätsel und Geheimnisse trifft. Vieles kann es sich nicht erklären, es erschrickt, es staunt, es fürchtet sich. Und je größer der Schrecken, desto wichtiger die Präsenz der Mutter. Jetzt kommt die Zeit, da das Kleine wie ein Äffchen an Mamas Rockzipfel hängt und ihr den ganzen Tag wie ein kleiner Schatten folgt – wenn es sein muss, bis auf die Toilette. Das Kleine folgt seinem Instinkt und heftet sich an die Fersen seiner Hauptbezugsperson. in den meisten Fällen: seiner Mutter. Es sucht die sichere Bindung, den „sicheren Hafen", der immer Schutz bietet, wenn Gefahr im Verzug ist.

Sind Sie abergläubisch? Nein, schon lange nicht mehr? Das heißt also: Freitag, der Dreizehnte, ist Ihnen egal, genauso das vierblättrige Kleeblatt, das Sie auf der Wiese finden, und die schwarze Katze, die Ihren Weg kreuzt, oder die aufgestellte Leiter, unter der Sie durchgehen? Ich erinnere mich noch an meine King-Louie-Zeit, als ich die ganze Welt als „magisch" erlebte und an den Lippen meiner Mutter hing. Ich erinnere mich noch an viele Geschichten, die Mutter damals erzählte. In diesem Lebensabschnitt wird auch der Aberglaube geboren, der einen oft ein Leben lang begleitet, ob man will oder nicht. Meine Vernunft sagt mir, dass Aberglaube ein Unsinn ist und nicht wirkt, aber ich vermeide es dennoch, unter einer Leiter durchzugehen, und freue mich riesig, wenn ich ein vierblättriges Kleeblatt finde. Geht es Ihnen genauso? Wir wissen zwar, dass das Unsinn ist, aber sicher ist sicher ... Der Aberglaube zeigt also auch heute noch seine Wirkung. Auch wenn wir selbst dem Zweier lange entwachsen sind, haben wir diesen Persönlichkeitsanteil noch in uns, genauso wie alle anderen Entwicklungsstufen, die wir durchlaufen haben. Und bei Stress oder in Extremsituationen fallen wir auch gerne wieder ein paar Stufen hinunter und der coole Manager wird plötzlich wieder zum abergläubischen Zweier.

Was ist nur mit dem Kind los? – Kürzlich besuchte uns eine Bekannte mit ihren beiden Kindern. Die Erwachsenen plauderten, die Kinder spielten. Wir bewirteten die Gäste, alle setzten sich zu Tisch. Auch der zweijährige Sohn unserer Bekannten machte es sich gemütlich und begann, bedächtig zu essen. Nach einiger Zeit sah ich auf die Uhr und bemerkte, es war höchste Zeit, zu einem Termin außer Haus aufzubrechen. So mussten wir unser Essen rasch beenden. Alle zogen ihre Mäntel und Schuhe an – nur einer begann, fürchterlich zu brüllen: der zweijährige Bub. Es war kaum möglich, ihn anzukleiden, geschweige denn, ihn im Autositz anzuschnallen; er wehrte sich mit Händen und Füßen und schrie und schrie und schrie ..., bis er schließlich im Auto vor Erschöpfung einschlief. Meine Bekannte war total erstaunt und erschrocken und meinte: „So kenn' ich ihn gar nicht, ich weiß nicht, was mit ihm los war."

Am nächsten Tag rief sie mich an und erzählte: „Ich habe gestern noch nachgedacht über die Reaktion meines Kleinen und ich glaube, ich weiß jetzt, was ihn so bewegt hat. Wenn er normalerweise gegen Abend im Auto einschläft, dann trage ich ihn einfach ins Bett und er schläft gleich weiter. Gestern wachte er daheim wieder auf und ich hatte schon eine Idee, was er brauchen könnte: Ich habe ihm ein Essen gerichtet. Ich setzte mich mit ihm an den Tisch und wie in Trance hat er alles in Ruhe weggegessen, dann ist er wieder eingeschlafen. Er war schlicht und ergreifend hungrig und hat instinktiv zu brüllen begonnen, weil er vom Essen weggerissen wurde. Und dazu die Hektik des Aufbruchs; wir Großen waren mit dem Essen fertig, aber er war offenbar noch nicht fertig. Er ist es gewöhnt, dass er in Ruhe fertig essen kann, und gestern war das zum ersten Mal nicht möglich. Ich denke, das war der Auslöser für sein Verhalten. Ich bin froh, dass mir das eingefallen ist; das erklärt einiges, findest du nicht?"

☞ **Liebe Leser**, Sie fragen sich vielleicht: Warum bringt er dieses Beispiel beim Zweier? – Gut mitgedacht! Dieses Beispiel würde auch zum Einser passen: Das Kind hatte wahrscheinlich Hunger, es hatte Angst, dass sein Grundbedürfnis nach Nahrung nicht ausreichend gestillt würde. Vielleicht war es das, vielleicht war es aber auch etwas anderes? Ganz genau werden wir das nicht erfahren, solange das Kind seine Bedürfnisse nicht konkret formulieren kann. Und bis dahin können wir nur Gedanken lesen und raten: Vielleicht hat sich das Kind auch unsicher gefühlt, weil die Großen plötzlich hektisch umherliefen; vielleicht war sein Grundbedürfnis nach Sicherheit unerfüllt? Vielleicht hatte es Angst davor, den sicheren Hafen zu verlassen und ins stürmische Meer hinauszufahren?

Der sichere Hafen. Überlegen Sie einmal: Was könnte ich tun, um für mein Kind, meine Kinder, egal wie alt sie sind, der „sichere Hafen" zu sein, die zentrale Anlaufstelle für alle Sorgen und Nöte? Darauf legt „klein King Louie" größten Wert. Ich könnte zum Beispiel die Reaktionen meines Kindes aufmerksam beobachten und versuchen, sie richtig zu deuten. Ich könnte versuchen, die Situation aus der Warte meines Kindes zu sehen und Verständnis zeigen für seine Ängste und seine Bedürfnisse. Ich könnte rasch auf den Protest des Kindes reagieren und nach Ursachen forschen. Doch das wird mir vielleicht nicht immer gelingen oder möglich sein; manchmal werde ich auch keine Kraft oder keine Lust mehr dazu haben, die Reaktionen meines Kindes richtig zu deuten. Und manchmal wäre es mir lieber, wenn das Kind ohne meine Hilfe zurechtkäme, oder ein andermal werde ich zurückweisend sein statt einfühlsam. Und auch das darf sein. Doch mein Instinkt wird mich immer wieder leiten und ich werde spüren: Jetzt braucht mich mein Kind wirklich. Und dann werde ich es in meine Arme schließen und einfach da sein.

Mogli ist allein. Ich erinnere mich an meine erste Operation. Ich war vielleicht drei oder vier Jahre alt. An den körperlichen Schmerz erinnere ich mich nicht mehr, aber an den seelischen Schmerz erinnere ich mich noch. Als ich Kind war, war es noch üblich, dass der kleine Patient ohne Begleitung von Mutter oder Vater im Krankenhaus bleiben musste. Damals glaubte man, Besuche der Eltern würden die Behandlung erschweren. Meine Eltern durften mich jedenfalls nicht besuchen während dieses einen Tages, der mir wie eine Ewigkeit vorkam.

Wie durch Zauberhand war ich von ihnen getrennt: Sie durften mich nur durch eine Glasscheibe betrachten und mir zuwinken, aber sie durften mich weder in die Arme nehmen, noch mit mir sprechen oder mich streicheln oder mich trösten – als ob sie unter dem Bann eines mächtigen bösen Zauberers stünden. Ich habe in ihren Gesichtern gelesen: „Wir wollen zu dir, aber wir können nicht.“ Es war ein Albtraum: meine Mama durch die Glasscheibe zu sehen und doch von ihr getrennt zu sein. Sie war so nah und doch so weit weg. Die Krankenschwestern waren nett zu mir, sie versuchten auch, mir zu erklären, warum meine Mutter nicht in meine Nähe durfte, aber ich habe sie nicht verstanden. Es hat sehr wehgetan.

Wir begleiten dich. Noch vor wenigen Jahren sprach man Früh- und Neugeborenen jegliches Schmerzempfinden ab. Können Sie sich heute vorstellen, dass man (laut *Medical Tribune* angeblich noch bis in die achtziger Jahre) Babys ohne Narkose operiert hat? Vielleicht weil man Angst hatte, dass sie die Narkose nicht überstehen? Oder vielleicht, weil man davon überzeugt war, dass sie noch kein Schmerzempfinden haben? Die Ärzte haben das mit bester Absicht und ohne schlechtes Gewissen getan. Heute haben es die kleinen Patienten in vielerlei Hinsicht leichter. Heute ist es üblich, dass Eltern Babys und Kleinkinder begleiten und während des gesamten Krankenhausaufenthaltes bei ihnen bleiben können. Mittlerweile glaubt man, dass die Anwesenheit der Eltern die Heilung beschleunigen kann. Und man muss kein Kinderpsychologe sein, um zu verstehen, dass die Anwesenheit der Eltern Balsam für die Seele eines erkrankten, verletzten Kindes ist. Das gesunde Kind genießt es genauso, sich seiner Eltern sicher zu sein. Das heißt nicht, dass es immer die Hauptrolle im Leben seiner Eltern spielen will; das heißt nur, dass es dabei sein will. Es will seine Spiele spielen, während Mama im Wohnzimmer Zeitung liest; es will sich mit seinem Geschwisterkind beschäftigen, während Papa in der Küche kocht. Es will im Garten spielen, während Oma die Wäsche aufhängt; es will den Keller erforschen, während Opa bastelt.

Die sichere Bindung

Menschenaffen sind Muttersöhnchen. Wer schon Gelegenheit hatte, Affen zu beobachten, hat eine Idee bekommen von der engen Mutter-Kind-Beziehung der Primaten. Monatelang klammert sich das Affenbaby an seine Mama, die es auf all ihre Streifzüge mitnimmt und keine Minute allein lässt. Sie beschützt es, liebkost es, nährt es. Bei manchen Affenarten sind Mutter und Kind über Jahre eng verbunden, zum Beispiel bei den Orang-Utans. Die ersten Monate verbringt das Kleine saugend und schlafend am Bauch der Mutter; erst mit vier Monaten nimmt es erstmals feste Nahrung zu sich, die Mama zunächst gewissenhaft vorkaut. Endgültig entwöhnt wird das Orang-Utan-Kind erst mit dreieinhalb Jahren und auch danach bleibt es noch mehrere Jahre bei seiner Mutter. Das nenne ich eine sichere Bindung. Erst mit rund acht Jahren ist es selbstständig und geschlechtsreif. Seine Mutter hat ihm alles beigebracht, was es wissen muss, um im Dschungel zu überleben. Und so verlässt es seine große Beschützerin und Lehrmeisterin und macht sich auf die Suche nach einem eigenen Revier, um dann früher oder später eine eigene Familie zu gründen.

Jeden Tag das Gleiche? Ja natürlich – der kleine King Louie liebt einen geregelten Tagesablauf; er gewöhnt sich an gewisse Zeremonien; sie schenken ihm Sicherheit. Das beginnt vielleicht beim gemeinsamen Frühstück aller Familienmitglieder und endet beim traditionellen Zu-Bett-geh-Ritual, wie auch immer das im Detail aussehen mag. Auch dazwischen gibt es Konstanten: waschen, Zähne putzen, ankleiden, Kindergarten, Mittagessen, Spaziergang, Spielzeit, Abendessen und so weiter ... (Dieses „Programm“ wird von Familie zu Familie variieren.) Ist das nicht langweilig? Nein, das Kleinkind kennt keine Langeweile, das Leben ist immer noch turbulent und aufregend genug. Überlegen Sie nur, mit welcher Inbrunst das Kind zum Beispiel einen Regenwurm beobachtet oder Steine ins Wasser wirft oder Muscheln sammelt. Voller Achtsamkeit erlebt es den Moment. Das ist Hochspannung, das ist Aufregung pur. In diesem Alter braucht das Kind Kontinuität; der Alltag bietet Abwechslung und Lernerfahrungen in Hülle und Fülle. Wir lernen nie wieder so rasch wie zu dieser Zeit. Vielleicht haben Sie schon gehört, dass sich die Nervenzellen im menschlichen Gehirn am raschesten vernetzen im Alter von drei, sieben und elf Jahren. Da geht's rund in unseren Köpfen – und je turbulenter es innen zugeht, umso wohler tut uns das Erfahren von Kontinuität und Stabilität außen, umso leichter tut sich auch das Kleinkind in fremden Situationen und beim Lernen.

Die fremde Situation. Mary Ainsworth, eine Schülerin des Kinderarztes und Psychoanalytikers John Bowlby, setzte dessen Forschungen zur Bindungstheorie fort. Sie entwickelte ein Verfahren, um das Bindungsverhalten von Kleinkindern zu testen, und nannte es: „Die fremde Situation".[31] Zunächst ist das Baby zusammen mit seiner Mutter und mit Spielzeug in einem fremden Raum; dann betritt ein Unbekannter den Raum. Danach verlässt die Mutter den Raum und kommt kurze Zeit später wieder zurück. Danach verlässt der Unbekannte den Raum. Schließlich verlässt die Mutter erneut den Raum und das Baby bleibt kurze Zeit mit den Spielsachen allein. Dann endlich das „Happy End": Die Mutter kommt wieder zurück – wobei das Ende nicht immer „happy" ist, denn:

- Manche Babys treten, boxen oder zwicken ihre Mama.
- Andere weinen zwar, lassen sich aber rasch wieder beruhigen und trösten.
- Andere wieder „schmollen", konzentrieren sich auf die Spielsachen und tun so, als ob Mama Luft für sie wäre. Und wenn Mama sich dann nähert, kann sie auch „versehentlich" einen Tritt abkriegen.
- Andere wieder sind untröstlich, suchen eilends Mamas Nähe, drücken sich an sie, zeigen aber gleichzeitig Angst und Zorn.

Bindung als Basis. Wir wissen es schon: Auch Menschenkinder gedeihen gut, wenn sie während der ersten Lebensjahre innige Bindungen zu Mutter und Vater erfahren. Diese Geborgenheit und das Zugehörigkeitsgefühl, das daraus erwächst, bilden eine stabile Basis für das In-die-Welt-hinein-Gehen, das dann früher oder später folgt, ja, folgen muss. Bindung kann das Kleinkind auch zu mehreren Bezugspersonen gleichzeitig aufbauen – vorausgesetzt, die Betreuungspersonen wechseln nicht täglich. Sind zum Beispiel Mutter und Vater berufstätig, kann sich das Zweier-Kind auch an eine Tagesmutter oder an eine *Erzieherin* gewöhnen und intensiv binden. Und doch kann der kleine King Louie schon genau unterscheiden zwischen Tagesmutter und leiblicher Mutter, die in den meisten Fällen die zentrale Bezugsperson bleibt. Ist das Kind zum Beispiel krank, dann will es die leibliche Mutter um sich haben – ganz egal, wie lieb der Papa, die Oma oder die Tagesmutter auch sein mögen. Mama bleibt eben Mama.

☞ **Einladung zum Gedankenexperiment:** Stellen Sie sich vor, Sie haben sich für die ersten zwei bis drei Lebensjahre Ihres Kindes eine Auszeit genommen und wollen dann in Ihren Beruf zurückkehren. Sie wählen eine Kindertagesstätte aus, der Sie Ihren Sprössling anvertrauen wollen. Wie gewöhnen Sie King Louie an die neue Situation? Wie gehen Sie vor? Wie gehen Sie auf die Bedürfnisse des Zweiers ein? Sie erinnern sich: Der Zweier liebt fixe Abläufe, tägliche Rituale, endlose Wiederholungen – die schenken ihm Sicherheit, die helfen ihm, mit all dem Neuen, Unheimlichen umzugehen, das er noch nicht versteht. Wie machen Sie also dem kleinen Zweier die Veränderung schmackhaft? Wie helfen Sie ihm, sich daran zu gewöhnen? Lassen Sie sich Zeit und führen Sie Ihr Kind schonend in die neue Situation ein? Oder lassen Sie es gleich bei den „Tanten" zurück, damit der Abschied nicht qualvoll in die Länge gezogen wird? Oder begleiten Sie es während der ersten Tage und Wochen und lassen es immer ein bisschen länger in fremden Händen? Und wie gehen Sie um mit den Tränen, die Ihr Kind vielleicht weint, wenn Sie es verlassen? Oder mit der Gleichgültigkeit, mit der es Sie vielleicht empfängt, wenn Sie es wieder abholen?

Wie würden Sie auf die Grundbedürfnisse des Zweier-Kleinkindes eingehen? Mit welcher Achtsamkeit werden Sie dem kleinen King Louie Geschichten erzählen? Sind Sie selbst abergläubisch? Schlummert auch tief in Ihnen noch der kleine King Louie, der die Welt manchmal als magisch erlebt? Welchen Aberglauben haben Sie von Ihren Eltern mitbekommen? Welche Gedanken *unterstützen* Sie eher, welche Gedanken *hemmen* Sie eher? Inwieweit wirken die Geschichten der Eltern heute noch in Ihnen? Welche Geschichten sollen in Ihrem Kind wirken? Den Grundstein dafür legen Sie beim Zweier-Kleinkind, das sich Ihnen blind anvertraut.

Was braucht das Zweier-Kleinkind? Was braucht King Louie? Was sind zentrale Bedürfnisse auf dieser Lebensstufe?

- **Ein geregelter Tagesablauf:** „Mama und Papa sollen Regeln und Rituale einführen, die sich Tag für Tag wiederholen; so schaffen sie für mich ein Umfeld der Geborgenheit und Sicherheit."
- **Sicherheit:** „Mama und Papa sollen mich beschützen – die Welt ist für mich noch voller Magie und Geheimnisse, die mich zum Teil erschrecken, aber auch faszinieren. Ich bin kein Einzelgänger, King Louie braucht seine Sippschaft um sich."
- **Nähren, nähren, nähren:** „Mama und Papa sollen in dieser Phase besonders viel geben. Jetzt säen sie, was sie dann in der Pubertät ernten werden. Je mehr sie jetzt säen, desto mehr wird später in mir keimen, aufgehen, wachsen und reifen."

Das Zweier-Schulkind

Präsent sein, groß sein – reicht das? Indem sie während der ersten Jahre zuverlässig und verfügbar waren, haben die Eltern schon einen großen Teil ihrer Erziehungsarbeit geleistet. Zuverlässigkeit, Verfügbarkeit und Anwesenheit sind schon wertvoll, genauso wie Einfühlsamkeit, Verständnis und die Fähigkeit, von sich selbst weg und zum Kind und seinen Bedürfnissen hin zu schauen. In gewisser Weise wird es leichter: Im Gegensatz zum Kleinkind kann das Schulkind Bedürfnisse schon aussprechen und wir müssen seltener raten und Gedanken lesen. Wir beginnen auch, von unserem Zweier-Kind Leistungen einzufordern, aber nicht *mehr*, als es zu diesem Zeitpunkt leisten kann. Vernunft, Selbsterkenntnis, Selbstbeherrschung – all das wird es erst nach und nach lernen, alles zu seiner Zeit. Und bis es so weit ist, bleiben wir der Fels in der Brandung und nähren es weiter, immer weiter – körperlich, emotional und geistig.

Wir sind eine Familie. Wenn eine Familie sich auf eine Formel wie diese einschwört, ist schon einmal die Basis geschaffen für das Glück des Zweier-Schulkindes: „Wir sind eine Familie! Wir gehören zusammen!" King Louie ist in erster Linie Stammesmitglied, Teil einer Gemeinschaft. King Louie erfährt im Kreise seiner Lieben daheim so viel Sicherheit, Stabilität und Geborgenheit, dass er draußen im Dschungel gut zurechtkommt. Dann wird er sich später mit einem guten Gefühl zurückerinnern an die Zeit, als seine Eltern ihn umsorgt und beschützt haben. Menschen leiden oft ihr Leben lang darunter, wenn sie als Kind nie diese Qualität des Miteinanders in ihrer Familie erlebt haben, wenn sie auf Stufe 2 nicht ausreichend genährt und gestärkt wurden. Und später durchleben sie vielleicht bewusst oder unbewusst diese King-Louie-Phase noch einmal, dadurch kommt dann etwas in ihrem Inneren in Fluss, etwas wird innerlich vollzogen, etwas heilt – und da, wo vorher Drama war, ist auch einmal Versöhnung möglich. So, wie Akupunkturnadeln Blockaden im Körper des Menschen lösen, so kann auch das Nähren des Zweier-Levels Blockaden in der Seele des Menschen lösen. Und so, wie die Lebensenergie dann wieder freier durch den Körper fließen kann, so kann auch die Liebe zwischen Eltern und Kindern wieder freier fließen. Erich Kästner hatte wohl recht, als er sagte. „Es ist nie zu spät für eine glückliche Kindheit."

Schlüsselerlebnis. Ich erinnere mich an eine Schulfreundin, die ich oft beneidet habe: Sie war Einzelkind und ihre Eltern waren beide berufstätig. Nach der Schule ging sie zum Mittagessen zu einer Nachbarin und dann konnte sie jederzeit heimgehen. Sie war Herrin eines eigenen Wohnungsschlüssels zu einem Zeitpunkt, als meine Eltern mir noch nicht einmal einen Fahrradschlüssel anvertraut hätten. Ich war schwer beeindruckt und stellte es mir toll vor, ganz alleine daheim zu sein und tun und lassen zu können, was ich gerade wollte. Die totale Freiheit.

Die meisten Kinder hatten es nach der Schule immer eilig, nach Hause zu kommen. Sie aber ließ sich immer viel Zeit, sie wollte noch spielen und plaudern. Oft hat sie mich auch nach Hause begleitet, obwohl das für sie ein Umweg war. Und irgendwann hat sie mir gesagt: „Allein daheim zu sein – du stellst dir das vielleicht ganz toll vor. Aber weißt du eigentlich, dass ich genau davor Angst habe? Ich hasse es, allein daheim zu sein."

Mama und Papa sind für mich da. Das Zweier-Schulkind wirkt oft schon ziemlich selbstständig und selbstsicher. Es begegnet den Herausforderungen des Lebens, es versteht vieles, es leistet vieles – und doch bringt der Alltag so viel Veränderung und Abwechslung, dass es King Louie bald einmal zu viel wird. Dann sucht er wieder verstärkt Nestwärme und Mamas Nähe – und das ist gut so, denn da gehört er in diesen Situationen auch hin. Zugehörigkeit ist und bleibt eine der tiefsten Sehnsüchte der Menschen, ob groß oder klein. Und je mehr das Kind auf sich selbst gestellt ist, umso wichtiger sind wohl die Momente des Miteinanders in der Familie; und da ist die *Qualität* der gemeinsam verbrachten Zeit mindestens genauso wichtig wie die Dauer. Da können Eltern vielleicht auch in kurzer Zeit intensive Aufmerksamkeit und Zuwendung schenken. Das Kind kommt dann immer wieder in Kontakt mit der sicheren Basis, spürt Geborgenheit, tankt auf und ist wieder frei für seine neuen Abenteuer. Unterstützend kann zum Beispiel ein Tagesplan sein, an dem sich das Schulkind orientieren und festhalten kann. Unterstützend kann auch sein, dass es die Aufenthaltsorte von Mama und Papa kennt und sie im Notfall gut erreichen kann. So hat das Kind immer den Gedanken im Hinterkopf: Wenn ich meine Eltern wirklich brauche, sind sie für mich da.

King Louie, das Herdentier. Das Zweier-Kind braucht – ähnlich einem Hund, der sein Herrchen oder Frauchen braucht – einen „Stammesführer"; der kleine King Louie ist das perfekte Herdentier, er liebt es, sich als Teil seiner Gruppe, seiner Familie zu erleben. Die Mutter ist wichtig für das *Kleinkind*, keine Frage, doch spätestens auf der Stufe des *Schulkinds* ist auch der Herr Papa gefordert und kann eine ganz wesentliche Rolle für das Zweier-Kind spielen: indem er sich als starker, mächtiger, weiser Stammesführer präsentiert. Indem er seiner „klassischen" Rolle als Familienoberhaupt gerecht wird. Indem er tägliche Familienrituale leitet, zum Beispiel das Tischgebet spricht oder abends das Signal zum Ins-Bett-Gehen gibt. So erlebt die ganze Familie einen Vater, der klar ist, präsent ist und zur Verfügung steht. Und das tut nicht nur King Louie gut.

King Louie kann nicht schlafen. Eine Bekannte litt unter den Schlafstörungen ihrer sechsjährigen Tochter. Diese rief oft fünf, sechs Mal pro Nacht nach ihr – ohne besonderen Anlass: „Mama, ich bin wach! ... Mama, ich kann nicht schlafen. ... Mama, ich bin nicht müde." Und so weiter. Dann wollte sie die Mama kurz sehen und ein bisschen gestreichelt werden und schlief wieder ein. Meine Bekannte wurde immer ungehaltener und mürrischer, wenn die Kleine ohne ersichtlichen Grund in der Nacht nach ihr rief.

Eines Abends kam sie auf eine Idee: Vielleicht rief ihre Tochter nur deshalb, weil sie ganz sicher sein wollte, dass die Mama auch in der Nacht immer in der Nähe war. Sie streichelte sanft den Kopf ihres Kindes, wünschte eine gute Nacht und sagte abschließend: „Ruf mich, wenn du mich brauchst!" – „Und ich darf dich immer rufen? Wirklich? Die ganze Nacht?" – „Ja. Ruf mich, wenn du mich brauchst!" Seit diesem Abend schlafen beide die meisten Nächte durch. Und seit diesem Abend ist das Zu-Bett-geh-Ritual um einen Fixpunkt erweitert, um einen Satz der Mutter: „Ruf mich, wenn du mich brauchst!" Und diesen Satz meint sie ehrlich und weiß: Wenn ihre Tochter jetzt in der Nacht ruft oder an ihr Bett kommt – dann braucht sie sie wirklich.

King Louie geht in die Schule. Wir haben schon im letzten Kapitel darüber gesprochen: King Louie *lernt*, indem er verschiedene Dinge, Abläufe, Handlungen miteinander in Verbindung bringt. Und dazu braucht er Wiederholungen, um dem Zusammenhang zwischen Ursache und Wirkung vertrauen zu können. Und so tönt es immer wieder durchs Haus: „Noch einmal! Noch einmal!" Auch die Grenzen werden ständig getestet; Untersuchungen zeigen, dass das Kind bis zu dreihundert Wiederholungen braucht, um sicher zu sein, ob eine Grenze gilt. Und wieder wird uns Eltern Geduld abverlangt, doch einiges hat sich verändert: Dem Kleinkind mussten *wir* immer wieder dieselbe Geschichte erzählen – das Schulkind erzählt *uns* immer wieder dieselbe Geschichte. Es schreibt zum hundertsten Mal seinen Namen in Blockbuchstaben auf weiße Zettel, es singt in einem fort dasselbe Lied, es fragt immer wieder dasselbe: „Kommst du mich heute von der Schule abholen?" – „Ja, natürlich, so wie jeden Tag!" Sicher ist sicher – und dann hüpft es fröhlich davon. Und wir Großen stehen am Spielfeldrand und zollen Beifall – immer und immer wieder. Wir antworten auf ihre Fragen, wir sorgen jetzt weniger im Vordergrund, sondern mehr im Hintergrund für Sicherheit und unterstützen ihr Üben, Lernen, Ausprobieren und damit auch ihre Selbstständigkeit.

☞ **Einladung zum Gedankenexperiment: Die Liste.** Erinnern Sie sich noch an Ihren ersten Schultag? An die ersten Jahre in der Volksschule? Erinnern Sie sich noch daran, wie gut es sich angefühlt hat, zu Mittag nach Hause zu kommen? Oder falls Sie das nicht so erlebt haben, dann versuchen Sie einfach, es sich vorzustellen: Der kleine Knirps kommt nach der Schule heim, stellt die schwere Schultasche ins Eck und fällt in Mamas Arme, bevor sich die Familie zum gemeinsamen Mittagessen an den Tisch setzt. Jeden Schultag dasselbe. So könnte zum Beispiel ein Zweier-Schulkind *Sicherheit* erfahren; es gibt aber noch viele andere Möglichkeiten. Wie vermitteln *Sie* Ihren Kindern Sicherheit und Geborgenheit? Wie zeigen Sie Präsenz im Leben Ihrer Kinder? Wie nähren Sie als Vater oder Mutter Ihre Zweier-Kinder? Und was würden Sie zusätzlich noch alles tun, wenn Sie mehr Zeit hätten? Vielleicht haben Sie Lust, eine Liste zu machen!

Und danach sehen Sie sich Ihre Liste noch einmal mit den Augen Ihres Kindes an: Was davon würde Ihrem Kind besonders gut gefallen? Was sind seine Bedürfnisse? Würde Ihr Kind die Liste vielleicht noch erweitern? Wenn ja, um welche Punkte? Oder würde Ihr Kind etwas aus der Liste streichen? Und als nächsten Schritt überlegen Sie, was davon Sie Ihrem Kind jetzt gleich erfüllen könnten?

Was braucht das Zweier-Schulkind? Was braucht King Louie, wenn er in die Schule geht? Was sind zentrale Bedürfnisse auf dieser Lebensstufe?

- **Rituale und Wiederholungen:** „Mama und Papa sollen die täglichen Rituale beibehalten und darauf achten, dass sie eingehalten werden. Ich bin zwar kein Baby mehr, aber diese Wiederholungen tun mir immer noch sehr gut, sie vermitteln mir Sicherheit und Geborgenheit – im Familienkreis, im Freundeskreis, in der Schule."
- **Lob und Ermutigung:** „Mama und Papa sollen mich endlos ermutigen und loben, wenn ich von meinen Streifzügen durch den Dschungel heimkehre. So werde ich gestärkt und lerne am besten, wie man Probleme löst und Verantwortung übernimmt."
- **Festhalten und loslassen:** „Mama und Papa sollen als starke ‚Stammesführer' zur Verfügung stehen und gleichzeitig zulassen, dass ich eigene Erfahrungen sammeln darf – dazu gehört auch, dass ich Fehler machen und daraus lernen darf."

Der Zweier-Jugendliche

Vorbild sein für das Richtige. Gerade der Zweier lernt am liebsten am Vorbild der Eltern, er hat den großen Wunsch, genauso zu werden wie Sie. Und wir Eltern dürfen mit gutem Beispiel vorangehen und Vorbild sein – für das Richtige! Eine gute Gelegenheit, um einmal genauer auf sich selbst hinzuschauen und sich zu fragen, wofür man eigentlich Vorbild sein will ... Erinnern Sie sich an King Louie im *Dschungelbuch*-Film? „Dubidu, ich möcht' so sein wie duhuhu! Ich möchte gehen wie du, stehen wie du, duhuhu!" So sei es. Die Bedürfnisse des Zweier-Kleinkindes, -Schulkindes und -Teenagers mögen durchaus ähnlich sein, es sind die Bedürfnisse des Menschen auf der King-Louie-Stufe, doch wie sie erfüllt werden – da gibt es Unterschiede.

Hippe Schuhe. Ich traf unlängst einen jungen Burschen und plauderte mit ihm. Mir fielen seine extrem „coolen" Schuhe auf, und ich äußerte mich anerkennend dazu; ich war richtig verwundert, als er fast peinlich berührt war und antwortete – mit einem verschmitzten Lächeln auf den Lippen: „Weißt du, ich hätte mich nicht getraut, mir solche Schuhe auszusuchen, aber meine Mama hat gemeint, die wären lässig, die wären was für mich, und dann haben wir sie gekauft." Das nenne ich ein „auffälliges" Verhalten bei einem Jugendlichen – aber für den Zweier-Teenager ist das typisch.

Ausgeprägter Familiensinn. Oft wandeln sich Kinder auf der Schwelle zur Pubertät von King Louie zu Shir Khan, doch manche lassen sich Zeit und bleiben noch länger geborgen im Schoß ihrer Familie – oder einer anderen Gruppe, der sie sich zugehörig fühlen. Der Zweier-Teenager hat Familiensinn und legt nach wie vor größten Wert auf Gemeinschaft. Seine größte Angst ist es, auf irgendeine Art aus der Familie ausgeschlossen zu werden. Auch die Vorstellung, dass Vater und Mutter sich trennen könnten, bereitet ihm größte Sorgen. Der Zweier-Teenager in Balance ist nicht unbedingt der „typische" Jugendliche: Er hat wenig Mühe mit Autorität, er ist umgänglich, loyal, treu, kooperativ, zum Teil sogar selbstlos, und bringt persönliche Opfer, um die Harmonie in seiner Gruppe zu steigern. Er gliedert sich in seine Familie ein, er liebt Traditionen und hält sie hoch. Und während in seinem Körper die Hormone bereits Samba tanzen, sucht er nach wie vor Halt bei seiner Familie – vorausgesetzt, er spürt genug Verbundenheit mit seinen Lieben. Wenn nicht – dann sucht er sich eine Ersatzfamilie – eine „Gang" zum Beispiel. Der „familienlose" Zweier ist das ideale Bandenmitglied, aber geführt wird die Bande so gut wie immer von einem Dreier: Der Tiger zeigt dem Affen, wo es lang geht. Shir Khan gibt den Ton an, King Louie folgt ihm blind.

King Louie ist immer voll dabei. Der Sohn eines befreundeten Ehepaares ist vierzehn Jahre alt, seine Eltern sind beruflich voll im Einsatz und haben recht wenig Zeit für ihn. Und er hängt am liebsten mit den Jungs aus der Nachbarschaft herum. Was sie so tun? Nun ja, vor kurzem hatte der Anführer der Jungs – bereits ein ausgewachsener Shir Khan, der die Horde der King Louies ziemlich gut im Griff hat – eine Idee, und so haben die Burschen ein leer stehendes Haus am Waldrand „beschlagnahmt", die Wände mit Graffiti verziert und dort ihr „Hauptquartier" eingerichtet. Das Haus steht seit vielen Jahren leer und jetzt fordern die Jugendlichen es von den Stadtvätern als neues Jugendzentrum ein. Große Empörung bei der Nachbarschaft, bei den Politikern, bei den meisten Erwachsenen, in den Medien und kaum Verständnis für die Art und Weise, in der diese Gruppe Jugendlicher für die Erfüllung ihrer Bedürfnisse sorgt.

Und die Eltern machen sich Sorgen und haben Angst, dass ihr Sohn sich straffällig macht mit solchen Aktionen. Auch er selbst hat ein bisschen Angst davor, diesmal zu weit gegangen zu sein, doch er will das durchziehen, er will unbedingt weiterhin Mitglied dieser Gruppe sein, er will seinen

„Boss“ nicht enttäuschen, er will seine Kumpels nicht enttäuschen, er will dabei sein. Diese Gruppe ist eine Art Ersatzfamilie, eine eingeschworene Gemeinschaft, die ihm vielleicht jenes Zugehörigkeitsgefühl spüren lässt, das er zu Hause nicht annehmen kann oder will.

Freiheit – Segen oder Fluch? „Die Autodiebstähle und Einbrüche gehen auf das Konto einer sechsköpfigen Jugendbande, die die Polizei gestern überführt hat. Ein Sechzehnjähriger, der weder Arbeit noch Ausbildungsstelle hat, gilt als der Kopf der Gang. Seine Komplizen sind vierzehn und fünfzehn Jahre alt.“ Oder: „Jugendliche überfielen älteren Mann, verprügelten ihn und raubten ihn aus.“ Oder: „Gang stiftete Chaos. Fünf Mädchen und Jungs im Alter von dreizehn bis fünfzehn machten Feuer in Abfallcontainer. Die Bushaltestelle daneben ging in Flammen auf.“ Und so weiter. Unsere Zeitungen sind voll mit solchen Meldungen. Wir leben in einer Gesellschaft, in der die meisten die Freiheit haben, ihr Leben im Großen und Ganzen nach ihren eigenen Vorstellungen zu gestalten, und diese Freiheit kann Segen sein oder Fluch – vor allem für junge Menschen, die unsicher sind, die auf der Suche sind und enormen Leistungsdruck spüren. Viele Teenager klagen über mangelnde Selbstsicherheit, Versagensängste, Beziehungsprobleme, Angst vor der Zukunft. Und wenn sich dann die Eltern noch in bester Absicht zurückziehen, damit der Jugendliche „seinen eigenen Weg“ gehen kann, dann sucht er sich oft eine Ersatzfamilie, die ihm den Rücken stärkt. Und dann können die Eltern nur mehr die Daumen halten, dass er die richtige Wahl trifft.

Die Gang als Ersatzfamilie? Man könnte meinen: Während einige Eltern bereits mit dem wilden Tiger daheim kämpfen müssen, haben andere es noch relativ gemütlich mit dem halbstarken King Louie – ja, aber nur, falls er Ministrant wird oder sich der Katholischen Jugend anschließt, der Jungschar, den Pfadfindern, den Sängerknaben, der Blasmusik oder dem lokalen Sportverein. Im Extremfall kann sich King Louie genauso zum Sorgenkind der Familie entwickeln, wenn er sich zum Beispiel von den Eltern völlig distanziert und stattdessen eine enge Bindung zum Anführer einer brutalen Gang aufbaut, dem er folgt und hörig ist. Unter Umständen greift er dann zu Mitteln der Gewalt oder konsumiert Drogen, Alkohol, Nikotin, nicht deshalb, weil ihm das so gut gefällt, sondern weil das einfach zu den Ritualen seiner Gruppe gehört. Vielleicht ist ihm all das sogar zuwider, aber er macht trotzdem mit, weil er endlich ein starkes Vorbild gefunden hat, dem er nacheifern will – bedingungslos, bereitwillig, zur Not auch auf Kosten seiner körperlichen und seelischen Gesundheit. Damit stillt er sein großes Bedürfnis nach

Gemeinschaft und Miteinander. Dabeisein ist manchmal eben doch alles – vor allem für den Zweier-Teenager.

Wie Charlie Chaplin. In der persischen Sprache gibt es den Begriff „nachzuahmende Instanz“ … Ich habe eine Geschichte dazu: Mein Vater war gehbehindert, er hatte ein künstliches Bein, und um einigermaßen stabil gehen zu können, musste er seinen gesunden Fuß sozusagen schräg auf den Boden setzen – die Fußspitze nach außen gedreht, wie Charlie Chaplin. Und mir hat der Gang meines Vaters imponiert, ich wollte genauso gehen wie er. Also habe ich monatelang trainiert, um seine Fußstellung nachahmen zu können. Ich erinnere mich noch an den körperlichen Schmerz; es hat wirklich wehgetan, so zu gehen, aber das hat mir nichts ausgemacht, und schließlich konnte ich auch so gehen wie Charlie Chaplin und – was noch viel wichtiger war – wie mein Vater.

Erst 30 Jahre später habe ich dann begonnen, aus der Not heraus diese unnatürliche Fußstellung mit diversen Therapien zu korrigieren, da bereits andere Gelenke in Mitleidenschaft gezogen waren und mir Schmerzen bereiteten. Jetzt sind meine Fußspitzen nicht mehr nach außen gedreht, sondern nach vorne, und ich gehe wieder „normal“.

Das Mittel zum Zweck der Zugehörigkeit. Der Zweier-Teenager sucht sich gerne eine „nachzuahmende Instanz“, ein Modell, dem er nacheifern will. Er setzt auch gern äußerlich sichtbare Zeichen, um die Zugehörigkeit zu seiner Gruppe zur Schau zu tragen – auch hier erschrecken uns die Extreme: Der Jugendliche, der die Hakenkreuz-Fahne schwingt und seinen Kopf kahl rasiert, um die Zugehörigkeit zu seiner Gang zu demonstrieren, erschreckt uns. Genauso verblüfft uns die junge Dame, die am liebsten weiße Rüschenblusen trägt und ihre Eltern zum Bingo-Abend begleitet. Oder der Jugendliche, der mit keinem mehr spricht und nur mehr ein Mittel der Kommunikation zur Außenwelt kennt: das Internet – letztlich aber auch wieder nur ein Mittel zum Zweck der Zugehörigkeit, eine Möglichkeit, gleich Gesinnten zu begegnen und Idolen zu huldigen. Alles Extreme macht uns Sorgen: die extreme Abwendung von der Familie genauso wie die extreme Zuwendung. Wenn der Jugendliche den Gruppenanführer als Vaterersatz ansieht, irritiert das genauso, wie wenn ein Teenager an Mamas Rockzipfel hängt wie ein Kleinkind. Das Gleiche gilt natürlich für die Eltern: Auch aufseiten der Großen ruft alles Extreme genauso extreme Reaktionen hervor. Auch hier wollen wir weder Ignoranz noch gluckenhaftes Bemuttern, auch hier wollen wir den goldenen Mittelweg: Wie könnte dieser wohl aussehen?

☞ **Einladung zum Gedankenexperiment:** Zugehörigkeit und Sicherheit – sie sind dem Zweier sehr wichtig. Dem Zweier-Kleinkind kann ich das vermitteln, indem ich es zum Beispiel im Arm wiege. Dem Zweier-Schulkind kann ich das vermitteln, indem ich zum Beispiel besonders auf das Einhalten von Ritualen und Traditionen achte. Und wie könnte ich dem Zweier-Jugendlichen Zugehörigkeit und Sicherheit vermitteln? Wird „im Arm wiegen" noch funktionieren? Oder wie könnte ich das anders verpacken? Wie wird der Jugendliche das annehmen können? Wie könnten Familienrituale aussehen? Wie kann ich King Louie zeigen, dass er nach wie vor eng mit der Familie verbunden ist und immer sein wird? Wie kann ich als Elternteil Autorität sein, ohne autoritär handeln zu müssen? Wie kann ich als Oberhaupt Präsenz zeigen, ohne den Bogen zu überspannen? Wie kann *ich* als „Stammesfürst" den ganzen Stamm zusammenhalten? Wofür kann ich Vorbild sein? Wie könnte King Louie wahrnehmen, dass innerhalb der Familie Zusammengehörigkeit und Gemeinschaft gelebt werden? Könnte es nicht gerade für den Zweier-Teenager zum Beispiel sehr wertvoll sein, seine Familiengeschichte genau zu kennen? Seine Herkunft, seinen Stammbaum zu kennen oder gar selbst zu recherchieren? Könnte es ihm nicht guttun, seinen Platz in einem noch größeren System als seiner Gang zu finden, in einer noch attraktiveren Gang – seiner eigenen Sippe?

Was braucht der Zweier-Teenager? Was braucht der halbwüchsige King Louie? Was sind zentrale Bedürfnisse auf dieser Lebensstufe?

- **Rituale:** „Die Alten sollen mir Rituale anbieten, die mir Halt geben und gleichzeitig spannend und interessant für mich sind. Ich will mich als Teil einer Gemeinschaft fühlen, ich will eingebunden sein in das Familienleben, ich will mich aktiv daran beteiligen."
- **Vorbilder:** „Die Alten sollen sich selbst auch an die vereinbarten Regeln halten. Sie sollen stark sein, meine Vorbilder sein, ich will stolz auf sie sein können und auch stolz darauf, Teil dieser Familie zu sein."
- **Wurzeln und Flügel**: „Die Alten sollen verstehen, dass ich beides brauche: Wurzeln und Flügel. Sie dürfen mich nur ganz sanft halten – wie einen Vogel. Wenn sie ihn zu fest halten, erdrücken sie ihn. Wenn sie ihn sanft halten, kann er jederzeit wegfliegen und später wieder zurückkommen."

Der Dreier: Shir Khan, der Gewaltige

Nun bringt der Weih die dunkle Nacht,
und „Mang“, die Fledermaus erwacht.
Der Stall birgt alles Herdentier,
denn bis zum Morgen herrschen wir!
Die Stunde stolzer Kraft hebt an
Für Prankenhieb und scharfen Zahn.
Jagdheil! Und kühn gehetzt, gerafft:
Das Dschungelrecht ist jetzt in Kraft.[32]

Das Dreier-Kleinkind

Den Tiger rauslassen. Die meisten Eltern genießen die erste Zeit mit ihrem Kind ganz besonders: Das „kleine Äffchen“, wie manche Eltern ihren Schützling liebevoll nennen,strahlt über das ganze Gesicht, wenn es Mama und Papa sieht, es ist ganz und gar eins mit ihnen und folgt den Eltern auf Schritt und Tritt. Es hat das große Bedürfnis, gemäß den Wünschen der Eltern zu leben und so zu sein wie sie. Aber irgendwann – oft von einem Tag auf den anderen – beginnt eine Verwandlung: Das Kind wird wütend, ärgerlich, trotzig über alle Maßen. Das heißt aber nicht, dass jedes Kleinkind, das die Trotzphase durchlebt, automatisch auch schon den Schritt auf Stufe 3 getan hat, weg von King Louie und hin zu Shir Khan. Bei manchen ist das erste Trotzen vergleichsweise sanft und harmlos – eher wie bei einem verspielten Kätzchen, während andere bereits voll den Tiger rauslassen. Sie drehen förmlich durch, lassen sich nur schwer wieder beruhigen oder ablenken, sie haben andere Bedürfnisse: Auf einmal ist Selbstbestimmung und Selbsterhaltung viel wichtiger als Verbundenheit und Harmonie mit den Eltern.

Am liebsten würde ich davonrennen. Eine Mutter von drei Jungen – zwei, drei und fünf Jahre alt – erzählte mir: „Manchmal glaube ich, ich schaffe es nicht mehr. Der Jüngste und der Mittlere sind offenbar in der Trotzphase – aber so extrem, dass ich es kaum aushalten kann. Vom Großen kenne ich das nicht in dieser Form. Die beiden Kleinen aber gehorchen mir nicht mehr, werfen sich zum Beispiel ohne für mich ersichtlichen Grund auf den Boden, schreien, toben, schlagen wie wild um sich ... Allein die Lautstärke macht mich nervös und jeder Versuch, sie zu beruhigen, bringt sie noch weiter in Rage, denn dann richten sie ihre Aggression gegen *mich*, beißen mich, treten mich, stoßen mich weg – wie wilde Tiere, die in die Enge getrieben werden. Es ist furchtbar. Manchmal würde ich am liebsten alles stehen und liegen lassen und schreiend davonrennen."

Am besten hilft da immer noch: Wissen, Erkenntnis, Bewusstheit. Dem trotzigen Dreier-Kind geht es nicht in erster Linie um Widerstand, sondern viel mehr um Loslösung, Autonomie, Selbstständigkeit. Und leider ist das Mittel dazu oft der Konflikt. Seit der Mutter das bewusst ist, kann sie besser damit umgehen, weil ihr klar ist, dass es sich dabei um einen unverzichtbaren Meilenstein in der Entwicklung ihrer Kinder handelt. Wissen hilft!

Die Dreier-Welt ist ein Dschungel. Für den Einser ist seine Umwelt einfach der Busch, für den Zweier der verzauberte Wald – und für den Dreier? Shir Khan nimmt seine Umwelt in erster Linie als Dschungel wahr – wild, gefährlich und unberechenbar: „Das Dschungelrecht ist jetzt in Kraft." Und wie lautet das? Nur die Härtesten überleben! Nur wer am lautesten brüllt, am schnellsten rennt, am stärksten ist, am besten kämpft, der hat eine Chance. Vorbei ist die Zeit des Affen, jetzt beginnt die Zeit des Tigers: Shir Khan ist geboren! Auch diese Wandlung vollzieht sich beim einen Kind früher, beim anderen Kind später, bei manchen nie – und auch diese Phase scheint für die Entwicklung wichtig zu sein. Waren für das Zweier-Kind Gemeinschaft und Miteinander noch sehr wichtig, so schlägt das jetzt ins Gegenteil um: Für das Dreier-Kind ist nur eins wirklich wichtig – es selbst. Es entdeckt seine körperliche und mentale Kraft, seine Willensstärke, sein oft an Selbstüberschätzung grenzendes Selbstbewusstsein, seinen Protest, sein Ego, seinen Mut, seine Risikofreude, seine Abenteuerlust, seine Macht. Es hört auf, „wir" zu sagen und zu denken, es sagt und denkt stattdessen „ich". Und das ist gut und wichtig.

Der Tiger trotzt. Shir Khan geht seine eigenen Wege und er hasst es, wenn andere ihm in die Quere kommen. Er will den Dschungel beherrschen und kontrollieren, er will Macht ausüben, erobern und in Besitz nehmen. Er will der strahlende Held sein, der edle Ritter, der wilde Mann, die wilde Frau. Dass das von Konflikten begleitet sein muss, ist offensichtlich, oder? Und so eckt das Dreier-Kleinkind an und stößt auf Unmut seitens seiner Umwelt, seiner Freunde und vor allem seiner Eltern, die auf einmal zornig werden, es ständig mahnen und in seiner Freiheit einschränken. Und es denkt sich: „Was soll das? Ich bin ein wilder Tiger, ich lass mich nicht einsperren!“ Und so wird auch das Kind zornig auf seine Eltern, die auf einmal etwas ganz anderes wollen als es selbst. Und hinter seinem Zorn sind noch andere Gefühle verborgen: Welche könnten das sein – was meinen Sie? Vielleicht Verzweiflung, weil es sein Ziel erreichen will, aber noch gar nicht dazu fähig ist. Vielleicht Angst, weil es die Welt auf einmal mit anderen Augen sieht und darüber erschrickt. Vielleicht Unsicherheit, weil die Grenzen der Eltern, die immer gegolten haben, auf einmal verschwimmen und nicht so fest sind, wie erwartet, befürchtet, erhofft. Sein Gefühlsleben gerät aus den Fugen, Chaos innen, Chaos außen – kein Wunder, dass der Tiger trotzt – der eine lauter, der andere leiser.

Shir Khan hasst Spaziergänge. Eine Mutter geht mit ihren Kindern spazieren. Das Baby schläft im Kinderwagen, die vierjährige Tochter soll zu Fuß gehen – und sie hasst es. Sie will auch im Kinderwagen sitzen und protestiert lautstark. Die Mutter versucht, sie zu beschwichtigen und zum Weitergehen zu motivieren – sanft und liebevoll. Die Kleine protestiert weiter und rüttelt unsanft am Kinderwagen. Die Mutter droht ihr: „Wenn du dich so aufführst, gehen wir sofort wieder nach Hause und du verbringst den restlichen Nachmittag allein in deinem Zimmer. Du benimmst dich unmöglich, wie ein kleines Baby!“

Daraufhin wird es noch dramatischer: Die Kleine hüpft auf die Hinterachse des Kinderwagens und bringt ihn dadurch zum Kippen, in letzter Sekunde kann ihn die Mutter wieder stabilisieren. Das Baby wäre fast auf dem Asphalt gelandet, es ist aufgewacht und beginnt zu schreien, die Vierjährige wirft sich auf den Boden und beginnt mit Händen und Füßen um sich zu schlagen, und die Mutter beginnt ihrerseits, sie anzuschreien … – der ultimative Albtraum!

Der eigene Wille. Die ersten Erfahrungen mit dem eigenen Willen sind für das Kind aufregend und auch prägend. Vielleicht schnuppert es zum ersten Mal den Duft der Freiheit; vielleicht erkennt es zum ersten Mal, dass Freiheit ihren Preis hat; vielleicht kommt es zum ersten Mal in seinem Leben in Kontakt mit Zorn, Aggression, Wut; vielleicht erlebt es zum ersten Mal einen richtigen Konflikt. Und vielleicht erlebt es zum ersten Mal, wie seine Eltern mit Konflikten umgehen. Reagieren sie selbst zornig und wütend oder hilflos? Tun sie so, als ob nichts passiert wäre, und halten krampfhaft die Harmonie aufrecht? Bekommen sie es mit der

Angst zu tun? Oder bewahren sie Haltung und bleiben die Großen und Starken in der Familie? Reagieren sie gar nicht und verstummen? Oder zeigen sie eine Überreaktion und drohen? Oder reagieren sie angemessen und fordern beharrlich das Einhalten bestimmter Grenzen, Gesetze, Regeln? Ist ihre Art, mit Konflikten umzugehen, vorbildlich? Im Idealfall lernt der kleine Shir Khan, dass es wertvoll ist, seinen eigenen Willen zu entwickeln – aber nicht immer und nicht überall und nicht um jeden Preis. Im Idealfall lernt Shir Khan, Entscheidungen zu treffen, aber auch deren Konsequenzen abzuschätzen. Im Idealfall lernt Shir Khan, dass Konflikte zwar zum Leben dazugehören, dass es aber auch andere Möglichkeiten der Konfliktlösung gibt als Gebrüll, Prankenhiebe, Bisse, Drohungen. Und wie können Eltern das unterstützen?

Loben statt strafen

Loben und belohnen. Was wird im Umgang mit dem Dreier-Kleinkind mehr Nutzen bringen: das Kind für vermeintliche Vergehen zu bestrafen oder wünschenswertes Verhalten zu fördern? Sie wissen es natürlich schon: Mehr Sinn hat es, Shir Khan für all das zu loben, was er richtig gemacht hat, ihn unmittelbar zu belohnen. So schenken Sie ihm Aufmerksamkeit und Anerkennung – und darauf fährt Shir Khan wirklich ab. Das stärkt sein Selbstwertgefühl, das macht ihn stolz. Heißt das, dass ich meinem Kind Fehlverhalten *durchgehen* lasse? Nein, hier würde ich höchstens so weit gehen, ein *geringfügiges* Fehlverhalten bewusst „großzügig“ zu ignorieren. Wenn das Kind aber massiv gegen Regeln verstößt, dann ist es mein Recht und meine Pflicht, hinzuschauen und das direkt anzusprechen. Das mag mehr Aufwand bedeuten, lohnt sich aber in jedem Fall. Das setzt voraus, dass es ganz klare, einfache Familienregeln gibt, auf die ich mich dann beziehen kann. In meiner Rolle als Erzieher verzichte ich auf rechtfertigende Erklärungen, sondern ich gebe eindeutige Anweisungen und lasse logische Konsequenzen folgen. Grenzen erfahren darf für das Kind auch bedeuten, dass manchmal etwas *unerklärt* im Raum stehen bleibt. Eltern können es sich leisten, ein Nein nicht zu erklären, und das Kind darf darauf vertrauen, dass die Eltern genau wissen, warum sie Nein sagen.

Beschäftigte Kinder sind ruhige Kinder. Wenn ich meinem Kind etwas verweigere und etwas anderes als Alternative anbiete, dann ist das auch wieder eine Gelegenheit, um über Bedürfnisse nachzudenken – über meine eigenen und über die meines kleinen Tigers. Was fehlt ihm? Was fordert er so vehement ein? Was braucht er? Geht's ihm gerade um Selbstbestimmung oder um Anerkennung?

Will er gerade Eindruck schinden oder sich selbst etwas beweisen? Und auch wenn es sich um Shir Khan handelt – man darf trotzdem nachfragen, was er gerne hätte, was er bräuchte, was er sich wünschen würde. Und dann dürfen wir als Große einen Rahmen dafür schaffen, in dem Shir Khan sich seine Wünsche erfüllen kann. Indem wir zum Beispiel für Bewegung sorgen, für spannendes Spiel und Abenteuer, für interessante Aufgaben. Können Sie sich vorstellen, dass Spazierengehen für das Dreier-Kleinkind wirklich „stinklangweilig" ist? Kein Wunder, wenn es da auf Ideen kommt, mit denen es den anderen die Hölle heiß macht. Dann schon lieber einen oder zwei Freunde mitnehmen und im Wald ein Baumhaus bauen oder auf einem Abenteuerspielplatz toben oder im Schwimmbad herumjagen oder Wettspiele machen. Shir Khan liebt es, sich mit anderen zu messen – geben Sie ihm Gelegenheit dazu!

☞ **Einladung zum Gedankenexperiment:** Angenommen, Sie haben die „Diagnose" Shir Khan oder Trotzphase gestellt – was tun Sie jetzt mit diesem wilden kleinen Tiger in ihrem Heim? Sich in Erinnerung rufen, worum es Shir Khan geht, und hinterfragen: Was ist sein wichtigstes Bedürfnis? Wovor hat er Angst? Warum ist er den Schritt auf diese Stufe gegangen? Warum war der Schritt so wichtig für ihn? Und was hält ihn noch auf diesem Level? Welches Bedürfnis muss da noch in vollem Maße gestillt werden? Was braucht er noch, damit er weitergehen kann zum nächsten Level? Ist das störrische Verhalten des Kindes vielleicht ein Betteln um Grenzen? Oder braucht Ihr Kind einfach eine kurze „Auszeit"?

Überlegen Sie einmal, welche Erfahrungen Sie selbst in Ihrer Kindheit mit Autorität gemacht haben? Waren ihre Eltern „streng"? Wie hat sich das angefühlt? Was war der Unterschied zwischen Strenge, die Sicherheit vermittelt, und Strenge, die Angst macht und verletzt? Wie gehen Sie heute mit Autorität um? Haben Sie Mühe damit? Oder erleben Sie wahre Autorität als angenehm, vertraut, sicher?

Wie denkt Ihr Kind über Sie? Sind Sie konsequent? Sind Sie berechenbar? Wie gehen Sie damit um, wenn es Grenzen testet? Wie helfen Sie ihm dabei, seine überschäumenden Gefühle in Worte zu fassen und auszudrücken? Teilen Sie ihm klar mit, was Sie wollen und erwarten? Geben Sie ihrem Kind die Chance, sich auf Veränderungen einzustellen? Planen Sie hin und wieder mehr Zeit ein, damit der kleine Dreier *selbstständig* etwas leisten kann? Nehmen Sie ihn in ruhigen Momenten in den Arm, um ihm zu sagen, wie sehr Sie ihn mögen?

Was braucht das Dreier-Kleinkind? Was braucht der trotzige kleine Shir Khan? Was sind zentrale Bedürfnisse auf dieser Lebensstufe?

- **Die starke Hand:** „Vater und Mutter sollen mir immer wieder meine Grenzen aufzeigen und darauf beharren. Sie sollen mir ganz klar mitteilen, was erlaubt und was verboten ist. Ich brauche keine endlos langen Erklärungen und Rechtfertigungen, sondern ganz klare Anweisungen. Sie sollen mich stark und gleichzeitig verständnisvoll führen – mit Autorität, aber ohne Brutalität."
- **Gesunder Umgang mit Konflikten:** „Vater und Mutter sollen mir zeigen, wie man Konflikte löst. Ich suche jetzt die Konfrontation und will mich mit ihnen auseinandersetzen. Ich will aber auch lernen, mit dieser ungewohnten Situation klarzukommen. Ich will streiten, ich will aber auch lernen, mit Worten zu streiten statt mit Brüllen, Toben, Schlagen, Schreien, Beißen."
- **Selbstständigkeit:** „Vater und Mutter sollen mir Gelegenheit geben, meine Selbstständigkeit in sicherem Rahmen zu erproben. Sie sollen Geduld haben und sich Zeit nehmen für gemeinsame Abenteuer, bei denen ich meinen Mut erproben und meine Fähigkeiten unter Beweis stellen kann."

Das Dreier-Schulkind

Baghira spricht:
„Was sagt das Gesetz des Dschungels?" –
„Reue schützt vor Strafe nicht!
Aber bedenke, Baghira, er ist klein!"[33]

In der Schule ausrutschen. Woran erkenne ich, dass mein Schulkind in die Shir-Khan-Phase kommt? Ganz einfach: Wenn ich mindestens einmal pro Woche zum Schuldirektor bestellt werde, weil mein kleiner Liebling sich mit anderen prügelt, meine Unterschrift fälscht, Hausaufgaben generell ablehnt, seine Lehrerin „blöde Kuh" schimpft und Ähnliches. Zugegeben, das ist jetzt ein bisschen überzeichnet und vielleicht verhalten sich nur wenige Schulkinder so extrem, aber fast alle haben irgendwann im Laufe ihrer Schulkarriere Ausrutscher dieser Art. Ich erinnere mich noch an fast alle Bubenstreiche und werde mich hüten, Ihnen alle zu erzählen, aber vielleicht einen: In unserem Klassenzimmer stand ein Ölofen. Können Sie sich vorstellen, welch toller Qualm entsteht, wenn man einen Radiergummi darauflegt? So ein toller Qualm, dass der Unterricht in diesem Klassenzimmer kaum mehr stattfinden kann ...

Was ist das Motiv dahinter? Warum haben wir revoltiert? Warum revoltieren unsere Kinder? Sie wollen erste Erfahrungen mit Eigenständigkeit machen, sie wollen alles mögliche ausprobieren, sie wollen sich reiben, sich unterscheiden, anecken. Sie wollen in Kontakt kommen mit ihrer ursprünglichen Kraft, sie wollen die Kontrolle übernehmen und Macht spüren und sich selbst besser kennenlernen, indem sie Grenzen ignorieren, verhöhnen, bewusst überschreiten. Sie erheben sich über andere – und damit schaffen sie sich nicht nur Freunde. Doch bei all den Herausforderungen muss man auch lobend all die Qualitäten dieses Levels hervorheben: die unbändige Neugier, die Lebenslust, den Mut, die Ausdauer, die Zielstrebigkeit. Das Kind kommt in die Schule – der junge Prinz wird mit dem magischen Schwert in die weite Welt hinausgeschickt, um den Drachen zu töten, um sich im Kampf zu messen, um zum Manne zu werden.

Shir Khan lernt Skifahren. Der zehnjährige Sohn fährt erstmals mit seiner Klasse zum Skikurs. Mama lässt es sich nicht nehmen und fährt ihren Sprössling mit seinem ganzen Gepäck bis zur Schule, sie trägt ihm Koffer und Ski zum Schuleingang und dort warten sie dann gemeinsam mit seinen Mitschülern auf den Bus. Der Sohn fühlt sich nicht wohl in seiner Haut – das erkennt auch seine Mutter. Und was tut sie? Sie weicht nicht von seiner Seite, sie macht sich Sorgen, sie stellt ihm Fragen über Fragen: „Wirst du krank? Du bist ganz blass. Hast du vor irgendetwas Angst? Du bist gar kein so schlechter Skifahrer, du wirst das schon hinkriegen. Hab ich irgendetwas vergessen? Mütze, Schal, Handschuhe, Socken, Taschentücher …“ Der Sohn schweigt und wendet sich von ihr ab. Auf die Idee, dass sein Unwohlsein mit ihrer Anwesenheit zu tun haben könnte, kommt sie vorerst nicht.

Sie ahnen wahrscheinlich schon, wann es Shir Khan reicht und er zum Prankenhieb ausholt. Der Bus ist bereit zur Abfahrt, die Schüler steigen ein, auch der Sohn will den Bus besteigen – da rennt ihm die Mama hinterher: „Komm, jetzt lass dich noch einmal ganz fest drücken und knuddeln, mein Schatzi!“ Jetzt reicht's! Wutentbrannt dreht er sich um, seine Augen funkeln, er stößt seine Mutter mit beiden Armen von sich und brüllt: „Ich bin nicht dein Schatzi! Kannst du mich nicht endlich in Ruhe lassen? Du nervst mich total! Du bist so peinlich! Du bist furchtbar!“

Mein Gott, ist das peinlich! Erinnern Sie sich noch? Wovor hat der Dreier am meisten Angst? Was könnte das Dreier-Schulkind am meisten fürchten? Shir

Khan hat Panik davor, sich lächerlich zu machen, sein Gesicht zu verlieren – das wäre Schmach und Schande, Beleidigung und Imageverlust. Und wer wäre besser dafür geeignet, das Kind in Verlegenheit zu bringen, als eine über die Maßen fürsorgliche Mutter? Verstehen Sie, wie peinlich es einem Kind sein kann, wenn Mama es vor den Augen seiner Mitschüler maßregelt oder verhätschelt oder liebkost – auch wenn sie es noch so gut meint? Vielleicht ist Shir Khan gerade deshalb ein Einzelgänger im Dschungel, weil er sich all diese familiären Peinlichkeiten ersparen will. Manchmal auf Familienfesten, wenn irgendeine Tante uns Erwachsene zu tätscheln beginnt, spürt der eine oder andere heute noch die Raubkatze in sich, doch mittlerweile wissen die meisten mit ihr umzugehen ...

Wer ist der Stärkste im ganzen Land? Shir Khan muss sich ständig behaupten und sich mit anderen messen, und da geht's nicht immer sanft zu, im Gegenteil. Der Dreier fühlt sich getrieben und hat den Eindruck, ständig um Ansehen, Respekt und Achtung kämpfen zu müssen – denn die gibt es nicht geschenkt, meint er. Dazu ist er extrem misstrauisch und ständig auf der Hut vor vermeintlichen Gegnern und Fallen. Und dabei zeigt er manchmal eine Überreaktion, er faucht, brüllt, beißt – und alle Anwesenden sind geschockt. Vielleicht hilft Ihnen der Gedanke, dass das Verhalten des Kindes als „Panikreaktion" verstanden werden kann. Es ist in diesem Moment nicht mehr in der Lage, die Situation zu kontrollieren – damit ist eines seiner Grundbedürfnisse unerfüllt: sein Bedürfnis nach Macht. Und so gerät es völlig durcheinander und reagiert wie ein in die Enge getriebenes Tier. Unter Umständen macht Shir Khan dann auch Dinge, die ihm später leid tun; in den meisten Fällen aber lebt er ganz in der Gegenwart, denkt weder an die Vergangenheit noch an die Zukunft. Deswegen hat es auch wenig Sinn, ihm mit zukünftigen Einschränkungen zu drohen oder ihn mit zukünftigen Belohnungen zu locken – ihn interessiert viel mehr, was er hier und jetzt gewinnen kann, und sonst nichts. Was heißt das jetzt für uns Eltern, Lehrer, Pädagogen?

Der Tiger ist die größte aller Raubkatzen. In China gilt der Tiger als Symbol für Tapferkeit und Mut. Er wird bis zu zweihundertfünfzig Kilogramm schwer, seine Krallen werden bis zu zehn Zentimeter lang und seine Eckzähne messen etwa sechs Zentimeter. Tiger sind in der Regel Einzelgänger. Männchen und Weibchen kommen nur kurzzeitig zur Paarung zusammen. Der Tiger kann im Alleingang sogar so mächtige Tiere wie Büffel erlegen – den Löwen gelingt das nur bei der Jagd im Rudel. Gelegentlich reißt der Tiger sogar junge Elefanten oder Nashörner.

Selten zwar, aber doch hin und wieder werden Tiger auch zu „Menschenfressern“ und finden Gefallen daran. Sie überfallen dann Menschen, die ihre Dörfer verlassen haben, um im Dschungel nach Holz oder Honig zu suchen. Um solche Angriffe abzuwehren, greifen die Menschen zu interessanten Maßnahmen: Sie tragen zum Beispiel am Hinterkopf Masken mit Augen. Und da Tiger nur von hinten angreifen, sind sie dadurch irritiert.

Augen offen halten – vorne und hinten! Sie sehen schon, der Umgang mit Shir Khan kann anspruchsvoll sein. Das Bild der Maske mit den Augen am Hinterkopf gefällt mir sehr gut als Beispiel für die Präsenz, Stärke und Größe, die wir als Erzieher eines Dreier-Schulkindes an den Tag legen sollten. Wir sind Tag und Nacht in der Pflicht, wir sind immer zuständig, wir tragen Verantwortung. Da dürfen wir kaum Schwäche zeigen oder die Zügel loslassen, sonst nimmt das Kind uns nicht für voll und sucht sich andere Idole. Da dürfen wir Autorität sein, Entscheidungen treffen, klare Signale senden – so verdienen wir uns den Respekt des Dreiers, den bekommen wir leider nicht geschenkt. Shir Khan braucht ganz starke Anführer, ein Alphatier, das vom Scheitel bis zu Sohle Macht ausstrahlt, das es nicht einmal nötig hat, seine Macht zu erklären oder zu demonstrieren – vergleichbar mit den Silberrücken, den mächtigen männlichen Anführern bei den Gorillas. Shir Khan braucht einen Vater oder jemand, der die Vaterrolle einnimmt und Vorbildfunktion erfüllt.

Strafen haben ihre Grenzen. Angenommen, ich bin eine Autorität für mein Kind, eine so große Autorität, dass ich im Großen und Ganzen auf Bestrafungen verzichten kann, weil ich es nicht notwendig habe, durch autoritäre Handlungen meine Autorität immer wieder neu zu beweisen. Angenommen, ich habe eingesehen, dass Strafen bei Shir Khan meistens nicht die erwünschte Wirkung erzielen, sondern nur noch mehr Protest und Widerstand auslösen. Angenommen, ich habe erkannt, worauf Shir Khan wirklich „abfährt“. Was könnte das sein? Was könnte seiner Entwicklung besonders zuträglich sein? Richtig: unmittelbare Bestätigung, Lob und Anerkennung – das gefällt ihm mehr als alles andere. Das bedeutet: Alle Leistungen und positives Verhalten oft und sofort belohnen! So erlebt das Kind den Erfolg direkt und unmittelbar. Das ist die Karotte, die Sie dem Dreier vor die Nase halten und dann auch sofort schenken müssen. Wie könnten also solche Karotten aussehen? Heißt das, dass ich mein Kind ständig mit Geschenken bestechen soll? Nicht mit Geschenken im materiellen Sinne, sonst wird der kleine Tiger ohne Gegenleistung gar nichts mehr tun und Sie rund um die Uhr erpressen. Den Dreier zähmt man am besten mit lobenden Worten – gewiefte Erzieher wissen das längst. Spontanes Lob ist vielleicht sogar das größte Geschenk für ihn; durch stetige Anerkennung eines Großen an seiner Seite, den er respektiert und schätzt, wächst sein Selbstvertrauen, und genau darum geht es in dieser Entwicklungsphase.

Vater und Sohn. Loben – schön und gut, aber wie? Wie kommuniziert Mann am besten mit Sohn? Ich bringe Ihnen zwei konträre Beispiele:

Der eine Vater gibt am liebsten den „Berufsjugendlichen", folgt allen Trends und trägt einen flotten Haarschnitt zur lässigen Teenagermode. Dazu passt auch gut sein Teenagerjargon, den er sich in den Gesprächen mit seinem Zehnjährigen angeeignet hat. Wenn er ihn lobt, klingt das ungefähr so: „Hey son! Du bist ein echt cooler Typ, weißt du das? Deine Performance beim Match war echt abgefahren, total geil. Supergut!"

Der andere Vater gibt sich altmodischer, trägt Kleidung, die nicht unbedingt „hipp" ist, sondern eher gediegen und bequem. Für die Sprache der „Kids" hat er wenig übrig und wenn er seinen Zehnjährigen loben will, dann klingt das ungefähr so: „Thomas, ich bin sehr stolz auf dich. Ich habe gesehen, wie sehr du für die Mannschaft gekämpft hast. Dein Einsatz bei diesem Spiel begeistert mich wirklich – das ist Weltklasse!"

Was meinen Sie? Welches Lob wird besser ankommen? Wessen Lob wird mehr wert sein? Welcher Vater wird besser ankommen? Welcher Vater zeigt mehr Größe und Autorität? Einige werden hier wohl den ersten Vater wählen, andere den zweiten. Was braucht Shir Khan am meisten? Einen Erwachsenen, der sich anbiedert, oder einen Erwachsenen, der sich von ihm deutlich unterscheidet? Unterscheidung und Abstand braucht das Kind an dieser Stelle seiner Entwicklung wahrscheinlich mehr als das andere.

Gewaltfreies Kräftemessen. Erwarten Sie sich nicht zu viel Begegnung mit Ihrem Dreier-Schulkind. Auf der Shir-Khan-Stufe ist die Eltern-Kind-Beziehung zeitweise im besten Fall ein Nebeneinander, manchmal ein Gegeneinander, aber nur ganz selten ein Miteinander. Denn das zentrale Thema dieser Lebensstufe ist nicht inniges Miteinander – eher das Gegenteil: intensives Ich-Erleben. Und für uns Eltern lautet das zentrale Thema spätestens jetzt: Loslassen! Wir sollten es nicht persönlich nehmen und gekränkt sein, wenn das Kind auf einmal seine eigenen Wege gehen will, wenn unsere Gegenwart mehr stört als nützt. Wir sollten diese

Phase annehmen als wesentlichen Teil in der Persönlichkeitsentwicklung des Kindes. Jetzt ist die Zeit reif, dass die Eltern den jungen Prinzen mit dem magischen Schwert in die weite Welt hinausschicken, um den Drachen zu besiegen. Wenn uns das bewusst ist, dann können wir als Eltern einen Raum schaffen, in dem Shir Khan sich austoben und profilieren kann. Dann werden wir das Kind vielleicht darin bestärken, seine eigene Musikband zu gründen, und den Keller zum Probenraum umwidmen und selbst viel Zeit an der frischen Luft verbringen. Dann werden wir das Kind zum Sport motivieren und ihm Gelegenheit geben, sich im sportlichen Wettkampf mit anderen zu messen. Es gibt weltweit schon zahlreiche Sportprojekte, die Kindern und Jugendlichen helfen sollen, sich in einer Gemeinschaft zu integrieren und das Miteinander zu lernen. Sport verbindet und hilft, überschüssige Energien abzubauen und Konflikte gewaltfrei zu lösen.

Ein echter Pfadfinder. Oder wir werden das Kind motivieren, weiter zu den Pfadfindern zu gehen – aber nicht länger als „Wölfling“ (so heißen die Jüngsten im Bunde), sondern als echter Pfadfinder. Übrigens: Haben Sie gewusst, dass die Grundlage für die Wölflingsarbeit bei den Pfadfindern Rudyard Kiplings *Dschungelbücher* bilden? So wie Mogli in das Wolfsrudel, so wird auch das neue Kind in die Wölflingsgruppe (Rudel genannt) aufgenommen und hat Zeit, sich einzugewöhnen. Später erfüllt der Wölfling kleinere Aufgaben für das Rudel, hilft anderen Kindern bei der Eingewöhnung, und wenn die Zeit reif ist, verlässt er sein Rudel und wechselt in die Sippe (so heißen die Gruppen auf der Pfadfinderstufe) – genau so, wie Mogli sein Rudel verlässt, um in die Welt der Menschen zurückzukehren. Der Gruppenleiter nennt sich in Anlehnung an den Leitwolf Akela, die anderen Gruppenhelfer nennen sich Baghira, Balu oder Hathi. Der Wechsel vom Wölfling zum Pfadfinder ist meist ein feierliches Ritual, das seinen Höhepunkt findet im „Sprung über das Feuer“ – ein Symbol für den Konflikt Moglis mit dem Tiger Shir Khan, den er mit der Macht der „roten Blume“ bezwingt, bevor er zu den Menschen zurückkehrt. – Welche Ideen haben *Sie* für Ihr Kind? Was könnte seine Aufmerksamkeit fesseln? Wie könnte es seine Kräfte messen, seine eigene Macht spüren? Wo könnte Ihr kleiner Shir Khan sich wohlfühlen?

Mit Familienregeln das Familienleben regeln

Familienregeln. Haben Sie Vereinbarungen mit Ihren Kindern? Wie sehen Ihre Spielregeln des Miteinanders aus? Wie lauten die „Zehn Gebote“ in Ihrer Familie? Jetzt ist eine gute Gelegenheit, sie zu überprüfen oder neue Familienregeln zu vereinbaren. Das könnte so ablaufen, dass die Eltern Vorschläge machen und dann mit dem Kind einen Punkt nach dem anderen durchgehen. Wichtig scheint mir, dass nicht das Kind die Vorschläge gestaltet, sondern die Eltern – so beweisen sie Autorität und geben einen klaren Rahmen vor. Wann wird die Wahrscheinlichkeit hoch sein, dass das Kind die Vorschläge der Eltern annimmt und sich in der Folge auch daran hält? Die Vorschläge dürfen nicht bedürfnisfremd sein, sonst lehnt das Kind sie sofort ab oder nimmt sie gar nicht wahr und geht in die sogenannte „innere Emigration". Die Vorschläge sollten bedürfnisgerecht sein, das heißt, sie sollten den Bedürfnissen des Kindes auf dem jeweiligen Level gerecht werden. Spätestens jetzt wird Ihnen bewusst sein, dass sich mit den Bedürfnissen des Kindes auch die Spielregeln von Zeit und Zeit verändern müssen. Die Familienregeln brauchen also von Zeit zu Zeit eine Überarbeitung.

Die Gesetze des Dschungels. Was meinen Sie, welche Entwicklungsstufe die größte Freude mit den Familienregeln hat? Richtig – der Vierer, der Elefant: Hathi, der Gerechte, der Held meines nächsten Kapitels. Er liebt Ordnung und Struktur und wird sich zumeist gerne an die Spielregeln halten. Doch mindestens genauso wichtig sind Spielregeln für den Dreier, für Shir Khan, der sie deutlich weniger liebt und dafür umso öfter testet, ob sie noch gelten. Umso wichtiger ist die individuelle Anpassung der Spielregeln an die Bedürfnisse des Kindes. Aber sogar der Tiger im Dschungel hält sich an gewisse Regeln: Er jagt zum Beispiel nicht, während die sengende Sonne am Himmel steht. Oder er jagt nicht mit vollem Magen. Oder er jagt nicht, wenn er müde ist. Und genauso werden Sie Regeln finden, die auch für den kleinen Shir Khan bei Ihnen zu Hause angemessen sind – wenn sie „artgerecht" sind, wenn sie bedürfnisgerecht sind, wenn sie verständnisvoll vermittelt werden. Und dem wird sich sogar ein Dreier, der mit Regeln sonst *nichts* am Hut hat, nicht entziehen können. Er wird sich angesprochen fühlen, weil seine Bedürfnisse berücksichtigt werden, und darin liegt für ihn auch die Motivation, sich an die Vereinbarungen zu halten. Und letztendlich ist es bei aller Liebe zur Individualität auch für das Dreier-Kind wichtig, die Beziehung zu seinen Eltern aufrechtzuerhalten und mit seiner Familie verbunden zu bleiben. Die Familienbande wirken, das Netz hält, die Bindung bleibt – und da kann der momentane, nach außen so sichtbare Ego-Trip des Kindes noch so extrem sein.

Tipps für Familienregeln

- **Schaffen Sie Ihre eigenen Regeln!** Jede Familie braucht individuelle Familienregeln. Warum? Weil die Bedürfnisse immer unterschiedlich sind, weil immer unterschiedliche *Dschungelbuch*-Typen miteinander zu tun haben. Außerdem:

Bleiben Sie wach und adaptieren Sie die Regeln bedürfnisgerecht – Menschen verändern sich!

- **Zelebrieren und schriftlich festhalten!** Es hat sich bewährt, die Familienregeln schriftlich oder grafisch festzuhalten und in Form eines Rituals zu präsentieren und zu besprechen. Ihr Kind soll mitbekommen, dass Ihnen diese Spielregeln ganz wichtig sind. Wenn sie wollen, können alle Familienmitglieder das Dokument noch mit ihrer Unterschrift besiegeln.
- **Feedback nehmen!** Angenommen Sie machen zehn Vorschläge und Ihr Kind nimmt sieben davon an und lehnt drei ab. Wie gehen Sie damit um? Auch das ist wieder eine gute Gelegenheit, um zu hinterfragen, wie viel die drei abgelehnten Vorschläge tatsächlich mit den Bedürfnissen des Kindes zu tun haben. Vielleicht nur am Rande? Oder gar nicht?
- **Dranbleiben!** Angenommen Ihr Kind lehnt einen Vorschlag ab, der Ihnen aber ganz besonders wichtig ist, dann sollten Sie ihm das mitteilen und dranbleiben. Dann können Sie zum Beispiel die Frage stellen: „Wie müsste diese Regel formuliert sein, damit du sie annehmen kannst? Welche Zusätze bräuchtest du, damit du dich daran hältst?“ Die Eltern geben den Rahmen vor, das Kind füllt ihn selbst aus.

Weitere Empfehlungen und konkrete Beispiele für mögliche Familienregeln finden Sie im nächsten Kapitel auf Seite 181.

☞ **Einladung zum Gedankenexperiment:** Werden Sie ihrem Dreier-Sohn vor seinen Schulkollegen die Nase putzen? Oder werden Sie daran denken, welche Schmach und Peinlichkeit das für ihn wäre? Er verlöre hier wirklich sein Gesicht – im wahrsten Sinne des Wortes. Vielleicht werden Sie ein Problem eher unter vier Augen besprechen als in Anwesenheit der Freunde oder Geschwister? Werden Sie um den heißen Brei herumreden oder ganz klare Botschaften senden? Werden Sie Ihre Aussage auf den Punkt bringen und ihm klar machen, was Sie von ihm erwarten und was für ihn dabei herausschaut?

Bitte stellen Sie sich Folgendes vor: Balu kommt daher und sagt zum wütenden Shir Khan beschwichtigend: „Komm, mein Schmusekätzchen: Probier’s mal mit Gemütlichkeit, mit Ruhe und Gemütlichkeit!“ Wie würde Shir Khan wohl reagieren? Er würde den Bären wahrscheinlich anfallen und fressen wollen oder ihm zumindest eine ordentliche Abreibung verpassen … Alles klar? Wie also disziplinieren Sie einen Shir Khan? Wie gehen Sie mit kleinen Vergehen um und wie mit großen? Sie wissen: Gesichtsverlust ist für ihn das größte Übel. Wäre es etwa eine optimale Strafe, ihm das Handy auf bestimmte Zeit zu entziehen? Oder ihm die neuesten Klamotten nicht zu kaufen? Oder ihm andere Prestigeobjekte zu verweigern? Wie sinnvoll sind Strafen überhaupt? Wie gehen Sie mit der „roten Blume" um, wie gut sind Sie im Umgang mit dem „Feuer"? Wie könnten Sie sonst noch Größe und Autorität zeigen? Wann belohnen Sie ein Dreier-Schulkind und in welcher Form? Und worauf wird es am meisten „abfahren"?

Was braucht das Dreier-Schulkind? Was sind zentrale Bedürfnisse auf dieser Lebensstufe?

- **Alphatiere:** „Meine Eltern sollen mir Paroli bieten, sie sollen den Ton angeben, sie sollen Autorität sein, ohne autoritär handeln zu müssen. Sie sollen mich oft loben und aufbauen. Dann kann ich sie respektieren und zu ihnen aufschauen."
- **Attraktive Freizeitgestaltung:** „Meine Eltern sollen mir spannende Angebote für meine Freizeitgestaltung machen. Ich will mich austoben, ich will meine Stärke spüren und das spüre ich am besten über meinen Körper. Ich liebe es, mich im Wettkampf mit anderen zu messen. Ich liebe körperliche Herausforderungen."
- **Familienregeln:** „Meine Eltern sollen Familienregeln aufstellen, die für mich Sinn machen. Ich mag Regeln zwar nicht besonders, aber wenn sie meine Bedürfnisse berücksichtigen, dann werde ich mich schon größtenteils danach richten."

Der Dreier-Jugendliche

Mogli:
„Warum soll ich rennen?"
Shir Khan:
„Ja, weißt du etwa nicht, wer ich bin?"[34]

Ich weiß nicht, wohin ich gehöre. Früher oder später schlüpfen die meisten Kinder in die Tigerhaut und verwandeln sich in Shir Khan, den Gewaltigen. Doch egal, wie alt sie sind, sie brauchen immer ihre Eltern – als äußeren Gegenpol zum Chaos, das innen herrscht. Und auch wenn es vielleicht *anstrengender* denn je ist, die Ordnung in der Familie aufrechtzuerhalten – jetzt ist es *wichtiger* denn je. Ich habe schon weiter oben einiges über die Ordnung geschrieben, über die Großen und die Kleinen in der Familie. Und selbst wenn Ihr Kind Sie um eine Kopflänge überragt und lässig auf Sie herunterschaut, sollte eine Idee weiterhin fest in Ihrem Kopf verankert bleiben: Ich bin der Große und du bist der Kleine – als innere Haltung, als geistige Einstellung zur Elternschaft. Nur weil einer älter ist, ist er noch nicht Vater; erst wenn er in seine Kraft, in seine Größe kommt, dann ist der Mensch selbstständig und schöpft aus dem Vollen, dann kann er Liebe schenken – einfach so, ohne etwas vom Kleinen zu erwarten oder zu brauchen.

Wer braucht hier wen? Das Kind braucht seine Eltern, aber die Eltern brauchen das Kind nicht. Natürlich freuen sie sich über alles, was vom Kind freiwillig kommt, aber sie sind nicht süchtig danach, sie sind nicht abhängig, sie sind frei. Und gerade dann geben Kinder oft und gerne aus freien Stücken, gerade dann machen Kinder ihre Eltern glücklich, aber nur weil die Eltern das nicht einfordern. Und so bleiben wir für immer die Eltern unserer Kinder – egal, wie alt wir sind, und egal, wie alt unsere Kinder sind. Wir sind auch die Einzigen, bei denen sie ein Leben lang klein bleiben dürfen; in allen anderen Beziehungen werden sie früher oder später selbst Größe beweisen müssen. Bei uns dürfen sie klein bleiben – im Sinne von heimkommen, nehmen, ausruhen, anlehnen, Kraft schöpfen, zurück zu den Wurzeln gehen. Bei den Eltern ist der beste Platz dafür.

Hoppla, Testosteronalarm! Haben Sie gewusst, dass der Testosteronspiegel bei einem Pubertierenden ungefähr fünfzig Mal so hoch ist wie bei einem dreißigjährigen Mann? Da werden unvorstellbare Energien frei, die ein Ventil suchen. Wenn die Hormone einschießen und verrückt spielen, kennt sich der Jugendliche oft selbst nicht mehr und ist nicht mehr ganz Herr über seine Sinne, seine Gefühle, seine Taten. Das können wir uns immer vor Augen halten, wenn wir einem halbstarken Shir Khan gegenüberstehen. Der Jugendliche ist hin und her gerissen zwischen seiner Suche nach Geborgenheit und nach Abenteuer, zwischen seinem Drang nach Beständigkeit und dem nach Freiheit. Auf einmal kommen ganz neue Bedürfnisse ins Spiel, drängende, zwingende Bedürfnisse, die sich der Jugendliche zur Not auch mit Gewalt erfüllt. Und je mehr sich ein Dreier-Teenager als Gefangener seiner Familie erlebt, desto mehr wird er nach außen drängen – weg von den Eltern, raus aus dem Nest. Auch unser Freund Mogli aus dem *Dschungelbuch* entwächst der Rolle des hilflosen Findelkindes, wird Mitglied des Wolfsrudels und schließlich zum halbstarken Einzelgänger, der Jagd macht auf seinen Erzfeind – den Tiger Shir Khan, den er letztendlich auch bezwingt.

> ***Hört Moglis Siegeslied:*** *„Ihr Wasser des Waingunga! Der Menschen Rudel stieß mich aus. Ich tat Ihnen kein Leid und dennoch fürchten sie mich. Sagt mir, warum? Du Rudel meines Volkes …, du Rudel der Wölfe …, auch ihr habt mich ausgestoßen. Die Dschungel ist mir verschlossen und der Menschen Hütten auch! Sagt mir, warum? Wie Mang, die Fledermaus, nicht gehört zu den Vögeln und nicht zu den Kämpfern der Dschungel, so gehöre ich nicht zu den Menschen und nicht zu den Brüdern der Wildnis. Sagt mir, warum? Heißa! Ich tanze auf dem blutigen Felle Shir Khans! Doch mein Herz ist so schwer! Sie trafen mich mit den Steinen vom Wege: Es blutet mein Mund. Doch jubelt mein Herz: Denn zurück bin ich in der Dschungel. Sagt mir, warum?*
>
> *Zwei Wesen ringen in mir, wie die Schlangen kämpfen im Frühling. Aus meinen Augen tropft salziges Wasser, und dennoch juble ich, während die Tropfen fallen. Warum? Zwei Mogli sind in mir, aber das Fell Shir Khans stampfen beide mit den Füßen. Die ganze, ganze Dschungel weiß, dass ich ihn erschlug, den Shir Khan. Blicket scharf her, ihr Wölfe! Ach, mein Herz ist voll und schwer von all den Dingen, die mein Kopf nicht versteht!“*[35]

Eine Art Initiation. Was Mogli hier erlebt ist eine Art Initiation, eine Art symbolische Neugeburt: Das Kind stirbt und der Mann wird geboren. In fast allen Religionen finden wir solche Initiationsriten: Taufe, Erstkommunion und Firmung im Christentum oder Bar Mizwa im Judentum oder der sogenannte Upanayana im Hinduismus, ein Initiationsritus für Knaben. Bei den nordamerikanischen Indianern bekommt der Knabe eine Waffe vom Vater und Proviant von der Mutter; er wird dann in die Wildnis geschickt, so lange, bis sich ihm ein Tier zeigt, er es erlegt und seinem Stamm als Nahrung bringt. Dann ist er ein Mann. Im Buddhismus gibt es ähnliche Rituale, zum Beispiel für Knaben, die in ein Kloster eintreten: Sie speisen fürstlich, legen feierliche Kleidung an und spielen nach Herzenslust. Dann müssen sie ihr Spiel beenden, die Festkleidung ablegen, die Mönchskutte anlegen und Haare lassen – sie werden kahl geschoren als Zeichen dafür, dass sie von nun an den weltlichen Freuden entsagen. Fast immer werden solche Rituale als feierliche Zeremonien zelebriert und symbolisieren die Aufnahme des jungen Menschen in den Kreis der Gläubigen, der Großen, der Erwachsenen. Offenbar haben Initiationsriten zu vielen Zeiten einen Sinn gehabt. Doch wie sieht das heute aus? Welche spektakulären Initiationsriten bieten wir in unserer Kultur den Jugendlichen auf der Schwelle zum Erwachsenwerden an? Welche Zeremonien gönnen wir den Jugendlichen als Zeichen für den Übergang auf eine neue Lebensstufe?

Initiationsriten im neuen Jahrtausend

Erschaffen Sie Ihr eigenes Ritual! Vielleicht geht das den jungen Menschen ab, vielleicht fehlt ihnen das und sie suchen unbewusst nach solchen Initiationsriten, wenn sie in ihrer Bande sogenannte „Mutproben" bestehen wollen oder mit fragwürdigen Aktionen im Freundeskreis beweisen wollen, wie groß, stark, unerschrocken sie schon sind. Beim Nachdenken darüber bin ich auf die Idee gekommen, Eltern könnten ein eigenes Initiationsritual für ihren Dreier-Teenager erfinden, ein Ritual, das sehr feierlich ist, dem die ganze Familie große Bedeutung zukommen lässt und das den Bedürfnissen von Shir Khan gerecht wird. Wie könnte solch ein Ritual in Ihrer Familie aussehen? In welcher Form könnte es für Ihren Sohn oder Ihre Tochter besonders eindrucksvoll sein? Müsste eine Art „Mutprobe" oder Wettkampf oder Kräftemessen dabei sein? Oder würde es reichen, ein Festessen auszurichten und eine feierliche Ansprache zu halten mit Sätzen wie diesen:

Mein lieber Sohn / Meine liebe Tochter! Wir sind deine Eltern und wir haben heute etwas Großes mit dir vor: Wir werden dir heute zum zweiten Mal dein Leben schenken! Du trittst jetzt ein in eine neue Lebensphase. Du bist jetzt kein Kind mehr, du wirst erwachsen, und das bedeutet, dass sich für dich und auch für uns einiges verändern wird. Du darfst ab sofort mehr Verantwortung übernehmen, das heißt konkret zum Beispiel:

- *Du kümmerst dich von nun an ganz allein um dein schulisches Weiterkommen, wir werden dich nicht mehr fragen, ob du deine Hausaufgaben erledigt hast oder ob du für die Klassenarbeiten gelernt hast. Wir werden uns hier nicht mehr einmischen, aber wir werden immer für dich da sein, wenn du uns brauchst. Wir akzeptieren, was immer du aus deiner Schulzeit machst, und deine Erfolge werden uns besonders freuen.*
- *Du hast nun neue Rechte und damit einhergehend auch neue Pflichten; wir haben uns überlegt, wir würden gerne dein Taschengeld erhöhen und mit dir vereinbaren, dass von nun an du regelmäßig an einem Tag pro Woche das Abendessen für die ganze Familie vorbereitest. Du bist allein dafür verantwortlich und wir helfen dir, wenn du unsere Unterstützung brauchst.*
- *Du darfst von nun an auch selbst entscheiden, wie du deine Ferienzeiten gestalten möchtest. Das heißt, du „musst" nicht länger mit uns gemeinsam in Urlaub fahren, aber du „darfst" natürlich, wenn du es möchtest. Du*

kannst auch gerne alternative Vorschläge bringen und wir unterstützen dich dabei. Wir finden, es ist jetzt an der Zeit, dass du deine eigenen Wege gehst und dich selbst noch besser kennenlernst. Sag uns einfach, wofür du dich entscheidest, und frag um Rat, wenn dir danach ist. ...

Vertrauen und loslassen! Wenn Eltern etwas in dieser Art glauben, sagen und auch dem gemäß handeln, dann hat das weitreichende Wirkungen. Sie lassen ihr Kind los und stehen trotzdem bei Bedarf zur Verfügung; sie mischen sich aber kaum noch ein, sie halten es aus, dass ihr Kind Fehler macht und dadurch lernt; sie hören zu, aber sie halten sich mit guten Ratschlägen zurück. Sie vertrauen darauf, dass sie ihr Kind ausreichend genährt haben und die Samen, die sie gesät haben, keimen und wachsen werden. Sie ermutigen ihr Kind, seinen eigenen Weg zu gehen, im Vertrauen darauf, dass es alle Möglichkeiten in sich hat, sein Leben zu leben und seine Ziele zu verwirklichen. Vater und Mutter sind dann unabhängig und frei und der Jugendliche ist es auch. Er wird dann nicht mit Gewalt nach außen drängen, er wird leichter loslassen können, ohne dabei Schuld zu empfinden oder ein schlechtes Gewissen zu haben, dass er seine Eltern zurücklässt. Er wird sich nicht als *Gefangener* seiner Familie erleben, sondern als freies Mitglied einer Gemeinschaft, in der er immer seinen Platz haben wird.

Kultur statt Kriminalität. Wenn Eltern schon früher damit begonnen haben, attraktive Gruppen für ihre Kinder zu finden, dann kann das jetzt in der Pubertät eine gute Fortsetzung finden. Denn eins steht fest: Von einem gewissen Alter an sind Gruppen *außerhalb* der Familie wesentlich anziehender und interessanter als die Familie selbst. Der Einfluss der Eltern nimmt ab, der Einfluss der Gruppe nimmt zu – das ist eine ganz normale Entwicklung, der wir uns nicht in den Weg stellen sollten. Vielleicht entwickelt sich der Jugendliche in dieser Gemeinschaft weiter und findet dort seine Vorbilder und Idole, wird vielleicht selbst zum Vorbild und Idol für die jüngeren Gruppenmitglieder. Das kann der Karateklub sein, genauso die Showtanz-Truppe, der Schachklub und genauso die Teenie-Band. Auf diese Weise haben sich schon viele Trends und Musikstile entwickelt, zum Beispiel der Rap: eine Art Sprechgesang – entstanden in den Gettos amerikanischer Großstädte. Rap ist eine Art der Kommunikation für Jugendliche, eine Möglichkeit, Konflikte anzusprechen in der Gesellschaft, im Miteinander. Auch so kann Dreier-Energie kanalisiert und in sinnvolle Bahnen gelenkt werden, die viel mehr mit Kultur und Zeitgeist als mit Kriminalität zu tun haben.

Es lebe der Unterschied! Wichtig scheint mir, dass sich Jugendliche von Erwachsenen unterscheiden dürfen – egal ob in Ausdruck, Stil, Kultur, Mode oder

Sprache –, dass sie revoltieren, provozieren und anecken dürfen, gesellschaftliche Regeln kritisch hinterfragen und auch bis zu einem gewissen Grad brechen dürfen. Das funktioniert natürlich nur dann, wenn wir Erwachsene mitspielen und Unterschiede zulassen. Wir müssen nicht ewig jung sein, wir müssen nicht alles verstehen und gutheißen, wir müssen uns nicht bei unseren Kindern anbiedern und ihre Musik „cool" finden oder ihre Mode anziehen oder ihre Computerspiele spielen oder ihre Zigarettenmarke rauchen, im Gegenteil: Shir Khan hat ein Recht auf Empörung seitens der Eltern. Dann grinst er innerlich von einem Ohr bis zum anderen – nichts wünscht er sich sehnlicher, als sich von seinen Eltern zu unterscheiden, denn als Vorbilder haben sie längst ausgedient. Er will anders sein als seine Eltern, ganz anders – und ihr Protest ist ein Zeichen, das ihm das gelungen ist. Und bei all dem dürfen wir im Hinterkopf behalten: Viele Angriffe Shir Khans richten sich nicht gegen die Eltern persönlich, sondern gegen die Erwachsenenwelt im Allgemeinen, gegen das Establishment, gegen die Gesellschaft schlechthin.

Extremer Shir Khan schreit nach extremen Maßnahmen. Kennen Sie die „Super Nanny" – eine Erziehungsratgeber-Sendung auf RTL? Super Nanny Katharina Saalfrank trifft dort einmal auf einen Jugendlichen– besondere Kennzeichen: sechzehn Jahre alt, äußerst aggressiv, mehrmals straffällig, macht seiner Familie das Leben zur Hölle. Die Eltern befürchten, dass er im Gefängnis landen wird, wenn er so weitermacht. Doch nicht einmal dieser Gedanke scheint ihn abzuschrecken. Im Gegenteil, er meint, der Knastalltag sei cool. Krasses Verhalten erfordert krasse Maßnahmen und so wendet sich die Super Nanny an den Direktor eines Jugendgefängnisses: Der Jugendliche soll die Gelegenheit bekommen, sich selbst ein Bild vom Leben hinter Gittern zu machen.

Es beginnt damit, dass er seine Kleidung gegen Häftlingskleidung austauschen muss – der erste Schock! Sie wissen ja, wie stark sich Shir Khan über sein Äußeres definiert – sein prächtiges, glänzendes Fell wird ihm hier sozusagen abgezogen. Dann hinein in die Zelle und zugesperrt – der nächste Schock! Es ist viel schlimmer, als er sich das vorgestellt hatte. Shir Khan seiner Freiheit beraubt, eingesperrt im viel zu kleinen Käfig – seine Hände beginnen zu zittern, er hat Angst, große Angst.

Dann Gespräche mit anderen Häftlingen, jugendlichen Straftätern – der nächste Schock! „Wenn wir vorher gewusst hätten, was es bedeutet, eingesperrt zu sein, wir hätten das nicht getan." Eine gigantische Verwandlung ist zu beobachten: Der wilde Tiger wird lammfromm. Die Super Nanny begleitet ihn die ganze Zeit über, spricht mit ihm, stellt ihm Fragen. Viele Stunden verbringt sie mit ihm im Knast und der Schock sitzt tief. Die Zeit in der Gefängniszelle hat ihn sehr deutlich spüren lassen, dass er sein Verhalten ändern und sein Motto „Man lebt nur einmal" überdenken sollte.[36]

Protest, Aufschrei, Revolution. Da müssen wir als Eltern offenbar durch. Aber wie können wir zum Beispiel damit umgehen, wenn wir befürchten, dass der Dreier-Teenager durch sein Verhalten seine Gesundheit aufs Spiel setzt? Wie viel Macht und Einfluss hat man da noch als Eltern? Die Exzesse reichen von Nikotin- und Alkoholmissbrauch bis zu handfestem Drogenkonsum. Genauso stört uns vielleicht, wenn das Kind den ganzen Tag telefoniert oder sich nicht mehr bewegt und nur mehr vor dem Fernseher oder dem Computer herumlungert und Fastfood in sich hineinstopft. Auch eine Form der Revolte. Was tun? Wie können Sie einem ausgewachsenen Shir Khan zum Beispiel das Rauchen vermiesen? Verbieten allein wird in den meisten Fällen zu wenig sein. Kaum haben Sie ihm den Rücken zugedreht, wird er sich eine neue Zigarette anstecken. Moralpredigten darüber zu halten, wie schädlich das Nikotin für seinen Körper ist, wird auch nutzlos sein. Sie erinnern sich, der Dreier hat mit Spätfolgen oder späteren Konsequenzen nichts am Hut, ihn interessiert nur der Moment. Erst wenn er eine attraktivere Alternative angeboten bekommt, wird er motiviert sein, sein jetziges Verhalten zu ändern.

Suchtfrei durch die Pubertät

Tipps zur Suchtprävention

Ich-Stärke, Selbstvertrauen, Selbstbewusstsein – das brauchen unsere Kinder. Dazu gehört als Basis das Erfahren von Grenzen, das gibt Sicherheit und erhöht die Frustrationstoleranz. Kinder lernen, ein Nein zu akzeptieren und selbst Nein zu sagen. In den Kindern erwacht Selbstvertrauen, immer wenn sie bedingungslose Liebe erleben – nichts stärkt mehr als das.

Eine Möglichkeit für Eltern, bedingungslose Liebe zu zeigen, ist das richtige Zuhören. Darauf gehe ich ausführlich beim Sechser ein, bei Balu (ab Seite 213).

Gefühle erleben und zeigen. Das tut uns allen gut. Echte, tiefe Gefühle zu erleben ist ein Geschenk. Sie erfüllen uns ganz, wenn wir sie zulassen: ein Aufwallen von Liebe, ein Impuls von Ärger, eine Woge von Trauer oder Freude, ein Schwall von Glück, ein Lachen aus dem Herzen ... Wenn wir uns und unseren Kindern echte Gefühle erlauben, dann ist das heilsam und kraftvoll. Wenn ein Kind an echte Gefühle gewöhnt ist, wenn ein Kind sich gut spürt, dann spürt es auch, was ihm guttut und was nicht. Und dieses Kind kommt dann eher in die Eigenverantwortung und kann so dem Gruppendruck besser standhalten und sich der Droge verweigern.

Attraktive Gruppen. Sie wissen es schon: Eine der größten Sehnsüchte des Menschen ist seine Sehnsucht nach Zugehörigkeit – dabei sein ist alles! Und für Jugendliche ist es besonders wichtig, Teil einer attraktiven Gruppe zu sein, zu einem tollen (trendigen, coolen) Freundeskreis zu gehören. Schaffen Sie einen Rahmen, in dem Ihr Kind sich wohlfühlen und ausleben kann.

Hinschauen und sich informieren. Als Eltern sollten Sie über die lokale Drogenszene Bescheid wissen sowie allgemein über Drogen und deren Wirkungen, zumindest in Ansätzen, und Sie sollten mit den Kindern auch offen darüber reden. Vogel-Strauß-Verhalten hat hier keinen Sinn!

Vorbild sein. Fallbeispiele zeigen: Zum Beispiel Alkohol und Nikotin – je früher Kinder mit diesen „legalen" Drogen in Kontakt kommen, desto eher frönen sie später auch den „illegalen" Süchten. Fragen Sie sich: Wie erreichbar sind Suchtmittel aller Art für mein Kind? Was lebe ich meinem Kind vor? Wie gehe ich selbst mit Alkohol und Nikotin um? Bin ich Vorbild auch in dieser Hinsicht?

Das „Meisterwort". Jean-Paul Sartre schrieb einmal sinngemäß: Die Jugend wolle, dass man ihr befehle, damit sie die Möglichkeit habe, nicht zu gehorchen – Jugendliche brauchen genauso Klarheit wie Kleinkinder und Schulkinder, sie brauchen das „Meisterwort": klare Botschaften und Appelle, klare Entscheidungen, eindeutige Aufforderungen, ihre Wünsche und Bedürfnisse zu hinterfragen und auch auszudrücken. Eltern sein heißt Vorbild sein, und das heißt auch:

Sprachmagier werden und das „Meisterwort" beherrschen. Besonders motivieren wird die Jugendlichen auch hier der Gewinn, der im Hier und Jetzt zu erwarten ist, wenn sie ihr Verhalten entsprechend anpassen oder verändern. Als Eltern dürfen wir ihnen diesen Gewinn ausmalen, ihnen sozusagen die Karotte vor die Nase halten. Und als Ziel werden wir vielleicht im Sinn haben: Wir führen unser Kind zur Selbstständigkeit, zur Eigenverantwortung, zum Erwachsenwerden.

☞ **Einladung zum Gedankenexperiment:** Angenommen, Shir Khan hat wieder einmal gegen die Regeln verstoßen – wie machtvoll muss man ihm entgegentreten, damit er einen ernst nimmt? Darf man als Kuschelbär Balu auftreten und in seine Höhle hineinschlurfen? Oder macht es mehr Sinn, als strenger, aber gerechter Colonel Hathi aufzutreten und Shir Khan vor seine Höhle zu zitieren – als Führer der Elefanten, der im Dschungel für Ordnung sorgt? Was wird meinem „Halbstarken" daheim mehr imponieren? Wenn ich Schwäche zeige oder wenn ich Stärke demonstriere? Schilfrohr oder Fels in der Brandung? Was wird dem Dreier-Jugendlichen in dieser Lebensphase mehr Sicherheit geben? Auch wenn der Jugendliche das in diesem Alter vielleicht nicht zeigen kann, so sehnt er sich doch nach Stabilität und Sicherheit, nach Kontinuität und Geradlinigkeit.

Wie sehen Ihre Familienregeln aus – sind sie noch zeitgemäß oder brauchen sie eine Überarbeitung? Wie könnten „strategische Familienregeln" ausschauen, die – wenn Ihr Sohn sie bricht, genau das bewirken, was ihm guttut? Ja, Sie haben richtig gelesen! Tricksen Sie ihn aus, indem Sie Regeln aufstellen, die er durchaus brechen soll, mit der Konsequenz, dass er letztendlich das bekommt, was ihm guttut. Welchen Rahmen können Sie schaffen, damit der Dreier-Teenager seine Bedürfnisse stillen kann? Was könnten seine grundlegenden Bedürfnisse sein? Selbstbestätigung, Selbstbestimmung, Prestige, Anerkennung, Ansehen, Macht? Was noch?

Was sind äußere Zeichen einer inneren Ordnung in der Familie? Wie kann ich zeigen, dass ich der oder die Große bin? Muss ich eigentlich immer und überall der (oder die) Große sein? Oder gibt es auch für mich selbst Menschen, bei denen ich klein sein darf, bei denen ich mich anlehnen darf, bei denen ich die Kraft meiner Wurzeln spüren darf? Ja, natürlich – bei meinen eigenen Eltern; da gilt: „Sie sind die Großen und ich bin der (oder die) Kleine."

Was braucht der Dreier-Teenager? Was braucht der halbwüchsige Shir Khan? Was sind zentrale Bedürfnisse auf dieser Lebensstufe?

- **Klare Grenzen:** „Die Eltern sollen weiterhin geradlinig und konsequent sein und mir Grenzen aufzeigen. Sie sollen es aushalten, wenn ich diese Grenzen auslote und manchmal absichtlich überschreite. Ich brauche jetzt diese Reibung, diese Auseinandersetzung, ich brauche jetzt starke Persönlichkeiten, die mir Sicherheit geben; mein Leben ist chaotisch genug."
- **Das „Meisterwort":** „Die Eltern sollen nicht so ein Theater machen wegen meiner Launen, sie sollen darüberstehen. Sie sollen das Positive verstärken, mich loben, bestätigen, belohnen; sie sollen mir Ideen geben, wie ich meine Bedürfnisse auf sinnvolle Weise erfüllen könnte. Und wenn es ernst wird, dann brauche ich das ‚Meisterwort' – klare Anweisungen und Appelle!"
- **Loslassen:** „Die Eltern sollen mich festhalten und gleichzeitig loslassen; wenn ich jederzeit gehen darf, werde ich oft zurückkommen. Ich weiß, das ist seltsam, aber ich brauche jetzt beides: einerseits die Geborgenheit meines Elternhauses, andererseits die Freiheit der großen, weiten Welt. Ich will mit ihnen diskutieren und mich klar abgrenzen, und trotzdem will ich zu meiner Familie gehören – auch wenn ich mir das nicht gerne eingestehe."

Im Volksgarten

(Eine Geschichte von Peter Altenberg, einem Wiener Kaffeehaus-Literaten, entstanden um 1900)

„Ich möchte einen blauen Luftballon haben! Einen blauen Luftballon möchte ich haben!"

„Da hast du einen blauen Luftballon, Rosamunde!" Man erklärte ihr nun, dass darinnen ein Gas sich befände, leichter als die atmosphärische Luft, infolgedessen et cetera et cetera ... „Ich möchte ihn auslassen", sagte sie einfach. „Willst du ihn nicht lieber diesem armen Mäderl dort schenken?" „Nein, ich will ihn auslassen!" Sie lässt den Ballon aus, sieht ihm nach, bis er verschwindet in den blauen Himmel. „Tut es dir nun nicht leid, dass du ihn nicht dem armen Mäderl geschenkt hast?" „Ja, ich hätte ihn lieber dem armen Mäderl geschenkt!"

„Da hast du einen anderen blauen Ballon, schenke ihr diesen!" „Nein, den möchte ich auch auslassen in den blauen Himmel!" Sie tut es. Man schenkt ihr

einen dritten blauen Ballon. Sie geht von selbst hin zu dem armen Mäderl, schenkt ihr diesen und sagt: „Du, lass ihn aus!" „Nein", sagt das arme Mäderl und blickt den Ballon begeistert an. Im Zimmer flog er an den Plafond, blieb drei Tage lang picken, wurde dunkler, schrumpfte ein, fiel tot herab als ein schwarzes Säckchen. Da dachte das arme Mädchen: „Ich hätte ihn im Garten auslassen sollen, in den blauen Himmel, ich hätte ihm nachgeschaut, nachgeschaut …"

Währenddessen erhielt das reiche Mädchen noch zehn Ballons. Und einmal kaufte ihr der Onkel Karl sogar alle dreißig Ballons auf einmal. Zwanzig ließ sie in den Himmel fliegen und zehn verschenkte sie an arme Kinder. Von da an hatten Ballons für sie überhaupt kein Interesse mehr. „Die dummen Ballons!", sagte sie. Und Tante Ida fand infolgedessen, dass sie für ihr Alter ziemlich fortgeschritten sei. Und das arme Mädchen träumte: „Ich hätte ihn auslassen sollen, in den blauen Himmel, ich hätte ihm nachgeschaut und nachgeschaut und nachgeschaut …!"[37]

Der Vierer: Hathi, der Gerechte

Dies sind die Gesetze der Dschungel, so alt und so klar wie das Licht;
Der Wolf, der sie hält, wird gedeihen, und sterben der Wolf, der sie bricht.
Lianengleich schlingt das Gesetz sich, voran und zurück, auf und ab;
Die Stärke des Packs ist der Wolf, und die des Wolfs ist das Pack.
Wasch täglich vom Kopf bis zum Schwanz dich – trink tief, aber trink mit Bedacht;
und wisse, bei Tag sollst du schlafen, und jagen sollst du bei Nacht.
Der Schakal mag folgen dem Tiger, doch Kind, wenn gewachsen dein Bart –
Bedenke, der Wolf ist ein Jäger – such Nahrung, wie's ziemt deiner Art.
Halt Ruh' mit dem Tiger und Panther, dem Bären, der Dschungel Herr'n,
und störe nicht Hathi, den Stillen, dem Eber im Lager bleib fern.
Wenn Pack stößt auf Pack in der Dschungel, wer fügt sich, wer weicht zur Seit'?
Lieg still, bis die Führer geredet, gut Wort oft schlichtet den Streit …
Leitwolf ist der Älteste, Schlaueste, der Stärkste an Zahn und Pfot'!
Und lässt das Gesetz eine Lücke, so gilt sein Wort als Gebot.
Das sind die Gesetze der Dschungel, und zahlreich sind sie und stark,
Doch „Gehorch!" ist Kopf des Gesetzes, sein Buckel, Huf, Hüfte und Mark.[39]

Das Vierer-Kleinkind

Veränderung – hast du ein Motiv? Irgendwann ist es vielleicht so weit und Shir Khan hat alles gelernt, was es auf Stufe 3 zu lernen gab. Und wieder stehen gewaltige Veränderungen an: Der Einzelgänger hat das Alleinsein satt und will zurück zu seinem Rudel, der Prinz kehrt von der Drachenjagd zurück in die Zivilisation. Shir Khan, der Gewaltige, verwandelt sich in Hathi, den Gerechten. Vielleicht aber auch nicht; vielleicht findet das Dreier-Kind einfach die Balance innerhalb seiner Stufe und bleibt dort. Das wird zum Großteil vom Umfeld abhängen, in dem das Kind aufwächst, und wenn da Dreier-Energie ihren Platz hat und sein Leben unterstützt, dann hat es kein Motiv für den Wechsel auf eine andere Stufe. Menschen verändern sich meistens nicht aus purer Lust, sondern aus Notwendigkeit oder weil sie einem Vorbild entsprechen wollen. Ihre Bedürfnisse verändern sich und sie erkennen, sie müssten auch ihr Verhalten anpassen, wenn sie ihre Bedürfnisse erfüllt haben wollten. Wenn zum Beispiel ein Mädchen als Letzte in der Geschwisterfolge mit drei älteren Brüdern aufwächst, dann ist es nachvollziehbar, wenn es lange auf dem Shir-Khan-Level bleibt; eine ordentliche Portion Dreier-Energie wird die Kleine stärken und ihr nützlich sein im täglichen „Kampf" mit den älteren Brüdern. Macht das Sinn für Sie? Erst wenn sie sich in ihrer Tigerhaut nicht mehr wohlfühlt und einen Nutzen in der Veränderung sieht, wird sie den nächsten Schritt hin zur Hathi-Stufe nehmen.

Alles soll so bleiben, wie es ist. Nehmen wir also an, gestreift ist nicht mehr „in", jetzt ist Elefantengrau der letzte Schrei; die Veränderung ist vollzogen, und wahrscheinlich wird das die letzte große Veränderung in nächster Zeit sein, denn wenn das Vierer-Kleinkind etwas hasst, dann ist das Veränderung. War bei Shir Khan noch der Instinkt stark im Vordergrund, so ist es beim kleinen Hathi jetzt zum ersten Mal in seinem Leben das logische Denken. Wenn Ihr Kind beginnt, die Konsequenzen für sein Tun einzuschätzen und sich selbst zu kontrollieren, dann ist das ein Indiz dafür, dass es die Hürde zu Stufe 4 genommen hat oder gerade nimmt. Das Kleinkind zeigt mehr Geduld und beginnt, auch die Zeit bewusster zu erleben: Es zählt beispielsweise die Nächte bis Weihnachten, es wartet auf seinen Geburtstag, es spart Taschengeld, damit es sich ein Spielzeug kaufen kann. Wäre man Kunsttherapeut, könnte man wahrscheinlich auch an den Zeichnungen der Kinder den Wechsel von Shir Khan zu Hathi deutlich erkennen: weniger impulsive Strichführung und Spontaneität, mehr klare Linien und Formen, mehr Struktur und Geometrie. Meine Töchter zum Beispiel haben irgendwann begonnen, Figuren in Malbüchern auszumalen – vorher haben sie es immer gehasst, innerhalb der vorgegebenen Linien zu bleiben, und auf einmal war gerade das für sie interessant. Stundenlang haben sie fein säuberlich die Figuren ausgemalt, Farbe für Farbe, Form für Form. Der wilde Tiger hat sich in einen ordentlichen Elefanten verwandelt.

Hathi, der Elefant im Porzellanladen. Jetzt sind sie endlich eine „richtige" Familie: Vater, Mutter, Kind und Baby. Das ältere Kind, ein Mädchen (viereinhalb Jahre), ist schon ziemlich selbstständig, als das Brüderchen geboren wird. Bald stellt sie fest: Mit dem Brüderchen ist auch das Chaos in die Familie eingezogen. Mutter und Vater sind rund um die Uhr im Einsatz und ziemlich müde, es bleibt kaum Zeit für gemeinsame Mahlzeiten oder andere Rituale, die früher viel Raum hatten. Und eines Abends: Es ist Schlafenszeit, Papa ist noch unterwegs, Mama arbeitet in der Küche, das Mädchen will gerade einschlafen – da wacht der kleine Bruder auf und beginnt zu schreien. Es denkt sich: „Warum brüllt der? Der soll jetzt schlafen!" Kurzerhand nimmt es das Baby, bringt es ins Schlafzimmer der Eltern und sperrt es in den Wandschrank. Dann schließt das Mädchen alle Türen und versucht, wieder einzuschlafen.

Nach einiger Zeit bemerkt die Mutter das völlig verzweifelte Baby und befreit es aus dem Schrank. Wütend stürmt sie ins Kinderzimmer und stellt ihre Tochter zur Rede: „Was hast du mit dem Baby gemacht? Was fällt dir ein? Wie kannst du es wagen, deinen kleinen Bruder wegzusperren? Ich bin entsetzt! Was ist los mit dir? Du bist schon groß, du musst wissen, dass man so etwas nicht tun darf. Du bist selbstständig, du brauchst uns nicht mehr so sehr. Du solltest vernünftiger sein! Du solltest Verantwortung übernehmen für deinen kleinen Bruder und auf ihn aufpassen – und was machst du? Das Gegenteil!“ Die Tochter beginnt hysterisch zu weinen, hält sich die Ohren zu und ist untröstlich. Die Mutter ist ratlos.

Alles in Ordnung? Was ist hier passiert? Wir haben hier Eltern, die mit dem Baby so sehr beschäftigt sind, dass sie sich nicht so an (geschriebene oder ungeschriebene) Familienregeln halten, wie sie sollten; die von ihrer kleinen Tochter mehr erwarten, als sie zu diesem Zeitpunkt leisten kann, und die Grenzen übersehen, weil sie selbst an der Grenze ihrer Belastbarkeit sind. Erinnern wir uns: Was sind die größten Bedürfnisse des kleinen Hathi? Was ersehnt er? Was braucht er? Das, was im Grunde alle Kinder brauchen – nur er braucht es doppelt: Ordnung, Sicherheit, Traditionen, Rituale, Wiederholungen, Gerechtigkeit … Ein Neugeborenes bringt Aufregung und Unruhe in die Familie, keine Frage; umso wichtiger wird es sein, dass Eltern darauf achten, dass sich der Alltag nicht zu sehr verändert. Für die älteren Kinder muss es nach wie vor fixe Abläufe geben, die sie kennen, Abläufe, die sich Tag für Tag wiederholen, Zeremonien, die in derselben Art und Weise durchgeführt werden wie bisher. So darf zum Beispiel die Gute-Nacht-Geschichte nicht ausfallen, nur weil das Baby Bauchweh hat. So dürfen die Eltern auch nicht von heute auf morgen darauf verzichten, ihrem Vierer-Kind klare Anleitungen und Richtlinien zu geben, nur weil es sie zu sehr anstrengt. Hathi hat kein Problem mit Regeln, er hat nur ein Problem, wenn es keine gibt. Hathi hilft auch gerne mit und erfüllt Aufgaben in der Familie, aber nur wenn er klare Vorgaben hat. Mit Sätzen wie „Übernimm Verantwortung!“ oder „Pass auf deinen kleinen Bruder auf!“ kann er wahrscheinlich nicht viel anfangen. Hathi braucht ganz konkrete Anweisungen und Appelle – denen wird er gerne Folge leisten; dann wird er sogar stolz sein und sich als wertvolles Mitglied der Familie erleben.

Dressur statt Erziehung?

Hathis Bonsai-Garten. War für Shir Khan seine Umwelt noch ein Dschungel, so ist es für Hathi eher ein Bonsai-Garten. Nach der Phase der Revolution kommt jetzt die Phase der Demokratie. Das Pendel schlägt wieder in die andere Richtung aus: Der Tiger hat sich vehement gegen Gesetze gewehrt, der Elefant fordert sie vehement ein. Shir Khan hat am meisten Angst davor, seine Macht oder sein Gesicht zu verlieren – Hathi hat am meisten Angst vor Chaos, Veränderung, Konsequenzen, Sanktionen, Strafen; und das spiegelt sein Grundbedürfnis nach Sicherheit, Nähe, Zugehörigkeit wieder, die er vor allem in einem geordneten Familienleben findet. Wir Großen sollten dennoch einer Versuchung widerstehen, die gerade diese Entwicklungsstufe für uns bereithält: Wir sollten Hathi nicht dressieren, sondern erziehen. Dressur statt Erziehung – naheliegend und einfach, oder? Schon wieder ist Elternsein eine Gratwanderung zwischen Haltgeben und Freiraumlassen. Wir sollen Halt geben, ohne jeglichen Freiraum zu zerstören. Wir sollen begleiten, ohne zum Kontrolleur zu werden. Wir sollen präsent sein, ohne zu dominieren. Und letztendlich sollen wir unsere Kinder doch hinführen zur Selbstständigkeit und Eigenverantwortung. – Was denken *Sie* über „Erziehung“? Wie würden Sie „Erziehung“ definieren? Was würde geschehen, wenn Sie die Zügel zu straff anzögen? Was würde geschehen, wenn Sie die Zügel zu locker ließen? Ein Beispiel:

Hathi spielt Richter. Bekannte von mir sind stolze Eltern einer Hathi-Tochter (5). Sie ist sehr folgsam und ordentlich, sie hilft schon im Haushalt mit und kümmert sich selbst um ihr Haustier. Kürzlich kam es zu einem Zwischenfall: Ihr Vater saß daheim längere Zeit vor dem Computer und arbeitete. Die Kleine kam öfter in den Raum und meckerte: „Papi, jetzt ist es aber genug. Ich darf auch immer nur eine halbe Stunde fernsehen.“ Oder: „Papi, Schluss jetzt mit den Computerspielen, spiel lieber mit mir, das ist viel gescheiter!“ ... Der Vater reagierte nicht auf ihre Worte und arbeitete konzentriert weiter. Plötzlich kam die Kleine erneut ins Zimmer gestürmt, rannte zum Computer und gab dem Bildschirm einen so kräftigen Stoß, dass er vom Schreibtisch kippte und am Boden zerschellte. Die Eltern waren fassungslos und sehr erschrocken: Was war nur mit der Kleinen los? Sonst war sie nie so wild und grob.

Extremer Gerechtigkeitssinn. Wir wissen, Strafen haben ihre Grenzen und meistens wenig Sinn. Aber wenn überhaupt einer der *Dschungelbuch*-Typen auf Sanktionen reagiert, dann ist es am ehesten der Vierer. Und wenn Strafen überhaupt etwas nützen, dann am ehesten beim Vierer. Da kann man mit Hölle und Fegefeuer drohen oder auch damit, dass Christkind und Osterhase keine Geschenke mehr bringen werden – das wird beim Hathi-Kind wahrscheinlich sogar wirken, nur werden Sie diese Strategie kaum benötigen, denn das ausgeglichene Hathi-Kind wird kaum ein Verhalten zeigen, das Bestrafung erfordert. Die Gefahr liegt eher darin, dass der kleine Hathi aus der Balance ins Extrem kippt und sich selbst zum Kontrolleur entwickelt; dann beginnt er, die Eltern zu ermahnen, ihnen Vorschriften zu machen und Familienregeln *gegen* sie zu verwenden. Wenn Vater und Mutter dem nicht sofort Einhalt gebieten und „Gesetzeslücken" schließen, wird unter Umständen Hathi die Kontrolle im Familiendschungel übernehmen und alles daran setzen, seine Regeln durchzusetzen, um aus dem Dschungel einen Bonsai-Garten zu machen. Das überkorrekte Vierer-Kind wird dann seine Eltern tyrannisieren und sich auf die Ebene der Erwachsenen stellen. Dadurch wird die gute Ordnung in der Familie massiv gestört; dann haben wir nämlich keine großen *Eltern* mehr, sondern ein großes *Kind*, das auf seine kleinen Eltern hinunterschaut. Und wenn wir das tatenlos mit ansehen, dann droht dem Experiment Familie Gefahr.

Ohne Geborgenheit keine Freiheit. Ich habe den Eindruck, wir ernten heute noch die Früchte der sogenannten antiautoritären Erziehung der Achtundsechziger-Bewegung. Vieles, was erstarrt und konservativ war, wurde damals kritisch hinterfragt und aufgebrochen. Vieles Neue war nützlich und sinnvoll, doch nicht alles hat zum Ziel geführt. Auch heute gibt es vielerlei, was „in" oder „cool" ist – vieles davon führt aber eher zu Problemen als zu der Freiheit, die wir uns dadurch erhoffen. An zahlreichen Fallbeispielen ist zu sehen: Erst durch das Erleben der *Ordnung* wächst so viel Stabilität im Kind, dass es eine gesunde Basis entwickelt, um später Freiheit genussvoll zu erleben und behutsam mit ihr umzugehen. Und wenn Kinder das in ihrem Elternhaus nicht bekommen, fehlt ihnen oft eine grundlegende Sicherheit, ein grundlegendes Selbstverständnis. Wir sind es unseren Kindern schuldig, dass wir ihnen Grenzen setzen, denn so erfahren sie, was Sicherheit ist. Ohne Grenzen gibt es auch keine Geborgenheit und ohne Geborgenheit keine Freiheit.

☞ **Einladung zum Gedankenexperiment:** Stellen Sie sich vor, Hathi steht mit erhobenem Rüssel vor Baghira und will ihm die Dschungelgesetze einbläuen. Wie würde der schwarze Panther wohl reagieren? Würde er strammstehen und blind gehorchen? Oder würde er nicht einmal mit der Wimper zucken und Hathi ignorieren? Oder würde er Hathi durchdringend anblicken und ihn in die Schranken weisen? Wie können wir als Eltern reagieren, wenn unser Hathi-Kind wieder einmal mit erhobenem Zeigefinger vor uns steht und versucht, uns zu erziehen? Inwieweit dürfen wir bei diesem Spiel mitspielen? Ist es überhaupt ein Spiel? Wie können wir mit diesem Eingriff in die Welt der Großen umgehen? Wie können wir die Grenzen zwischen Groß und Klein bewahren? Wie gehen wir damit um, wenn wir erkennen, dass ein Vierer-Kind Familienregeln ausnutzt, um sich über andere zu erheben?

Was meinen Sie: Dürfen wir als Eltern vor unseren Kinder gewisse Informationen geheim halten? Oder müssen wir unseren Kindern alles erzählen? Was passiert, wenn wir unseren Kindern alles preisgeben, vielleicht sogar intime Details der Mann-Frau-Beziehung? Geht dann mit der Intimität nicht auch die Autorität flöten? Und beziehen wir die Kleinen dann nicht in Dinge ein, die sie eigentlich nichts angehen? Was passiert, wenn sie dann gewisse Informationen gegen uns verwenden und versuchen, die Eltern gegeneinander auszuspielen? Wie gehen wir mit einem solchen Konflikt um? Erinnern Sie sich noch einmal an Klein Hathis grundlegende Bedürfnisse: Ordnung, Sicherheit, Gerechtigkeit ... Wie kann ich dem Vierer-Kleinkind Halt geben? Was wird es ängstigen? Was wird es stärken?

Was braucht das Vierer-Kleinkind? Was braucht der kleine Hathi? Was sind zentrale Bedürfnisse auf dieser Lebensstufe?

- **Klarheit:** „Mama und Papa sollen mir genaue Anweisungen geben, ohne diese ewig lang zu begründen oder zu rechtfertigen, Anweisungen, denen ich folgen kann. Ich habe Regeln und Strukturen gern, ich halte mich auch gern daran, dann ist meine Welt in Ordnung. Viel mehr Mühe habe ich mit dem *Fehlen* von Vorgaben und Grenzen – dann fühle ich mich unsicher."
- **Abstand:** „Mama und Papa sollen ihre Geheimnisse für sich behalten. Ich muss nicht über alles Bescheid wissen, das würde mich auch viel zu sehr belasten; ich fühle mich freier, wenn ich nicht alles weiß. Ich bin glücklich, wenn ich sehe, dass meine Eltern ihre Zweisamkeit behüten und bewahren."

- **Zwischentöne:** „Mama und Papa sollen mich begleiten auf meinem Weg hin zu mehr Selbstständigkeit und Flexibilität; sie sollen darauf achten, dass ich die Welt nicht nur in Schwarz und Weiß einteile, sondern auch die Grautöne dazwischen schätzen lerne. Sie sollen mir helfen zu erkennen: Es braucht Ordnungen und Regeln und Gesetze, aber genauso Flexibilität, Kreativität und Bereitschaft zur Veränderung."

Das Vierer-Schulkind

Die Kindheit ist ein schreckliches Reich.
Die Hände, die dich streicheln, schlagen dich.
Der Mund, der dich tröstet, brüllt dich an.
Die Arme, die dich hochheben, erdrücken dich.
Die Ohren, die dir zuhören, verstehen alles falsch.
Die Decke, die dich wärmt, gehört deinem älteren Bruder.
Die Wand, der du ein farbiges Zeichen von dir gibst,
wird einmal im Jahr übermalt.
Der Satz, den du endlich sagst, ist kindisch.

Wenn du mit deinen Sätzen und Zeichen
woanders hingehen willst,
dann heißt es,
das geht die fremden Leute nichts an.

Wohin soll ich gehen,
wenn die eigenen Leute
so fremd zu mir sind?
Ich gehe nirgendwohin.[40]

Peter Turrini

Dort, wo man verstanden wird. Dieses Gedicht geht mir unter die Haut. Die meisten Eltern sind schon einmal grob geworden, haben schon einmal ihre Stimme erhoben und ihr Kind angeschrien, mit Worten und Taten gekränkt, gar nicht zugehört oder falsch verstanden. Kennen Sie diesen Satz?: „Zu Hause ist man dort, wo man verstanden wird." Vielleicht geht es genau darum in der Erziehung, im liebevollen Miteinander, letztendlich in allen Begegnungen von Mensch zu Mensch. Als Eltern sollten wir uns daran gewöhnen, zuerst zu denken und erst danach zu handeln. Wenn ein Kind seltsam reagiert, überreagiert, gar nicht reagiert, dann bringt es uns mehr, uns selbst zurückzunehmen, als gleich zu schreien, zu drohen, zu strafen. Lieber innehalten und nachdenken, worum es dem Kind gehen könnte, und herausfinden, was es gerade entbehrt. Es wäre sicher zu viel verlangt, in *jeder* Situation so gelassen und überlegt zu reagieren; wir sind keine Götter, sondern Menschen, die manchmal Fehler machen, die sich manchmal für den Konflikt entscheiden. Aber grundsätzlich haben wir auch die Möglichkeit innezuhalten. Und was hat all das mit dem Vierer-Kind zu tun?

Schwarz-Weiß-Denken provoziert. Wider Erwarten haben die meisten *Dschungelbuch*-Typen nicht am häufigsten Probleme mit Shir Khan oder Kaa, sondern noch häufiger mit Hathi. Ich habe den Eindruck, dass das Vierer-Kind am meisten Mühe hat mit Menschen, die sich auf anderen Stufen bewegen. Es hat Mühe mit Mogli, der ist ihm zu impulsiv; genauso mit Baghira, der ist ihm zu weltoffen; ebenso mit Shir Khan, der ist ihm zu rebellisch, oder mit Kaa, der ist ihm zu ehrgeizig. Aber warum? Vielleicht weil das Hathi-Kind wenig flexibel ist und Veränderungen scheut. Das Vierer-Denken erschwert den Dialog, macht echten Gedankenaustausch manchmal sogar unmöglich, da es für Hathi nur richtig oder falsch gibt und nichts dazwischen. Das Kind hat seine starren Einteilungen und Ordnungen, doch nicht alle Mitmenschen steigen darauf ein. Im Gegenteil: Bei manchen löst dieses Schwarz-Weiß-Denken regelrechte Trotzreaktionen aus und sehr oft endet die Begegnung im Konflikt. Deswegen ist hier eine gute Gelegenheit, uns etwas mehr über den Umgang mit Konflikten Gedanken zu machen.

Konflikt – Augen zu und durch?

Bloß keine Kompromisse. Das Vierer-Schulkind ist besonders gut darin, die Welt in Gut und Böse einzuteilen, in Richtig und Falsch, in Schwarz und Weiß: Entweder du bist Freund oder Feind – viel mehr Möglichkeiten sieht der extreme Hathi nicht. Durch das Zuordnen zu der einen oder der anderen Schublade versucht er, Ordnung und Stabilität zu schaffen. Manchmal unterwirft er sich anderen Menschen, Gesetzen, höheren Ordnungen auch zu einem hohen Preis und hofft, dass seine persönlichen Opfer in der Zukunft belohnt werden. Manchmal beharrt er stur auf seiner Meinung und lässt sich auf keine Kompromisse ein. Und dann ist Konflikt wahrscheinlich. Wie gehen wir Erwachsenen damit um? Steigen wir auf jede Einladung zum Konflikt ein? Oder verzichten wir manchmal bewusst darauf? Oder vermeiden wir Konflikte generell? Oder setzen wir Konflikte bewusst als

Erziehungsmaßnahmen ein? Wofür wollen wir Vorbild sein? Welche Art der Konfliktlösung werden unsere Kinder von uns lernen? Welche Rituale könnten wir im Familienkreis einführen, um Konflikte zu klären?

***Talking Stick* – der Redestab.** Die Ureinwohner Amerikas hatten ein interessantes Ritual, um Konflikte in der Gruppe zu lösen. Wenn die Indianer Streit hatten, versammelten sie sich im Kreis und ein Redestab wurde herumgereicht. Wer in einer solchen Gesprächsrunde den sogenannten Talking Stick in Händen hielt, der durfte sprechen, worüber er wollte, solange er wollte, und keiner durfte ihn dabei stören oder unterbrechen. Und erst wenn er das Gefühl hatte, wirklich verstanden worden zu sein, reichte er den Redestab weiter an den Nächsten in der Runde, der sich genauso Zeit nahm, sich auszusprechen; dann kam der Nächste an die Reihe und so weiter. Derjenige, der direkt am Konflikt beteiligt war, kam vielleicht erst als Zehnter zu Wort und das, was er im ersten Zorn erwidern wollte, hatte er vielleicht längst vergessen oder er hatte seine Meinung geändert oder vielleicht war das alles gar nicht mehr so wichtig … Der Talking Stick ging so lange im Kreis, bis eine Runde lang keiner mehr etwas zu sagen hatte und alle schwiegen. Dann galt der Konflikt als beendet und keiner durfte das Thema später noch einmal „aufwärmen“.

Der Talking Stick ist nicht für die alltägliche Kommunikation gedacht, er verliert an Kraft, wenn man ihn für jede Kleinigkeit einsetzt. Dieses Ritual kann aber als Rahmen für schwierige Gespräche oder Diskussionsrunden dienen. Der Talking Stick kann auch zu einem Symbol werden für wertschätzendes, einfühlendes Miteinander in der Familie. Vielleicht basteln Sie sogar gemeinsam mit Ihren Kindern Ihren eigenen Talking Stick – zum Beispiel aus einer Wurzel, die sie mit Perlen, Steinen und Federn ganz nach Indianerart verzieren. Eins steht fest: Innehalten, Zuhören, Respekt und Einfühlungsvermögen lassen sich erlernen und trainieren! Und der Talking Stick ist ein mögliches Instrument dafür.

Konfliktvermeidung hat Nebenwirkungen. Jetzt könnte man auch sagen: „Nein, ich will überhaupt keine Konflikte besprechen; das meiste kann man unter den Tisch fallen lassen, das ist gar nicht der Rede wert; mir ist die Harmonie daheim viel wichtiger.“ Ich denke, beides sollte Platz haben: Konflikt und Harmonie.

Wenn ich versuche, jedem Konflikt tunlichst aus dem Weg zu gehen, dann hat das nicht nur positive Wirkung. Wir sollten unseren Kindern Möglichkeiten mit auf den Weg geben, mit Konflikten umzugehen; wir leben schließlich in einer Welt, die nicht nur Frieden zu bieten hat, sondern auch Krieg. Und Kinder von Konflikten komplett fernzuhalten oder so zu tun, als ob immer alles in Ordnung wäre, ist nicht die beste Strategie, um sie fit zu machen für die Zukunft – auch wenn das Hathi-Kind das noch so gerne sähe. Vielleicht hilft Ihnen die Idee, dass jeder Konflikt bereits die Lösung in sich trägt; jede Schattenseite hat auch eine Sonnenseite und sowohl Schatten als auch Licht machen das Leben erst voll, sie bedingen einander geradezu. Erst der Schatten verleiht dem Licht Schärfe. Das ist eine Herausforderung vor allem für Balu-Eltern.

Bewusst auf Konflikte verzichten? Auch hier orientieren wir uns an der goldenen Mitte: Es ist wenig sinnvoll, jeden Konflikt unter den Teppich zu kehren, und genauso wenig ist es sinnvoll, jeden Konflikt auszutragen. Es gilt abzuwägen, welche Situation den größeren Nutzen für mein Kind hat. Wodurch lernt mein Kind am meisten fürs Leben? Es gibt Situationen, in denen ich als Vater oder Mutter bewusst auf den Konflikt verzichten kann, weil ich erkenne: Das ist es jetzt nicht wert, ich würde meinem Kind mehr schaden als nützen, wenn ich aus einer Kleinigkeit ein Drama machen würde. Dann ist das ein bewusster Akt des Heraustretens, des Verzichtens; dann bin ich mir meiner Macht und meiner Verantwortung bewusst – und das ist etwas anderes, als Konflikte generell zu vermeiden. Dann kann ich auf den Konflikt verzichten, dann muss ich nichts vermeiden, muss keinen Zorn herunterschlucken, keine Wut verdrängen, dann lasse ich einfach meine Gedanken und Gefühle kommen und wieder gehen, weil ich nicht nur diesen Ausschnitt, sondern das Ganze sehe und weil mir die Liebe zu meinem Kind in diesem Moment wichtiger ist. Das ist eine Möglichkeit in Situationen, in denen es nicht „um Leben oder Tod" geht, also wenn ich erkenne: Mein Kind ist gerade dabei, etwas erst zu lernen, oder es kann etwas Verlangtes einfach noch nicht leisten.

Hathi verweigert. Ich erinnere mich an einen Sonntagsausflug mit zwei befreundeten Familien. Wir wollten eine Schlucht durchwandern, doch als wir beim Einstieg ankamen, streikten zwei der Mädchen. Ihnen war die Erzählung eines Schulkameraden eingefallen, der sich beim Begehen einer anderen Schlucht verletzt und dann verkündet hatte: „Ich betrete nie wieder eine Schlucht, das ist viel zu gefährlich!" Wir Erwachsenen kannten den Pfad durch diese Schlucht von früher und waren uns sicher, dass auf diesem

Weg keine Gefahren lauerten, und so versuchten wir, die Mädchen zu überreden. Doch von den beiden jungen Damen kamen massive Proteste; sie weigerten sich, mit uns zu gehen. Eine gute Gelegenheit für einen handfesten Sonntagsstreit, oder?

Wir Großen haben uns aber zurückgehalten und einen Plan geschmiedet: Zwei von uns sollten mit den Mädchen beim Einstieg der Schlucht bleiben und dort schöne Spielplätze auskundschaften, die restlichen Erwachsenen sollten die Schlucht begehen – und die anderen Kinder hatten freie Wahl: mitgehen oder dableiben. Wir verzichteten in dieser Situation bewusst auf eine Auseinandersetzung und gingen auf die Bedürfnisse unserer Hathi-Mädchen ein. Es ging schließlich nicht um etwas Großes, es war eine Kleinigkeit. Der Ausflug war gerettet – und vielleicht haben die Kinder auch etwas gelernt: Es gibt mehr als nur das Entweder-oder, es gibt noch das Sowohl-als-auch, es gibt flexible Lösungen, die allen gefallen und allen Bedürfnissen gerecht werden. Als wir ein Jahr später diesen Ausflug wiederholten, war das überhaupt kein Thema mehr; wir erforschten alle gemeinsam die Schlucht und hatten viel Spaß dabei.

Blind in den Konflikt hineinfallen? Hier geht es wieder um Bewusstheit und Erkennen, dann fällt dieses blinde In-den-Konflikt-Hineinfallen weg, dann entscheide ich mich bewusst für oder gegen den Konflikt. Ich habe die Wahl, ich habe es in meiner Hand – auch das hat wieder zu tun mit Autorität und Größe, auch das unterscheidet mich vom Kind, das diese Fähigkeit des Sichzurücknehmens noch nicht hat. Und auch wenn ich mich für den Konflikt entscheide, dann geschieht das nicht zufällig, sondern ist eine bewusste Maßnahme, die ich in der Erziehung einsetze. Das Kind ist meist zu hundert Prozent am Konflikt beteiligt, es ist mit Haut und Haaren darin gefangen. Der Elternteil nimmt weniger Anteil am Konflikt, er hat mehr Abstand, er kann sich ein bisschen distanzieren und den Blick auf das Ganze wagen. Und nun sehen wir uns *eine* Maßnahme genauer an, die hilft, Konflikte innerhalb der Familie auf ein Minimum zu reduzieren: das Erstellen von Familienregeln.

> ***Das Dschungelgesetz*** *– bei weitem das älteste Gesetz der Erde – enthält Bestimmungen für beinahe jederlei Art von Vorfällen, die sich unter dem Dschungelvolk ereignen können; und bis jetzt sind seine Gesetzestafeln so vollkommen, wie Zeit und Gewohnheit sie machen können …*

Mogli wurde von Balu, dem braunen Bären, im Dschungelgesetz unterwiesen. Wenn Mogli wegen der ewigen Zurechtweisungen ungeduldig wurde, sagte ihm Balu, das Gesetz sei wie eine Riesenliane, weil es sich an jedem festhänge und keiner sich ihm entziehen könne. „Wenn du so lange gelebt haben wirst wie ich, kleiner Bruder", fuhr Balu fort, „so wirst du sehen, wie die ganze Dschungel zumindest einem Gesetz folgt. Aber angenehm wird dir diese Erkenntnis nicht sein." Diese Rede ging bei Mogli zum einen Ohr hinein, zum anderen wieder hinaus, denn ein Knabe, der sein Leben mit Essen und Schlafen verbringt, sieht die Sorge erst dann, wenn sie unmittelbar vor ihm steht. Aber es kam ein Jahr, da wurden Balus Worte zur Wahrheit, und Mogli erkannte, dass die ganze Dschungel nur einem Gesetz unterworfen war. Es begann, als die Winterregen fast völlig ausblieben …[41]

Die goldenen Regeln des Miteinanders. Ich habe schon im letzten Kapitel über die Wichtigkeit einer solchen Familienfibel geschrieben. „Mir ist das zu abstrakt", höre ich manche sagen. „Wie könnte das konkret aussehen?" Ein Schriftwerk, das das Miteinander in der Familie regelt; ein Schriftwerk, in dem die Spielregeln schwarz auf weiß stehen, Spielregeln, die – ausschließlich von den Eltern – jederzeit ergänzt und aktualisiert werden dürfen. Zum Beispiel dann, wenn das Kind eine Gesetzeslücke findet und ausnützt. Dann können die Eltern das Gesetz entsprechend anpassen und dem Gesetzesmissbrauch einen Riegel vorschieben. Schauen Sie genau hin, setzen Sie Ihr Wissen ein und entwickeln Sie gemeinsam mit Ihrer Familie die goldenen Regeln des Miteinanders! Niemand kennt Ihre Familie besser als Sie. Darauf können Sie vertrauen: Sie können es – Ihre eigenen Erziehungsmaßnahmen entwickeln, Ihre eigenen Familienregeln festlegen. Ich biete hier einen Rahmen an, doch füllen dürfen Sie ihn selbst. Weil Sie es ganz einfach besser wissen, weil Sie Ihre Familiensituation besser kennen, weil Sie die Fachleute für Ihre Familien sind! Die nachfolgenden Sätze sind *Beispiele* für Familienregeln, beanspruchen aber keine Allgemeingültigkeit. Wovon wird es abhängen, ob dieses Experiment gelingt? Wieder von den Bedürfnissen aller Beteiligten; die gilt es herauszufinden und mitzuteilen. Und wie Sie wissen, sind die Bedürfnisse auf jeder Entwicklungsstufe andere: Shir Khan braucht daher andere Familienregeln als Hathi; Balu braucht andere als King Louie. Gerne können Sie die folgenden Sätze als Anregungen nutzen, sie abwandeln oder Ihre eigenen Familienregeln auf dieser Basis entwerfen. Gutes Gelingen!

Familienregeln – weitere Beispiele

- Wir gehören zusammen, wir sind eine Familie. Gemeinsam sind wir stark.
- Wir unterstützen einander und sind füreinander da.
- Wir leben miteinander und nicht gegeneinander, wir gehen sorgsam und respektvoll miteinander um.
- Wir hören einander zu und lassen einander ausreden. So können wir einander viel besser verstehen.
- Wir dürfen auch streiten, wir verzichten aber auf Gewalt und Brutalität. Wir verwenden Worte, um unseren Streit zu lösen.
- Wir besprechen Konflikte und Missverständnisse nach Möglichkeit sofort.
- Wir dürfen einander alles sagen. Wir sprechen offen über Probleme und suchen gemeinsam nach Lösungen.
- Wir erkennen: Eltern sind anders, Kinder auch. Wir versuchen auch einmal, die Welt mit den Augen der anderen zu sehen.
- Wir suchen Gemeinsamkeiten zwischen der Erwachsenen- und der Kinderwelt, wir suchen Zugänge zueinander.
- Wir respektieren, dass jeder von uns eigene Bedürfnisse hat, und suchen nach Kompromissen.
- Wir erkennen, dass jedes Familienmitglied seine Qualitäten und Stärken hat, und diese wollen wir wertschätzen.
- Wir treffen Vereinbarungen und halten uns auch daran.
- Wir dürfen uns auch verändern und neue Vereinbarungen treffen, wenn die alten überholt sind.
- Wir zeigen unsere Gefühle und sprechen sie offen aus.
- Wir arbeiten gemeinsam im Haushalt. Jeder trägt seinen Teil dazu bei, dass es sauber und ordentlich ist und dass andere sich auch wohl fühlen.
- Wir nehmen die Mahlzeiten nach Möglichkeit gemeinsam ein. ...

Hathi, der Musterschüler. Das Vierer-Schulkind steht auf Hausordnungen, sowohl daheim als auch in der Schule. Die klassische Schule ist an sich schon eine Vierer-Organisation, es gibt klare Richtlinien und Vorgaben – die muss es vielleicht sogar geben, damit das Miteinander von Lehrern und Schülern halbwegs gut funktioniert. Auch das Lehren und Lernen in der klassischen Schule kommt

Hathi entgegen: zuerst Information aufnehmen, dann lernen, dann wiedergeben; es gibt schriftliche Unterlagen, klare Anweisungen, sich wiederholende Prozeduren, Hausaufgaben, Prüfungen, Schularbeiten, Noten. Entweder man besteht oder man fällt durch. Ordentliche Arbeit wird gut bewertet, Chaotisches wird schlecht bewertet. Das System ist zwar nicht immer gerecht, aber mehr oder weniger berechenbar: auf Schritt 1 folgt Schritt 2, auf Schritt 2 folgt Schritt 3 ..., und das ist immer so. Und so wie das System ist das Vierer-Schulkind selbst: zuverlässig, aber nicht sehr flexibel.

Hathi möchte mit Noten belohnt werden. Die Tochter meiner Bekannten ist ein aufgewecktes Mädchen. Ihre Eltern haben sich für eine Schule entschieden, die Reformpädagogik anbietet. Gegen Ende des zweiten Schuljahres wurden sie von der Klassenlehrerin zum Gespräch gebeten: Sie habe bemerkt, dass das Kind noch immer nicht richtig schreiben und lesen könne. Dazu zeige es körperliche Unruhe und Hyperaktivität, sei auffällig in ihrem Verhalten. Sie empfahl den Eltern einen Besuch beim Schulpsychologen. Der stellte fest, dass das Mädchen weder hyperaktiv noch verhaltensgestört, sondern einfach überdurchschnittlich intelligent sei und im Unterricht wahrscheinlich nur unterfordert.

Sie wechselte daraufhin in eine „normale" Klasse ohne Reformpädagogik und von da an ging es mit ihren schulischen Leistungen bergauf. Mittlerweile ist sie eine der Klassenbesten. Kürzlich habe ich sie getroffen, da sagte sie: „Stell dir vor, jetzt werde ich mit Noten belohnt!", und war ganz selig.

Die einzig richtige Schule gibt es nicht. Es kommt auf das Kind an und auf seine Bedürfnisse. Es gibt Kinder, die werden sich in der Waldorfschule sehr wohl fühlen oder Montessori-Pädagogik lieben, und es gibt Kinder, für die das klassische Schulsystem gut geeignet ist. Es gibt Kinder, die besonders viel Freiraum brauchen, um sich entfalten zu können, und es gibt Kinder, die besonders viel Struktur brauchen, um sich entfalten zu können. Und wie immer lebt das Ganze von den Menschen, denen wir unsere Kinder anvertrauen: von den Pädagogen und Lehrern und ihrer Fähigkeit, auf die Bedürfnisse der Kinder einzugehen. Als Eltern können wir unterstützen, indem wir darüber nachdenken, welchem *Dschungelbuch*-Typen unser Schulkind gerade ähnelt, indem wir immer wieder seine Bedürfnisse erforschen und es ermutigen, darüber zu sprechen – daheim und genauso in der Schule.

☞ **Einladung zum Gedankenexperiment:** Was meinen Sie: Welche Schule spricht Ihr Hathi-Kind am meisten an? Was wünscht sich Ihr Vierer-Kind in dieser Phase am meisten? Welche Qualitäten sollten seine Lehrer haben? Wie viel Freiraum braucht es und wie viel Struktur? Welche Kriterien werden sonst noch wichtig sein bei der Schulwahl? Freunde? Schulweg? Woran werden Sie erkennen, ob sich Ihr Kind in seiner Schule wohlfühlt? Erinnern Sie sich noch an Ihre eigene Schulzeit? Was hat Sie beeindruckt? Wovor hatten Sie Respekt? Was hat Ihnen besonders viel Spaß gemacht? Welche Lehrer haben Sie ins Herz geschlossen? Was hatten die, was andere nicht hatten?

Was wird das Hathi-Schulkind am meisten beeindrucken? Würde es ihm gefallen, wenn Sie als Vater oder Mutter fair und aufrichtig und moralisch einwandfrei handeln? Wie würde es reagieren, wenn Sie sich oft in Widersprüche verstrickten und je nach Lust und Laune handelten? Wie würden ihm Familienregeln gefallen, die im Großen und Ganzen den Bedürfnissen aller Familienmitglieder gerecht werden? Wie können Sie das Vierer-Schulkind besonders gut motivieren? Was wird es anspornen? Welche Spiele spielt es am liebsten? Wie können Sie es spielerisch unterstützen und motivieren?

Was braucht das Vierer-Schulkind? Was braucht Hathi als Schüler? Was sind zentrale Bedürfnisse auf dieser Lebensstufe?

- **Struktur in Beziehungen:** „Vater und Mutter sollen für mich da sein; ich weiß gerne ganz genau, woran ich bin. Alles soll möglichst in geregelten Bahnen ablaufen. Immer wiederkehrende Rituale geben meinem Alltag Struktur. Ich mag es, wenn meine Eltern hundertprozentig hinter mir stehen, ich schätze Treue und Loyalität."
- **Ideen zur Konfliktlösung:** „Vater und Mutter sollen mir zeigen, wie man Konflikte offen ansprechen und lösen kann. Sie sollen mir vorleben, dass es im Miteinander nicht nur Schwarz oder Weiß gibt. Familie braucht hin und wieder Kompromisse und es kann sehr hilfreich sein, anderen ein Stück weit entgegenzugehen."
- **Mut zur Veränderung:** „Vater und Mutter sollen mich motivieren, manchmal etwas Neues auszuprobieren. Dazu hab ich wenig Lust, aber ich ahne, dass das wichtig sein könnte für mich und meine weitere Entwicklung. Schmackhaft machen können Sie mir die Veränderung mit symbolischer Benotung, mit Urkunden oder sonstigen zukünftigen Auszeichnungen, die sie mir in Aussicht stellen."

Der Vierer-Jugendliche

Hathi spricht:
„Links, zwei, drei, vier … Wer war das?
Ich alleine gebe hier die Kommandos!“
Baghira:
„Ich brauche deine Hilfe!“
Hathi:
„Völlig ausgeschlossen, wir sind im Dienst!“

Recht haben oder glücklich leben? Manche legen das Tigerfell schon vor der Pubertät ab, sie haben ihre Shir-Khan-Phase mehr oder weniger exzessiv ausgelebt und werden dann zu Hathi, dem Gerechten. Dazu fällt mir ein Zitat von Arthur Schopenhauer ein, das sinngemäß lautet: Der Mensch habe eine Entscheidung zu treffen in seinem Leben, nämlich die, ob er recht haben oder glücklich leben wolle. Oje, das ist eine schwierige Entscheidung – zumindest für den Vierer-Teenager, der sehr gerne recht hat. Da kann es schon zu Konflikten kommen, wenn er seine Meinung vertritt und daneben keine andere Meinung gelten lassen will, denn in seinem Denken existiert nur Richtig oder Falsch. Der extreme Hathi hat noch nicht erkannt, dass es einen Ort jenseits von Richtig und Falsch gibt, einen Ort, an dem Menschen sich wahrhaft begegnen können.

Hathi hat recht, Vati hat unrecht. Ich erinnere mich an meine Pubertät und an endlose Diskussionen mit meinem Vater über alle möglichen brisanten Themen. Vor kurzem habe ich mit einem Freund darüber gesprochen. Auch er erinnert sich an endlose Diskussionen mit seinem Vater – egal ob Politik oder Kultur, Wirtschaft oder Sport, die beiden waren fast immer unterschiedlicher Meinung, was an sich kein Problem gewesen wäre, wenn ihm nicht so viel daran gelegen wäre, seinem Vater seine Meinung aufzuzwingen. Das hat natürlich nicht funktioniert. *Er* hatte seine Meinung und seine Argumente und sein Vater hatte ebenso seine Meinung und seine Argumente. Und so gab es unzählige Stunden der Auseinandersetzung. Wie er zu seiner Meinung gekommen ist? Da hat er gelächelt und geantwortet: „Relativ simpel: Ich war mit dem Chefredakteur unserer Schülerzeitung befreundet, er war mein Vorbild, ich hab ihn bewundert – und seine Meinung war meine Meinung. So einfach war das damals.“

Reibung aushalten. Die Diskussionen mit *meinem* Vater waren auch anstrengend und gleichzeitig wertvoll und wichtig. Heute bin ich dankbar dafür, dass er sich mit mir auseinandergesetzt und dafür Zeit und Energie investiert hat. Gerade Teenager brauchen Große, an denen sie sich reiben können, von denen sie sich abgrenzen und unterscheiden können. Ein Erwachsener, der sich sofort einschüchtern lässt und seine Meinung der des Jugendlichen angleicht, stellt keine Autorität mehr dar – das gilt für den halbstarken King Louie oder Balu genauso wie für den jugendlichen Shir Khan oder Hathi: Das generelle Thema der Pubertät ist Unterscheidung, und dafür müssen wir zur Verfügung stehen. Für Hathi-Teenager ist es vielleicht die größte Herausforderung zu erkennen, dass es nicht nur eine einzige Wahrheit gibt, sondern dass jeder Mensch seine eigene Wahrheit hat und auch haben darf. Hathi ist gefordert, die Welt nicht einfach in Gut und Böse einzuteilen; er sollte lernen, dass es da viele Facetten gibt: Die Welt, in der wir leben, ist ziemlich komplex; die Menschen, die uns begegnen, sind ziemlich komplex und letztendlich ist er selbst ein ziemlich komplexes menschliches Wesen. Welches Werkzeug aus unserem Notfallkoffer für Eltern im Erziehungsdschungel könnte diesen Prozess unterstützen?

Fragen stellen – eine zentrale Fähigkeit der Erziehenden

Stellen Sie Fragen! Besonders wertvoll sind die richtigen Fragen zur richtigen Zeit. Mit Sicherheit ist das überhaupt eine der zentralen Fähigkeiten, die man als Erzieher braucht: die Fähigkeit, Fragen zu stellen – sich selbst und seinem Kind. Durch Fragen können viele Erziehungsthemen gelöst werden, durch Fragen können wir anregen, motivieren, aufrütteln. Dann bekommen wir Antworten, die uns helfen, die „Sprache der anderen Wesen" besser zu verstehen, und gleichzeitig regen wir mit guten Fragen die Jugendlichen zu selbstständigem Denken an. Fragen haben in vielen Fällen mehr Sinn als Ratschläge – auch wenn diese noch so gut gemeint sind. Ratschläge können eben auch als „Schläge" empfunden werden oder ein bisschen wie abgetragene Kleider: Man benutzt sie ungern, auch wenn sie passen. Fragen hingegen sind Angebote, sie lassen dem Gegenüber mehr Spielraum und fördern die Selbstständigkeit – gerade für Hathi ein wichtiges Thema; der Teenager wird dann selbst Lösungen andenken und seine eigenen Lösungen wird er viel lieber annehmen als die der Eltern. Das ist einfach so in der Pubertät. Im Geschäftsleben gibt es den Spruch: „Wer fragt, der führt" – ein Satz, der auch als manipulativ und negativ empfunden werden kann. In der Erziehung bekommt er eine positive Note dadurch, dass erstens der Fragen stellende Erwachsene der

Große bleibt und er zweitens mit seinen Fragen den Jugendlichen in eine für ihn nützliche Richtung lenken darf.

Fragen Sie nach! Streit beginnt sehr oft mit einem Missverständnis. Die meisten sind nicht daran gewöhnt, ausführlich zu kommunizieren; sie werfen sich Sprachbrocken entgegen und der andere muss sich erst seinen Reim darauf machen; und dann passiert es, dass er sich den falschen Reim darauf macht und die Worte *falsch* versteht. Sehr oft glauben wir, verstanden zu haben, doch erst beim Nachfragen kristallisiert sich heraus, was der andere wirklich mitteilen wollte. Wir sind oft viel zu schnell mit unseren Interpretationen und Bewertungen des Gehörten; und so entstehen Missverständnisse, die zu vermeiden wären, wenn wir öfter nachfragen würden. Daher: nicht sofort in den Konflikt hineingehen, sondern innehalten und nachfragen! Ein Beispiel:

„Mama, mir reicht es mit dem Lernen für heute, ich hau jetzt ab!"

„Moment mal, um dich richtig zu verstehen: Du hast jetzt keine Lust zum Lernen und deshalb machst du eine Pause?"

„Nein, eigentlich bin ich mit dem Stoff für heute fertig und habe mit meinem Freund vereinbart, dass wir uns bei ihm daheim treffen. Okay?"

Fragen Sie nach den Bedürfnissen! Immer wieder komme ich auf die Bedürfnisse zurück. Solange wir die nicht kennen, können wir unsere Kinder nicht motivieren, nicht überzeugen und letztendlich auch nicht richtig verstehen. Und auch wenn wir meinen, unsere Kinder noch so gut zu kennen, steht eins fest: Wir können nicht Gedanken lesen, wir können nur raten. Wenn wir aber sichergehen und einen passenden Schlüssel für das Schloss zu den Herzen unserer Kinder finden wollen, dann müssen wir sie nach ihren Bedürfnissen *fragen* – immer und immer wieder. Erst durch unser Fragen können sie Bewusstheit über ihre Bedürfnisse erlangen und dann lernen, um das zu bitten, was sie wirklich brauchen. Ein Beispiel:

„Papa, lass mich in Ruhe, ich will nicht an eurer Party teilnehmen. Hunger hab ich keinen und ich bin auch nicht in Stimmung …"

„Aha, du willst also einfach deine Ruhe, oder ist da sonst noch etwas, was du brauchst …, speziell von mir?"

„Nein …, na ja …, ich weiß nicht …"

„Sag mal, worum geht es denn wirklich? Was liegt dir denn am Herzen?"

„… Ich weiß nicht …, das ist jetzt ungünstig, weil jetzt gerade Gäste da sind …"

„Ja, das stimmt, wir haben Gäste, aber darum geht's jetzt gar nicht. Im Moment interessierst du mich viel mehr und ich frage mich, was du brauchst, damit es dir wieder besser geht …"

„…Papa, ich muss dir etwas erzählen, dazu brauch' ich aber ein bisschen Zeit …"

Stellen Sie die Zauberfragen! Was sind Zauberfragen?, werden Sie denken. Zauberfragen sind Fragen, die eine Veränderung möglich machen. Zauberfragen sind besonders für den Vierer-Teenager wichtig, gerade weil er mit Veränderung oft Mühe hat und in seinem Denken manchmal eingefahren ist. All zu gerne würde er fertige Rezepte hernehmen, um seine Probleme zu lösen. All zu ungern überlegt er sich eigene Strategien – dabei würde ihn gerade das in seiner persönlichen Entwicklung einen großen Schritt voranbringen. Überlegen Sie einmal: Welche Fragen könnten den Hathi-Teenager verblüffen? Welche könnten ihn provozieren, aufrütteln, verwirren? Welche Fragen könnten ihm eine andere, neue Perspektive eröffnen? Welche Fragen könnten sogar wichtiger sein als die Antworten? Hier eine Reihe von Zauberfragen – ohne Anspruch auf Vollständigkeit; Fragen, die zum Teil ganz einfach sind, aber große Wirkung haben:

- Ist das wahr?
- Kannst du wirklich wissen, ob das wahr ist?
- Woher weißt du das?
- Wie machst du das?
- Wer genau?
- Wie genau?
- Was genau?
- Was würde geschehen, wenn …?
- Was hindert dich daran …?
- Verglichen womit?
- Immer? Niemals? Alle? Keiner?
- Wie weißt du …?

Ein Beispiel:

„Mama, das ist ein Wahnsinn. Ich hab' in Mathematik schon wieder nichts verstanden. Ich kenn' mich überhaupt nicht aus – wie immer."

„Nichts? Wirklich gar nichts hast du verstanden?"

„Na ja, es gab schon einiges, das ich verstanden hab', aber es war trotzdem furchtbar."

„Verglichen womit?"

„Verglichen mit anderen Fächern, in denen ich viel mehr verstehe und gut bin."

„Was würde geschehen, wenn du in Mathematik einfach weniger gut wärst als in anderen Fächern?"

„Schau, das ist jetzt mein letztes Schuljahr und ich will ein schönes Abschlusszeugnis."

„Das kann ich gut verstehen … Wie wirst du das angehen?"

„Ich werde mich gut vorbereiten, so gut wie möglich, aber dazu muss ich den Stoff zuerst einmal kapieren …"

„Was hindert dich daran, in der nächsten Mathematikstunde einfach noch einmal nachzufragen?"

„Die anderen werden denken, ich wär' ein Idiot."

„Ist das wahr?"

„Ja, sicher."

„Kannst du wirklich wissen, ob das wahr ist?"

„… nein, wirklich wissen kann ich das nicht …"

„Nein, das kannst du wirklich nicht wissen … Was wirst du als Nächstes tun?" …

Wie Sie vielleicht erkannt haben, waren diese Antworten „typisch Hathi". Ein Shir Khan würde anders antworten, komplett anders.

Die WIDEG-Frage. Wissen Sie, welche Qualität exzellente Sportcoachs auszeichnet? Sie stellen die richtigen Fragen. Und als Eltern sind wir in gewisser Weise auch Coachs: Wir coachen unsere Kinder, wir begleiten sie durch dick und dünn und unterstützen sie bei ihrer Entwicklung – zum Beispiel, indem wir ihnen die richtigen Fragen stellen. Eine meiner Lieblingsfragen stammt von Viktor Frankl, einem genialen österreichischen Neurologen und Arzt, der sich selbst und seinen Klienten immer wieder die WIDEG-Frage gestellt hat. WIDEG ist die Abkürzung für: „Wofür ist das eine Gelegenheit?" Gerade in Krisenzeiten fällt es manchmal schwer, hinter der Krise die Chance zu sehen. Oft sehen wir erst hinterher, wozu das Problem nützlich gewesen ist und warum es trotz allem Sinn gemacht hat. Die WIDEG-Frage kann uns helfen, über den Tellerrand des Problems hinauszuschauen, mögliche Lösungen und vielleicht sogar den Sinn dahinter zu erkennen.

Diese Frage können wir uns selbst immer wieder stellen und diese Frage können wir unseren Kindern immer wieder stellen – irgendwann werden wir vielleicht erleben, wie unsere Kinder sich selbst in schwierigen Momenten fragen: Wofür ist das eine Gelegenheit? Was könnte ich daraus lernen? Was könnte der Sinn dahinter sein?

Raus aus dem Nest

Zu viel Verantwortung. Eine Sache, der ein Hathi-Teenager nur schwer widerstehen kann, ist die, Verantwortung für jüngere Familienmitglieder zu übernehmen. Das ist gut für die gute Ordnung in der Familie, birgt aber auch eine Gefahr in sich. Er übernimmt zahlreiche Pflichten im Haushalt, er kümmert sich um die Geschwister, er sorgt für Disziplin und Ordnung und teilt auch Strafen aus, wenn die jüngeren Geschwister nicht parieren oder gegen Familienregeln verstoßen. Der Hathi-Teenager neigt dazu, sich *zu sehr* zu engagieren und auch für das Wohl der Eltern Verantwortung zu übernehmen. Und spätestens dann ist die gute Ordnung in der Familie gestört. Gemeinschaftsgefühl ist nicht das Thema, davon hat Hathi reichlich. In der Pubertät geht es aber mehr darum, das Augenmerk auf sich selbst zu richten und sich als Individuum zu erfahren. Und so besteht die Aufgabe der Erzieher mehr darin, die Teenager zu motivieren, die große, weite Welt außerhalb der eigenen vier Wände zu erforschen, denn die ist für Hathi eine echte Herausforderung.

Hathi will nicht raus aus dem Nest. Die meisten kennen zumindest *einen* solchen Fall im Bekanntenkreis: einen erwachsenen jungen Menschen, der den Schoß der Familie oder das berühmte „Hotel Mama" nicht verlassen will. Auch ich kenne eine junge Frau (mittlerweile 33!), die immer noch bei ihren Eltern in einer kleinen Mietwohnung lebt. Das wäre an sich noch kein Drama, würden manche sagen, doch es wird dann zum Drama, wenn diese junge Frau beginnt, ihre Eltern zu tyrannisieren und ihren Regeln zu unterwerfen, wenn sie sich massiv in den Mittelpunkt des Lebens ihrer Eltern drängt. Vielleicht ist das noch größere Drama, dass Eltern es überhaupt zulassen, dass sich ihr Leben nur mehr um das Kind dreht.

Kürzlich rief meine Frau dort an und fragte: „Wollt ihr noch auf ein Getränk zu uns kommen?" Da antwortete die Mutter: „Es tut mir leid, dafür ist es jetzt zu spät. Wir müssen heute früh zu Bett gehen, weil unsere

Tochter morgen verreist.“ Töchterlein verreist und deswegen muss die ganze Familie früher schlafen gehen? Diese junge Frau müsste die glücklichste junge Frau auf Erden sein, oder? Eltern zu haben, die sich so einschränken und zurücknehmen, die so mitleben und ihr eigenes Glück dem Glück der Tochter unterordnen ... Doch leider ist, wie ihre Eltern uns vor kurzem berichteten, die Tochter nicht glücklich, sie ist oft krank und mies gestimmt. Was meinen Sie, was würde sie brauchen für ihr Glück?

Freies Mitglied der Familie. Manchmal brauchen Jugendliche einen Schubs, damit sie zu ihrer eigenen Kraft und Selbstständigkeit finden, damit sie ihr eigenes Leben beginnen können. Dazu gehört, dass sie sich von ihren Eltern lösen und dass Eltern das zulassen, vielleicht sogar unterstützen. Dieses Loslassen kann anfänglich wehtun, doch letztendlich wird es wohltun und für alle Beteiligten das Richtige sein. Dann ist der junge Mensch frei, dann ist er kein Gefangener seiner Familie, sondern ein freies Mitglied, das gehen und auch wieder zurückkehren darf. Eine mögliche Strategie wäre, mit dem achtzehnjährigen Spross zu überlegen, welchen Beitrag er konkret leisten könnte im gemeinsamen Haushalt. Er könnte zum Beispiel einen Teil der Hausarbeit selbstständig erledigen oder – falls er schon Geld verdient – einen angemessenen Betrag zum Haushaltsgeld beisteuern. Vielleicht überlegt er sich, ob es für ihn nicht mehr Sinn ergibt, das Elternhaus zu verlassen und eine eigene kleine Wohnung zu mieten oder mit Freunden in eine Wohngemeinschaft zu ziehen. Als Eltern können wir solche Impulse nur unterstützen und unsere Kinder gehen lassen, wenn die Zeit reif dafür ist.

☞ **Einladung zum Gedankenexperiment:** Stellen Sie sich vor, Hathi, der Gerechte, führt daheim das Regiment; er dirigiert jüngere Geschwister, Eltern, Großeltern, alles tanzt nach seiner Pfeife. Wie fühlt sich das an für Sie als Familienoberhaupt? Wie gehen Sie damit um? Oder das andere Extrem: Wie empfinden Sie den Teenager, der sich verhält wie ein kleines Kind, der von ihnen abhängig ist und keinen Schritt hinaus aus dem Nest wagt ohne Ihre Unterstützung? Wie könnte der goldene Mittelweg aussehen? Wie kann ich als Elternteil dem Jugendlichen Mut machen und Selbstvertrauen schenken? Wie kann ich ihn loslassen, ohne ihn fallen zu lassen? Wie kann ich präsent sein, ohne aufdringlich zu sein? Wie kann ich seinen Bedürfnissen nach Ordnung, Sicherheit, Gerechtigkeit, Loyalität, Treue gerecht werden? Wie kann ich diese Gratwanderung meistern?

Welche Fragen könnte ich Hathi stellen? Mit welchen Fragen könnte ich ihn überraschen? Wir haben schon über Fragen nachgedacht, die den Vierer-Teenager unterstützen und ihm zu neuen Sichtweisen verhelfen können. Wie ist das mit Fragen, die wir uns selbst stellen könnten? Fragen, die uns helfen, uns selbst besser zu verstehen? Zum Beispiel: Wie geht es mir mit dem Gedanken, mein Kind loszulassen, wenn die Zeit dafür reif ist? Woran werde ich erkennen, dass die Zeit dafür reif ist? Wann beginnt das Loslassen? Eigentlich mit der Geburt, oder? Loslassen tut weh. Ist das wahr? Kann ich wirklich wissen, ob das wahr ist? Wohin kann ich meine Aufmerksamkeit richten, damit es für mich und auch für mein Kind leichter wird? Hin zu meinem Partner, zu meinen Freunden, meinen Aufgaben? Wie kann ich dem jungen Menschen vermitteln, dass ich dennoch da sein werde, falls er mich brauchen sollte?

Was braucht der Vierer-Teenager? Was braucht der pubertierende Hathi? Was sind zentrale Bedürfnisse auf dieser Lebensstufe?

- **Diskussionen:** „Die Eltern sollen sich einlassen auf Diskussionen und Auseinandersetzungen mit mir. Jetzt ist es besonders wichtig, dass sie ihre Autorität beweisen, ihre Standpunkte vertreten und Reibung aushalten. Es ist eine Zwickmühle: Einerseits will ich, dass wir alle einer Meinung sind, andererseits will ich mich aber ganz deutlich von ihnen unterscheiden. Da müssen wir durch."
- **Fragen, Fragen, Fragen:** „Die Eltern sollen meine Meinungen und Standpunkte hinterfragen. Vielleicht komme ich durch gezielte Fragen auf neue, flexiblere Gedanken und eigene Antworten. So helfen sie mir zu verstehen, dass es nicht nur eine einzige Wahrheit gibt."
- **Selbstständigkeit:** „Die Eltern sollen mir Mut machen zu selbstständigem Handeln und Denken. Vielleicht brauche ich manchmal auch einen kleinen Schubs hinaus aus dem Nest und hinein in die Welt. Wenn ich weiß, dass mein Elternhaus auch weiterhin die sichere Anlaufstelle bleibt, dann werde ich den Schritt hinaus eher wagen."

DER FÜNFER: KAA, DIE SCHLAUE

Dschungelspruch:
Das sind die vier,
die nie gestillt,
die nie gefüllt
seit Urbeginn –
des Schakals Schlund,
des Geiers Gier,
des Affen Hand,
des Menschen Sinn.[42]

Das Fünfer-Kleinkind

Bewegung und Gegenbewegung. Wahrscheinlich ist Ihnen schon aufgefallen, dass es beim Wechsel von einem *Dschungelbuch*-Typ zum anderen fast immer zu einer Art Gegenbewegung kommt. Liegt beim einen Level das Hauptinteresse des Menschen noch auf Gemeinschaft und Erfahrung des Du, so liegt es beim anderen Level wieder auf Individualität und Erfahrung des Selbst. Einmal steht das Du im Mittelpunkt, dann wieder das Ich, und zwischen diesen Polen treiben wir hin und her. Auch hier gibt es kein Gut oder Schlecht, Richtig oder Falsch. Beide Bewegungen sind wertvoll und wichtig für die Entwicklung des Menschen, beide Bewegungen sind Gelegenheiten, zu lernen und zu wachsen und zu innerer Balance zu finden. Der Einser Mogli und der Dreier Shir Khan stellen eher das Ich ins Zentrum ihrer Aufmerksamkeit, der Zweier King Louie und der Vierer Hathi stellen eher das Du ins Zentrum ihrer Aufmerksamkeit. Und so können wir auch beim Übergang vom Vierer zum Fünfer-Kleinkind sehen: Auf einmal sind die Regeln und Gesetze des Miteinanders nicht mehr so wichtig, jetzt ist das Ich wieder wichtig, sehr wichtig. „Das kann doch nicht alles gewesen sein, da muss doch noch mehr drin sein“, denkt sich der kleine Knirps vielleicht und verwandelt sich in Kaa, die schillernde, schlaue Schlange.

Leistung, Macht, Erfolg, Ansehen. Der kleine Fünfer ist sehr ehrgeizig, er übt und trainiert hartnäckig, bis er eine Sache beherrscht und vielleicht sogar Bester darin ist. Er ist für sein Alter unglaublich clever und schlau, wirkt manchmal geradezu altklug und eitel. Er liebt es, alle Fäden in der Hand zu haben und Macht zu spüren. Dafür geht er auch Risiken ein – Hauptsache, sein Vorhaben ist am Ende von Erfolg gekrönt. Er ist ziemlich gut darin, andere einzuteilen – da müssen die Kindergarten-„Kollegen" genauso herhalten wie die Eltern oder Großeltern. Gerne lässt er andere für sich arbeiten, er gibt sich erstaunlich leistungsorientiert für ein Kleinkind. Alles muss gemessen, gewogen, gezählt, bewertet werden. Klein Kaa steht auch ziemlich auf ein lässiges Äußeres: Die Schlangenhaut kann gar nicht genug schillern, die Frisur muss trendig sein, genauso die Kleidung, die Schuhe, die Sprache, der Gang – einfach cool, alles klar? Dann sehen wir kleine Kaa-Jungs in coolen Outfits am Spielplatz, mit Gel in den Haaren, gestylt bis zum Umfallen. Und dann sehen wir kleine Kaa-Mädchen in Stöckelschuhen durch die Wohnung trippeln, die sich schminken und die Hitparade mitsingen. Denken Sie nur an die Kinder-Schönheitswettbewerbe in den USA oder an ähnliche Veranstaltungen auch in Europa, wo sich schon die Kleinsten im Wettkampf messen.

Klüger, stärker, interessanter, lässiger. Wenn die Grenzen zwischen Groß und Klein verschwimmen, obwohl sie klar sein sollten, dann haben wir ein Strukturproblem in der Familie, dann ist die gute Ordnung gestört – und das hat immer Folgen. Wenn ein Kleinkind die Idee hat, besser zu sein als seine Eltern und klüger, stärker, interessanter, lässiger, wenn es meint, alles besser zu können als die anderen, wenn es höchsten Wert legt auf sein Äußeres und größte Panik hat vor Fehlern und Misserfolgen, besonders vor denen der Eltern – dann haben wir es höchstwahrscheinlich mit einem Kaa-Kleinkind zu tun, das aus der Balance geraten ist. Zugegeben, ein Fünfer-Kleinkind wird uns eher selten begegnen, wesentlich öfter werden wir es mit Zweier-, Dreier- und Vierer-Kleinkindern zu tun haben. Dennoch wollen wir auch über die Bedürfnisse des Fünfer-Kleinkindes nachdenken, über die Gefahren und Chancen auf dieser Lebensstufe, denn ich entdecke bei den Kindern und Erwachsenen in Europa vermehrt Fünfer-Energie. Aber keiner erklimmt aus reiner Lust die nächste Stufe, sondern weil er sich an die veränderten Lebensbedingungen anpassen will und so seinen Alltag besser meistern kann.

Kaa kann's besser. Kennen Sie markenbewusste Fünfjährige? Ich habe kürzlich einen Vater und seinen kleinen Sohn beobachtet. Die sahen beide ziemlich „cool" aus, vor allem der Kleine. Er hatte Gel in den Haaren, eine elegante Lederjacke lässig über die Schulter geworfen, Designerhemd, Designerjeans und ganz besondere Schuhe – Schuhe, die bei richtiger Belastung Rollen ausfahren, Schuhe, die sich in Rollschuhe verwandeln können. Große und Kleine warfen ihm bewundernde Blicke zu und er schien sich dabei sehr wohl zu fühlen – so ähnlich fühlt sich wahrscheinlich Kaa, wenn sie ihre alte Haut abgeworfen hat und sich erstmals in ihrer neuen Haut und ganzen Pracht dem Dschungelvolk zeigt.

Der Vater wollte Geld aus einem Geldautomaten holen und zückte seine Karte, da rollte Junior heran, schnappte sich die Karte und sagte mit einem mitleidigen Lächeln: „Papa, lass mich das machen. Ich kann das viel besser als du. Ich hole hundert Euro." Sprach's und holte das Geld aus dem Automaten. Ich denke, ich habe im Gesicht des Vaters widersprüchliche Gefühle gelesen: Einerseits war er stolz auf seinen klugen Kleinen, andererseits war er aber auch etwas irritiert und ärgerlich. Und als sein Sohn dann sagte: „Ich geb' dir neunzig Euro und behalte zehn Euro als Taschengeld, okay?", – da platzte ihm endgültig der Kragen ... Nachvollziehbar?

Das Bedürfnis nach Anerkennung. Wie kann man als Elternteil mit solch einem „Übergriff" des Kindes umgehen? Wie kann man sich den Bedürfnissen des Kindes annähern und dennoch Größe und Kompetenz zeigen? Wie kann man die gute Ordnung in der Familie aufrechterhalten und dennoch Rücksicht auf das Kind nehmen? Wir erinnern uns: Der Fünfer sehnt sich vor allem nach Anerkennung. Problematisch kann es sein, wenn ich als Vater oder Mutter Anerkennung ausschließlich in Form von materieller Belohnung gebe. Das verführt Kaa dazu, sich und seine Leistungen noch mehr zu vermarkten und zu veräußern. Im Extremfall führt es dazu, dass die Eltern nach Strich und Faden ausgenommen werden – vor allem emotional; dann spielt der kleine „Star" mit den Gefühlen derer, die ihn lieben, während er selbst seine Gefühle mehr und mehr unterdrückt und viel zu beherrscht reagiert. Man muss kein Entwicklungspsychologe sein, um zu erkennen, dass es nicht guttun kann, seine Gefühle von Kindesbeinen an hinter einer Maske der Überlegenheit zu verbergen. In der Kindesentwicklung kommt gerade den ersten Lebensjahren besondere Bedeutung zu, denn da werden die grundlegenden Muster für späteres Verhalten angelegt; da gilt es, Grundlegendes zu lernen – über Beziehungen, über Kommunikation, über den Umgang mit Gefühlen und vieles mehr.

Echte und unechte Gefühle

Riskieren wir echte Gefühle? Das ist eine Gefahr, der schon das Fünfer-Kleinkind unterliegt, aber genauso auch die Großen: Wir verlieren den Zugang zu unseren echten Gefühlen, zu den ursprünglichen Regungen in unserem Inneren. Wir trauen uns nicht, unsere spontanen Gefühle zu zeigen, sondern gewöhnen uns daran, sie zu verbergen, und zeigen stattdessen lieber ein unechtes Gefühl, etwas Gefälschtes, Vorgetäuschtes. Warum? Vielleicht weil wir glauben, dass die anderen diese Reaktion lieber sehen und Mühe haben mit der Kraft und Intensität einer echten Emotion. Oder weil wir glauben, wir gäben zu viel von uns preis, wenn wir unsere wahren Gefühle offenbarten. Oder weil wir es einfach so gelernt haben von den Menschen in unserem Umfeld.

Klein Kaa kennt keinen Schmerz. Ich habe auf einem Spielplatz folgende Szene beobachtet: Ein kleiner Junge spielte mit seinen Freunden; er konnte schneller laufen, lauter schreien, höher klettern als die anderen – kurz: Er war der Coolste von allen. Doch dann war er einen Moment unachtsam und stürzte aus rund zwei Metern Höhe vom Klettergerüst. Ich war gefasst auf einen markerschütternden Schrei, das musste fürchterlich wehgetan haben. Doch wissen Sie, wie er reagierte? Er schaute sich um, ob seine Freunde den Sturz beobachtet hatten, dann verbiss er sich den Schmerz, stand auf und humpelte hinter den nächsten Baum; dort ließ er dann endlich seinen Tränen freien Lauf und weinte still in sich hinein. Als seine Mutter ihn in die Arme nehmen und trösten wollte, wies er sie zornig ab.

Sie finden, der Junge könnte durchaus auch ein kleiner Shir Khan sein? Sie haben recht! Dieses Beispiel könnte auch zu einem Dreier-Kleinkind passen.

Ausdrücken statt unterdrücken. War das in Ihren Augen eine angemessene Reaktion des Jungen? Ich fände Schreien und Weinen angemessen: auf irgendeine Art und Weise den Schmerz ausdrücken statt unterdrücken. Das Schreien und Weinen wäre eine unmittelbare und klare Reaktion in dieser Situation, Ausdruck eines echten Gefühls. Möglichst cool bleiben, den Schmerz verbeißen und erst dann weinen, wenn es keiner sieht – das wirkt bei einem Kleinkind seltsam, unecht, unnatürlich. Von einem Erwachsenen wären wir das gewohnt, obwohl wir genauso hinterfragen könnten, ob es nicht immer wohltuender wäre, seinen Schmerz auszudrücken. Doch vielleicht haben wir auch schon von klein auf gelernt, echte Gefühle zu unterdrücken, vielleicht sind wir schon als Kinder dafür gelobt worden, und so haben wir uns daran gewöhnt, uns zu verstellen, Masken aufzusetzen und Gefühle auszuklammern – das scheint beliebter zu sein, gesellschaftlich mehr anerkannt. Und unsere Kinder tun es uns gleich. Sollten wir sie nicht eher zum Gegenteil ermutigen? Sollten wir ihnen nicht eher Vorbild sein für das Ausdrücken echter Gefühle?

Ein toter Vogel. Kürzlich war ich Zeuge eines Gesprächs zwischen Mutter und Tochter. Die Kleine (4) hatte einen toten Vogel auf der Straße gefunden, spürte offenbar Trauer in sich und begann zu weinen. Die Mutter war etwas ratlos, versucht dann aber, das Mädchen mit aller Gewalt abzulenken und aufzuheitern: „Das ist doch nicht so schlimm, jetzt sei doch wieder lustig, mein Schatz! Komm, wir kaufen dir ein Eis, dann ist alles wieder gut. Du hast doch keinen Grund, so traurig zu sein. Versuch einmal, ob du schon wieder lächeln kannst! Die Mundwinkel ein klein wenig nach oben ziehen? Und lächeln! Na siehst du, es geht ja."

Das Echte, das Wahre, das Klare. Was lernt das Mädchen in dieser Situation? Es lernt: Trauer so unverfälscht zu zeigen ist nicht gut, das sieht die Mama nicht gern. Die Mama hat es viel lieber, wenn ich lustig bin. Es lernt, einem inneren Impuls wie dieser Woge von Trauer zu misstrauen; es lernt, stattdessen ein tapferes Lächeln aufzusetzen. Doch macht diese Fälschung und Verzerrung Sinn? Warum hat die Mutter mit dem Weinen des Kindes solche Mühe? Das Wunderbare an echten Gefühlen ist, dass sie meist sehr kurz in uns aufwallen: Dann spüren wir einen Schwall von Freude oder Liebe, einen Moment des Glücks oder der Zufriedenheit, einen Impuls von Ärger oder Zorn, eine Woge von Trauer – doch all diese Regungen sind von kurzer Dauer. Denken Sie nur an Babys oder Kleinkinder, die alle Gefühle noch ganz offen zeigen – wie rasch da die unterschiedlichen Emotionen einander ablösen.

Graue Kruste um bunten Kern. Paul Watzlawick, Philosoph und Professor für Psychotherapie, hatte die Idee, dass in jedem Kind ein bunter, fröhlicher, lebendiger Kern steckt, der tanzt, hüpft, Spaß hat. Dann wächst das Kind heran und lernt; es lernt Wertvolles und Wichtiges, aber es lernt auch viel Unnützes, und dieser „Schrott" legt sich dann wie eine graue Kruste um seinen bunten Kern. Und diese graue Kruste verbirgt mit dem bunten Kern auch alle echten Gefühle. Wenn wir uns aber wirklich spüren wollen und wenn wir den Kontakt zu anderen Menschen vertiefen wollen und wenn wir innige Beziehungen erleben wollen, dann müssen wir den bunten Kern wieder freilegen und die graue Kruste Stück für Stück aufbrechen. Wer den ganzen Tag lang chronische Fröhlichkeit zeigt oder gar keine Regung mehr, der hat sich wohl schon weit entfernt von seinem bunten Kern und seinen echten Emotionen. Wer aber jenen Gefühlen vertraut, die in einer Situation als Erstes in ihm entstehen, die aus der tiefsten Tiefe seines Wesens aufsteigen, der spürt den bunten Kern hautnah, der zeigt dann ursprüngliche Gefühle, die Einfachheit und Klarheit ausstrahlen, die Kraft haben und Nähe zwischen Menschen schaffen, die andere berühren, die uns verbinden mit uns selbst und mit den Menschen, die uns umgeben. Überlegen Sie einmal: Wer sind die Menschen, deren Gegenwart Sie genießen? Sind das eher jene, die sich zurückhalten und Gefühle vor Ihnen verbergen? Oder sind das eher jene, die in Kontakt sind mit ihrem bunten Kern und echte Gefühle zeigen?

Zeig, was du fühlst! Gerade das Kaa-Kleinkind versteckt manchmal seine echten Gefühle hinter einer Fassade der Überlegenheit. Sie wissen ja, es will cool sein, erfolgreich, lässig – und dazu passen keine Tränen, kein Lachkrampf und auch kein Wutanfall. Doch darin liegt eine große Einschränkung: weil ein solcher Mensch sich nicht erlaubt, zu zeigen, was er wirklich fühlt. Und da sind wir als Eltern gefordert, da müssen wir entgegenwirken, indem wir unser Fünfer-Kind immer wieder ermutigen, Emotionen zu zeigen und aus sich herauszugehen, indem wir es dafür loben, wenn es verbunden ist mit seinem bunten Kern und spontan reagiert; indem wir auch vorleben, dass es okay ist, Gefühle zu haben und zu zeigen. Das ist vielleicht sogar der wichtigste Punkt. Dann findet der kleine Fünfer zur emotionalen Balance und kann all die Stärken ausleben, die diese Stufe mit sich bringt: Optimismus, Durchsetzungskraft, Entschlossenheit, Fleiß, Mut zu Risiko und Veränderung, Lebensfreude und noch viel mehr.

☞ **Einladung zum Gedankenexperiment:** Stellen Sie sich vor, der oder die kleine Kaa produziert sich wieder einmal völlig übertrieben, ist extrem vorlaut, überheblich, eitel? Shir Khan im *Dschungelbuch* packt die vorlaute Schlange und macht einen Knoten hinein. Aber wie gehen Sie als Elternteil damit um? Einerseits sind Sie stolz auf Ihr Kind, andererseits nervt Sie sein Verhalten gehörig – vor allem, wenn Sie spüren, dass die Unterschiede zwischen Groß und Klein verschwimmen. Worum könnte es dem kleinen Fünfer gehen? Was könnte er von Ihnen brauchen? Wonach sehnt er sich am meisten?

Sie haben bemerkt: Am besten motivieren lässt sich Klein Kaa mit Belohnungen. Doch wie belohnen Sie Ihr Kind am sinnvollsten? Wie können Sie ihm Anerkennung zollen ohne materielle Zuwendung? Wie würde es ihm gefallen, wenn Sie seine Erfolge aufrichtig bewunderten und ihm sagten, wie stolz Sie sind? Wie viel Verantwortung kann das Kind schon übernehmen? Was würde es überfordern? Was würde es unterfordern? Wie gehen Sie damit um, wenn ihr Kind versucht, Sie zu erpressen? Wie können Sie hier Grenzen setzen und dennoch Liebe zeigen?

Wofür sind wir als Erzieher Vorbild? Wie gehen wir mit Emotionen um? Gestatten wir uns echte Gefühle? Was hindert uns manchmal daran? Wie könnten wir noch intensiver mit unserem bunten Kern in Kontakt kommen? Was sieht das Kind in der Gesellschaft, in der es lebt? Wie geht unsere Gesellschaft mit Gefühlen um? Welche Qualitäten werden als Stärke gesehen, welche Qualitäten werden als Schwäche bewertet? Unermüdlicher Fleiß, Karriere, Produktivität, Ausdauer und Ehrgeiz – vom Tellerwäscher zum Millionär – ist das alles, was zählt? Wie viel Wert legen wir auf Geborgenheit, Harmonie, Miteinander, erfüllte Beziehungen? Es gibt nur *einen* Platz, an dem man beginnen kann, die Welt zu verändern: das eigene Herz.

Was braucht das Fünfer-Kleinkind? Was braucht die kleine, schlaue Kaa? Was sind zentrale Bedürfnisse auf dieser Lebensstufe?

- **Echte Anerkennung:** „Vater und Mutter sollen meine Leistungen anerkennen, aber auch mich als Ganzes. Sie sollen mich annehmen, so wie ich bin, auch wenn mal etwas schiefgeht. Für meine Leistungen und Erfolge sollen sie mich belohnen, aber nicht mit Geld oder Geschenken, sondern mit Zuwendung, Lob und liebevollen Worten."
- **Echte Gefühle:** „Vater und Mutter sollen mir vorleben, wie man mit seinen Gefühlen umgehen und sie auch ausdrücken kann. Ich will kein Gefangener meiner Emotionen sein, ich will mich frei fühlen und zeigen, was mich bewegt und berührt."
- **Echte Beziehungen:** „Vater und Mutter sollen achtgeben, dass ich mich nicht zu sehr von anderen abgrenze und zum Einzelgänger werde. Ich will immer der Beste sein, deswegen habe ich nicht nur Freunde. Ich will aber auch noch einiges lernen über Beziehungen."

Das Fünfer-Schulkind

Hautwechsel verursacht Unbehagen. Kaa, der große Felsenpython, hatte vielleicht zum zweihundertsten Mal seit seiner Geburt die Haut gewechselt; und Mogli, der nie vergaß, dass er in jener Nacht zu „Cold Lairs" der Riesenschlange sein Leben verdankte, kam, um ihr Glück zu wünschen. Hautwechsel verursacht den Schlangen immer etwas Unbehagen, und sie bleiben launisch, bis die neue Haut wieder hell und schön glänzt ...

„Wie macht sich mein neues Kleid?" – Mogli ließ seine Hand über die schillernden Diagonalmuster des ungeheuren Rückens gleiten. „Der Schildkrötenrücken ist härter, aber nicht so bunt", urteilte er. „Der Frosch, mein Namensvetter, ist bunter, aber nicht so hart. Prächtig sieht sie aus, deine neue Haut, wie Tupfen im Kelch der Lilie." – „Sie hat Wasser nötig. Meine neue Haut bekommt ihre volle Farbe erst nach dem ersten Bade. Komm! Gehen wir schwimmen!"[43]

Lieber im Alleingang. Einige Kinder beginnen schon im Kindergarten damit, die „Schlangen-Show" abzuziehen, andere beginnen in der Schule damit, ihre Haut zu wechseln; sie lassen Hathi, den Vierer, hinter sich und begeben sich auf Neuland, auf Stufe 5. Und irgendwie kann man sich vorstellen, dass dieser Hautwechsel ähnlich wie bei den Schlangen auch bei den Menschen mit etwas Unbehagen einhergeht und dass die Laune erst dann wieder blendend ist, wenn die neue Haut hell und schön glänzt. Schlangen leben nicht in Rudeln, sie sind Einzelgänger; auch das Kaa-Schulkind ist so beschäftigt mit seiner „Karriere", sprich: mit Schule und Hobbys, dass oft wenig Zeit bleibt für die Pflege von Freundschaften. Das Kaa-Schulkind ist in der Regel sehr tüchtig und fleißig und arbeitet an sich selbst: Es legt Wert auf gute Noten und andere Erfolge, es steht auf Lob und Anerkennung durch Mitschüler, Freunde, Lehrer, Eltern. Es mag Hobbys, bei denen es sein Geschick beweisen kann; und war beim Vierer eher das Gemeinschaftserlebnis wichtig, so mag der Fünfer lieber Aufgaben, die er im Alleingang bewältigen kann. Mannschaftssportarten liegen und gefallen ihm jetzt weniger. Tennis, Schwimmen, Laufen, Golf, Reiten sind da schon mehr nach seinem Geschmack. Da trainiert er hart, um auch hier zu den Besten zu gehören, denn er verliert äußerst ungern.

Kaa ist Klassenbeste – und Außenseiterin. Ich kenne ein Mädchen, das schon in der Grundschule der Star ist. Sie lernt unglaublich schnell, ist sehr fleißig und extrem ehrgeizig. Ihre Mutter ist alleinerziehend, arbeitet auch sehr hart und klettert die Karriereleiter nach oben. Sie belohnt ihre Tochter vorwiegend mit Taschengeld und Geschenken. Das spornt das Mädchen an, noch härter zu arbeiten. Das Problem ist nur: Sie ist nicht sehr beliebt bei den anderen Kindern. In der Schule nennen alle sie „Streber" und sind genervt, wenn sie immer alle Antworten weiß und sich wichtig macht. Sie ist so erfolgreich, dass sie in eine Außenseiterrolle gerät und darunter zu leiden beginnt.

In welcher Form könnte die Mutter das Mädchen unterstützen? Die kleine Kaa ist aus der Balance ins Extrem geraten: Die schulischen Erfolge sind enorm, doch die Beziehungen zu Schulkollegen und Freunden bleiben auf der Strecke.

Gesundes Selbstvertrauen. Der große Vorteil eines Kaa-Schulkindes in Balance ist: Es hat ein gesundes Selbstvertrauen, es traut sich vieles zu, es denkt auch über Grenzen hinaus und riskiert es, neue, unbekannte Wege einzuschlagen. Am liebsten *plant* es gezielt seine Lernerfahrungen, es überlegt sich Strategien, es strengt sich gerne selbst an, will nicht alles vorgekaut bekommen, sondern eigene Lösungen finden. Es lernt rasch und effizient und verspricht sich dadurch weiteren Erfolg und Ruhm. Es ist ziemlich flexibel und offen für Veränderung, es ist neugierig und einfallsreich, spontan und schlagfertig. Und es beginnt, Autoritäten in Frage zu stellen. Das kann für die Erziehenden anstrengend sein, doch für Kaa ist es ein aufregendes Spiel, sich mit den Großen zu messen.

Was ist wirklich wichtig? Für uns Eltern bedeutet das wiederum eine Gratwanderung: Wir müssen einerseits Verständnis aufbringen für die Grenzgänge unseres Sprösslings, wir müssen andererseits aber auch jetzt Größe zeigen und letzte Autorität bleiben. Wir müssen die Selbstständigkeit des Kindes fördern und dennoch darauf achten, dass es auf dem Boden bleibt. Wir müssen es nach und nach in die Eigenverantwortung entlassen und dennoch darauf achten, dass die Last der Verantwortung nicht zu schwer auf ihm liegt. Wir müssen ihm vieles zutrauen und auch konkrete Aufgaben stellen und dennoch beweisen, dass wir unser Kind immer lieben und respektieren – egal, ob es siegt oder verliert. Und wir müssen es motivieren und dennoch darauf achten, dass es erkennt: Es gibt außer der Eins in Mathe noch andere Dinge, die im Leben wichtig sind, zum Beispiel gelungene Beziehungen zu anderen Menschen, und gerade in dieser Sache bleiben wir wohl alle ein Leben lang Schüler.

Herz oder Kopf? Was das Kaa-Schulkind schon erstaunlich gut kann: sich beherrschen und auf etwas warten. Wenn man es vor die Wahl stellt: „Willst du eine *kleine* Belohnung jetzt gleich oder eine *größere* Belohnung später?", – dann wird Kaa sich für den größeren Gewinn *später* entscheiden. Die Mehrheit der Kinder und vielleicht auch der Erwachsenen würde sich aber für den kleinen Gewinn *sofort* entscheiden. Die meisten wissen zwar, dass es klüger wäre, auf den größeren Gewinn zu warten, entscheiden sich aber doch für den sofortigen Gewinn. Je reifer ein Kind ist, desto eher wird es sich für das Warten entscheiden. Mich erinnert das an den ewigen Kampf zwischen Herz und Kopf, zwischen Gefühl und Verstand. Woody Allen meint dazu, das Schwierigste am Leben sei es, Herz und Kopf dazu zu bringen, zusammenzuarbeiten; in *seinem* Fall verkehrten sie nicht einmal freundschaftlich miteinander ... Beim Fünfer-Schulkind kooperieren die beiden recht gut, der Kopf entscheidet sogar ziemlich oft: Er rechnet, er kalkuliert, er bezähmt die Impulse des Herzens, er findet: Das ist es wert –, wenn am Ende *mehr* Gewinn dabei herausschaut.

Etwas erwarten können. In dieser Hinsicht kann Klein Kaa als Vorbild dienen. Es ist wichtig, dass Kinder das Warten lernen; diese Fähigkeit werden sie oft brauchen: Sie werden warten müssen, bis sie an die Reihe kommen, bis ihre Wünsche erfüllt werden, bis die Hausaufgaben erledigt sind, bis der Lehrer für sie Zeit hat und so weiter. Voraussetzung dafür ist das Grundverständnis für Zeit. Wenn ein Kind noch ganz im Hier und Jetzt lebt, dann wird es sich damit sehr schwer tun, dann kann es mit diesem Begriff von „Zeit" noch nichts anfangen. Doch wir wissen, ab Stufe 4 ist das möglich, da ist der Mensch imstande, seine Instinkte weitgehend zu kontrollieren, sein Herz in Zaum zu halten, abzuwarten. Und dann können wir beginnen, unsere Kinder zu ermuntern, hin und wieder einer Versuchung zu widerstehen oder auf etwas zu warten oder etwas aufzusparen. Das hat zur Folge, dass sie besser mit Frustrationen umgehen, einfühlsamer auf andere Menschen reagieren und mehr Selbstbewusstsein und Selbstsicherheit spüren. Damit wiederum haben sie optimale Voraussetzungen, um unbeschadet durch die Pubertät zu kommen.

Das Wunderkind

Das große Genie. Albert Einstein wird auf der ganzen Welt als Genie anerkannt, er ist zum Symbol des Genies schlechthin geworden. Wussten Sie, dass Albert Einstein nicht sprach, bevor er vier Jahre alt war, und nicht lesen konnte, bis er sieben war? Seine Lehrer beschrieben ihn als geistig langsam, ungesellig und immer in seine Träume abschweifend. Er war ein mittelmäßiger Schüler, interessierte sich zwar schon früh für Naturwissenschaften und Mathematik, aber der Unterricht im Gymnasium gefiel ihm nicht recht. Im Alter von fünfzehn wurde er von der Schule verwiesen, den Abschluss holte er erst später nach und auch der Zugang zur Technischen Hochschule Zürich wurde ihm zunächst verweigert und erst im zweiten Anlauf gestattet. Nachdem seine berühmte Formel zur Relativitätstheorie (E = mc?) im Jahre 1919 experimentell bestätigt worden war, wurde Einstein über Nacht weltberühmt. Er erhielt Einladungen und Ehrungen aus der ganzen Welt, es gab kaum eine Zeitung, die nicht in den höchsten Tönen über ihn und seine Arbeit berichtete. Im Jahr 1921 erhielt er dann schließlich den Nobelpreis für Physik.

Das kleine Genie. Albert Einstein war der festen Überzeugung, dass alle Menschen als Genies auf die Welt kämen. Erst später würden ihnen durch Eltern und Lehrer die Flügel gestutzt. Kinder sind wirklich kleine Genies, die schon in frühen Jahren Erstaunliches leisten und Unmengen lernen können, und Klein Kaa weiß das. Ein Problem wird das erst, wenn der kleine Fünfer immer und überall den Besserwisser und Neunmalklugen spielt, wenn er beginnt, andere zu manipulieren und für seine Zwecke zu benutzen, und sich dadurch zu sehr abgrenzt von den Gleichaltrigen. Dann entgehen ihm wesentliche Lernerfahrungen auf der zwischenmenschlichen Ebene; dann mag er vielleicht einen Intelligenzquotienten haben, der überdurchschnittlich ist, aber die „emotionale Intelligenz“ wird auf der Strecke bleiben und er wird unter Umständen Schwierigkeiten haben im Umgang mit Gefühlen und mit anderen Menschen, Probleme in Beziehungen, Defizite bei Einfühlungsvermögen und Verständnis. Doch was nutzt einem der größte Erfolg, wenn man unfähig ist, zu anderen Menschen in Beziehung zu treten?

Vitus, das Wunderkind. Ich habe mir neulich im Kino *Vitus* angesehen, den Film über einen hochbegabten Jungen, der bereits mit fünf Jahren Klavier spielt wie einst Mozart, der sich das Lesen selbst beibringt und mit seiner extremen Wissbegierde fast alle Erwachsenen in seinem Umfeld nervt. Was ihm die Großen nicht erklären können, das schlägt er kurzerhand im

Lexikon nach. Im Kindergarten gibt es Ärger, weil die anderen Kinder ihn langweilen. Auch in der Schule bleibt er ein verschrobener Einzelgänger, langweilt sich und treibt Mitschüler und Lehrer zur Verzweiflung. Mit dreizehn schließt er die Schule ab und sein Vater schlägt ihm allen Ernstes vor, ein Ingenieurstudium zu beginnen. Seine Mutter hat die ganze Zeit ohnehin nur eines im Sinn: Ihr Wunderkind soll als Pianist Weltkarriere machen – ohne Rücksicht auf Verluste, ohne Rücksicht auf die Bedürfnisse ihres Kindes.

Doch irgendwann hat Vitus die Nase voll und schiebt dem Ganzen einen Riegel vor: Er inszeniert einen Unfall und täuscht vor, seine Hochbegabung verloren zu haben. Jetzt kann er endlich ein „normaler" Junge sein, kann am Nachmittag mit Freunden Fahrrad fahren, statt stundenlang unter Mutters strengem Blick Klavier zu üben. Er geht wieder auf die „normale" Schule, wo er sich durchkämpft wie alle anderen. Er ist nicht länger das Wunderkind, der Außenseiter, der Star – jetzt ist er einer wie alle anderen und fühlt sich pudelwohl dabei.

Anerkennung zollen. Egal, ob das Mädchen, das in der Schule der Star ist, oder Vitus, der geniale Klaviervirtuose, egal, ob das As im Sport oder der mit Preisen dekorierte Jungschriftsteller – die Gefahr besteht darin, dass diese junge Menschen sehr einsam werden. Das ist die Schattenseite der Hochbegabung. Oft sind es hier gar nicht die Eltern, die das Kind zu Höchstleistungen anspornen, sondern das Kind selbst, das sich immer wieder motiviert und versucht, sein großes Bedürfnis nach Anerkennung zu stillen. Darum geht es dem Fünfer vor allem. Wie kann man als Elternteil dem entgegenwirken? Wie kann man übertriebenen Ehrgeiz in die richtigen Bahnen lenken? – Indem man dem Kind Anerkennung schenkt, auch wenn es nichts Großartiges geleistet hat. Indem man einfach mit Worten und Taten zeigt, dass man es schätzt und respektiert und liebt. Indem man das Kind nicht zu sehr in den Mittelpunkt stellt und eher darauf achtet, dass es von klein auf mit anderen Kindern zusammen ist. Aber auch indem man es nicht in Anzug und Krawatte in die Schule schickt, sondern in Jeans – wie alle anderen. Und immer wieder durch das Vorbild: indem man dem Kind vorlebt, dass Erfolg viele Gesichter hat.

Erfolg heißt …

Oft und viel lachen,
die Achtung intelligenter Menschen
und die Zuneigung von Kindern gewinnen,
die Anerkennung aufrichtiger Kritiker verdienen
und den Verrat falscher Freunde ertragen,
Schönheit bewundern,
in anderen das Beste finden,
die Welt ein bisschen besser verlassen,
ob durch ein gesundes Kind, ein Stückchen Garten
oder einen kleinen Beitrag zur Verbesserung der Gesellschaft,
wissen, dass wenigstens das Leben eines anderen Menschen leichter war,weil du gelebt hast.

Das bedeutet, nicht umsonst gelebt zu haben.

Ralph Waldo Emerson

☞ **Einladung zum Gedankenexperiment:** Stellen Sie sich vor, Ihr Kaa-Schulkind kommt unglücklich aus der Schule heim: Zum ersten Mal hat es ein „Befriedigend“ bei einer Schularbeit. Wie reagieren Sie? Wie könnten Sie es trösten? Was wäre die schlimmste Strafe für das Fünfer-Kind? Einen Gewinn vorenthalten? Seine Leistungen nicht anzuerkennen oder gar abzuwerten? Wie reagiert es auf „Belohnungen“? Und wie könnten die aussehen in der Welt des Fünfer-Kindes? Welche Karotte halten Sie ihm vor die Nase? Schmeckt diese Ihrem Kind überhaupt oder eher Ihnen selbst?

Manchmal verwechseln Erwachsene die Welt der Kleinen mit der Welt der Großen. Wirklich motivieren können Sie das Fünfer-Kind nur mit Belohnungen, die ihm gemäß sind. Was ist ihm wichtig? Worauf legt es besonderen Wert? Welchen Gewinn erhofft es sich dadurch? Braucht mein Kind eine Art Wettkampfsituation, in der es sich mit anderen messen kann? Oder: Welche Fragen könnte ich ihm stellen, um allzu ehrgeizige Ideen zu hinterfragen?

Was tun, wenn die Schulleistungen zwar perfekt sind, aber das Kind dennoch traurig ist, weil es keine Freunde findet? Wie kann ich mein Kind motivieren, dennoch den Kontakt mit anderen zu suchen? Wie kann ich mein Kind unterstützen, die Balance zu finden zwischen Herz und Kopf? Wie kann ich ihm beibringen, dass beides wichtig ist: Gefühl und Intellekt? Und immer wieder kann ich mich selbst beobachten und fragen: Was lebe ich vor? Wofür bin ich ein Vorbild? Was lernt das Kind von mir? Inwiefern will es mir nacheifern? Oder wo will es sich bewusst abgrenzen?

Was braucht das Fünfer-Schulkind? Was braucht der oder die kluge Kaa? Was sind zentrale Bedürfnisse auf dieser Lebensstufe?

- **Verantwortung altersgemäß übergeben:** „Meine Eltern sollen mir meinem Alter entsprechende Aufgaben zutrauen und zumuten; ich wachse an der Herausforderung und bin so stolz, wenn ich eine Aufgabe erfolgreich erledigt habe. Ich bin auch bereit, Verantwortung zu übernehmen – nicht zu viel, nicht zu wenig."
- **Bereitschaft für Beziehungen:** „Meine Eltern sollen mir vermitteln, dass schulische Erfolge nicht die ganze Welt sind, sondern dass es auch wichtig ist, in seinen Beziehungen erfolgreich zu sein, dass man sich mit den Familienmitgliedern gut versteht und genauso mit Freunden und Schulkollegen und anderen."
- **Die gute Ordnung:** „Meine Eltern sollen daheim immer wieder für die gute Ordnung sorgen und mir klarmachen, dass sie die Großen sind und ich der Kleine – das vergesse ich manchmal. Am liebsten wäre ich selbst das Familienoberhaupt, aber ich weiß, das würde keinem von uns guttun. Daran sollen sie mich immer wieder erinnern."

Der Fünfer-Jugendliche

Rechtzeitig darauf schauen, dass man es hat, wenn man es braucht – kennen Sie diesen Spruch? Materieller Wohlstand ist dem Fünfer wichtig, noch besser: materieller Überfluss. Man kann gar nicht genug Klamotten, Schuhe, technischen Schnickschnack, Luxusartikel haben. Lifestyle, Selbstsucht, Selbstdarstellung, Kaufrausch, Kaufsucht entspringen möglicherweise dieser Stufe. Der Mensch hat mehr, als er braucht, und häuft trotzdem ständig neue Schätze an. Das verschafft ihm einen Kick im Moment des Kaufens, doch kurze Zeit später fehlt ihm schon wieder etwas für sein Glück. Die Werbung nutzt das geschickt aus und weckt ständig neue Bedürfnisse, von denen wir vorher gar nicht ahnten, dass es sie gibt. Und während wir weiter kaufen und kaufen und kaufen, bleiben die echten Bedürfnisse vielleicht unerfüllt.

Wie auf dem Basar. Wenn Kaa pubertiert, machen Sie sich auf lange Diskussionen gefasst, auf endlose Verhandlungen, auf ein Feilschen bis zum letzten Cent. Der Fünfer-Teenager verhandelt für sein Leben gern – mit Eltern ums Taschengeld, genauso mit Lehrern um Noten. Er genießt dieses Spiel, bei dem er seine Kräfte, seinen Intellekt messen kann, er liebt das Abenteuer und das Risiko. Er hasst es, zu verlieren, doch genau das ist wichtig für seine weitere Entwicklung: die Erkenntnis, dass er nicht immer und überall der Beste, Klügste, Schnellste sein kann. Erwachsensein heißt, auch einmal nachgeben oder verlieren können, Kompromisse schließen, die für alle Beteiligten ein Gewinn sind; gewahr werden, dass es im Leben Situationen gibt, in denen es um mehr geht als um Erfolg oder Misserfolg. Dorthin gilt es den Kaa-Teenager zu begleiten.

Alle sind gleich, aber einige sind „gleicher". Stress und Ungeduld empfindet Kaa, wenn auf seinem Weg zum Erfolg Hindernisse auftauchen. Stress und Ärger empfindet er auch, wenn seine Ziele oder er selbst abgewertet oder abgelehnt werden. Bei George Orwell (in *Farm der Tiere*) lesen wir den inzwischen geflügelten Satz: Alle Tiere sind gleich, aber einige Tiere sind gleicher als andere. Dieser Meinung kann sich der Fünfer-Teenager nur anschließen. Er sieht es überhaupt nicht ein, warum andere, die weniger leisten als er, gleich behandelt und belohnt werden sollen. Und wenn ihm ein versprochener Gewinn vorenthalten wird, dann wird er erst richtig sauer. Wenn er allerdings klare Zielvereinbarungen hat, wenn er persönliche und materielle Anerkennung bekommt und dazu vielleicht noch Zeugnisse, Urkunden, Pokale, Auszeichnungen – dann wird er sich sehr, sehr wohl fühlen und höchst motiviert die nächsten Ziele anvisieren.

Kaa verwaltet das Vermögen. Ich war ungefähr siebzehn, als ich mit meiner ganzen Familie eine Europarundreise machte. Mein Vater vertraute mir die Urlaubskasse an, das heißt: Ich durfte entscheiden, wann und wo wir wie viel Geld ausgeben konnten. Meine Eltern meinten, ich würde das besser managen als sie. Und sie hatten recht: Es funktionierte perfekt. Ich war damals schon ziemlich groß, doch mit dieser Aufgabe bin ich gleich noch einmal um einen Kopf gewachsen – so stolz war ich auf meine Leistung. Doch ich erinnere mich noch an ein anderes Gefühl: Tief im Inneren habe ich auch einen kleinen Schmerz gespürt. Außen großer Stolz, innen kleiner Schmerz, weil meine Eltern mich allein entscheiden ließen, weil ich allein so viel Macht hatte, aber auch allein die Verantwortung trug. Und das hat mich auch ein bisschen belastet.

Zurück von der Reise habe ich meinen Schulkameraden stolz davon erzählt; einer hat dann eine komische Bemerkung über meine Eltern fallen lassen, die mich gekränkt hat. Heute weiß ich, was mich damals gestört hat: Durch das Übernehmen dieser verantwortungsvollen Aufgabe war die gute Ordnung innerhalb der Familie verrückt – ich war zu groß geworden und meine Eltern zu klein. Und der Unterschied lag einzig und allein darin, dass meine Eltern rein theoretisch fähig gewesen wären, selbst das Geld zu verwalten. Wenn ich gespürt hätte, dass sie mir nur eine Aufgabe gestellt hatten, an der ich wachsen konnte, die sie aber auch selbst hätten leisten können, dann wäre ich wahrscheinlich nur stolz gewesen. Vielleicht hätten dazu ein paar einfache Sätze genügt wie diese: „Wenn du irgendwelche Fragen hast, dann stell sie einfach! Wenn du unsicher bist, dann entscheiden wir gemeinsam! Sag einfach, wenn du Unterstützung brauchst!" So aber erlebte ich, wie sich meine Eltern selbst kleiner machten, als mir lieb war, und mir mehr Macht gaben, als mir lieb war.

Letzte Instanz bleiben. Worauf müssen wir also achten, wenn wir den Kaa-Teenager beeindrucken wollen? Was müssen wir als Eltern oder Pädagogen tun, wenn wir wollen, dass der halbstarke Fünfer uns als Anführer anerkennt? Uns anbiedern und den Kumpel spielen? Macht abgeben und wichtige Aufgaben delegieren? Wir müssen unter allen Umständen unsere Größe und Autorität bewahren, wir müssen „letzte Instanz" für den Teenager bleiben und uns dennoch im Hintergrund halten. Wir dürfen liebevoller Mentor sein und auch Experte für möglichst vieles. Wir werden unsere Kompetenz immer wieder beweisen und auch Mut zum Risiko zeigen müssen – dafür zollt uns Kaa seine Hochachtung. Wir werden uns möglichst wenig einmischen und dennoch auf Chancen aufmerksam machen, wir werden große Ziele vorgeben, motivieren, anfeuern, Mut machen, loben, und immer wieder Gewinn und Nutzen in Aussicht stellen. Anstrengend? Das ist schon möglich, aber keiner hat uns versprochen, dass Kindererziehung ein Kinderspiel sei.

Neue Medien – Segen oder Fluch?

Mehr miteinander reden. Studien belegen: In europäischen Haushalten läuft der Fernseher im Schnitt vier Stunden pro Tag. Und wie viel freie Gesprächszeit haben Paare im Schnitt pro Tag? Also freie Zeit für Austausch und Miteinander – abseits von Organisation des Haushalts, des Alltags? Im Schnitt vier Minuten pro

Tag. Kein Wunder, dass nicht mehr Zeit für Gespräche bleibt, wenn ein Mensch durchschnittlich acht Stunden pro Tag arbeitet, vier Stunden fernsieht und noch ein paar Stunden schlafen will. Dabei sind es gerade die Gespräche und der regelmäßige Austausch, die eine Partnerschaft beleben und erneuern können. Der Kabarettist Hugo Wiener meinte in diesem Zusammenhang: „Ich glaube, das Fernsehen zerstört den Kontakt innerhalb der Familie. Ich habe einen Neffen, der hat bis zu seinem vierten Lebensjahr geglaubt, er heiße Psssst ..." Wir sollten miteinander reden – und da ist die *Qualität* des Gesprächs genauso wichtig wie die *Quantität*. Nur wenn wir viel miteinander reden, werden wir die Bedürfnisse des anderen kennenlernen und unsere eigenen Bedürfnisse äußern können – und dann kann eine Beziehung wachsen und gedeihen wie die Pflanzen des Dschungels in der Regenzeit. Gespräche sind der Regen, von dem wir in unseren Beziehungen nicht genug kriegen können. Wie sieht die Gesprächskultur in Ihrer Familie aus?

Ich will anders sein. In der Pubertät ernten wir oft die Früchte jener Samen, die wir schon viele Jahre zuvor gesät haben, und dennoch ist es nie zu spät, sein Kind zu unterstützen und zu stärken. Keine Frage, heutzutage ist es wichtig, dass ein junger Mensch mit der modernen Technik klarkommt; was aber noch viel wichtiger ist, ist seine Fähigkeit, mit anderen Menschen klarzukommen. Fünfer-Kleinkind und Fünfer-Schulkind sind zumindest noch bis zu einem gewissen Grad dem Druck der Gruppe ausgesetzt, sie wollen dazugehören und den anderen gleichen. Der Fünfer-Teenager hingegen entzieht sich diesem Druck ganz gerne, er will sich nicht anpassen. Er steht richtig darauf, durch das Aufpolieren seines Images ein Außenseiter zu sein, anders als die anderen. Er gefällt sich in seiner „Sonderrolle" und erhofft sich dadurch wohl auch einen Gewinn. Die Marke „Ich" soll positioniert werden und da bedarf es des einen oder anderen Opfers – dieser Gedanke mag ihm vielleicht durch den Kopf gehen. Doch wie hoch ist der Preis, den der junge Mensch dafür bezahlt?

Kaa und die Gefahren des Wohlstands. Manche Jugendlichen haben zu viel des Guten: Sie verfügen über eine beträchtliche Summe Taschengeld, sie haben die neuesten technischen Geräte, von Spielkonsolen über Computer, DVD-Player bis Flachbild-Fernseher – und das alles in ihrem Zimmer. Aber sie haben keine Eltern, die ihnen Zeit schenken, mit ihnen diskutieren oder einfach nur zuhören. Und da sitzt dann der moderne Kaspar Hauser Stunde um Stunde allein in seiner Höhle und baut eine Beziehung zu seinen technischen Geräten auf. Bis er eines Tages erkennt, dass diese Beziehung ihn nicht wirklich glücklich machen kann, ist er vielleicht schon ein Erwachsener mit Beziehungsproblemen geworden. Und als Elternteil kann man da nur hilflos zusehen, oder?

Das Gute gibt es nicht umsonst. Auch hier rede ich vom Extremfall, von demjenigen Teenager, der sich vollständig aus seinen Gruppen herausnimmt, der sich von seiner Familie gänzlich zurückzieht, der allein, verbohrt und verbissen seine Ziele verfolgt. Ein bisschen Alleinsein schadet nicht, gerade in der Pubertät kann es sehr hilfreich sein, sich hin und wieder zurückzuziehen und über die großen Fragen des Lebens zu grübeln. Im totalen Rückzug hingegen sehe ich schon ein Problem. Eine alte Sufi-Weisheit sagt: „Das Gute gibt es nicht umsonst." Ich will etwas, das mir guttut, aber es hat seinen Preis. Und da sind wir wieder bei einem zentralen Punkt angelangt: bei den Bedürfnissen. Natürlich ist es wieder relativ, was einem gut oder schlecht bekommt. Und wir Eltern haben oft andere Vorstellungen von dem, was unserem Kind guttäte, als das Kind selbst. Dabei sucht und versucht Kaa im Internet womöglich dasselbe wie im wirklichen Leben, nur mit weniger Risiko. Er begibt sich in eine virtuelle Welt, um seine Wünsche und Sehnsüchte zu erfüllen. Und so sucht der Teenager wohl auch hier nach Anerkennung, Erfolg, Gewinn und letztendlich nach Identität.

Das Leben eines anderen leben. Haben Sie schon von „Second Life" gehört? Das ist ein „Metaversum" – ein virtuelles Online-Universum, wo Menschen sich ihre eigene Welt aufbauen und ihren Alltag bereichern um eine Fiktion, ihr wirkliches Leben um ein erfundenes. Im „Second Life" ist alles möglich: Man kann sich sein Traumleben basteln, Grundstücke kaufen, Villen bauen, Sport treiben, Kunst machen, Menschen kennenlernen und praktischerweise auch seinen Körper und sein Aussehen selbst gestalten. Anders als bei ähnlichen Spielen im Internet muss hier nichts besiegt, zerstört, gerettet werden; es reicht, einfach hier zu sein. Wie im wirklichen Leben werden Konsum, Sex, Unterhaltung und so weiter angeboten – doch ohne die dazugehörenden Probleme.

Man geht virtuell aus, flirtet, tanzt, trinkt, isst, genießt – und eigentlich kann nicht viel schiefgehen: Die Männer sind ziemlich männlich und die Frauen ziemlich weiblich, alle bildhübsch, schlank, begehrenswert und nie müde. Die Frauen tragen den ganzen Tag lang Stöckelschuhe und haben nie Rückenschmerzen. Die Männer trinken ununterbrochen Bier und haben keinen Bauch. Alles ist möglich. Aber ist auch alles gut? So erfinden sich weltweit täglich Millionen von Menschen neu und erliegen der Illusion, dass sie anderen Menschen begegnen. Doch von einer virtuellen Begegnung zu einer wirklichen Begegnung – das ist ein Quantensprung. Und spätestens dann stelle ich mir die Sinnfrage: Wozu das alles? Welche Bedürfnisse wollen Menschen sich auf diese Weise erfüllen? Und macht das wirklich glücklich?

Du beherrschst sie, nicht sie beherrschen dich. Das Internet verteufeln und den Kindern jeglichen Zugang verweigern – das halte ich für eine schlechte Idee. Früher oder später erreicht Kaa so oder so sein Ziel. Viel wesentlicher scheint mir, dass das Kind den Umgang mit den neuen Medien beherrschen lernt. „Du beherrschst sie, nicht sie beherrschen dich. Du hast Macht über sie, nicht sie über dich.“ Dieser Gedanke könnte eine leckere Karotte sein, die wir dem Fünfer vor die Nase halten können. Damit packen wir ihn bei seinen Bedürfnissen. Wir erinnern uns: Der Fünfer steht auf Selbstbestimmung, Macht, Autorität. Oder dem Jugendlichen, der sich extrem zurückzieht, mache ich klar: „Kontakte sind das A und O, Lobbying ist extrem wichtig, wenn du später beruflich erfolgreich sein willst. Und die Kontakte, die du jetzt aufbaust, die bleiben dir ein Leben lang, die sind neben deiner Ausbildung dein wichtigstes Kapital.“ So können wir statt Alternativen auch ergänzende Gedanken einbringen, dem Jugendlichen einen noch höheren Gewinn aufzeigen – einen Gewinn, der so attraktiv ist, dass er freiwillig sein Verhalten anpasst. So wird er selbst daran arbeiten, dass er nicht zum Sklaven der neuen Medien wird, sondern wird lernen, die Technik zu benutzen, um seine Ziele schneller und effizienter zu erreichen.

Attraktive Ergänzungen. Wenn wir ergänzende Ideen einbringen, die Kaa unterstützen sollen, dann müssen diese Ideen in der Fünfer-Welt Sinn machen und für das Kind wirklich attraktiv sein, eine echte Bereicherung. Manchmal machen wir Eltern den Fehler, dass wir Gewinne aus unserer Welt in Aussicht stellen, die aber auf das Kind bei weitem nicht so anziehend wirken wie auf uns. Wenn wir das Kind aber wirklich motivieren wollen, dann müssen wir auch einen Gewinn aus der Welt des Kindes finden. Und wenn uns das schwer fällt, dann haben wir immer noch die Möglichkeit nachzufragen: „Was wäre für dich ein noch höherer Gewinn?“ Und dann werden Antworten kommen, die uns weiterhelfen beim

Erforschen der Bedürfnisse unserer Kinder. Gerade für den Fünfer sind Fragen sehr wertvoll: Er schätzt es, selbst Lösungen zu finden. Dann wird er auch eher bereit sein, etwas loszulassen und etwas anderes auszuprobieren. Der Fünfer will sich den Himmel auf Erden schaffen, doch er muss erst einmal begreifen, dass er dazu vor allem eines braucht: andere Menschen.

☞ **Einladung zum Gedankenexperiment:** Was meinen Sie zu Kaufrausch und Kaufsucht? Stellen Sie sich vor, Ihr Kaa-Teenager ist ständig unzufrieden, weil er immer mehr will und noch mehr und noch mehr und dabei doch nicht sein Glück findet. Wonach könnte er sich wirklich sehnen? Nach Dingen, die man wahrscheinlich nicht in Geschäften kaufen kann: nach Anerkennung? Erfolg? Wahrheit? Begegnung? Ich weiß es nicht. Sie sind der Experte für Ihr Kind, Sie werden eher seine Grundbedürfnisse erraten oder danach fragen können. Wie sieht die Gesprächskultur in Ihrer Familie aus? Gibt es Zeit für Austausch und Miteinander? Zwischen den Partnern und genauso zwischen Eltern und Kindern? Hätten Sie gerne mehr Zeit für Gespräche? Worauf werden Sie verzichten, damit das möglich ist? Sie wissen ja, das Gute gibt es nicht umsonst.

Wie geht Ihr Fünfer-Teenager mit den neuen Medien um? Hat er sich im Griff, wenn er fernsieht oder im Internet surft? Wie könnten Sie ihn unterstützen, dass er den Umgang mit den Medien noch besser beherrschen lernt? Welche ergänzenden Gedanken könnten Sie ihm anbieten? Wie könnten Sie ihm einen noch höheren Gewinn schmackhaft machen? Wie sieht die Karotte aus, die Sie Kaa vor die Nase halten?

An dieser Stelle dürfen Sie auch wieder in den Spiegel blicken und sich selbst fragen: Wie gehe ich mit den neuen Medien um? Gibt es einen Tag in der Woche, an dem ich meinen Laptop *nicht* einschalte? Oder vielleicht sogar zwei? Wie viele Minuten oder Stunden pro Tag verbringe ich vor dem Fernseher? Wie viele Minuten oder Stunden pro Tag spreche ich mit anderen Menschen? Wofür bin ich Vorbild?

Was braucht der Fünfer-Teenager? Was braucht Kaa in der Pubertät? Was sind zentrale Bedürfnisse auf dieser Lebensstufe?

- **Letzte Instanz:** „Die Eltern sollen für mich letzte Instanz bleiben – vor allem bei großen Entscheidungen und Aufgaben will ich spüren, dass sie zur Verfügung stehen, falls ich sie brauche. Und auch wenn ich schon einen Kopf größer bin als sie, will ich dennoch zu ihnen aufschauen und sie respektieren können."

- **Ergänzende Gedanken:** „Die Eltern sollen mir meine Ideen nicht austreiben, sondern sie durch ihre eigenen ergänzen. Ich bin offen für jede Idee, die mir hilft, noch erfolgreicher zu sein. Wenn sie mir höhere Gewinne in Aussicht stellen, werde ich wie von selbst mein Verhalten anpassen, um schneller mein Ziel zu erreichen."
- **Ausführliche Gespräche:** „Die Eltern sollen sich Diskussionen mit mir stellen; sie sollen sich Zeit nehmen für ausführliche Gespräche, auch wenn sie das zum Teil anstrengt. Aber für mich ist es total wichtig, dass ich mich an ihnen reiben kann. Außerdem will ich mit ihnen im Gespräch bleiben, auch jetzt in der Pubertät, gerade jetzt."

Der Sechser: Balu, der Gesellige

„Wenn die Haut abgestreift ist", sprach Kaa,
„kriecht man nicht wieder in sie hinein.
So ist das Gesetz."[45]

Das Sechser-Kleinkind

Jedes Kind ist ein Wunder. Von jedem Kind können auch wir Großen etwas lernen, über jedes Kind können wir staunen, aber ganz besonders staunen können wir, wenn uns ein Sechser-Kleinkind begegnet. Der kleine Balu ist ein seltenes Exemplar und doch gibt es ihn: das Kind, das schon in frühen Jahren über eine Weisheit und eine Bewusstheit verfügt, die uns Erwachsene verblüffen und sogar verunsichern können. Und wieder könnte der Gegensatz zum Fünfer (Kaa) kaum größer sein: War für Kaa der Dschungel noch eine Nutzfläche, deren Schätze man verwerten darf, so ist für Balu der Dschungel ein Nationalpark, den man schützen, hegen und pflegen sollte. Balu, der Gesellige, mag keinen Wettkampf und kein Kräftemessen, sondern liebt das Miteinander und die Gemeinschaft. Für ihn heißt erfolgreich sein nicht, besser zu sein als die anderen, sondern: gemeinsam mit anderen in Glück und Eintracht zu leben. Er ist einfühlsam, zugänglich, offen, kontaktfreudig; er denkt viel darüber nach, wie sein Beitrag für mehr Frieden, Gerechtigkeit, Harmonie und Miteinander aussehen könnte – nicht nur daheim im Familiendschungel, sondern auf dem ganzen blauen Planeten.

Klein Balu verändert die Welt. Neulich hat mich eine Pressenotiz erstaunt: Der Vorsitzende eines großen Technologiekonzerns verkündet, er werde das Firmenkonzept komplett umstellen und in Zukunft ganz auf alternative, regenerative Energieformen setzen. Was ist geschehen, dass ein Topmanager plötzlich umschwenkt und die Unternehmensziele radikal verändert? Was ist geschehen, dass Umweltschutz plötzlich Vorrang hat vor wirtschaftlichen Belangen?

„Schuld" daran ist seine kleine Tochter. Sie stellt ihm am Frühstückstisch eine einzige Frage: „Papa, kannst du bitte die Welt retten?" Und dieser Topmanager ist so tief gerührt, dass er dem Appell seines Kindes folgt und im Rahmen seiner Möglichkeiten damit beginnt, die Welt zu retten: Er beginnt damit, das gesamte Firmenkonzept auf neue, Ressourcen sparende Energieformen auszurichten.

Kleine Fragen, große Wirkung. Sinnvolle Fragen stellen, sinnvolle Appelle an uns richten – das kann der (oder die) kleine Balu besonders gut. Der kleine Sechser kann Erwachsene dadurch zutiefst berühren und zum Handeln ermutigen. Gleichaltrige kann er dadurch aber auch extrem beunruhigen. Wenn er zum Beispiel im Kindergarten einen Vortrag über Atomkraft, Erderwärmung, Hungersnöte und andere Katastrophen hält, kann das die anderen Kinder ziemlich verwirren und verstören. Und dann geschieht unter Umständen genau das Gegenteil von dem, was dem Sechser wichtig ist: Dann wird er zum Außenseiter, zum seltsamen Typen, zum schrägen Vogel. Dabei gehen ihm Beziehungen über alles, die Beziehungen zu seinen Familienmitgliedern, aber genauso die Beziehungen zu anderen Kindern. Er fürchtet das Alleinsein und liebt das Beisammensein mit anderen, er fühlt sich sehr unwohl und traurig, wenn er ausgeschlossen wird. Da sind wir Eltern besonders gefordert: Da brauchen wir viel Zeit für ausführliche Gespräche und Diskussionen, Fragen und Lösungen. Und immer wieder dürfen wir dem kleinen Sechser die Frage nach dem Sinn stellen: „Hat das Sinn für dich? Was ergibt mehr Sinn für dich? Worin siehst du dabei den Sinn?" Und so können wir ihn behutsam begleiten auf seiner Suche nach sinnvollen Lösungen.

Balu und Shir Khan – ein seltsames Paar. Besonders schwer miteinander haben es Balu und Shir Khan, Sechser und Dreier. Der kleine Sechser setzt sich zum Beispiel im Kindergarten immer wieder für den kleinen Dreier ein, weil er Wert legt auf Gerechtigkeit, und der kleine Dreier hasst das, weil er meint, so vor den anderen Kindern sein Gesicht zu verlieren. Balu meint es gut, will helfen und engagiert sich, Shir Khan will ihm am liebsten an die Kehle springen und ihn auffressen. Geschockt kommt Balu dann vom Kindergarten nach Hause und versteht die Welt nicht mehr. Gerade das Sechser-Kleinkind ist meist ziemlich sensibel, es hat Mühe mit Aggression und Gewalt, da bekommt es wirklich Angst, das ist wider seine Natur. Es ist von einer grundsätzlichen Liebe beseelt – zu den Menschen, zur Natur, zu allen Lebewesen. Und dann dieser Angriff eines wild gewordenen Tigers? Wie können Eltern da reagieren? Oder was können sie vorbereitend tun? Zum Beispiel über die Bedürfnisse des Dreiers sprechen – das Sechser-Kleinkind kann das verstehen und lernen, anders auf Shir Khan zuzugehen. Im besten Fall wird die Beziehung zwischen Sechser und Dreier wahrscheinlich so aussehen: Der gewiefte Tiger wird die Gunst der Stunde nutzen, er wird den gemütlichen Balu ausnutzen und auf die Gutmütigkeit dieses Bären vertrauen, der da so liebestoll durchs Leben stapft.

Zu sensibel für diese Welt?

Klein Balu und die Bienen. Eine Bekannte erzählte mir, dass sich ihre kleine Tochter (5?) große Sorgen um die Bienen mache. Im Radio hatte sie gehört, dass ganze Bienenvölker sterben würden und dass Imker und Wissenschaftler vor einem Rätsel stünden. Fieberhaft suchte die Kleine nach den Ursachen für dieses Bienensterben. Sie dachte nach und dann sagte sie. „Mama, ich liebe die Bienen, die Bienen dürfen nicht sterben, wir brauchen die Bienen. Ich weiß, dass die Bienen für uns und die ganze Erde sehr wichtig sind. Ohne Bienen haben wir keinen Honig, aber auch keine Früchte mehr. Was passiert mit den Blüten im Frühling, wenn keine Biene kommt? Stirbt dann der Baum? Und die Blumen?" Sie wurde sehr traurig und nachdenklich.

Die Mutter sprach mit ihr ausführlich über dieses Thema. Erst als sie ihr erzählte, dass die Wildbienen von diesem rätselhaften Bienensterben nicht betroffen seien und ihrer Arbeit weiter fleißig nachgingen, beruhigte sie sich einigermaßen. Und dennoch beobachtete sie lange Zeit sehr aufmerksam die Obstbäume und die blühenden Sträucher und bei jeder Biene, die sie entdeckte, huschte ein Lächeln über ihre Lippen.

Zu viel Gefühl? Mitgefühl, Empathie, Einfühlungsvermögen – Klein Balu weiß schon genau, was das ist. Das Sechser-Kleinkind im Extrem ist ein Ausbund an Sensibilität, es könnte schon in Tränen ausbrechen, wenn es einen toten Schmetterling sieht oder ein verletztes Insekt, das sich am Boden windet. Oder wenn der Opa einen Fasan oder einen Hasen von der Jagd mit nach Hause bringt, dann weint es bitterlich. Der kleine Shir Khan fände das höchst spannend und würde keine Sekunde von Opas Seite weichen, der kleine Balu kann nicht einmal hinschauen, versteckt sich und sucht Trost. Diese Fähigkeit, mit Mensch und Tier mitzufühlen, hat auch ihre Schattenseiten: zum Beispiel wenn Mitfühlen zum Mitleiden wird, wenn die Traurigkeit übermächtig wird. Natürlich: Traurigkeit ist eine normale Emotion; es geht hier nicht darum, sie zu verdrängen, sondern *angemessen* auszuleben.

Macht das wirklich Sinn? Ein bekannter Schauspieler erzählte mir, er habe schon als Kind das Gefühl gehabt, depressiv zu sein. Er ging zu seinem Vater und sagte:

„Du, Papa, ich bin so depressiv." – „Was bist du?" – „Depressiv bin ich." – „Aha ... – dann iss doch einen Apfel!", sprach Papa und blätterte weiter in seiner Zeitung ... Diese „Strategie" würde ich *nicht* weiterempfehlen. Wenn ein Kind nur mehr grübelt, sinniert, nachdenkt und seine Aufmerksamkeit auf das ganze Unglück der Welt richtet, dann ist es nicht mehr aktiv, sondern nur mehr passiv, dann kann übermäßige Traurigkeit es ziemlich stark hemmen. Hat es Sinn, die Welt durch die „Brille des Mangels" zu betrachten? Es gibt nicht nur den Mangel, es gibt auch die Fülle – auch sie dürfen wir sehen und aus der Fülle schöpfen wir dann die Kraft, das zu verändern, was uns *nicht* gefällt. Es gibt nicht nur Katastrophen, es gibt auch Schönheit; es gibt nicht nur Schatten, es gibt auch Licht: Du darfst dein Gesicht auch der Sonne zuwenden, dann fällt der Schatten hinter dich ... Darüber kann man mit einem Sechser-Kind ausführlich diskutieren. Und je öfter Sie den Aspekt des Sinns in das Gespräch einbringen, desto eher werden Sie das Kind erreichen.

Die Macht der Liebe. Egal, ob das Balu-Kind fünf oder zehn oder fünfzehn Jahre alt ist – was es wirklich braucht, das sind Beziehungen (egal, ob zu Mensch oder Meerschweinchen), denen, es sich voll und ganz widmen kann. Es braucht Menschen um sich, die sich wirklich Zeit nehmen und sich auf eine innige Begegnung einlassen. Das Balu-Kind braucht vielleicht noch mehr als jedes andere Kind Liebe, Liebe, Liebe – und schenkt sie auch im Übermaß zurück. Manchmal kann der kleine Freigeist die Geduld der Eltern schon strapazieren, wenn er überall Teams bilden, über alles diskutieren will, Verantwortung übernehmen und sich einbringen – auch bei Themen, für die er eigentlich noch zu jung ist, aber das gehört dazu. Balu will mittun, mitentscheiden, mitarbeiten zum Wohle aller. Balu ist aber auch sehr gefühlvoll und nimmt gerne auf die Bedürfnisse anderer Rücksicht. Für die Eltern heißt das: viel Zeit haben, viel Zuneigung zeigen, viel Raum geben für Gespräche und Austausch. Aber es zahlt sich aus. Jeder, der eine solche Beziehung zu einem Sechser eingeht, wird Einfühlsamkeit erleben, Vertrautheit, inniges Miteinander und eine Liebe, die ihresgleichen sucht.

☞ **Einladung zum Gedankenexperiment:** Stellen Sie sich vor, der (oder die) kleine Balu sitzt mit empörtem Gesicht am Mittagstisch und weigert sich, den Fisch auf dem Teller zu essen. Ab sofort will das Kind nie wieder Fische essen, weil sie ihm so leidtun; es will nicht, dass ein einziger Fisch für sein leibliches Wohl sterben muss. Wie reagieren Sie? Oder das Kind hat Angst vor den Auswirkungen der Klimaveränderungen, die die Forscher prophezeien. Wie gehen Sie damit um? Wie werden Sie den Bedürfnissen des Sechser-Kleinkindes am ehesten gerecht? Wie können Sie liebevoll auf diese Idee des Kindes eingehen? Gleich nachgeben oder lange diskutieren? Wie können wir als Eltern Größe zeigen und dennoch Kompromisse eingehen? Wie kann man Grenzen setzen und dennoch verhandeln? Muss man dem Balu-Kleinkind wirklich jede Grenze genau erklären und alles diskutieren? Wie stille ich sein großes Bedürfnis nach Miteinander, Zuneigung, Harmonie und Liebe? Welche Familienrituale könnte ich gemeinsam mit dem Kind entwickeln, um alle zufriedenzustellen? Wonach sehnt sich Ihr Sechser-Kind am meisten? Haben Sie ihm diese Frage schon einmal gestellt? Probieren Sie es – Sie werden vielleicht erstaunt sein ...

Wie können Sie Klein Balu am besten motivieren? Wie sieht der Honigtopf aus, den Sie Balu vor die Nase halten müssen? Worauf fährt er wirklich ab? Wie lernt der kleine Freigeist am besten? Indem Sie ihm alles vorkauen und jede Entscheidung abnehmen? Oder lieber, indem er beobachten und Erfahrungen nachempfinden kann, mit anderen Kindern darüber sprechen und vielleicht auch selbst ausprobieren? Wie können Sie ihm Ihre Wertschätzung und Anerkennung zeigen? Wie wird er Ihnen *seine* Wertschätzung und Anerkennung zeigen?

Was braucht das Sechser-Kleinkind? Was braucht der kleine, gesellige Balu? Was sind zentrale Bedürfnisse auf dieser Lebensstufe?

- **Liebe, Liebe, Liebe:** „Mama und Papa sollen mir oft ihre Liebe zeigen, ihre Zärtlichkeit, ihre Anteilnahme. Davon kann ich gar nicht genug bekommen. Sie sollen mich streicheln, mich loben, mir liebevoll zureden – dann gedeihe ich prächtig."
- **Viel Zeit:** „Mama und Papa sollen sich viel Zeit für mich nehmen, darauf lege ich ganz großen Wert. Ich habe so viel mit ihnen zu besprechen, ich will so viele Ideen mit ihnen teilen, ich will meine Gedanken zu Ende denken – da brauchen sie manchmal etwas Geduld, aber ich fühle mich dann umso wohler."
- **Fragen nach dem Sinn:** „Mama und Papa sollen achtgeben, dass ich nicht zu viel grüble und zu traurig werde. Wenn sie aber immer mit mir im Gespräch bleiben, besteht diese Gefahr kaum. Sie sollen mich auch immer wieder fragen: Hat das wirklich Sinn für dich? Oder was würde noch mehr Sinn ergeben? – Das hilft mir, gute und gerechte Lösungen zu finden. Gerechtigkeit fühlt sich für mich gut an."

Das Sechser-Schulkind

Wolfsbruder spricht zu Mogli:
„Und wirst du dich auch immer daran erinnern, dass du ein Wolf bist?
Wirst du uns nicht der Menschen wegen ganz und gar vergessen?"
Mogli antwortet:
„Niemals. Ich werde dich immer lieb behalten,
dich und alle in der Höhle, aber ich werde auch niemals vergessen,
dass man mich ausgestoßen hat aus dem Rudel."

Wovor hat das Balu-Kind wirklich Angst? Am effizientesten und brutalsten kann man einem Sechser-Kind mit Liebesentzug drohen oder mit dem Verlust der Zugehörigkeit zur Familie. Aussagen wie etwa „Du kommst ins Internat!" wären der reinste Albtraum für Balu. Ein Fehler, den leider viele Eltern begehen. Damit wäre nicht nur sein größtes Bedürfnis nach Liebe unerfüllt; dieser Schmerz würde ihn auch sehr prägen und seine Entwicklung nachhaltig negativ beeinflussen. Angst hat Balu außerdem, wenn in seinem Umfeld gestritten wird und Aggression im Raum ist oder wenn ein Konflikt unterdrückt und nicht ausgesprochen wird. Das Kind leidet sehr darunter, wenn es das Miteinander in der Familie, in der Schule, im Freundeskreis gefährdet sieht, und wird alles Mögliche unternehmen, um die Harmonie wiederherzustellen. Da müssen die Eltern wieder darauf achten, dass es sich nicht zu sehr in Dinge einmischt, die es gar nicht selbst betreffen – egal, ob das Eheprobleme der Eltern sind oder Probleme eines Mitschülers mit einem Lehrer oder Probleme der Freunde. Und das heißt wieder: diskutieren, zuhören, nach dem Sinn fragen, dem Kind einfach zur Verfügung stehen, aber nicht als Kumpel, sondern nach wie vor als Autorität, die sie schätzen und anerkennen, als „graue Eminenz", die Halt gibt und Vorbild bleibt in einer sich ständig verändernden Welt.

Miteinander lernen. Das gilt genauso für Pädagogen, die mit Sechser-Kindern arbeiten. Wir wissen, für Balu sind die Gefühle oft wichtiger als die Inhalte. Wenn ich also Zugang zu diesem Schüler finden will, dann muss ich zuerst einmal sein Vertrauen gewinnen und seine Anerkennung. Dann muss ich wissen, dass er am besten dadurch lernt, dass er andere beobachtet und deren Gefühle erforscht; er versucht, deren Erfahrungen nachzuempfinden, und dann erst probiert er selbst. Dafür braucht er seine Zeit. Als Lehrer darf ich dem Balu-Schüler mehr Freiraum geben als einem Hathi- oder Shir-Khan-Schüler zum Beispiel – die haben andere Bedürfnisse. Das Sechser-Schulkind liebt die Vielfalt von Ideen und Möglichkeiten und probiert gerne in Kooperation mit den anderen Gruppenmitgliedern aus. Konkurrenzkampf empfindet es eher als Störfaktor. Das Kind will in der Gemeinschaft mit anderen Neues erfahren und entwickeln, doch das Miteinander in der Gruppe wird ihm wahrscheinlich immer wichtiger sein als die neuen Erkenntnisse.

Balu mag keine Spiele, bei denen jemand verliert – Shir Khan schon. Ein befreundeter Pädagoge erzählte mir von einem Erlebnis mit seiner Klasse: Er hatte die Idee, einen „Parcours" aufzubauen – unterschiedliche Stationen, an denen unterschiedliche Aufgaben zu erfüllen wären: Rechenbeispiele, Rechtschreibung, Rätsel, Geschicklichkeitsübungen und so weiter. Einige Schüler (= Shir Khan) waren Feuer und Flamme und konnten es kaum erwarten, sich im Wettbewerb mit anderen zu messen, andere (Hathi) wollten zuerst noch ganz genaue Anweisungen, einer (Kaa) stellte die Frage, ob es erlaubt sei, Hilfsmittel zu verwenden, und einer (Balu) sagte schließlich „Ich mag keine Spiele, bei denen einer verlieren kann."

Wie kann man in *einem* „Käfig" Shir Khan neben Balu und neben Hathi und neben Kaa aufziehen und alle ihren Bedürfnissen gemäß begleiten? Wie kann man Shir Khan an die Leine nehmen, während man Balu frei laufen lässt? Wie kann man Hathi viel Struktur geben, während man Kaa zum Erfolg motiviert? Wie kann ein Lehrer all diesen unterschiedlichen *Dschungelbuch*-Typen in einer Klasse gerecht werden?

Begeisterung, Engagement und Liebe. Keiner hat uns versprochen, dass es einfach sei, Lehrer zu sein – genauso wie uns keiner versprochen hat, dass es einfach sei, Vater und Mutter zu sein. Lehrer ist meiner Ansicht nach sogar einer der anspruchsvollsten Berufe; diesen Menschen vertrauen wir den größten Schatz an, den eine Gesellschaft haben kann: unsere Kinder. Und wie es um eine Gesellschaft bestellt ist, könnte man daran messen, wie sie mit alten Menschen, mit kranken Menschen und letztendlich mit den Kindern umgeht. Ich ziehe jedenfalls meinen Hut vor Pädagogen, die Nerven wie Drahtseile haben, das Lachen nicht verlernen und mit Begeisterung und Engagement jahraus, jahrein mit Kindern arbeiten.

Und immer wieder die Bedürfnisse! Ein Pädagoge weiß um die Bedürfnisse seiner Schützlinge, er weiß auch, dass es am meisten Sinn macht, sie auf dieser Bedürfnisebene anzusprechen. Nur so kann er diesen ganzen „Zoo" in seinem Klassenzimmer hegen und pflegen. Wenn er Schüler bei ihren Bedürfnissen packt, dann werden unheimliche Kräfte frei, die er als Lehrer nutzen und in die richtige Richtung lenken kann. Und wieder beginnt es mit dem aufmerksamen Wahrnehmen und Erkennen: Welcher Schüler ist auf welcher Stufe? Und wenn er eine Idee davon bekommen hat, dann beginnt er, die Aufgaben innerhalb der Klasse bedürfnisgerecht zu verteilen – zum Beispiel so:

- **Gruppenaufgaben für das Sechser-Schulkind:** Wenn ich Balus entdecke, dann werde ich ihnen gruppendynamische Aufgaben geben: Ich werde sie dazu motivieren, ein neues Thema in einer Kleingruppe gemeinsam mit anderen zu erarbeiten – sodass sie das Gefühl haben: Wir machen das gemeinsam, wir ziehen an *einem* Strang, wir sind eine gute Gemeinschaft und unterstützen einander – mit Bärenkräften.
- **Spezialaufgaben für das Fünfer-Schulkind:** Den Kaa-Schülern gebe ich den Spezialauftrag, Ideen zu entwickeln, wie wir in der Klasse das Lernen noch besser voranbringen könnten – vor allem jeder Kaa sein eigenes Lernen. Oder ich mache Kaa im Vier-Augen-Gespräch klar: Motiviere deine Eltern, dass du einen Nachhilfelehrer bekommst in dem Fach, in dem du dich schwertust. Das ist viel effizienter, als selbst stundenlang vor den Büchern zu hocken, dann hast du mehr Freizeit und lernst trotzdem mehr ... So packe ich zum Beispiel Kaa bei seinen Bedürfnissen, so motiviere ich ihn, besser zu werden in diesem Fach.
- **Ordnungsaufgaben für das Vierer-Schulkind:** Den Hathi-Schülern gebe ich möglichst viel Struktur vor: Ich gebe ihnen erst einmal genaue schriftliche Unterlagen und einen guten Überblick über ein Projekt. Ich zeige Hathi, wie er Karteikärtchen gestalten, wie er Mindmaps zeichnen oder Stichwortverzeichnisse anlegen kann, um sein Lernen noch besser zu organisieren. Ich überlege mir konkrete Regeln und Ordnungen, die ihm Selbstvertrauen geben und Sicherheit.
- **Verteidigungsaufgaben für das Dreier-Schulkind:** Den Shir Khans gebe ich die Aufgabe, die Gruppe zusammenzubringen und das Lernen zu verteidigen: Shir Khan soll zum Beispiel für Ruhe in der Klasse sorgen, er soll als „Held des Tages“ für eine Atmosphäre kämpfen, in der das Lernen gut stattfinden kann. So lenke ich die Tigerenergie in eine Bahn, in der sie sich sinnvoll entfalten kann und damit das Lernen der ganzen Gruppe unterstützt.
- **Rituelle Aufgaben für das Zweier-Schulkind:** Um King Louie nicht zu überfordern und ihm dennoch einen Rahmen zu geben, in dem er sich sicher fühlen kann, könnte ich ihm klare, deutliche Anweisungen geben – und zwar jeden Tag dieselben. Dann lasse ich die Zweier in der Klasse zum Beispiel regelmäßig dafür sorgen, dass die Grünpflanzen gegossen werden oder dass das

Klassenbuch täglich nach dem Unterricht in die Direktion getragen wird – verantwortungsvolle und wichtige Aufgaben, die sich wiederholen. So nutze ich geschickt die Zweier-Energie, vermittle Zugehörigkeit und sorge gleichzeitig für Ordnung im Klassenzimmer.

Moderne Märchenerzähler. Als Pädagoge habe ich im Unterricht im Grunde drei Möglichkeiten: Ich kann erstens die *Dschungelbuch*-Typen in meinem Klassenzimmer identifizieren und ihnen dann bedürfnisgerechte Aufgaben geben. Ich kann zweitens immer einen „Werkzeugkoffer" voll mit Aufgaben für möglichst viele Stufen anbieten und schauen, wer sich für welche Aufgabe meldet. Ich versuche, für möglichst viele etwas anzubieten, ohne es allen recht machen zu wollen. Und dann habe ich noch eine dritte Möglichkeit: die drei Zauberworte „Es war einmal ..." Wenn ich als Lehrer es schaffe, meine Inhalte auch in Form von Geschichten zu präsentieren, dann werde ich mich bei den meisten sehr beliebt machen. Auf der metaphorischen Ebene kann ich nämlich alle *Dschungelbuch*-Typen ansprechen, für jede Gruppe eine Botschaft aussenden und Emotionen in den Schülern wecken. Dann erzähle ich – im übertragenen Sinn – von wilden Tigern und sanften Bären, von listigen Schlangen und lustigen Affen, von klugen Elefanten und wendigen Panthern.

Heutzutage wissen wir, dass Lernen dann besonders leicht stattfinden kann, wenn ein Mensch emotional beteiligt ist. Also, liebe Lehrer, liebe Eltern, versuchen Sie es doch mal mit Geschichten und werden Sie moderne Märchenerzähler! Alle – ob groß, ob klein – lieben Geschichten, keiner kann sich dem Zauber guter Geschichten entziehen und schon gar nicht Balu, der sie liebt, die Geschichten, die das Herz erwärmen ...

Ein amerikanischer Collegeprofessor ließ seine Soziologiestudenten einmal in die Slums von Baltimore gehen, um Fallgeschichten über zweihundert Jugendliche zu sammeln. Sie wurden gebeten, eine Bewertung oder Prognose im Hinblick auf die Zukunft eines jeden Jungen zu schreiben. In allen Fällen kamen die Studenten zum gleichen Ergebnis: „Er hat keine Chance."

Fünfundzwanzig Jahre später stieß ein anderer Soziologieprofessor auf die frühere Studie. Er ließ seine Studenten das Projekt nachvollziehen, um zu sehen, was mit diesen Jungen passiert war. Mit Ausnahme von zwanzig Jungen, die weggezogen oder gestorben waren, erfuhren die Studenten, dass hundertsechsundsiebzig der verbliebenen hundertachtzig einen mehr als ungewöhnlichen Erfolg als Anwälte, Doktoren oder Geschäftsleute erlangt hatten.

Der Professor war überrascht und beschloss, die Angelegenheit weiterzuverfolgen. Glücklicherweise lebten alle Männer in der Nähe und er konnte jeden einzelnen befragen: „Wie erklären Sie sich Ihren Erfolg?“ Jeder von ihnen antwortete: „Es gab da eine Lehrerin ...“ Die Lehrerin war noch am Leben, also machte er sie ausfindig und fragte die alte, aber immer noch aufgeweckte Dame, welche magische Formel sie benutzt habe, um diese Jungen aus den Slums herauszureißen und zu solch erfolgreichen Lebenswegen zu motivieren. Die Augen der Lehrerin funkelten und auf ihren Lippen erschien ein leises Lächeln. „Es ist wirklich ganz einfach“, sagte sie. „Ich liebte diese Jungen.“[46]

Sei du selbst! Das Balu-Schulkind wird viel Kontakt zu Menschen haben, es wird es wahrscheinlich noch sehr genießen, viel Zeit in der Nähe der Familienmitglieder zu verbringen. Viel Zeit wird es auch für seine Freunde haben, für alle Menschen, die ihm zugetan sind. Vielleicht besteht hier eine wesentliche Erziehungsaufgabe darin, die Selbstständigkeit des Kindes zu fördern. Und das wird funktionieren, wenn wir seine Stärken betonen, statt hartnäckig zu versuchen, seine Schwächen auszumerzen. Wir ermutigen es zum Loslassen, wir schenken ihm Selbstvertrauen, indem wir es weiterhin viel loben und seine Leistungen anerkennen, indem wir es dazu anhalten, selbständig zu handeln, seinem Instinkt zu folgen, eigenen Interessen nachzugehen – und: indem wir weniger reden und stattdessen intensiver zuhören. Geschichtenerzählen ist das eine, Zuhören ist das andere.

Richtig zuhören oder: Die Dr.-Doolittle-Strategie

Was die kleine Momo konnte wie kein anderer, das war: Zuhören.

Das ist doch nichts Besonderes, wird mancher sagen, zuhören kann doch jeder. Aber das ist ein Irrtum. Wirklich zuhören können nur ganz wenige Menschen. Und so wie Momo sich aufs Zuhören verstand, war es ganz und gar einmalig.

Momo konnte so zuhören, dass dummen Leuten plötzlich sehr gescheite Gedanken kamen. Nicht etwa, weil sie etwas sagte oder fragte, was den anderen auf solche Gedanken brachte; nein, sie saß nur da und hörte einfach zu, mit aller Aufmerksamkeit und aller Anteilnahme. Dabei schaute sie den anderen mit ihren großen, dunklen Augen an, und der Betreffende fühlte, wie in ihm auf einmal Gedanken auftauchten, von denen er nie geahnt hatte, dass sie in ihm steckten.

Sie konnte so zuhören, dass ratlose oder unentschlossene Leute auf einmal ganz genau wussten, was sie wollten. Oder dass Schüchterne sich plötzlich frei und mutig fühlten. Oder dass Unglückliche und Bedrückte zuversichtlich und froh wurden. Und wenn jemand meinte, sein Leben sei ganz verfehlt und bedeutungslos und er selbst nur einer unter Millionen, einer, auf den es überhaupt nicht ankommt und der ebenso schnell ersetzt werden kann wie ein kaputter Topf – und er ging hin und erzählte alles das der kleinen Momo, dann wurde ihm, noch während er redete, auf geheimnisvolle Weise klar, dass er sich gründlich irrte, dass es ihn, genauso wie er war, unter allen Menschen nur ein einziges Mal gab und dass er deshalb auf seine besondere Weise für die Welt wichtig war. So konnte Momo zuhören![47]

Dr. Doolittle hört zu. Was brauchen Jugendliche von Erwachsenen? Ich glaube, die meisten Jugendlichen wollen dasselbe wie die meisten Erwachsenen: Sie wollen für voll genommen werden, sie wollen mit Respekt und Wertschätzung behandelt werden, sie wollen Kooperation und Unterstützung, Anerkennung und Vertrauen, sie wollen Struktur und Klarheit, Sicherheit und Ordnung – und: Sie wollen, dass Erwachsene ihnen zuhören! „Das ist ja selbstverständlich", denken Sie vielleicht. Nun ja. Erinnern Sie sich noch an den Filmhelden Dr. Doolittle, der die Sprache der Tiere verstand? Eines konnte er besonders gut: den Tieren aufmerksam zuhören! Aufmerksames Zuhören ist die Voraussetzung für wirkliches Verstehen. Und was ist die Voraussetzung für aufmerksames Zuhören?

Der Pferdeflüsterer nimmt vorher wahr. Jedes aufmerksame Zuhören setzt aufmerksame Wahrnehmung voraus. Das bedeutet, dass ich als Vater oder Mutter mein Kind genau beobachte: Zappelt es heute mehr als sonst? Kommt es mit gesenktem Kopf und kleinlaut von der Schule heim? Sieht es mich an oder meidet es meinen Blick? Das sind Beobachtungen, auf die ich reagieren kann. Ich habe zuerst aufmerksam wahrgenommen und dann finde ich auch den richtigen Moment, um aufmerksam zuzuhören. Überlegen Sie einmal: Wann hat Ihnen zum letzten Mal jemand richtig zugehört – aufmerksam, mitfühlend und ohne Sie zu unterbrechen? Und wann haben Sie Ihrem Kind zum letzten Mal richtig zugehört? Wie lange? Zwei Minuten, drei Minuten, fünf Minuten oder gar eine Viertelstunde? Es gibt Menschen, die behaupten, noch nie habe ihnen jemand fünf Minuten durchgehend mit offenem Ohr und offenem Herzen zugehört, ohne sie zu unterbrechen und ohne das Gesagte zu werten. Und es gibt auch Kinder, die nicht wissen, wie sich das anfühlt, einen Erwachsenen an der Seite zu haben, der einfach nur still ist und aufmerksam zuhört. Und was macht das mit dem Selbstwertgefühl eines jungen Menschen, wenn da niemand ist, der sich Zeit nimmt und einfach zuhört? Und was bewirkt das, wenn da ein anderer ist, der versucht herauszufinden, was der andere denkt, der eigene Ideen eine Zeitlang zurückhält und stattdessen einfach zuhört?

Nie zugehört. Ich sprach einmal in einem Seminar mit Eltern über die Wichtigkeit des Zuhörens. In der Pause kam eine Mutter zu mir und klagte mir ihr Leid: „Meine neunjährige Tochter ist in der Schule total unmotiviert; sie arbeitet nie freiwillig, immer nur unter Druck; sie hat nicht den geringsten Spaß am Lernen, sie ist passiv, desinteressiert … Wir sind schon ganz verzweifelt … Wissen Sie, als Sie vorhin das mit dem Zuhören erwähnt haben, hat es mir einen Stich gegeben. Mir ist auf einmal bewusst geworden, dass ich ihr nie richtig zugehört habe. Ich denke, das werde ich schleunigst ändern."

Zwei Wochen später rief sie mich an: „Ich nehme mir nun täglich zumindest fünfzehn Minuten Zeit, um ihr einfach nur zuzuhören. Am Anfang wusste sie gar nicht, was sie davon halten sollte, aber jetzt hat sie sich daran gewöhnt und es geht uns allen deutlich besser. Auch in der Schule zeigt sie sich interessierter und neugieriger. Ein kleines Wunder."

☞ **Tipps: Richtig zuhören**

- Bereiten Sie Ihr Kind darauf vor und erklären Sie ihm, dass Sie ihm jetzt einfach mal zuhören wollen, ohne es zu unterbrechen. Sie können mit Fünf-Minuten-Einheiten beginnen; später, wenn Sie „fortgeschrittene Zuhörer" sind, kann es natürlich auch länger dauern.
- Nehmen Sie jedes Detail wahr, also auch die Signale des Körpers.
- Unterstützen und begleiten Sie Ihr Kind, während es zu Ihnen spricht: Halten Sie Augenkontakt, nehmen Sie unauffällig eine ähnliche Körperhaltung ein wie Ihr Gegenüber – das wirkt auf einer unbewussten Ebene sehr vertrauensbildend; nicken Sie, bestärken Sie Ihr Kind mit allen möglichen Signalen Ihrer Körpersprache.
- Sie müssen nicht schweigen wie ein Grab – Sie dürfen schon (kombiniert mit einem Kopfnicken) bestätigende Worte von sich geben wie: „… ja …, aha …, mmmh …, ja, das kann ich verstehen …, ja, das kann ich mir

vorstellen ..." Manche Menschen fühlen sich beim Erzählen wohler, wenn Sie hin und wieder einen Laut von Ihrem Gegenüber hören, der Bestätigung ausdrückt und Verständnis. Hilfreich ist auch, wenn Sie hin und wieder das zuletzt Gesagte wörtlich wiederholen: „Aha, du hast dich dann sofort gemeldet ... und was geschah dann?" Entscheidend ist, dass Sie mit diesen Wiederholungen sparsam umgehen.

- Keine Tipps, keine Ratschläge! Das ist eine Versuchung, der wir Eltern oft erliegen, weil wir es einfach so gut meinen. Doch manchmal ist „gut gemeint" das Gegenteil von gut. Und oft geben wir Ratschläge auch nur, um uns überlegen zu fühlen und unsere Macht zu demonstrieren – das ist gar nicht notwendig, denn wir sind ohnehin die Großen und unsere Kinder die Kleinen. Daher: einfach nur still sein und das Herz weit öffnen!
- Versprechen Sie Ihrem Kind, dass Sie seine Informationen absolut vertraulich behandeln, und halten Sie Ihr Versprechen! Ein Vertrauensbruch bei diesem „Spiel" kann Beziehungen zerstören.
- Ihr Kind muss nicht immer sprechen, möglicherweise ist auch einmal ein Lachen da oder Wasser, das über das Gesicht rinnt, all das darf Platz haben! Jede Emotion darf sein, auch Zorn, Ärger, alles darf hier an die Oberfläche gelangen; es gibt kein Richtig oder Falsch, alles ist zulässig.

Mit Gott zu Mittag gegessen ...

Es war einmal ein kleiner Junge, der unbedingt Gott treffen wollte. Er war sich bewusst, dass der Weg zu dem Ort, an dem Gott lebte, ein sehr langer war. Also packte er sich einen Rucksack voll mit Coladosen und Schokoladenriegeln und machte sich auf die Reise.

Er lief eine ganze Weile und kam in einen kleinen Park. Dort sah er eine alte Frau, die auf einer Bank saß und den Tauben zuschaute, die vor ihr auf dem Boden nach Futter suchten.

Der kleine Junge setzte sich zu der Frau auf die Bank und öffnete seinen Rucksack. Er wollte sich gerade eine Cola herausholen, als er den hungrigen Blick der alten Frau sah. Also griff er zu einem Schokoriegel und reichte ihn der Frau. Dankbar nahm sie die Süßigkeit und lächelte ihn an. Und es war ein wundervolles Lächeln! Der kleine Junge wollte dieses Lächeln noch einmal sehen und bot ihr auch eine Cola an. Und sie nahm die Cola und lächelte wieder – noch strahlender als zuvor. Der kleine Junge war selig.

Die beiden saßen den ganzen Nachmittag lang auf der Bank im Park, aßen Schokoriegel und tranken Cola – aber sie sprachen kein Wort. Als es dunkel wurde, spürte der Junge, wie müde er war, und er beschloss, zurück nach Hause zu gehen. Nach einigen Schritten hielt er inne und drehte sich um. Er ging zurück zu der Frau und umarmte sie. Die alte Frau schenkte ihm dafür ihr allerschönstes Lächeln.

Zu Hause sah seine Mutter die Freude auf seinem Gesicht und fragte: „Was hast du denn heute Schönes gemacht, dass du so fröhlich aussiehst?“ Und der kleine Junge antwortete: „Ich habe mit Gott zu Mittag gegessen – und sie hat ein wundervolles Lächeln!“

Auch die alte Frau war nach Hause gegangen, wo ihr Sohn schon auf sie wartete. Auch er fragte sie, warum sie so fröhlich aussah. Und sie antwortete: „Ich habe mit Gott zu Mittag gegessen – und er ist viel jünger, als ich gedacht habe.“[48]

Zuhören steigert den Selbstwert. Studien belegen, dass die Intelligenz von Kindern allein dadurch zunimmt, wenn man ihnen regelmäßig zuhört. Wie ist das möglich? Sie werden das schon selbst erfahren haben: Wenn man ein Problem nicht nur in Gedanken herumwälzt, sondern einmal in Worte kleidet und konkret ausspricht, dann ist es oft schon zum Teil gelöst, dann macht man selbst die Denkarbeit und findet leichter Möglichkeiten, mit dem Problem umzugehen. Und dann umarmt man den Zuhörer, manchmal auch nur im Geiste, und sagt: „Ohne dich hätte ich das nie geschafft! Vielen Dank!“ Und dabei hat der Zuhörer im besten Fall einfach nur zugehört, hingeschaut, verständnisvoll genickt und vielleicht ein paar Mal nachgefragt. Auch wenn ich in meiner Praxis mit Klienten arbeite, begleite ich meine Klienten auf ihrer Suche nach Lösungen und ein Großteil meiner Arbeit besteht aus intensivem Zuhören. Eine simple und gleichzeitig geniale Möglichkeit, anderen zu begegnen – vor allem auch unseren Kindern. Wie sollen unsere Kinder denn denken lernen, wenn wir ihnen dauernd die Lösungen vorkauen, wenn wir sie mit Ratschlägen und Tipps bombardieren, wenn wir ihnen in schillerndsten Farben die Katastrophen ausmalen, die passieren könnten? Wie sollen unsere Kinder denn denken lernen, wenn sie's nicht üben? Und wie könnten sie es besser üben als mit einem Großen an der Seite, der ihnen beim Denken aufmerksam zuhört? Zuhören können ist eine der Kernkompetenzen exzellenter Eltern und Erzieher.

☞ **Einladung zum Gedankenexperiment:** Welche Schulform könnte für ein Sechser-Kind gerade richtig sein? Ganz klassisch und autoritär oder eher Reformpädagogik? Was meinen Sie? Was für Shir Khan perfekt ist, kann für Balu schrecklich sein. Was für Balu ideal ist, kann für Hathi eine Katastrophe sein und das Gegenteil von dem, was er braucht. Wieder geht es um die Bedürfnisse! Wie sehen die Bedürfnisse Ihres Sechser-Schulkindes aus? Was wünscht es sich am allermeisten? In welcher Schule wird sich Balu am wohlsten fühlen? Oder hängt das vielleicht weniger mit der Schulform und mehr mit den Menschen zusammen, die dort arbeiten? Wie würde der ideale Lehrer für das Sechser-Schulkind aussehen? Wie könnte er es am besten motivieren? Wie könnte sein Beitrag zur Erfüllung der Bedürfnisse des Kindes aussehen?

Oder nehmen wir an, Sie wollten Balu belohnen? Wie würden Sie das machen? Welche Art von Belohnung würde ihm am meisten Freude bereiten? Oder stellen Sie sich vor: Balu geht plötzlich nicht mehr gern in seine Schule? Was könnte passiert sein? Welche Fragen könnten Sie ihm stellen, um herauszufinden, welche Bedürfnisse im Moment unerfüllt sind? Worunter könnte er leiden? Vielleicht schließen ihn die Schulkollegen aus? Vielleicht mischt er sich in Themen ein, die ihn nichts angehen? Vielleicht nimmt er jeden kleinen Konflikt zu persönlich? Vielleicht hat er Probleme mit Shir-Khan-Mitschülern? Wir können leider nicht Gedanken lesen – also werden wir wohl fragen müssen, fragen und dann zuhören!

Was braucht das Sechser-Schulkind? Was braucht der kleine große Balu? Was sind zentrale Bedürfnisse auf dieser Lebensstufe?

- **Beeindruckende Vorbilder:** „Mama und Papa sollen meine Idole sein, sie sollen mir vorleben, wie man liebevoll miteinander umgeht, wie man Beziehungen aufrechterhalten und verbessern kann. Das interessiert mich besonders."
- **Sensible Zuhörer:** „Mama und Papa sollen ihre Ratschläge für sich behalten und trotzdem immer für mich da sein, wenn ich sie brauche. Sie sollen mir einfach zuhören und mich stärken. Das gibt mir enormes Selbstvertrauen."
- **Ein herzliches Umfeld:** „Mama und Papa sollen dafür sorgen, dass ich mich daheim richtig wohl fühle. Sie sollen einen Rahmen schaffen für Begegnung und Miteinander, Harmonie und Wohlwollen."

Der Sechser-Jugendliche

Baghira spricht:
„Wenn er sich verletzt hat, so geschah das nur deinetwegen,
so wie meine Ohren und Tatzen deinetwegen zerbissen sind;
und sieh nur auf deinen Lehrer Balu,
wie er zersaust ist, es war alles deinetwegen.
Wir zwei werden so bald nicht wieder fröhlich jagen können."
Balu spricht:
„Laß nur gut sein,
wir haben unser Menschenjunges wieder."

Leben und leben lassen. Das Sechser-*Kleinkind* ist eine Rarität im Dschungel, das Sechser-*Schulkind* findet man schon häufiger, aber am häufigsten wird uns wohl der Sechser-*Teenager* begegnen, der sanfte, halbstarke, gemütliche, gesellige Balu, der in die Welt hinausruft: „Lasst uns miteinander in Frieden leben!" Der *kleine* Balu hat noch nicht die Kraft, selbst die Welt nach seinen Vorstellungen zu gestalten, doch er hat die Kraft, seine Eltern und andere Erwachsene zu bewegen und zu „guten Taten" zu motivieren, manchmal auch mit seinen Übertreibungen zu nerven. Der *pubertierende* Balu jedoch verfügt schon selbst über Bärenkräfte und zögert nicht, sie einzusetzen. Er wird sich zum Beispiel dafür engagieren, dass der Mensch mit den Schätzen unseres Planeten verantwortungsvoll umgeht – ohne Mensch, Tier und Natur auszubeuten. Und Balu weiß, wovon er spricht, schließlich war er vorher Kaa, die Schlaue; er hat Stufe 5 schon durchlebt und mit anderen Augen diese Welt betrachtet. Doch jetzt hat er die Schlangenhaut abgestreift und das Bärenfell übergestreift, jetzt strebt er nicht mehr so sehr nach Erfolg, sondern mehr nach Harmonie, Gleichheit, Brüderlichkeit. Stärkste Motivation und Antriebskraft ist und bleibt aber die Liebe. Und das ist alles wunderbar, wenn Balu in Balance ist. Aber was geschieht, wenn er ins Extrem fällt? Wird der brave Bär dann zur Gefahr?

Jesuslatschen und Flowerpower. Obwohl er Gemeinschaft sucht, passiert es dem Sechser-Teenager, dass er sich durch auffällige Kleidung, die Ausdruck seiner Überzeugungen ist, ungewollt von anderen distanziert. Immer wieder sehe ich junge Frauen und Männer, die sich extrem von den markenbewussten, gestylten Gleichaltrigen unterscheiden: Sie zeigen sich in auffälligen Achtundsechziger-Klamotten; dort ein Button mit „Nein zur Robbenjagd", dort ein Sticker „Nein zur Atomkraft" … Die Balu-Teenager stehen so für ihre Werte ein und machen sich dadurch gleichzeitig ein wenig zu Außenseitern. Das machen sie aber nicht bewusst, denn tief drinnen wünschen sie sich, dass alle sie lieb haben. Und doch geschieht es, dass die anderen sie eher meiden, weil sie so radikal sind – sowohl in ihren Einstellungen als auch in ihren Outfits. Wenn er fanatisch und extrem seine Ideale verfolgt, dann kann der Sechser sich beim Rest der Welt ziemlich unbeliebt machen und sich indirekt damit selbst schaden.

Ideale und Gemeinschaft. Wir haben einerseits Ideale, an denen Balu hängt. Wir haben andererseits Gemeinschaft, die Balu wichtig ist. Ideale und Gemeinschaft: Wenn sich der Sechser-Teenager zu sehr seinen Idealen verschreibt, dann verliert er den Bezug zur Gemeinschaft – worunter er leidet. Wenn er sich aber andererseits zu sehr seiner Familie oder einer anderen Gemeinschaft verschreibt, dann verliert er wieder den Bezug zu seinen Idealen – worunter er genauso leidet. Das Extreme bringt nichts, das sehen wir hier wieder ganz deutlich. Gibt es ein Mittelmaß? Ja, natürlich: Im Elternhaus sollte Platz für beides sein. Die Mutter hört liebevoll zu, wenn Balu philosophiert, sie lässt ihm seine Ideale und unterstützt seine Ideen auf ihre Art und Weise; sie nimmt ihn aber genauso in die Arme, damit er sich geborgen fühlt, und sorgt dafür, dass sich die ganze Familie einmal am Tag zum gemeinsamen Essen trifft – für Gleichaltrige sind diese Familienessen oft ein Albtraum, Balu findet sie genial. Wenn er beides haben kann – Ideale und Gemeinschaft, dann breitet sich Wohlgefühl in ihm aus. Ideale und Gemeinschaft müssen einander nicht ausschließen, beidem darf ich als Elternteil Raum geben, während ich selbst weiter wachse und weiter lerne. Als Elternteil achte ich einzig darauf, dass ich mich nicht zu sehr an meinen Balu-Teenager angleiche. Wenn ich selbst nur mehr Jesuslatschen und Rastazöpfe trage und bei der Studentendemo mitlaufe, dann mag das meinem Kind zwar gefallen, aber letztendlich tut es ihm nicht gut. Abgrenzung muss möglich sein – gerade in der Pubertät.

Die Kraft der Wurzeln

Der Bär ist los. Ich kenne einen Sechser-Teenager, der noch die Balance innerhalb dieses Levels sucht. Er hat in seinem gesamten Umfeld Probleme: In der Schule ist er so sehr auf den Zusammenhalt der Klasse und auf Harmonie bedacht, dass er darüber seine Arbeit vergisst. Er hat unzählige Ideen, setzt aber keine davon um – aus Angst, es nicht allen recht zu machen. Er denkt lange nach, hat aber letztendlich kaum Ergebnisse zu präsentieren

– er ist verunsichert, leugnet seine Einzigartigkeit und macht sich kleiner, als er ist. Der Klassenlehrer missversteht ihn, er hält ihn für faul und träge und hat ihm gedroht, er werde diese Klasse wohl wiederholen müssen, wenn seine Leistungen sich nicht deutlich verbessern. Doch das wäre eine schlimme Strafe für Balu, dann würde er aus seiner Klassengemeinschaft herausgerissen – und das würde ihm sehr wehtun.

Daheim schlägt das Pendel ins andere Extrem aus. So angepasst und harmoniesüchtig er sich in der Schule gibt, so unleidlich gibt er sich daheim. Er attackiert all jene, die seinen Traum nicht teilen, er verurteilt all jene, die anders denken, er hadert mit seiner Herkunft – zu engstirnig, konservativ, normal, bieder ... Er verurteilt seine Mutter – eine Alleinerziehende, und seine ältere Schwester; seinen Vater verurteilt er sowieso, weil er die Familie „im Stich gelassen" hat, und je mehr er verurteilt, umso weniger bekommt er das, wonach er sich sehnt: Harmonie und Frieden und Liebe. Wie würden Sie als Erzieher dieses Jungen reagieren?

Heimkommen – die beste Medizin. Ein Psychologe würde vermutlich vorrangig an zwei Themen arbeiten: Einerseits würde er den Jungen unterstützen, sein Selbstwertgefühl zu stärken und zu sich selbst zu stehen. Gemeinschaft ist wichtig, keine Frage, und dennoch darf der Mensch sich selbst nicht zugunsten der Gruppe aufgeben. Auch hier wäre der goldene Mittelweg erstrebenswert. Andererseits würde er ihn begleiten beim Erfahren seiner Wurzeln und bei der Versöhnung mit seiner Familie; so könnte er in Kontakt kommen mit der Kraft seiner Herkunft und mit jener grenzenlosen Liebe, die von Generation zu Generation weiterfließt, wenn der Mensch sich dem öffnet und hingibt.

Das ist natürlich für *alle* Dschungelbuch-Typen wichtig, dass sie sich mit dem Dschungel aussöhnen. Egal, welcher Stufe ein Mensch angehört, es wird ihm sehr wohl tun, mit seiner Familie im Reinen zu sein. Dann wird er Zugang haben zu der unerschöpflichen Kraft seiner Herkunft, dann wird er seine Wurzeln zu schätzen wissen und selbst gut verwurzelt mit beiden Beinen fest im Leben stehen. Dennoch bringe ich dieses Thema exemplarisch beim Sechser-Teenager. Warum? Weil Balu Gefahr läuft, vor lauter Liebe zu seinen Idealen die Liebe zu seiner Familie zu vergessen.

Balu täuscht sich. Ich kenne seit vielen Jahren eine junge Balu-Dame. Ich habe sie kennengelernt, da war sie acht Jahre alt – und wir haben uns auf Anhieb prächtig verstanden. Die Schulzeit, auch die Pubertät – alles ging im Großen und Ganzen gut über die Bühne. Besonders gefallen hat mir, dass sie die ganzen Jahre über so innig mit ihren Eltern und den Geschwistern verbunden war, sie hat es wirklich genossen, im Kreise ihrer Lieben zu sein. Nach dem Schulabschluss hatte sie beschlossen, in die Hauptstadt zu ziehen, um dort Biochemie zu studieren. Schweren Herzens trennte sie sich von ihrer Familie, doch wenn man sich in Zukunft für den Umweltschutz engagieren will, muss man Opfer bringen – so dachte sie vielleicht. Mittlerweile ist ein Jahr vergangen und ihre Familie daheim bekommt sie gar nicht mehr zu Gesicht. Was ist passiert?

Sie arbeitet neben dem Studium auf freiwilliger Basis für eine große Umweltschutzorganisation, genauso der junge Mann, in den sie sich verliebt hat. Hin und wieder ruft sie kurz an und schwärmt von der tollen Gemeinschaft, die sie dort gefunden hat – „wie eine neue Familie", sagt sie. Ihre Eltern und ihre Geschwister vermissen sie sehr, finden im Moment aber keinen richtigen Zugang zu ihr. So als hätte sie sich auf dem Weg zu ihren Idealen von ihren Wurzeln abgeschnitten. Das Pendel schlägt ins eine Extrem aus und es ist wahrscheinlich nur eine Frage der Zeit, bis Balu das bemerken und wieder um Ausgleich bemüht sein wird.

Der Preis der Freiheit? Die Verbundenheit zu seinen Wurzeln zu spüren, die Nähe zu den Menschen, die *vor* einem waren, die Liebe zur eigenen Familie – auch das sind Faktoren, die eine Rolle spielen für den Seelenfrieden des Menschen im Allgemeinen, für den Sechser-Teenager im Speziellen. Einerseits ist das große Thema der Pubertät das Loslassen, andererseits ist da diese große Sehnsucht nach Zugehörigkeit und Liebe und Verbundenheit – gerade bei Balu, dem Geselligen. Bei Naturvölkern finden wir noch wesentlich mehr Verbundenheit innerhalb der Familie als in Amerika oder Europa beispielsweise. Vielleicht ist diese Entfremdung von den „Unsrigen" ein Preis, den wir zahlen für die Freiheit, Unabhängigkeit und Selbstbestimmung, mit der viele von uns durch das Leben gehen. Doch wenn wir uns zu sehr von unserer Kultur entfremden, wenn wir aus unserer Familie austreten wie aus einem Verein, zu dem wir nicht länger gehören wollen, dann haben wir den Gedanken der Freiheit missverstanden, dann schneiden wir uns ins eigene Fleisch, dann verlieren wir etwas von der Kraft unserer Wurzeln. Vielleicht beginnt die wahre Freiheit des Menschen erst dort, wo er sich jener Kraft bewusst wird und verbunden fühlt und dennoch frei ist, sein Leben nach seinen Vorstellungen zu leben.

Frieden schließen mit der Vergangenheit. Das bedeutet in erster Linie: Frieden schließen mit seinen Eltern; man gibt sich seine Eltern, das heißt: Man lernt, Vater und Mutter so anzuerkennen und anzunehmen, wie sie sind – erst dann kann man letztendlich auch sich selbst anerkennen und annehmen. Viele Probleme entstehen, wenn Menschen sich radikal von ihren Wurzeln abschneiden und ihre Herkunft verleugnen. Als Kind habe ich das Lachen meiner Mutter gehasst, ich konnte dieses Geräusch einfach nicht leiden. Und heute lache ich genauso wie meine Mutter; dabei hatte ich mir damals gedacht: „Ich will nie so werden wie meine Mutter!" Und wieder geht es um das Annehmen. Je mehr ein Mensch sich wehrt, so zu werden wie seine Eltern, desto schlechter wird er sich fühlen. Doch eins steht fest: Wir *sind* nun einmal beide Eltern – und doch ein bisschen anders. Wenn einer sagen kann: In vielerlei Hinsicht bin ich wie du – und ich bin doch ein bisschen anders, dann ist das ein Zeichen dafür, dass er Frieden geschlossen hat mit seiner Vergangenheit, mit seiner Herkunft, mit seinen Eltern. Dann wird er Zugang zu der Kraft haben, die ein Mensch nur aus seinen Wurzeln schöpfen kann – zur vollen Kraft der Liebe. Dann ist er kein Einzelgänger, kein einsamer Wolf mehr, dann ist er frei, hinauszugehen und sein eigenes Leben zu leben.

Akelas letzter Kampf

Mogli warf sich neben dem Einsiedelwolf auf die Knie. „Sagte ich nicht, mein letzter Kampf wäre es", röchelte Akela. „Große Jagd war es – und du, kleiner Bruder?" – „Ich lebe, ich lebe, viele tötete ich." – „Ich weiß. Ich sterbe und will – will bei dir sterben, kleiner Bruder." Mogli hob den schrecklich zerfleischten Kopf auf seine Knie und umschlang den zerrissenen Nacken mit den Armen. „Weit zurück liegen die alten Tage, da Shir Khan lebte und ein Menschenjunges sich im Staub wälzte." – „Nein, nein, Wolf bin ich – von einer Haut mit dem freien Volk", rief Mogli. „Nicht mein Wille ist es, Mensch zu sein." – „Mensch bist du, kleiner Bruder, Wölfling meiner Haut. Mensch bist du, sonst wäre das Pack vor den Dolen geflohen. Mein Leben verdanke ich dir, und heute hast du das Pack gerettet, wie ich dich einst rettete. Weißt du es noch? Alle Schuld ist getilgt. Gehe zu deinem Volk. Ich sage es dir noch einmal, Licht meiner Augen, zu Ende ging diese Jagd. Gehe zu deinem Volk." – „Nein, niemals!

Allein will ich jagen in der Dschungel. Ich habe gesprochen." – „Dem Sommer folgen die Regen, den Regen folgt der Frühling. Kehre heim, ehe man dich treibt." – „Wer wird mich treiben?" – „Mogli wird Mogli treiben. Kehre heim zu deinem Volk. Gehe zu den Menschen." – „Wenn Mogli Mogli treibt, dann wird Mogli gehen."

„Nichts bleibt mehr zu sagen", sprach Akela. „Kleiner Bruder, kannst du mich auf die Läufe heben? Auch ich war Führer des freien Volkes." Sorglich und sanft schob Mogli die toten Körper zur Seite, richtete Akela auf und stützte ihn mit den Armen. Tief sog der Einsiedelwolf Luft in die Lungen, dann sang er das Totenlied, das ein Führer des Packs singen muss, wenn er stirbt. Kräftiger und kräftiger hob sich der Gesang, dass es weithin über den Strom schallte. Und als er an das letzte „Gute Jagd" kam, da schüttelte Akela sich von Mogli frei, sprang in die Luft, fiel zurück auf seine letzte furchtbarste Beute – und war tot.[49]

Meine Liebe wird mit dir sein. Und so können wir den halbwüchsigen Balu begleiten auf seinem Weg, der ihn aus dem Elternhaus hinaus und gleichzeitig wieder dorthin zurückführen wird. Das sieht auf den ersten Blick wie ein Widerspruch aus, ist es aber nicht. Gerade indem Vater und Mutter den Jugendlichen ziehen lassen, stärken sie ihn. Die Schriftstellerin Ina Seidel schreibt sinngemäß: Nicht Heimat *suchen*, sondern Heimat *werden* sollen wir. Genau das ist es. Wir stehen zur Verfügung für lange Gespräche, wir hören mit offenem Herzen zu, wir steigen in Konflikte nicht ein, wir stehen darüber, wir lassen los, wir behalten unsere Ratschläge für uns, wir werden Heimat und versuchen, bedingungslos zu lieben. Und irgendwann lassen wir Balu vielleicht direkt oder indirekt Folgendes wissen: „Ich liebe dich einfach so, du musst nichts leisten, nichts beweisen, du musst nicht bei uns bleiben, du bist frei, du kannst deinen Weg gehen, du hast die Kraft dazu und meine Liebe wird mit dir sein – jetzt und alle Zeit."

☞ **Einladung zum Gedankenexperiment:** Stellen Sie sich folgende Situation vor: Sie sitzen in der Familie beim gemütlichen Sonntagsfrühstück zusammen und Ihre sechzehnjährige Balu-Tochter will über die Auswirkungen des Klimawandels diskutieren. Sie wirkt sehr erregt, hitzig, zornig, sie fühlt sich ohnmächtig und schimpft über die Politiker, über die Erwachsenen im Allgemeinen, über all jene, die keine Verantwortung übernehmen. Wie reagieren Sie? Versuchen Sie die ungemütliche Diskussion auf später zu verschieben? Oder überhaupt abzuwürgen? Wie könnten Sie die Situation entschärfen? Sicher nicht, indem Sie die Einstellung der Tochter verurteilen.

Sicher nicht, indem Sie sich rechtfertigen und schuldig fühlen. Vielleicht indem Sie einen ganz konkreten Verbesserungsvorschlag bringen: „Ich frage mich, wie es wäre, wenn …" Vielleicht indem Sie im Familienrat gemeinsam Maßnahmen beschließen, um im Rahmen Ihrer Möglichkeiten zu helfen? Vielleicht indem Sie einfach mal zuhören und den Balu-Ideen lauschen?

Oder stellen Sie sich vor, der Sechser-Teenager hat die Schule beendet und zögert nun, an der Uni zu studieren, weil er in eine andere Stadt ziehen müsste, weg von daheim. Wie können Sie ihn zum Loslassen ermutigen? Welche „Wegzehrung" können Sie ihm mit auf den Weg geben? Was könnte ihn so motivieren und begeistern, dass er seine Ziele weiterverfolgt? Welche Zeichen können Sie setzen, um den Balu-Teenager zu stärken? Woran wird er sich später einmal erinnern? Welche Erinnerungen sollen ihm bleiben an seine Jugendjahre daheim im Schoß der Familie? Woran erinnern *Sie* sich? Was wird eines Tages bleiben?

Was braucht der Sechser-Teenager? Was braucht der schon fast erwachsene Balu? Was sind zentrale Bedürfnisse auf dieser Lebensstufe?

- **Einfühlungsvermögen:** „Mama und Papa sollen sehr einfühlsam sein und mit mir über die großen Fragen des Lebens diskutieren; am liebsten würde ich in der Gemeinschaft mit ihnen und anderen Menschen den Sinn des Daseins ergründen. Und auch wenn wir keine Antworten finden, so finden wir vielleicht bessere Fragen."
- **Gleich Gesinnte:** „Mama und Papa sollen Verständnis dafür haben, wenn ich immer mehr Zeit mit gleich Gesinnten verbringen will, die dieselben Ideen und Ideale haben wie ich. Wir wollen gemeinsam diese Welt zu einem besseren Ort für uns alle machen, wir wollen unseren Teil dazu beitragen."
- **Heimat:** „Mama und Papa sollen mich loslassen und gleichzeitig Heimat für mich sein und bleiben – Basislager, von dem aus ich meine Expeditionen starte und zu dem ich immer wieder zurückkehre. Ich brauche die Verbindung zu meinen Wurzeln, daraus schöpfe ich Kraft und Selbstvertrauen, um meinen eigenen Weg zu gehen."

Gute Jagd auf neuer Fährte. *Brausen und Knacken im Dickicht unter dem Felsen unterbrach ihn. Baghira, leicht, stark und furchtbar wie immer, stand vor ihm … „Mit dem Bullen kaufe ich dich frei, kleiner Bruder. Gezahlt ist alle*

Schuld. Und nun – Balus Wort ist mein Wort." Er leckte Moglis Fuß. „Denke daran, Baghira liebte dich!", rief er und war mit einem Satz davon. Am Fuß des Felsens rief er noch einmal laut: „Gute Jagd auf neuer Fährte, Meister der Dschungel! Denke daran, Baghira hat dich geliebt!"

„Du hast es gehört", sprach Balu. „Alles ist gesagt. Geh nun! Aber erst komm zu mir, weiser, kleiner Frosch, komm zu mir!" – „Schwer ist es, die Haut abzuwerfen", sagte Kaa, als Mogli weinte und schluchzte, den Kopf im Fell des blinden Bären vergraben und die Arme um seinen Hals geschlungen. Kraftlos versuchte Balu, die Füße des Knaben zu lecken.

„Schwach schon glänzen die Sterne", mahnte Graubruder und witterte den Morgenwind. „Wo werden wir heute lagern – denn von nun an folgen wir neuer Fährte."[50]

Der Siebener: Baghira, der Weise

Mensch geht zu Mensch!
Hört ihn weinen in der Dschungel!
Schwer ist unsres Bruders Herz betrübt!
Menschengefährten sucht er –
nimmer seiner Spur in der Dschungel dürfen folgen wir,
die ihn geliebt![51]

Erinnern Sie sich noch an Baghira? An den schillernd schwarzen, klugen, warmherzigen Panther? Ich habe schon in Teil I über Baghira geschrieben und über das Modell der *Dschungelbuch*-Typen, das nach oben hin offen ist. Wer kann schon wissen, welche Typen in Zukunft noch in Erscheinung treten werden und wohin die Menschheit sich entwickeln wird? Der Siebener ist heutzutage noch selten, sehr selten. Haben *Sie* schon jemals einen Siebener-Menschen kennengelernt? (Oder vielleicht sogar ein Siebener-Kind?) Woran könnten Sie ihn erkennen? – Machen wir gemeinsam ein Gedankenexperiment: Angenommen, Sie wären Vater oder Mutter eines Baghira-Kindes, angenommen, Sie wären Vater oder Mutter eines solch seltenen „Exemplars“ – wie würde das Miteinander in der Familie dann aussehen?

Wer lernt hier von wem? Vielleicht würde sich dann sogar diese Frage stellen. Ich persönlich kenne kein Siebener-Kind, aber ich kann mir vorstellen, dass es wahrscheinlich ein Freigeist wäre, dass es globale Zusammenhänge in einem Ausmaß erkennen würde, das uns Große in Staunen versetzen und uns veranlassen könnte, uns selbst mit globalen Themen auseinanderzusetzen. Vielleicht würde es auf eine andere, neue Art denken, auf rasche Weise mehr Lösungen entdecken, vielleicht wäre es frei von Angst und inneren Zwängen, vielleicht wäre es fähig zu tiefgreifenden Dialogen und außergewöhnlichen Gedanken, vielleicht wäre sein Geist offen für mehr, als wir für möglich halten. Vielleicht würde es versuchen, die Dinge besser zu machen, ohne ehrgeizig zu sein, weil es keine Selbstbestätigung mehr brauchte. Vielleicht würde es viel Verständnis haben und sich mit der Qualität des Lebens auf unserem Planeten beschäftigen, auch mit der Qualität der Beziehungen von Mensch zu Mensch. Vielleicht würde es die Dinge tun, die notwendig sind, damit es besser weitergehen kann für uns und für alle, die nach uns kommen … Lassen wir uns überraschen!

Der kleine Prinz. *Hier ist der kleine Prinz auf der Erde erschienen und wieder verschwunden. Schaut diese Landschaft genau an, damit ihr sie sicher wiedererkennt, wenn ihr eines Tages durch die afrikanische Wüste reist. Und wenn ihr zufällig da vorbeikommt, eilt nicht weiter, ich flehe euch an – wartet ein bisschen, gerade unter dem Stern! Wenn dann ein Kind auf euch zukommt, wenn es lacht, wenn es goldenes Haar hat, wenn es nicht antwortet, so man es fragt, dann werdet ihr wohl erraten, wer es ist. Dann seid so gut und lasst mich nicht weiter so traurig sein: Schreibt mir schnell, wenn er wieder da ist …*[52]

Nachspann

Die Aufgabe ist nicht,
etwas zu sehen,
was noch niemand gesehen hat,
sondern etwas zu denken,
was noch niemand gedacht hat
über das, was alle sehen.

Arthur Schopenhauer

Die Familie – hoffentlich ein System mit System

Endlich ankommen, aber wie? Heimatlosigkeit begegnet uns heutzutage immer häufiger: junge Menschen, die nicht recht wissen, wo ihr Platz ist in dieser Welt. Vielleicht liegt das daran, dass die Institution Familie sich während der letzten Jahrzehnte stark verändert hat. War der junge Mensch früher noch mehr in das Leben seiner Familie eingebunden und sein Schicksal stärker mit dem seiner Ahnen verknüpft, so scheint er heute oft das Gegenteil zu erleben: ein Übermaß an Freiheit und Unabhängigkeit. Und so geschieht es nicht selten, dass ein junger Mensch sich von seiner Familie trennt und den Kontakt zu Eltern, Geschwistern, Großeltern, Onkeln, Tanten abbricht. Er braucht sie nicht, um zu überleben; er glaubt, frei zu sein. Doch vielleicht ist das nur eine Illusion? Vielleicht fühlt sich der junge Mensch dennoch unfrei und macht sich auf die Suche nach sich selbst und sucht und sucht und kommt nicht wirklich bei sich an. Sie ahnen wohl schon, woran das liegt.

Die ungeschriebenen Gesetze der Liebe. Im ersten Teil des Buches habe ich bereits über die ungeschriebenen Gesetze des Dschungels berichtet (ab Seite 39), über Ordnungen und Unordnungen der Liebe. Wir haben gesehen, dass wir alle Teil einer Familie sind, Teil eines Systems, dem wir uns nie werden entziehen können, mit dem wir uns nur anfreunden und versöhnen können. Wir haben von diesen mächtigen unsichtbaren Banden gesprochen, die Eltern mit Kindern und Kindeskindern verbinden. Wir haben gehört von den Großen und den Kleinen, von Autorität und Präsenz, von Macht und Verantwortung, vom Umgang mit dem Feuer und von der Kraft der Liebe, die uns zufließt von denen, die vor uns waren, und die durch uns hindurch weiterfließt zu denen, die nach uns kommen. Es gibt da ein Basiswissen, einige „Grundregeln". Wenn wir die beachten, dann kann Familie gelingen und das Miteinander kann als Geschenk erlebt werden. Auch wenn das eine oder andere für Sie zu banal und selbstverständlich klingen sollte, fasse ich hier wesentliche Aspekte noch einmal zusammen:

- Muttersein und Vatersein gehören zu den ursprünglichen Fähigkeiten des Menschen. Wir sind von Natur aus mit allem Notwendigen dafür ausgerüstet. Wir *können* das!
- Wer Vater oder Mutter ist, wird es seinem Kind gegenüber ein Leben lang bleiben. Auch das Kind wird immer das Kind seiner Eltern bleiben. Dieses besondere Band zwischen Eltern und Kindern ist unzerstörbar und unauflöslich.
- Eltern und Kinder sind gleichwertig, aber nicht gleich, denn: Die Eltern sind die Großen, die Kinder sind die Kleinen. Erst wenn das Kind große, starke Eltern erlebt, fühlt es sich geborgen und sicher. „Groß" als Haltung (und nicht unbedingt als Körpergröße gemeint) beschreibt bestimmte Gefühle und eine bestimmte Denkweise. Wer groß ist, schöpft aus dem Vollen. Er ist mit sich im Reinen, innerlich entspannt und ruhig. Im Hintergrund ist ein Gefühl von Liebe und Verständnis für die Situation des Kindes. Jemand, der groß ist, achtet die Würde, Persönlichkeit und Individualität des Kindes. Das bedeutet auch, dass jeder Erwachsene das Schwere seines eigenen Lebens selbst trägt. Es tut dem Kind nicht gut, wenn es einen Elternteil entlasten oder schonen muss.
- Eltern *geben*, Kinder *nehmen*. Als Erstes und Wichtigstes geben die Eltern das Leben. Das Kind ist sozusagen die Fleisch gewordene Liebe der Eltern. Manche Kinder unterscheiden beim Nehmen der Eltern zwischen Gut und Böse. Wenn jemand seine Eltern als Person nimmt, kann er sie nur als Ganzes nehmen, so wie sie sind, ohne Wenn und Aber. Elternsein ist jenseits von Gut und Böse und jede Beurteilung dieser „Rolle" seitens des Kindes wäre anmaßend. Das Kind darf allerdings unterschieden zwischen der Person an sich und dem *Verhalten* dieser Person; auf der Verhaltensebene darf es sehr wohl unterscheiden zwischen Gut und Böse und eigenverantwortlich entscheiden, was von dem einen oder anderen Verhalten es annehmen und was es bei den Eltern lassen will.
- Jedes Kind hat exakt eine Mutter und einen Vater und das Kind hat ein Recht darauf, sie zu kennen. Kinder haben die Tendenz, zwischen ihren Eltern durch offene oder verdeckte Loyalitäten auszugleichen. Auf einer tieferen Ebene sind Kinder stets mit ihren Eltern solidarisch. Das Kind liebt immer *beide* Eltern.
- Die Eltern sind immer die *richtigen* Eltern für das Kind. Das Kind ist immer das *richtige* Kind. Eine angemessene innere Haltung wäre: „So, wie ich bin, bin

ich richtig. Ich tue, was ich kann, ich tue, was in meinen Kräften steht und wozu ich fähig bin, und das ist genug." Und zu meinem Kind sage ich auch: „So wie du bist, bist du genau richtig!"

- Niemand ist fehlerlos, so gerne er es vielleicht wäre. Eine angemessene Grundhaltung wäre also: „Ich tue mein Bestes. Ich tue, was in meinen Kräften steht und in meinen Fähigkeiten liegt, und es ist genug. Das, was ich jetzt tue oder tun kann, sind in diesem Moment meine hundert Prozent."
- Eltern setzen Grenzen und diese Grenzen geben Sicherheit. Eltern, die keine Grenzen setzen, werden von den Kindern als schwach erlebt. Das Kind erhält oberflächlich Macht, doch innerlich leidet es, fühlt sich schwach und orientierungslos.
- Zugehörigkeit ist, neben den individuellen Bedürfnissen auf den einzelnen Entwicklungsstufen, das stärkste Bedürfnis unserer Kinder. Sie brauchen Eltern, die präsent sind und zur Verfügung stehen, die Autorität sind und dennoch behutsam mit ihrer Macht umgehen.
- Kinder brauchen die Eltern, aber nicht umgekehrt. Die Eltern dürfen ihre Kinder nicht brauchen. Kinder haben ein Recht darauf, frei zu sein.

Eltern werden, Partner bleiben

So weit, so gut. Zwei Menschen finden einander, genießen ihre Partnerschaft und dann geschieht hin und wieder ein Wunder: Sie werden Eltern, ein Baby wird geboren. Das Glück scheint grenzenlos – zumindest zu Beginn. Das Glück kann auch grenzenlos *bleiben*, wenn Mann und Frau ihre Paarbeziehung nicht aus den Augen verlieren. Die Versuchung ist groß und dann haben Vater und Mutter nur mehr Augen für ihr Baby, das Kleine wird Zentrum der Familie und nichts ist mehr so, wie es vorher war. Eine Zeitlang mag das gut gehen, aber früher oder später beginnt es in der Paarbeziehung zu kriseln. Warum? Weil Mann und Frau ihre Aufmerksamkeit zu sehr auf das Kind richten und zu wenig aufeinander; dadurch verliert ihre Beziehung an Qualität und Lebenskraft. Dazu fällt mir das Tai-Chi der Chinesen ein: Sie arbeiten dabei mit dem Chi, mit der Lebenskraft. Sie wissen, das Chi folgt der Aufmerksamkeit. Und so sollten auch frischgebackene Eltern ihr Chi, ihre Lebenskraft, nicht ausschließlich zum Kind fließen lassen, sondern auch zum Partner hin – indem sie ihm Aufmerksamkeit schenken. Sie sollten ein Paar bleiben, Mann und Frau. Das tut nicht nur der Beziehung gut, sondern auch dem Kind. Auch die Kinder fühlen sich wohler, wenn sie nicht Nabel der Welt sein müssen, sondern manchmal am Rand stehen und ihre Eltern als Paar erleben dürfen. Dann fühlen sie die Liebe zwischen Vater und Mutter und können dies als Vorbild in ihr eigenes zukünftiges Leben tragen.

Partnerschaft vor Elternschaft. Das Paar bildet also die *Grundlage* der Familie. Je ausgeglichener die Paarbeziehung ist, desto besser können die Eltern zum Wohl des Kindes zusammenwirken. Eltern begegnen einander in den Kindern. Wenn sie sich dessen bewusst sind, werden sie in ihrer Liebe *weiter* statt enger. Je mehr sich der Mann seiner Frau zuwendet und die Frau ihrem Mann, desto freier wird das Kind. Ich habe die Erfahrung gemacht: Kinder wachsen am glücklichsten in einem Umfeld auf, in dem Vater und Mutter liebevoll aufeinander schauen und aneinander interessiert sind und bleiben. Die Kinder gewöhnen sich rasch daran, dass Vater und Mutter auch Zeit zu zweit verbringen wollen. Es geht ihnen gut, wenn sie in einer Atmosphäre der Liebe der Eltern zueinander aufwachsen. Und ganz nebenbei lernen sie das Wichtigste, was sie von ihren Eltern lernen können: wie Beziehung funktioniert. Natürlich fließt die Liebe auch immer wieder in hohem Maße zu den Kindern, aber nicht ausschließlich.

Liebe, die blind ist. Was geschieht, wenn die Eltern das *Kind* in den Mittelpunkt ihrer Aufmerksamkeit stellen? Damit legen die Großen Last auf die Schultern des Kleinen und Verantwortung, mit der das Kind nicht umzugehen weiß. Dann sehen wir eine Fünfjährige, die das Gefühl hat, für das Glück der Eltern zuständig zu sein, weil Vater und Mutter sich eigentlich nur noch an ihr erfreuen, aber nicht mehr aneinander. Dann sehen wir eine Zwölfjährige, die panische Angst vor der Mathearbeit hat, weil eine schlechte Zensur für die ganze Familie eine Katastrophe darstellt. Dann sehen wir einen Achtzehnjährigen, der nicht von daheim auszieht, weil er den Eindruck hat, er könne seine Mutter nicht allein zurücklassen und ins Unglück stürzen. Da ist die Ordnung in der Familie eklatant gestört, obwohl all das oft mit bester Absicht geschieht – aus blinder Liebe stellen die Eltern das Kind von klein auf in den Mittelpunkt.

Liebe, die sieht. Doch es gibt auch sehende Liebe und diese weiß: Das Kind darf nicht für das Glück der Eltern verantwortlich sein, die Eltern müssen selbst für ihr Glück sorgen, und das geht am besten, wenn sie an ihrer eigenen persönlichen Entwicklung und an der Entwicklung ihrer Partnerschaft dranbleiben und alles mögliche versuchen, um sich und einander glücklich zu machen. Daher ist kaum eine Erkenntnis wichtiger für das Gelingen der Liebe zwischen Mann und Frau als diese: Die Liebe zum Kind fließt hin und wieder über die Liebe zum Partner, die Paarbeziehung bildet die Grundlage und schenkt Kraft für die Elternschaft. Mann und

Frau sollen nebeneinanderstehen und ihre Liebe *zueinander* soll das Herz der Familie sein, der pulsierende Mittelpunkt, um den sich alles andere dreht.

Leichter gesagt, als getan. Das klingt alles so einfach, ich weiß. In Wirklichkeit ist es aber nicht immer so einfach, auch das weiß ich. Besonders dann, wenn Beziehungen in die Brüche gehen, Partner getrennte Wege gehen, Ehen geschieden werden, ein Partner stirbt – wichtig ist hier auch, nicht *beide* Rollen übernehmen zu wollen. Keiner muss all das sofort umsetzen und beherrschen und in jeder Situation der perfekte, gelassene, liebevolle Partner und Elternteil sein. Wir sind schließlich keine Götter (auch wenn uns unsere Kleinen in frühen Jahren dafür halten), sondern Menschen. Es geht viel mehr um eine innere Haltung, es geht viel mehr darum, dass Sie sich anstecken lassen von diesen Ideen, dass Sie auch in schwierigen Momenten vielleicht einfach einmal innehalten und erneut ein paar Zeilen dieses Buches lesen und sich inspirieren lassen. Und wie eine Knospe, die sich sanft und allmählich entfaltet, dürfen sich dann auch in Ihrem Inneren Wissen und Bewusstheit entfalten.

Eine andere Wirkung – auf einer anderen Ebene! Dieses Buch will kein Appell sein, all diese Strategien ab jetzt sofort immer und überall umzusetzen. Dieses Buch wirkt auf einer anderen, tieferen Ebene. Wenn Sie es lesen, kann etwas in Ihnen aufgehen und wirken – so wie bei einem Sonnenaufgang! Fühlen Sie sich völlig frei! Es wird Menschen geben, die sich das Buch mehrfach in einer Mußestunde zur Hand nehmen und sich davon nach und nach inspirieren lassen, und andere setzen viele dieser Ideen sofort nach dem erstmaligen Lesen in die Tat um. Es spielt keine Rolle, das Buch wird trotzdem seine Wirkung zeigen. Der eine wird vielleicht neue Ideen in sich keimen spüren und selbst weiterentwickeln, der andere wird sich vielleicht mit seinem Partner oder seinen Freunden zusammensetzen und Ideen diskutieren und auf diese Art weiterentwickeln. Und auch das spielt keine Rolle; da geht es nicht um Richtig oder Falsch, da geht es allein um die Tatsache, dass etwas im Inneren in Bewegung kommt und wächst. Und darauf können Sie vertrauen.

Noch immer zu theoretisch? Alles schön und gut, aber in der Praxis schaut das manchmal anders aus: Da haben Eltern Meinungsverschiedenheiten, was die Erziehung der Kinder angeht, oder Vater und Mutter haben Stress miteinander oder ein Elternteil hat permanent Streit mit einem Kind. Ganz zu Beginn des Buches (Seite 14) habe ich schon auf die Konfliktlösungsstrategien der Tiere hingewiesen, denn auch im Dschungel gibt es Meinungsverschiedenheiten und Auseinandersetzungen. Und die Tiere haben unterschiedliche Strategien, sie zu klären, doch die meisten dieser Strategien sind friedlich. Vielleicht können wir uns einige im Detail anschauen und uns daran orientieren, wenn daheim das nächste Mal dicke Luft herrscht.

Konfliktlösungsstrategien der Tiere – eine Anregung

- **Der rituelle Kampf:** Das ist ein Kampf nach bestimmten Regeln, mehr ein Spiel, bei dem nicht der Körper, sondern höchstens der Stolz des Rivalen verletzt wird. Wir kennen das zum Beispiel von den Steinböcken oder Wasserbüffeln, die ihre Hörner aneinanderschlagen. Die Menschen haben immer schon rituelle Kämpfe aus dem Tierreich nachgeahmt: Capoeira zum Beispiel ist solch eine Art Kampf aus Südamerika, eine Kombination aus Spiel, Tanz und koordinierten Bewegungen. Capoeira lehrt die schnelle Reaktion, mit der man schwierigen Situationen ausweichen kann, sowie die Geduld, den richtigen Zeitpunkt zu erwarten, und die Konzentration, mit der man auch in Momenten aufkommender Wut die Selbstkontrolle bewahrt. Capoeira lehrt das Agieren innerhalb bestimmter Regeln und nicht zuletzt den tieferen Sinn von Gemeinschaft und Zugehörigkeit zu einer Gruppe.
  Wie könnte also ein ritueller Kampf innerhalb der Familie aussehen? Statt Degen könnten die beiden Kontrahenten zum Beispiel die Zeigefinger verwenden, die dann gegeneinander kämpfen. Oder kennen Sie den österlichen Brauch des „Eierpeckens“ (wie man in Österreich sagt)?: Jeder hält ein hart gekochtes Ei in der Hand, dann werden die Eier aneinandergeschlagen und derjenige, dessen Ei zuerst einen Sprung hat, hat verloren. Oder Bogenschießen: Wer den Pfeil am weitesten schießt, hat gewonnen. Oder „Bockschauen“ – kennen Sie das? Zwei schauen einander ganz ernst an; wer zuerst lacht, hat verloren. Und so weiter. Vielleicht erfinden Sie Ihre eigenen Rituale, um sich die Hörner abzustoßen?

- **Die Übersprunghandlung:** Das ist einfach eine Art Unterbrechung. Da beginnen beispielsweise Hähne während des Kampfes plötzlich damit, Körner aufzupicken, oder Kater beginnen während des Kampfes plötzlich damit, sich zu putzen. Der Gegner ist daraufhin völlig verwirrt und vergisst weiterzukämpfen. Wie könnte eine Übersprunghandlung bei familiären Konflikten aussehen? Die Mutter könnte zum Beispiel mitten im lauten Streit mit dem Sohn sagen: „Tut mir leid, ich muss jetzt das Abendessen richten, aber später diskutieren wir weiter!“ Danach ist es vielleicht möglich, das Thema weniger aggressiv und aufbrausend zu besprechen.

Mir selbst kam auch einmal eine Idee für eine Übersprunghandlung: Ich hörte mir selbst zu, wie ich mit meiner Tochter schimpfte, und kam mir plötzlich wie ein keifender Hund vor. Und ich habe ohne Zögern begonnen, wie ein Hund zu kläffen. Daraufhin haben wir beide zu lachen begonnen und danach in Ruhe unseren Streit beigelegt. Schon die Großeltern haben uns geraten, eine Nacht darüber zu schlafen und nicht gleich zum Angriff überzugehen. Die alten Indianer raten sogar, *drei* Nächte darüber zu schlafen. Die Idee einer Unterbrechung ist gut, deswegen wird ein Konflikt noch nicht verdrängt, die Menschen können einfach „Dampf ablassen" und sich etwas später zusammensetzen und besprechen, was es zu besprechen gibt.

Was Tiere im Konfliktfall noch tun? Alles mögliche: Sie *markieren*, um die Grenzen ihres Territoriums klar abzustecken, sie zeigen Imponierverhalten, um den Gegner einzuschüchtern, sie beschwichtigen einander – und sehr oft ist es das Weibchen, das das Männchen zu besänftigen versucht. Sie flüchten oder verstecken sich, wenn das die beste Lösung zu sein scheint. Sie schließen sich aber auch mit anderen zusammen, um eine stärkere Gruppe zu bilden und sich und ihre Familie besser verteidigen zu können. Und wenn sie erkennen, dass sie bei einem Kampf den Kürzeren ziehen würden, dann unterwerfen sie sich, um zu überleben. Viele solcher Strategien beherrschen die Tiere instinktiv, um das Überleben der Art zu sichern. Das hat die Natur gut eingerichtet. Und auch wir Menschen haben solche Instinkte – vertrauen wir ihnen!

Alleinerziehend – was nun?

***Dschungelbuch*-Typ bleibt *Dschungelbuch*-Typ.** Im Großen und Ganzen gelten für *getrennte* Familien dieselben Spielregeln. Auch als alleinerziehende Mutter oder alleinerziehender Vater werde ich mich an den Bedürfnissen meines Kindes orientieren. Bedürfnisse sind nun einmal die Türöffner zu den Herzen der Kinder. Ich werde dann genauso versuchen, mein Kind einzuschätzen, herausfinden, mit welchem *Dschungelbuch*-Typen ich es gerade zu tun habe, und versuchen, seinen Bedürfnissen einigermaßen gerecht zu werden. Dann werde ich Mogli nähren, King Louie Sicherheit schenken, Shir Khan Grenzen setzen und loben, Hathi Struktur geben, Kaa zu Erfolgen motivieren und Balu Gemeinschaftsgefühl vermitteln. Und doch gibt es einige Kardinalfehler, einige Fallen, in die Alleinerzieher häufig tappen. Interessiert?

- **Kardinalfehler Nummer 1: Das Kind in Trennungsstreitigkeiten hineinziehen.** Es kommt vor, dass Trennungen in „Rosenkriege“ ausarten und Mann und Frau einander nur noch böse gesinnt sind. Für die Kinder erreicht die Tragödie ihren Höhepunkt, wenn die Eltern beginnen, um die Kinder zu kämpfen, und sie gegen den Partner ausspielen. Auch wenn Sie den Eindruck haben, Ihnen sei großes Unrecht geschehen, üben Sie dennoch Zurückhaltung! Egal, wie die Umstände auch sein mögen – für Ihre Kinder ist es am besten, wenn Sie sie aus dem Scheidungsprozess komplett heraushalten. Am meisten leiden sie, wenn sie gezwungen sind, Stellung zu beziehen und sich für einen Elternteil zu entscheiden. Das wäre die größte Zumutung für die Kinderseele, denn das Kind liebt immer beide Eltern. Auch wenn es offenbar für einen der beiden Partei ergreift, so bleibt es im Herzen doch immer das Kind *beider* Eltern. Viele Scheidungspaare nehmen sich eisern vor, die Kinder aus der Sache herauszuhalten, und ziehen sie dennoch tagtäglich subtil hinein. Wenn der Schmerz zu groß ist, kann es geschehen, dass sich der Erwachsene selbst wieder in ein Kind verwandelt und sein reifes Handlungsbewusstsein verliert. Er ist plötzlich selbst wieder das verletzte Kind, wird klein und macht unbewusst sein Kind groß. Was tun?
  Der erste Schritt wäre auch hier wieder, zu unterscheiden zwischen dem *Verhalten* und der Person selbst. Auch wenn ich einen Menschen nicht mehr lieben und sein Verhalten nicht mehr akzeptieren kann, bleibt er dennoch der Vater oder die Mutter meines Kindes. Und dieser Person sollte ich dennoch weiterhin meinen Respekt zollen – meinem Kind und mir selbst zuliebe. Dann setze ich mir zum Beispiel hin und wieder die „Brille der Fülle“ auf und schaue großzügig auf das Gute, das es in dieser Beziehung gegeben hat, und spreche auch darüber. Und das Beste, was es gegeben hat, ist das gemeinsame Kind. Ohne den anderen wäre dies nicht möglich gewesen. Der zweite Schritt wäre: die innere Haltung zu verändern, und das geht über den Weg der Bewusstheit; dann werde ich gewahr, dass ich auf eine magische Art und Weise mit meinem Expartner – dem Vater oder der Mutter meines Kindes – innerlich verbunden bleibe. Und das ist sogar dann möglich, wenn ich diesem Menschen mein Leben lang nicht mehr über den Weg laufe, aber durch das gemeinsame Kind bleibt man in Verbindung als Vater und Mutter.
  Was zwischen Mann und Frau abläuft, das ist ein eigenes Thema, doch Mann und Frau müssen trotzdem weiterhin ihre Elternrolle wahrnehmen – ein Leben lang. Und selbst wenn sie neue Partnerschaften eingehen, bleiben sie dennoch immer die Eltern der gemeinsamen Kinder. Das, was zur Trennung geführt hat, sollten Mann und Frau auch für sich behalten, das geht die Kinder eigentlich

nichts an. Den Kindern darf man aber Sätze dieser Art sagen: „Dass wir uns trennen, das ist allein unsere Entscheidung, mit euch hat das nichts zu tun. Wir übernehmen dafür die volle Verantwortung und bleiben immer eure Eltern, auch wenn wir als Paar nicht mehr zusammen sind. Wir werden uns um euch kümmern und bleiben in jedem Fall eure Eltern. Ihr habt ein Recht auf uns beide!“ Das kann für Kinder sehr entlastend sein, sie können dann aufhören, die Schuld bei sich zu suchen. Und so bleibt, auch wenn die Partnerbeziehung getrennt ist, die Elternbeziehung erhalten; beide Eltern behalten ihre Rechte und ihre Pflichten und entscheiden im Idealfall auch gemeinsam, bei wem die Kinder wohnen und wer welche Beiträge zum Wohlergehen der Kinder leistet.

- **Kardinalfehler Nummer 2: Dem Kind den Vater oder die Mutter nehmen.** Es geschieht auch, dass ein Elternteil den anderen aus dem Leben des Kindes verbannen will. Meistens sind es die Mütter, die ihren Kindern die Väter nehmen wollen, so als stünde das in ihrer Macht. Sie müssen wissen: Ausschluss dieser Art hat Folgen für die Kinder, auch wenn diese Folgen vielleicht erst in der Pubertät oder noch später sichtbar werden. Dann geschieht es, dass das Kind sich unbewusst mit dem ausgeschlossenen Elternteil solidarisiert.
  Wenn zum Beispiel der ausgeschlossene Vater Alkoholiker war, dann wird der Teenager unter Umständen auch alkoholsüchtig. Es geschieht genau das, was die Mutter die ganze Zeit befürchtet hat: Der Sohn wird genauso wie der Vater. Oder: Der Vater hat die Kinder mit Gewalt vor der depressiven Mutter „gerettet“ und unterbindet jeglichen Kontakt. Mit hoher Wahrscheinlichkeit wird ein Kind früher oder später mit Depressionen zu tun haben. Warum? Weil die Seele des Kindes immer versucht, beiden Eltern gegenüber loyal zu sein. Unbewusst holt dann das Kind das wieder in die Familie herein, was ausgegrenzt war, es ahmt den Ausgeschlossenen nach – zum größten Kummer des alleinerziehenden Elternteils. So stellt es seine Loyalität unter Beweis und hält dem Ausgeschlossenen die Treue.
  Die alleinerziehende Mutter sollte dem Kind also ermöglichen, seinen Vater zu treffen. Sollte das nicht möglich sein, dann kann sie dem Kind helfen, dem Vater einen Platz in seinem Herzen zu geben. Dann kann sie zum Beispiel Fotos des Vaters im Kinderzimmer aufstellen oder andere Erinnerungsstücke oder von schönen gemeinsamen Momenten mit dem Vater erzählen. Sie sollte das Kind wissen lassen, dass es den Vater auch weiterhin lieben darf. Da helfen Sätze wie: „In dir liebe ich deinen Vater immer noch, in vielerlei Hinsicht bist du ihm ähnlich. Du darfst so sein wie er.“ Das alles gilt natürlich genauso für alleinerziehende Väter. Das Kind blüht auf, wenn die Expartner gut übereinander sprechen und Frieden geschlossen haben. Dann kann es sich trotz der Trennung der Eltern gut entwickeln und glücklich sein.

- **Kardinalfehler Nummer 3: Den Partner ersetzen und beide Elternrollen einnehmen wollen.** Dieser Versuch wird immer ein Versuch bleiben und ist von Anfang an zum Scheitern verurteilt. Wenn der Partner – aus welchem Grund auch immer – weg ist, bedeutet das Stress und Überlastung – nicht nur für das Kind, auch für den Partner, der allein mit dem Kind zurückbleibt. Eigentlich ist es schon schwierig genug, in dieser Situation seine *eigene* Elternrolle hundertprozentig auszufüllen, geschweige denn, den fehlenden Elternteil auch noch zu ersetzen. Ahnen Sie, welche verdeckte Botschaft hinter der Idee steckt, den fehlenden Elternteil ersetzen zu wollen? Die Botschaft lautet: Er oder sie war nicht gut genug für dich. Und damit nimmt man seinem Kind den anderen Elternteil noch mehr weg. Das geschieht sogar manchmal, wenn Partner noch zusammenleben, aber der eine das Gefühl hat, dass der andere sich zu wenig einbringt, und dann „einspringt" und *alles* übernimmt.
  Dabei hat das Kind immer Vater *und* Mutter, auch wenn nicht immer beide anwesend sind. Vertrauen Sie also darauf, dass das Kind sich die fehlende weibliche oder männliche Energie schon irgendwo holen wird. Am besten natürlich beim „Original", und falls das nicht möglich ist, bei einer anderen Bezugsperson: Wenn der Vater weg ist, dann sucht das Kind vielleicht verstärkt die Nähe zum Großvater, zum Onkel, zum Lehrer, zum Nachbarn oder einer anderen vertrauenswürdigen männlichen Bezugsperson. Oder wenn die Mutter weg ist, wird das Kind sich vielleicht mit Vorliebe in der Nähe der Oma, der Tante, der Kindergärtnerin oder einer anderen vertrauenswürdigen weiblichen Bezugsperson aufhalten. Und das ist gut so.
  Entsprechend muss sich niemand um jeden Preis einen neuen Partner suchen, nur damit sein Kind wieder einen Vater oder eine Mutter hat. Das ist nicht notwendig, denn das Kind *hat* ja einen leiblichen Vater und eine leibliche Mutter, die beide im Kind weiterleben, auch wenn einer der beiden im Alltag vielleicht nicht mehr zur Verfügung steht oder schon längst verstorben ist. Trotzdem kann das Kind den fehlenden Elternteil in sich entdecken, ein Bild des Vaters oder der Mutter in sich tragen, es sich vielleicht sogar als Vorbild nehmen – das muss man seinem Kind gestatten und zugestehen.
- **Kardinalfehler Nummer 4: Das Kind als Partnerersatz.** Ein Kind ist kein Partner, sondern ein Kind. Wenn ein Kind zu früh Verantwortung übernehmen und immer wieder für den fehlenden Elternteil einspringen muss, dann schadet das. Auch das geschieht zum Teil unbewusst oder mit bester Absicht. Aber auch als Alleinerziehender sollte man zu seiner Größe stehen und dem Kind gestatten, möglichst klein und frei zu bleiben. Das Kind sollte nicht hineingezogen werden in die Themen der Großen. Wenn der Erwachsene Intimität sucht, Probleme

diskutieren und sein Herz ausschütten will, dann besser im Beisammensein und in Gesprächen mit Freunden und anderen erwachsenen Begleitern. Auch zu den eigenen Eltern darf er immer wieder zurückkehren und Kraft tanken, aber für sein Kind bleibt er der Große, der gibt, und das Kind bleibt das Kleine, das nimmt. Eltern *geben*, Kinder *nehmen* – das entspricht nun mal den Ordnungen der Liebe.

- **Kardinalfehler Nummer 5: Das Kind zu sehr verwöhnen.** Oft kann man sehen, dass Alleinerziehende zu wenig von ihrem Kind fordern, ihm zu vieles erlauben, zu wenige Regeln und Strukturen vorgeben; damit fehlen dem Kind die Ordnung in der Familie und die Sicherheit. Das geschieht vielleicht, weil Alleinerziehende manchmal ein schlechtes Gewissen plagt, wenn sie ihr Kind mit nur *einem* Elternteil aufwachsen sehen. Vielleicht empfinden sie eine Art Schuld und wollen ausgleichen. Und vielleicht haben sie auch Angst, die Liebe des Kindes zu verlieren, wenn sie zu streng agieren und Grenzen setzen, doch wir wissen, dass Kinder genau das brauchen: Halt, Stabilität, Struktur – und die erfahren sie durch das Erleben von Grenzen.
  Also, auch wenn Ihr Kind Ihnen droht: „Wenn du das machst, dann hab ich dich nicht mehr lieb" – bleiben Sie Ihrer Linie treu und sorgen Sie für Ordnung! Als Unterstützung können Sie zum Beispiel in sich den Satz bewegen: „Auch wenn du mich nicht liebst, ich liebe dich trotzdem." Versuchen Sie es! Sie werden spüren, dass das eine gute Möglichkeit ist, innere Größe zu bewahren. So schenken Sie sich und Ihrem Kind Freiheit, denn dann *brauchen* Sie seine Liebe nicht zum Überleben, und gerade dann kann die Liebe des Kindes wieder ungehindert zu Ihnen zurückfließen – freiwillig und im Überfluss.
  Achtung: Mutieren Sie nicht zu Wochenend-Geschenk-Verwöhn-Papas oder -Mamas! Oft kann man beobachten, dass der alleinerziehende Elternteil sehr wohl in der Lage ist, Grenzen zu setzen und Ordnungen zu schaffen, doch wenn das Kind dann vom Wochenende beim anderen Elternteil zurückkommt, ist es völlig durchgedreht. Warum? Weil es mit Geschenken und Attraktionen überhäuft worden ist, weil es keine Regeln einhalten musste und alles erlaubt war – dann lässt zum Beispiel der Papa am Wochenende alles durchgehen, was die Mama während der Woche verbietet. Kein Wunder, dass das Kind verwirrt heimkehrt, zum Teil auch zornig und aggressiv.
  Fest steht: Die Liebe und Achtung eines Kindes kann man sich nicht mit Geschenken erkaufen und mit dem Aufheben jeglicher Grenzen „erwirtschaften". So läuft das nicht, auch wenn es vielleicht auf den ersten Blick so wirkt. Indirekt (und manchmal leider auch direkt und bewusst) macht der eine Elternteil den anderen dadurch schlecht, dass er das Kind zu sehr verwöhnt

oder die Familienregeln außer Kraft setzt. Für die Seele des Kindes ist das Gift, auch wenn es an der Oberfläche aussieht wie ein Geschenk; aber im Inneren entsteht eine Wunde. Da hilft: in der Verantwortung bleiben, die Familienregeln gemeinsam aufrechterhalten, und wenn schon Überfluss, dann ein Überfluss an Aufmerksamkeit, Zuneigung und Liebe. Und ein Überfluss an Größe, indem ich die Taten und Bemühungen des Sorgeberechtigten würdige und dessen Anweisungen respektiere und neue Ideen vor der Umsetzung zuerst mit dem (ehemaligen) Partner abspreche.

Die „Patchworkfamilie“

Deine, meine, unsere? Heutzutage ist beinahe schon jede dritte Familie eine Patchworkfamilie. Durch Scheidungsraten von fünfzig Prozent und mehr entstehen häufig neue Familienkonstellationen: Menschen, die früher in anderen Partnerschaften gelebt haben, bringen ihre Kinder ein in neue Partnerschaften; gemeinsam bilden sie dann den bunten „Flickenteppich“ – englisch: *patchwork* – einer neuen Familie. Diese Menschen haben vielleicht sogar schon mehrere Trennungen hinter sich und hoffen vorsichtig das Beste. Eines der Hauptthemen ist oft die Erziehung der Kinder. Da tauchen eine Menge Fragen auf: Darf man sich als neuer Partner überhaupt einmischen? Ist es besser, sich herauszuhalten? Wie begegnet man den Expartnern und leiblichen Eltern der Stiefkinder? Soll man versuchen, den fehlenden Elternteil zu ersetzen und Vater- bzw. Mutterrolle übernehmen? Inwieweit darf man seinem Stiefkind Halt geben? Welche *Verantwortung* hat man gegenüber seinem Stiefkind?

Halten Sie sich raus! Für Kinder ist die Trennung der Eltern immer ein Schock und die Kinderseele braucht Zeit, um sich mit der neuen Situation anzufreunden. Schiefgehen wird das Unternehmen Patchworkfamilie, wenn Sie versuchen, ein besserer Vater oder eine bessere Mutter für Ihr Stiefkind zu sein. Das Kind hat bereits Vater und Mutter, Sie müssen diese Rolle nicht übernehmen – Ihr Stiefkind wird es sehr zu schätzen wissen, wenn Sie sich da heraushalten. Die Erziehung des Stiefkindes gehört definitiv nicht zu ihren Pflichten. Sie können aber positiv auf das Geschehen einwirken, indem Sie dem leiblichen Elternteil helfen, den abwesenden Elternteil zu würdigen und in das Leben des Kindes integrieren, indem Sie gut über ihn sprechen, indem Sie es unterstützen, dass das Stiefkind auch immer wieder Zeit mit dem leiblichen Vater oder der leiblichen Mutter verbringt, oder indem Sie Ihr Stiefkind wissen lassen: „Ich bin nicht dein Vater / deine Mutter, ich werde auch nicht versuchen, ihn/sie zu ersetzen. Aber wenn du magst, bin ich für dich da." Und die beste Form, für ein Kind da zu sein, ist die, dem Kind Vorbild zu sein, indem man Respekt, Kontinuität, Stabilität, Entschlossenheit, Glück und Liebe tatsächlich zeigt und vorlebt!

Dem Stiefkind Gutes tun. Wie ist es, wenn der neue Partner nun tatsächlich Beiträge leistet zum Wohlergehen des Kindes – nicht aus einem Pflichtgefühl heraus, sondern einfach, weil er es mag und unterstützen will? Muss ihm das Kind dafür dankbar sein? Nein, muss es nicht. Auch hier gelten die Ordnungen der Liebe: Die Eltern, auch die Stiefeltern, sind die Großen – das Kind, auch das Stiefkind, ist das Kleine. Die Großen geben, die Kleinen nehmen. Wenn einer dankbar sein muss, dann ist es der leibliche Elternteil; der darf anerkennen, was der Stiefvater bzw. die Stiefmutter dem Kind Gutes tun, und seinerseits dem neuen Lebenspartner etwas Gutes tun und für Ausgleich sorgen. Das Kind aber schuldet keinem etwas. Stiefväter oder Stiefmütter *dürfen* dem Kind Gutes tun, aber sie *müssen* nicht, sie können sich frei fühlen, zu geben, was und wie viel sie wollen.

Die ideale Patchworkkonstellation? Die *verheerendste* Patchworkkonstellation sähe so aus: Der eine bestraft seinen Expartner damit, dass er ihm den Kontakt zum Kind verbietet, und versucht dem Kind den neuen Lebenspartner als neuen Vater oder neue Mutter schmackhaft zu machen. Und der (die) „Neue" mischt sich in die Erziehung des Kindes ein und übernimmt die volle Verantwortung und Elternrolle. Dann ist die Katastrophe vorprogrammiert. Die *ideale* Patchworkkonstellation hingegen sähe so aus: Das Kind wächst bei einem leiblichen Elternteil und dessen neuem Lebenspartner auf, hat aber außerdem stets Kontakt zum anderen leiblichen Elternteil. Der „Neue" mischt sich nicht ein, steht aber zur Verfügung, wenn das Stiefkind ihn braucht; er leistet Beiträge zum Wohlergehen des Kindes, erwartet aber keine Dankbarkeit oder Gegenleistung. Dann kann das Experiment Patchworkfamilie gelingen. Dann helfen beide mit, das Kind zum leiblichen Vater oder zur leiblichen Mutter hinzuführen, dann schenken beide dem Kind Ordnung und Freiheit. Und darin liegt kein Widerspruch.

Stiefbrüderchen und Stiefschwesterchen? Welche Tipps gibt es für Stiefgeschwister, die in einer Patchworkfamilie zusammengewürfelt werden? Vertrauen Sie der Intelligenz des Systems, vertrauen Sie darauf, dass die Kinder ihre eigene Lösung des Miteinanders finden werden, und das darf auch seine Zeit dauern. Als leiblicher Elternteil hat man da die Aufgabe, dem *leiblichen* Kind zu zeigen, dass es für einen selbst immer etwas Besonderes bleiben wird. Man kann es wissen lassen: „Bei mir hast du eine besondere Stellung, aber *bevorzugen* werde ich dich nicht." Auch da trennt man wieder zwischen Person und Verhalten. Wenn man zum Beispiel aufgefordert wird, Partei zu ergreifen, dann wird man dennoch versuchen, fair, gerecht und unparteiisch zu sein.

Unterstützend kann auch sein, wenn man das *Stiefkind* wissen lässt, dass man es schätzt und dass es wichtig für einen ist – aber eben als das Kind des neuen Partners. Und dem *leiblichen* Kind versucht man, Druck herauszunehmen; dann wird es vermutlich geschehen, dass die Kinder einander ans Herz wachsen, dann wird ein Miteinander und Nebeneinander in der Familie möglich sein. Vielleicht erkennt das Kind die Chance auf eine innige Beziehung, vielleicht findet es im Stiefgeschwisterchen sogar jenen Menschen, der es irgendwie ein Leben lang begleitet, sogar dann, wenn die Eltern längst nicht mehr sind. So gesehen ist jedes neue Mitglied der Familie eine neue Möglichkeit, in Beziehung zu treten und auch zu bleiben.

Stiefgeschwister oder „Fremdgeschwister"? Der letzte Absatz gilt, sobald es zwischen den Kindern eine echte Blutsverwandtschaft gibt, das heißt: Sie haben entweder den leiblichen Vater oder die leibliche Mutter gemeinsam, sie sind über einen Elternteil blutsverwandt. Dann sind es tatsächlich Geschwisterkinder, auch wenn sie Stiefgeschwister sind. Aber angenommen, da kommen zwei Erwachsene zusammen und beide bringen Kinder aus vergangenen Beziehungen in die neue Beziehung mit, dann sind das Fremdgeschwister; diese Kinder haben sozusagen genetisch nichts miteinander zu tun – da gelten dann auch andere Gesetze. Diese Kinder können dann *Freundschaft* schließen, aber sie müssen es nicht. Sie sind nicht dazu verpflichtet, das andere Kind als Geschwisterchen zu behandeln. Da spielen die Erwachsenen natürlich wieder eine maßgebliche Rolle. Sie sollten das Kind zum Beispiel nicht zwingen, zum fremden Elternteil „Mama" oder „Papa" zu sagen, und sollten sich nicht zu sehr in die Belange des fremden Kindes einmischen. Fremdgeschwister *müssen* jedenfalls keine Beziehung zueinander aufbauen, aber sie *dürfen* es natürlich, und je mehr die Partner den Druck von den Kindern wegnehmen, umso eher werden sie eine Basis des Miteinanders finden.

Die 10 Erlaubnisse des Kindes

- Das Kind hat die Erlaubnis zu nehmen.
- Das Kind hat die Erlaubnis, so zu sein, wie es ist, und zu tun, was es kann.
- Das Kind hat die Erlaubnis, einfach klein zu sein.
- Das Kind hat die Erlaubnis, so zu sein und zu werden wie der Vater und wie die Mutter.

- Das Kind hat die Erlaubnis, von beiden Eltern zu nehmen.
- Das Kind hat die Erlaubnis, beide Eltern zu lieben.
- Das Kind hat die Erlaubnis, die Probleme und die Last der Eltern den Eltern zu überlassen.
- Das Kind hat die Erlaubnis, Grenzen einzufordern.
- Das Kind hat die Erlaubnis, immer unschuldig zu bleiben, egal, was ihm die Eltern antun.
- Das Kind hat die Erlaubnis, einfach Kind zu sein.

Die 11 Erlaubnisse der Eltern

- Eltern haben die Erlaubnis, den Kindern Grenzen zu setzen.
- Eltern haben die Erlaubnis, so zu sein, wie sie sind, und zu tun, was sie können.
- Eltern haben die Erlaubnis, Fehler zu machen.
- Eltern haben die Erlaubnis, Verantwortung zu übernehmen und zu ihrer Macht zu stehen.
- Eltern haben die Erlaubnis, es den Kindern zu überlassen, wann sie mit ihnen den Kontakt suchen und wann nicht.
- Eltern haben die Erlaubnis, den Kindern ihre eigenen Sorgen zu lassen und ihnen die Lösung zuzumuten.
- Eltern haben die Erlaubnis, Entscheidungen zu treffen und sie durchzusetzen, ohne diese den Kindern begründen zu müssen.
- Eltern haben die Erlaubnis, auch ein Paar zu sein und sich als solches Zeit füreinander zu nehmen.
- Eltern haben die Erlaubnis, das, was zwischen Mann und Frau ist, für sich zu behalten.
- Eltern haben die Erlaubnis, sich als Paar zu trennen, wenn es überhaupt nicht mehr geht.
- Eltern haben die Erlaubnis, auf ihr Gefühl, ihren Instinkt und ihre Liebe zu vertrauen.

Geh ruhig und gelassen deinen Weg

... durch Lärm und Hast dieser Zeit und denke daran, welch ein Friede in der Stille liegen kann.

Soweit es dir möglich ist, steh auf gutem Fuß mit allen Menschen, ohne dich selbst aufzugeben. ...

Wenn du dich mit anderen vergleichst, wirst du nur überheblich oder verbittert. Denn es wird immer Menschen geben, die geringer oder bedeutender sind als du. Freu dich an dem bisher Erreichten und begeistere dich für die Pläne, die du noch verwirklichen willst. ...

Sei du selbst, bleib dir treu und heuchle nie Gefühle vor. Was die Liebe betrifft, sei nicht zynisch, denn trotz aller Dürre und Entzauberung – sie wächst und ist unvergänglich wie das Gras. ...

Übe eine gesunde Selbstdisziplin, aber sei dabei freundlich zu dir selbst. Du bist ein Geschöpf des Universums, nicht weniger als die Bäume und die Sterne. Du hast ein Recht, hier zu sein. Und ob du es verstehst oder nicht: Das Universum entwickelt sich ganz gewiss so, wie es sein soll.[53]

Selbsteinschätzung

Und was ist mit Ihnen? Vielleicht haben Sie einiges erfahren über Kinder, über deren Werte und Bedürfnisse, Ängste und Sorgen. Vielleicht haben Sie auch heimlich oder ganz offen Ihren Partner eingestuft und ihn bei seinen Bedürfnissen gepackt. Vielleicht haben Sie sogar viele Menschen in Ihrer Nähe als typischen Balu oder Shir Khan oder King Louie oder Kaa oder Hathi erkannt. Aber was ist mit Ihnen? Sie selbst haben auch Werte und Bedürfnisse, Ängste und Sorgen. Ist Ihnen einiges klarer geworden – auch in Bezug auf Sie selbst? Haben Sie mehr Verständnis für Ihre eigenen Wünsche, seit Sie das Modell der *Dschungelbuch*-Typen kennen? Sie erinnern sich, zu Beginn des Buches habe ich Sie eingeladen, sich selbst ganz spontan einzustufen:

Ich bin am ehesten wie ...

- Findelkind Mogli, das Hilflose
- Affe King Louie, der Stammesbruder
- Tiger Shir Khan, der Gewaltige
- Elefant Hathi, der Gerechte

- Schlange Kaa, die Schlaue
- Bär Balu, der Gesellige
- Panther Baghira, der Weise

In welcher Figur erkennen Sie sich jetzt? Angenommen, Sie würden nun erneut versuchen, sich selbst einzustufen – welcher Typ wären Sie jetzt am ehesten? Im Berufsleben ein anderer als daheim oder in allen Lebensbereichen der gleiche? Tauchen Sie in der Vorstellung noch einmal in die Rolle ein, die Sie jetzt gewählt haben, die Ihnen jetzt gerade am meisten entspricht … Wie lebt es sich so im Dschungel, wenn Sie sich selbst aus Affen-, Tiger-, Elefanten-, Schlangen-, Bären-, oder Pantheraugen betrachten? Beobachten Sie nun, was passiert, wenn Sie eine bestimmte Situation wählen: zum Beispiel in Ihrem Berufsleben – welcher Figur ähneln Sie da? Was ändert sich da? Und was passiert in Extrem- oder Stresssituationen: Bleiben Sie dann im Großen und Ganzen derselbe *Dschungelbuch*-Typ oder verwandeln Sie sich in einen anderen? Welche Grundbedürfnisse haben Sie? Was brauchen Sie zum Glücklichsein? Welche Lösungen fallen Ihnen ein? Erleben Sie sich eher im Extrem oder in der Balance? Und was müsste passieren, damit Sie die nächst höhere Stufe erreichen? Welche Entwicklungsschritte stehen für Sie selbst an? Sie wissen ja: Das einzig Konstante im Leben ist die Veränderung.

Er Shir Khan und sie Hathi? Oder er Kaa und sie Balu? Oder er King Louie und sie Shir Khan? Kombinationen gibt es zahlreiche. Angenommen, Sie sind nun zu der Ansicht gelangt, dass Ihr Partner sich auf einer anderen Stufe befindet als Sie selbst. Na und? Das muss kein Problem sein. Konflikte kann es genauso geben, wenn beide Partner auf derselben Stufe sind und der eine in Balance ist und der andere nicht. Eine Harmoniegarantie gibt es nicht, aber mit dem Gelingen der Beziehung hat das nicht viel zu tun. Viel wesentlicher scheint mir, dass Sie sich ihrer Unterschiedlichkeit bewusst werden und sie akzeptieren, dass Sie Bescheid wissen über Ihre eigenen Bedürfnisse und um deren Erfüllung bitten, dass Sie Bereitschaft zu eigener Veränderung zeigen und dass Sie freundlich auf den Partner hinschauen – mit dem Blick der Liebe. Denn wenn die Liebe ins Spiel kommt, dann kann es so oder so wunderbar sein.

Jeder kann alles sein. Das Angenehme an den *Dschungelbuch*-Typen ist, dass wir im Grunde *alles* in uns haben: Jeder kann in Momenten der größten Not zu Mogli werden und sich klein machen und nach seiner Mama rufen. Genauso kann jeder den King Louie in sich erfahren und sich ehrfürchtig seiner Sippschaft unterordnen. Genauso kann jeder den Shir Khan in sich wachküssen und wie ein Tiger kämpfen. Genauso hat jeder Hathi-Facetten in sich und kann für Ordnung sorgen, wenn es sein muss. Vielleicht haben Sie in Ihrem Streben nach Erfolg auch schon mit Ihrem Kaa-Anteil Bekanntschaft gemacht. Und vielleicht erkennen Sie in Ihrer sozialen Ader ein bisschen von Balu wieder. Und wer weiß, welche *Dschungelbuch*-Typen noch alle in Ihrer Person vereint sind? Den Schwerpunkt werden Sie aber wohl genauso wie Ihr Kind auf einer ganz bestimmten Stufe haben, mit ganz bestimmten Bedürfnissen und Eigenheiten. Vielleicht verstehen Sie andere Menschen besser, wenn Sie sie mithilfe des Dschungelbuch-Typenmodells betrachten. Und vielleicht haben Sie sich selbst beim Lesen erkannt und die eine oder andere hilfreiche Idee mitgenommen für Ihr eigenes Wohlergehen.

Vieles anbieten, dann ist einiges dabei. Wir tragen ja sozusagen alle Stufen in uns: die Anhänglichkeit des Einsers, die Klarheit des Zweiers, die Kraft des Dreiers, die Ordnungsliebe des Vierers, den Ehrgeiz des Fünfers, die Liebe des Sechsers, den Frieden des Siebeners und wer weiß, was noch alles. Und genauso unsere Kinder, auch sie können all das und noch viel mehr in sich vereinen, auch sie tragen Anteile aller Typen in sich. Wie wäre es also, wenn wir unseren Kindern eine Erziehung anbieten würden, die möglichst allen Stufen gerecht würde – so, wie wenn wir es mit *allen Dschungelbuch*-Typen auf einmal zu tun hätten? Mogli, King Louie, Shir Khan, Hathi, Kaa, Balu, Baghira – komprimiert in einer Person?

Es wird vielleicht auch Momente geben, da Sie sich nicht sicher sind, auf welcher Entwicklungsstufe Ihr Kind sich gerade befindet, oder vielleicht schätzen Sie Ihr Kind auch einmal falsch ein oder vielleicht ist es einfach nicht eindeutig festzustellen. Auch das ist in Ordnung. Dann gehe ich auf „Nummer sicher" und biete in meiner Erziehung eine ganze Palette von Maßnahmen und Möglichkeiten an, die möglichst vielen Bedürfnissen der unterschiedlichen Typen entgegenkommt. Ich biete *vieles* an, damit für mein Kind *einiges* dabei ist: das großzügige Geben für den Einser, die unerschütterliche Präsenz für den Zweier, die innere Größe für den Dreier, die klare Struktur für den Vierer, die wertschätzende Anerkennung für den Fünfer, das sensible Einfühlungsvermögen für den Sechser und das umfassende Verstehen für den Siebener. Und vielleicht reicht schon die *Idee*, all das in mir zu vereinen und anzubieten, denn den wichtigsten Schritt habe ich längst getan: Ich habe begonnen, über Erziehung nachzudenken, ich habe angefangen, auf mein Kind neu hinzuschauen und es immer wieder neu wahrzunehmen. Und das ist Goldes wert.

Was ich noch sagen wollte

Aber wie ist das jetzt genau? Wie kommt man nun am besten von einer Stufe auf die nächste? Wie bringt man sein Kind dazu, sich so rasch wie möglich zum Sechser zu wandeln? Wie wird aus einem wilden Shir Khan ein ordnungsliebender Hathi? Vielleicht sind diese Fragen falsch gestellt. Es geht gar nicht darum, dass wir das Kind irgendwohin drängen oder uns selbst auf eine höhere Stufe schwingen. Es gibt glückliche Erwachsene, die Zweier sind oder Dreier, eine glückliche Beziehung leben und eine glückliche Familie haben. Die höhere Stufe ist keine Garantie für Freude, Glück, Sonnenschein. Sie haben selbst erlebt, dass jede Stufe ihre Sonnenseiten, aber auch ihre Schattenseiten hat, es geht hier nicht um Richtig oder Falsch. Es wäre auch falsch, die Stufen, die man bereits durchlebt hat, schlechtzureden. Dann wäre man wie einer, der mit einer Leiter aufs Dach klettert und dann dieses Hilsmittel, mit dem er dorthin gelangt ist, umwirft. Es ist viel wichtiger, jede Stufe zu würdigen und sich innerhalb einer Stufe um Balance zu bemühen. Es geht auch nicht darum, dass alle Ihre Erziehungsfragen nun beantwortet sein sollen; vielleicht sind *einige* der Fragen beantwortet oder durch bessere ersetzt worden. Das wäre doch ein guter Anfang …

Die allgemein gültige Gebrauchsanweisung für Kinder? Vielleicht haben Sie es schon bemerkt, liebe Leser: Dieses Buch ist kein klassischer Elternratgeber. Klassische Elternratgeber gibt es viele und klassische Erziehungstipps werden verzichtbar, wenn Sie beginnen, auf das Wesentliche hinzuschauen: auf die Bedürfnisse – die der anderen und die eigenen. Ich habe keine allgemein gültige Gebrauchsanweisung für Ihre Kinder, ich habe einfach erkannt, dass jeder seine inneren Haltungen und Einstellungen bewusstmachen und auch verändern kann, und das wiederum ist eine ideale Basis für ein gelungenes Miteinander in der Familie, in allen menschlichen Beziehungen. Und auch wenn man in diesem Buch nicht die spezielle Lösung für sein spezielles Problem gefunden hat, so kann sich dennoch einiges wie von Zauberhand verändern, einfach weil man auf neue Ideen gekommen ist und neu auf alte Probleme hinschauen kann. Dann fällt es einem plötzlich wie Schuppen von den Augen und man erkennt: Geborgenheit, das Grundbedürfnis Nummer 1, ist bei meinem kleinen King Louie unerfüllt, deshalb führt er sich so auf. Oder: Mein Shir-Khan-Teenager hat einfach Angst, sein Gesicht zu verlieren, deshalb zieht er sich zurück. Oder: Mein Hathi-Kind sehnt sich eigentlich nach Struktur und Ordnung, deshalb testet es so vehement seine Grenzen aus. Und so weiter und so weiter. Und allein mit diesem Erkennen wird sich einiges in einem selbst verändern und zum Guten wenden:

- Sie werden erkennen: Das, was Sie tun, ist ansteckend!
- Sie werden mit dem sprechen, den es betrifft – oft sind das Sie selbst!
- Sie werden Wünsche und Bedürfnisse erforschen und auch erfüllen!
- Sie werden öfter innehalten, nachdenken und dann erst sprechen!
- Sie werden Fragen stellen und achtsam mit Ihren Kindern umgehen!
- Sie werden sich Zeit nehmen und richtig zuhören!
- Sie werden erkennen, dass Beziehungen und Menschen sich verändern! Und vieles mehr.

Ein Lob steht an. Sie haben nun einiges gelesen und erfahren, vielleicht haben Sie auch das eine oder andere Experiment gewagt und dazugelernt, vielleicht haben Sie versucht, die eine oder andere Anregung sofort in die Praxis umzusetzen. Sie haben sich mit Erziehung beschäftigt, mit dem Elternsein an sich. Sie haben über Bedürfnisse und Ängste nachgedacht, Sie haben mehr Bewusstheit über alle möglichen Erziehungsthemen erlangt, Sie haben neue Erkenntnisse gewonnen und dadurch auch Ideen für neue Möglichkeiten des Denkens, Handelns und Fühlens bekommen. Sie haben sich an einigen Stellen vielleicht ertappt gefühlt, Sie haben an anderen Stellen geschmunzelt, und vielleicht ist auch einmal „Wasser" über Ihr Gesicht geronnen, weil Sie so gerührt waren oder auf einmal Angst bekommen haben … Wissen Sie, ich habe das bei mir selbst auch erlebt: Je mehr ich wusste, desto größer wurde meine Unsicherheit. Ich habe an meinen Qualitäten als Erzieher gezweifelt, ich habe mir Vorwürfe gemacht und mich schuldig gefühlt. Da gibt es noch jede Menge anderer Gedanken, mit denen wir uns sehr quälen können.

Entspannt bleiben. Dann habe ich diese Schwelle überwunden und heute kann ich über mich selbst denken: „Trotz all der Fehler – ich bin ein guter Vater!" Man darf Fehler machen, man darf Fehler im Nachhinein erkennen, man darf zu neuen Erkenntnissen gelangen und weiterlernen – und man darf sich selbst verzeihen. Mit all den neuen Informationen, die Sie aus diesem Buch gewonnen haben, verhält es sich so ähnlich wie mit Gewürzen. Wenn man beim Kochen einmal erkannt hat, dass Gewürze existieren und den Gerichten einen neuen, interessanten Geschmack verleihen können, dann wird man versuchen, immer öfter mit ihnen zu kochen. Zuerst wird man sich noch bemühen, doch schon nach einer Weile wird man sie ganz automatisch verwenden und ganz entspannt seine Kochkünste erweitern und immer schmackhaftere Köstlichkeiten auf den Tisch zaubern.

Du bist etwas ganz Besonderes! Oft wird solch ein neues Wissen dazu missbraucht, sich selbst fertig zu machen! Weichen Sie dieser Falle gekonnt aus! Gehen Sie spielerisch mit Ihrem neuen Wissen um, wie ein Jongleur, und dann kann es wie von selbst in Fleisch und Blut übergehen. Fest steht: Sie sind eine *besondere* Mutter, Sie sind ein *besonderer* Vater! Weil Sie Bücher wie dieses lesen, weil Sie sich Gedanken über Erziehung und Partnerschaft machen, weil Sie an Entwicklung interessiert sind. Und jetzt entspannen Sie sich und vertrauen Sie darauf, dass Sie alles Wesentliche schon gelernt haben! Geben Sie den Anspruch auf, all das jetzt und gleich umsetzen und anwenden zu müssen! Lehnen Sie sich einfach zurück, denken Sie an Balu, den Bären, und summen Sie eine kleine Melodie vor sich hin: „Probier's mal mit Gemütlichkeit, mit Ruhe und Gemütlichkeit …" Und Sie werden feststellen: Erfolg erfolgt!

> *Es war vor langer Zeit, als Gott das Universum schuf. Er schuf die Sonne und den Mond und unseren Planeten, er schuf die Meere und die Berge auf diesem Planeten, die Pflanzen, die Tiere und den Menschen. Als er alles erschaffen hatte, gab es nur noch eines, was auf dieser Welt fehlte – die Wahrheit.*
>
> *Und Gott überlegte sich sehr genau, wohin er die Wahrheit tun sollte, denn die Menschen sollten sich anstrengen müssen, sie zu finden. Sollte er sie auf einen fremden Stern packen oder in kleine Stücke über alle Weltmeere verteilen? Aber all dies schien ihm keine gute Idee. Schließlich kam ihm die zündende Idee und er packte die Wahrheit in das Herz eines jeden Menschen.*
>
> (VERFASSER UNBEKANNT)

Also, liebe Leser, glauben Sie mir kein Wort blind, verwerfen Sie aber auch keines – lassen Sie alles in Ihr Herz sinken, probieren Sie es aus und erkennen Sie selbst Ihre ureigene Wahrheit!

Der Abgesang

Dies ist der Gesang, den Mogli hinter sich hörte in der Dschungel, als er wieder zu den Menschen zurückkehrte.

Balu

„Dem zuliebe, der dich lehrte,
Weiser Frosch, der Dschungel Fährte:
Menschensatzung sollst du halten

Um Balu, den blinden Alten.
Ob die Fährte unrein scheine,
Ihr Gesetz sei doch das deine,
so bei Tag wie bei der Nacht –
Frage nicht, wer es gemacht.
Honig, Wurzel, Palm und Mohn,
Wahrt vor Harm der Dschungel Sohn.
Wald und Wasser, Wind und Hain,
Dschungelgunst soll mit dir sein!“

Kaa

„Ärger ist von Furcht das Ei,
Lidlos’ Auge nur sieht frei.
Gift der Kobra lecke nimmer,
Kobra-Rede meide immer.
Off’nes Wort sei deine Art,
Kraft, die sich mit Milde paart.
Guter Hieb braucht scharf’ Gesicht,
Morschem Ast vertrau dich nicht.
Schmecken Lamm und Ziege dir,
Still den Hunger, nicht die Gier.
Nach dem Futter willst du ruhn?
Musst’s in sich’rer Höhle tun.
Denn die Rache steigt dir nach
Aus vergess’nem Streit und Tag.
Nord und Süd und Ost und West
Blauer Pfuhl und Spalt und Graben,
Mitteldschungel, folg dem Knaben!
Wald und Wasser, Wind und Hain,
Dschungelgunst soll mit dir sein!“

Baghira

„Im Käfig ich geboren ward,
Kein Menschenweg und Art,
Menschling, Menschenbrut vermeid.
Bei Tauduft oder Sternenlicht –
Baumkatzenfährten folge nicht.

Beim Rat, im Pack und auf der Jagd
Vor Schakalmenschen sei bedacht.
Mit Schweigen füttre sie, die Brut,
Die spricht: „Komm mit, die Fährt' ist gut!"
Mit Schweigen stopf sie, wenn sie hetzen,
Ihr helfend Schwache zu verletzen.
Prahl nie, wie's Affenvolk, von Macht,
Und rede nie von deiner Jagd.
Darfst vor Ruf, vor Sang und Zeichen
Nie von deiner Jagdspur weichen.
Dient ihm, Wächter ihr vom Wild!
Wald und Wasser, Wind und Hain,
Dschungelgunst soll mit dir sein!"

Die Drei

„Musst nun deine Fährte ziehn
Zu der Schwelle, die wir fliehn,
zu der Roten Blume Glühn.
Ruhst nun eng, wo frei zur Nacht
Sternenheer dich nicht mehr dacht –
Hört uns gehen, der Treuen Wacht.
Wachst, da Tag vom Himmel fällt,
Herzkrank nach der Dschungelwelt,
Zu der Mühsal, die sich hält:
Wald und Wasser, Wind und Hain,
Dschungelgunst soll mit dir sein!"[54]

ANHANG

Das *Dschungelbuch* – eine Inhaltsangabe

Eines Morgens findet Vater Wolf mitten im Dschungel ein hilfloses Menschenkind. Er erbarmt sich des Babys und trägt es vorsichtig zur Wolfshöhle. Das Findelkind kuschelt sich sofort an Mutter Wolfs Fell, die den Kleinen sofort in ihr Herz schließt. Sie nennt ihn Mogli. Plötzlich taucht Shir Khan, der Tiger, vor der Höhle auf und tobt vor Wut, als die Wölfe die Auslieferung des Menschenkindes verweigern. Bei der Ratsversammlung der Wölfe fordert Shir Kahn erneut die Herausgabe des Jungen, doch Akela, der Leitwolf, verweigert diese und verweist auf das Gesetz, nach dem das Menschenjunge zwei Fürsprecher benötige: Den ersten findet Mogli im Lehrer der Wolfskinder, dem Bären Balu, den zweiten findet Mogli in Baghira, dem schwarzen Panther, der Mogli für den Preis eines fetten Bullen in das Wolfsrudel „einkauft“. So wird Mogli dann tatsächlich ins Rudel aufgenommen und wächst dort mit den anderen Wolfsjungen auf. Balu und Baghira sind seine Lehrmeister und bringen ihm das Gesetz des Dschungels und die Sprachen der Tiere bei.

Eines Tages wird Mogli entführt und verschleppt – von den Bandarlog, den Affen. Balu und Baghira bitten die Riesenschlange Kaa um Hilfe und brechen gemeinsam zur Stadt der Affen auf, um ihren Schüler zu retten. Nach einem schweren Kampf können die drei ihn schließlich befreien und kehren zurück in ihren Teil des Dschungels, um ihre Wunden zu lecken. Da taucht der Tiger Shir Khan wieder in ihren Jagdgründen auf. Er hat Mogli nicht vergessen und will das Menschenjunge immer noch als seine Beute. Er ersinnt eine List und beginnt, die jungen Wölfe des Rudels gegen Akela und Mogli aufzuhetzen. Baghira sieht die Gefahr und schickt Mogli zurück ins Dorf zu den Menschen, um die „rote Blume“ zu holen – das Feuer, damit er sich verteidigen könne, falls es zum Kampf mit Shir Khan kommen sollte oder falls das Rudel sich gegen ihn stellen sollte. Bei der Ratsversammlung der Wölfe eskaliert die Situation: Akela versucht nach wie vor, Mogli zu schützen, doch viele aus dem Rudel zeigen – von Shir Khan angestachelt – ihre Missgunst. Daraufhin entzündet Mogli das Feuer und geht auf die Wölfe und den Tiger los und verbrennt ihnen das Fell.

Nach diesem Kampf verlässt Mogli das Rudel und geht zurück ins Menschendorf. Dort wird er von Messua aufgenommen, die meint, in Mogli ihren Sohn wiederzuerkennen, der vor zehn Jahren im Dschungel verschwunden war. So lebt Mogli also bei den Menschen, hat aber so seine Schwierigkeiten mit ihrer Lebensart und auch mit dem Dorfältesten. Als er auf der Weide die Rinder hütet, trifft er seinen Wolfsbruder Grauer Wolf, der ihn vor Shir Khan warnt: Der Tiger wolle Mogli in einer Schlucht auflauern und ermorden. Daraufhin heckt Mogli einen Angriffsplan aus. Shir Kahn liegt siegessicher in der Schlucht auf der Lauer, doch als er Mogli auf den Rindern heranpreschen sieht, versucht er in Panik zu fliehen, doch die Rinder schneiden ihm den Fluchtweg ab und die Wände der Schlucht sind zu steil zum Entkommen. So wird die „todsichere“ Falle, die Shir Khan für Mogli gestellt hat, für ihn selbst zur todsicheren Falle. In dieser Nacht kehrt Mogli siegesbewusst mit dem Fell des Tigers zum Ratsfelsen zurück. Baghira ruft die Wölfe auf, Mogli um Verzeihung zu bitten.

Sie tun es, und so kann Mogli auch weiterhin im Dschungel bleiben, unter dem Schutz des Rudels. Als Herr des Dschungels lebt er in Eintracht und Frieden mit den Tieren. Doch als er zum jungen Mann herangewachsen ist, spürt er eine tiefe Sehnsucht nach seinesgleichen in sich, und so kehrt er letztendlich seinem geliebten Dschungel den Rücken und geht endgültig heim zu den Menschen.

Die Liste der spezifischen Erlaubnisse

In jeder Entwicklungsphase braucht das Kind spezifische „Erlaubnisse". Angeregt durch Pamela Levin hat mein von mir sehr geschätzter Kollege Thomas Weil in seinem Buch: *Endlich frei von Stress* eine Liste entwicklungsspezifischer Erlaubnisse zusammengestellt (die ich an dieser Stelle mit seinem Einverständnis wiedergeben darf): Erlaubnisse, die Kinder in unterschiedlichen Phasen brauchen, um auf dem Weg ihres Wachstums eine gute Entwicklung nehmen zu können. Erlaubnisse, die den inneren Stress deutlich senken und die Toleranz für künftigen Stress erhöhen. Diese Erlaubnisse können mit Worten gegeben oder als innere Haltung vorgelebt werden. Entscheidend aber ist für das Kind, ob die Beziehungserfahrungen, die es macht, im Einklang mit diesen Worten stehen.

Erlaubnisse des 1. bis 4. Lebensmonats:

- Du bist willkommen.
- Du hast das Recht, da zu sein.
- Es ist schön, für dich da zu sein.
- Es ist schön, dass du ein Junge/Mädchen bist.
- Es ist genug Luft zum Atmen da.
- Du darfst bedürftig sein.
- Ich gebe dir gerne Halt.
- Du bist in Sicherheit.

Erlaubnisse des 4. bis 7. Lebensmonats:

- Du darfst mich anschauen.
- Ich erwidere gern deine Blicke.
- Du darfst deine Hände ausstrecken.
- In deinem Herz ist Platz für viele, manchmal auch gegensätzliche Gefühle.
- Ich bleibe bei dir, wenn du dich hin- und hergerissen fühlst.
- Du darfst wählerisch sein.
- Du hast ein Recht auf deine Vorlieben.
- Du darfst zeigen, was du magst und was nicht.

Erlaubnisse des 7. bis 18. Lebensmonats:

- Du darfst mit allen deinen Sinnen die Welt erkunden.
- Du darfst ausprobieren.
- Du darfst deine eigenen Erfahrungen machen.
- Du darfst die Initiative ergreifen.
- Es ist schön, wenn du dich bewegst.
- Du darfst dich wegbewegen und wiederkommen.

Erlaubnisse des 18. Lebensmonats bis zum 3. Lebensjahr:

- Es ist schön, dass du ein eigenes Ich hast.
- Du darfst dich behaupten.
- Du darfst dich wehren.
- Du darfst zeigen, wenn du ärgerlich bist.
- Es ist in Ordnung herauszufinden, wo die Grenzen sind.
- Du kannst denken.
- Du brauchst den anderen nicht ihr Denken abzunehmen.
- Du kannst über deine Gefühle nachdenken.
- Du kannst deinen Gedanken nachspüren.

Erlaubnisse des 3. bis 6. Lebensjahres:

- Du bist charmant.
- Du hast Herzgefühle.
- Du darfst deine Herzgefühle zeigen.
- Du brauchst nicht ängstlich, traurig oder krank zu werden, um andere dazu zu bewegen, für dich zu sorgen.
- Du musst dich nicht emotional ausbeuten lassen.
- Du kannst direkt sein.
- Du kannst herausfinden, was die Konsequenzen deines Verhaltens sind.

Erlaubnisse des 6. bis 12. Lebensjahres:

- Du bist leistungsfähig.
- Du darfst deine Fähigkeiten nutzen.
- Es ist in Ordnung, erfolgreich zu sein.
- Du darfst deine eigenen Maßstäbe haben.
- Deine Wertvorstellungen sind mir wichtig.
- Du bist lernfähig.
- Du darfst dich weiterentwickeln.

Nicht nur etwas für ihr Kind. Lassen Sie diese Liste auf sich wirken und achten Sie bitte darauf, welche Erlaubnisse Ihnen vertraut und welche Erlaubnisse Ihnen fremd sind oder zu welchen Sie keinen rechten Bezug haben. Merken Sie sich diese oder schreiben Sie sich diese heraus und nutzen Sie sie als positive Affirmationen, so lange, bis sie ganz tief in Ihnen angekommen sind und Sie diesen Satz / diese Sätze voll in Ihrem Selbst integriert haben.

Das Graves-Modell

Im gegenwärtigen Augenblick versucht unsere Gesellschaft, den schwierigsten, gleichzeitig aber auch aufregendsten Übergang zu bewältigen, dem sich die menschliche Spezies je gegenübersah. Es ist nicht nur ein Übergang zu einer neuen Existenzebene, sondern auch der Beginn eines neuen Satzes in der Symphonie der Menschheitsgeschichte."

Clare W. Graves

Lassen Sie mich hier noch mit ein paar Sätzen eingehen auf jenes Modell, das die Grundlage bildet für unsere Typeneinteilung: das Graves-Modell – ein Wertemodell des Amerikaners Clare W. Graves (* 1914, † 1986), Zeitgenosse Abraham Maslows (Maslow'sche Bedürfnispyramide). Graves war Psychologieprofessor am *Union College* in New York und entwickelte in den fünfziger Jahren sein Modell zur Beschreibung der Entwicklung der menschlichen Natur. Das Graves-Modell hilft uns zu verstehen, *wie* Menschen denken, und nicht, *was* Menschen denken; es beschäftigt sich mit der Form und nicht mit dem Inhalt, es erklärt menschliches Verhalten und ermöglicht uns Vorhersagen. Das Graves-Modell können wir auf alle Aspekte des biologischen, psychologischen und soziologischen Verhaltens anwenden; wir können damit sowohl die individuelle Interaktion eines einzelnen Menschen erfassen und erklären als auch kollektive Interaktionen zwischen Völkern …

Die nachfolgende (beispielhafte) Charakterisierung des Typs 1 soll die praktische Nutzanwendung des Graves-Modells illustrieren. Diese vielen Angaben waren ursprünglich eher für Profis wie Pädagogen und Psychologen gedacht. Beim Überfliegen dieser Übersicht können Sie Ihr Bild vom Einser sicherlich abrunden – von fachlichen Details sollten Sie sich nicht irritieren lassen.

Wichtig: Die Aussagen hier in diesem Anhang (und ebenso in dem Material, das Sie im Internet finden) beziehen sich hauptsächlich auf *Erwachsene* – Graves hat sein Modell mit Blick auf den Menschen allgemein entwickelt, nicht speziell für Kinder. Und das Verständnis bestimmter Fachbegriffe ist nicht unbedingt erforderlich – Sie profitieren in jedem Fall von der Lektüre. In diesem Sinne können Sie sich zum Schluss des Buches noch einmal die nachfolgende Zusammenfassung über den Einser anschauen.

Die *Dschungelbuch*-Typen im Detail – Beispiel: Mogli, der Einser

Die nachfolgende Übersicht ist eine Kostprobe und nur ein Ausschnitt. Detaillierte Listen dieser Art waren ursprünglich als Anhang dieses Buches gedacht; da sie aber den Rahmen des Buches sprengen würden, sind sie nun als Bonusmaterial gratis auf folgenden Internetseiten zu finden: www.dschungelbucherziehung.com oder www.vakverlag.de (Bei VAK finden Sie diese Listen unter der Rubrik „Downloads". Zum Herunterladen benötigen Sie jeweils ein Passwort und einen Benutzernamen, die in diesem Fall der Einfachheit halber identisch sind. Geben Sie dort also zweimal dieses Wort ein: meinkind)

CHARAKTERISTIK

Grundsatz: Drücke dich selbst sofort aus, um zu überleben!

Werte: Die grundlegenden, essenziellen Bedürfnisse (Wasser, Nahrung, Wärme …) sollen befriedigt werden.

Ziele: Überleben sichern durch sofortiges Befriedigen grundlegender Bedürfnisse wie Trinken, Essen, Schlafen, Wärme, Geborgenheit, Sicherheit ...

Seine Kernkompetenz: Erkennen der (grundlegenden) Bedürfnisse und sofortiges Verlangen nach ihrer Befriedigung

Seine Leidenschaft: Befriedigen seiner Bedürfnisse wie Essen, Trinken, Wärme, Sex ...

Seine Stärke(n): Sein Instinkt

Seine Schwäche(n): Es fällt ihm schwer, auf das Wohlergehen anderer zu achten, vor allem, wenn er mit der eigenen Bedürfnisbefriedigung beschäftigt ist.

Sein größtes Bedürfnis: Die grundlegenden, essenziellen Bedürfnisse (Wasser, Nahrung, Wärme, Zuwendung, Ruhe und Bewegung) sollen befriedigt werden.

Seine größte Angst: Auf sich selbst gestellt sein / Entzug

Die schlimmste Strafe für ihn: Vorenthalten von Nahrung, Geborgenheit und/oder der Droge.

Das größte Lob für ihn: Belohnung, die der Bedürfnisbefriedigung dient, zum Beispiel Nahrung, Berührung …

Motivation: Unmittelbare Belohnung durch Nahrung, Wärme, Berührung …

Metaprogramme: In-Time, internal, Mismatching, hin zu (Dinge, die wir bekommen wollen), Detail, Notwendigkeit, reaktiv

Überlebensstrategie: Das Individuum wird durch den Instinkt angetrieben, den Schlüssel des Überlebens. (Auf dieser Ebene gibt es nicht viele Entscheidungen.) Die Lebewesen schließen sich zu kleinen Banden oder Sippen zusammen, dadurch wird die Nahrungsversorgung erleichtert und den Gefahren vonseiten der Natur oder anderer Wesen kann besser entgegengewirkt werden. Der Zusammenschluss zu sozialen Einheiten erleichtert auch die Fortpflanzung. Die Lebewesen sind abhängig von der Natur und von anderen Menschen. Es gilt, das Überleben auf dem grundlegenden Level zu bestreiten.

Auftreten: Am ehesten der Vorstammeskultur zuzuordnen, zum Beispiel: Neandertaler

Aussichten: Jeder muss sich dem Willen der Natur unterordnen. Durch Instinkte überlebt man.

Die Einser-Welt: Hier geht es ums nackte Überleben; der Mensch ist abhängig von anderen Menschen und von Umwelteinflüssen. Die Befriedigung der biologischen Grundbedürfnisse (Nahrung, Wasser …) bestimmt sein Leben.

Supervision: Befriedigung vor allem von biologischen Bedürfnissen

Anteil an der erwachsenen Bevölkerung: schätzungsweise 0,1 %

Anteil an der Macht: 0 %

(UN-)GESUND / POSITIV & NEGATIV

Positive Faktoren: Wasser, Nahrung, Wärme, Sex anbieten; Geborgenheit bieten; berühren, um Sicherheit zu vermitteln

Negative Faktoren: Durst, Hunger; Drohgebärden zeigen, Schmerzen zufügen; insgesamt alles, was Unwohlsein auslöst.

„Gesunde“ (balancierte) Ausprägung:
Uneingeschränkter Zugang zu seinem Instinkt
Unabhängig (innerhalb eines limitieren Kontextes)

„Ungesunde“ (extreme) Ausprägung:
Überwältigt von ungünstigen Umwelt- oder Lebensbedingungen
Personen oder Gruppen sind unfähig, die biologische Gesundheit aufrechtzuerhalten.

ERZIEHUNG

Aufgaben des Verantwortlichen bzw. der Eltern: Nähren, wärmen, beschützen, trösten … Das Kleinkind braucht in dieser Phase am allermeisten Nahrung, Berührung, Nähe, Wärme, Trost und einen direkten und liebevollen Blickkontakt. Mama und Papa geben, das Baby nimmt und nimmt.

Erziehung und empfohlene Erziehungsmaßnahmen: Als Eltern für das Kleinkind/Baby sorgen, das Kind (er-)nähren, berühren, wärmen, beschützen …

LERNEN

Durch einen Gewöhnungseffekt passt sich das Lebewesen an die Umgebung an; dies geschieht durch einen Prozess des Vertrautwerdens mit bestimmten Dingen.

Lernen geschieht hier also durch Gewöhnung, Aktivierung von Instinkten. Erlernen von Überlebenstechniken durch Beobachten. Die wichtigsten Faktoren stellen Berührungen und Geschmack dar. Es findet kein abstraktes Lernen statt.

Lernsystem: Gewohnheit

FREIZEIT

Bevorzugte Sportart: Auf dieser Stufe nicht vorhanden, nicht relevant.

Mögliche Hobbys: Auf dieser Stufe nicht vorhanden, nicht relevant.

BEISPIELE

Typische Einser:
Neugeborene, Babys, Kleinkinder
Frühe Menschen, Steppenbewohner
Bei Erwachsenen in erster Linie: Traumaopfer, schwer behinderte Menschen, schwer kranke Menschen, senile Menschen, Obdachlose, Drogenabhängige …

Berühmte Einser und Figuren aus Literatur, Theater, Kino ...: Maggie Simpson; Personen von einem anderen Stern, schrullige Personen, der zerstreute Professor, der Fremde, Eremit, Einsiedler, Asket als Symbol, der arme Teufel, Kaspar Hauser, Frankenstein, Dr. Jekyll und Mr. Hyde, König Laurin …

Beispiele aus der Businesswelt: Kein Business, auf dieser Ebene nicht relevant.

Heutzutage: Jeder von uns ist als Baby auf Stufe 1 geboren. In der heutigen Zeit tritt diese Form vor allem bei behinderten Menschen, bei Drogenabhängigen, senilen Menschen und Kindern zutage. Auch in lebensbedrohlichen Extremfällen kann diese Form wieder in Erscheinung treten.

Woran erkenne ich den Einser: Agiert ich-bezogen und ist mit der Befriedigung der eigenen persönlichen (Grund-)Bedürfnisse beschäftigt.

Land, dessen Kultur/Politik diese Stufe am besten widerspiegelt: Von Hungersnot betroffene Länder oder Bevölkerungsgruppen, die eventuell auch noch in Hilfscamps zusammengepfercht werden.

Übergang zum Zweier:

- Wachsendes Bewusstsein vom ausgeprägten Selbst
- Überleben erfordert Gruppenleistung.
- Bestimmte Angelegenheiten werden mit Drohungen/Ängsten „bewältigt".
- Erwachen des Bewusstseins von Ursache und Wirkung

Quellenverzeichnis

1 Rudyard Kipling: *Die Dschungelbücher*, Seite 23. Zitiert nach der Lizenzausgabe für die Mitglieder der Buchgemeinschaft Donauland, die mit Genehmigung des Paul List Verlags erschien. Copyright 1951 by Paul List Verlag, München

2 Aus dem Walt-Disney-Film *Das Dschungelbuch*

3 Diese Geschichte ist mir mehrfach begegnet – die Urheberschaft konnte ich nicht klären.

4 Kipling, a.a.O., Seite 95

5 ebd. , Seite 99

6 Quelle: Dr. Philip E. Humbert

7 ebd., Seite 191

8 ebd., Seite 43

9 ebd., Seite 34

10 ebd., Seite 27

11 Marshall B. Rosenberg: *Gewaltfreie Kommunikation*, Paderborn: Junfermann, 2003, Seite 155

13 Kipling, a.a.O., Seite 56

14 Zitiert nach: Hermann Hesse: *Wege nach innen. 25 Gedichte* (Sonderausgabe), Frankfurt und Leipzig: Insel, 2000, Seite 59

15 Kipling, a.a.O., Seite 16

16 ebd., Seite 23

17 ebd., Seite 31

18 ebd., Seite 190

19 ebd., Seite 67

20 ebd., Seite 295

21 ebd., Seite 288

22 ebd., Seite 21

23 Marshall B. Rosenberg, a.a.O., Seite 187

24 Kipling, a.a.O., Seite 22

25 Zitiert nach Arndt Büssing / Michael Wenger: *Der Tau am Morgen ist weiser als wir. Alte und neue Zen-Geschichten*, Bielefeld: Theseus, 2003

26 Jorge Bucay: *Geschichten zum Nachdenken*, Zürich: Ammann, 2006, Seite 10–12

27 Keith Johnstone: *Theaterspiele. Spontaneität, Improvisation und Theatersport*, Berlin: Alexander, 1997, Seite 86

28 Rainer Maria Rilke, zitiert nach: *Lektüre für Minuten*, Frankfurt: Insel, 1996, Seite 25 f.

29 Zitiert nach: http://www.linse.uni-due.de/linse/rezensionen.html

30 Francois Lelord, Christophe André: *Die Macht der Emotionen und wie sie unseren Alltag bestimmen*, München/Zürich: Piper, 2005, Seite 325

31 ebd.

32 Kipling, a.a.O., Seite 13

33 ebd., Seite 69
34 Zitat aus dem *Dschungelbuch*-Film
35 Kipling, a.a.O., Seite 98 f.
36 Quelle: www.rtl.de/ratgeber/familie
37 Peter Altenberg: *Wie ich es sehe*, Berlin 1914, S. 262–264
39 Auszug aus „Das Gesetz der Dschungel" in: Kipling, a.a.O., Seite 199
40 Peter Turrini: *Ein paar Schritte zurück. Gedichte*, Wien: Europa-Vlg., 1986
41 Kipling, a.a.O., Seite 181 f.
42 ebd., Seite 287
43 43. ebd., Seite 287
45 ebd., Seite 391
46 Eric Butterworth in: Jack Canfield / Marc Hansen, *Hühnersuppe für die Seele*, München: Goldmann, 1996, Seite 17
47 Michael Ende: *Momo*, Schulausgabe mit Materialien, Stuttgart: Thienemann, 2005, Seite 14 f.
48 Quelle: www.zeitzuleben.de, aus dem Englischen übersetzt, Verfasser unbekannt
49 Kipling, a.a.O., Seite 365
50 ebd., Seite 392
51 ebd., Seite 371
52 Antoine de Saint-Exupéry: *Der kleine Prinz*, Düsseldorf: Karl Rauch Vlg., 1998, Seite 117
53 Aus den *Desiderata – Lebensregeln von Max Ehrmann*; im Internet in verschiedenen Versionen zu finden; Übersetzung und Bearbeitung: Norbert Gehlen
54 Kipling, a.a.O., Seite 393 f.

Über den Autor

Babak Kaweh, Jahrgang 1959, absolvierte das Medizinstudium (in Köln) und außerdem umfassende Ausbildungen in verschiedenen Fachbereichen, die eines gemeinsam haben: die Arbeit mit Menschen. Er ist Coach, Psychotherapeut (EAP), Feldenkrais-Lehrer, NLP-Lehrtrainer, Unternehmensberater, Systemischer Aufstellungsleiter, Heilpraktiker, Lebens- und Sozialberater.

Seit 1993 lebt Babak Kaweh in Wien und arbeitet heute als Psychotherapeut, Lehrcoach und Lehrtrainer in der Erwachsenenbildung. Er ist Gründer von *Lifelounge*, einem der wenigen ISO-zertifizierten Trainingsinstitute Österreichs. Hier bilden er und sein Team Trainer und Berater aus und veranstalten Workshops für Führungskräfte und Teams. Seit 1998 leitet Babak Kaweh auch offene Seminare für Interessierte (oft Eltern und Pädagogen), die sich mit Konzepten der systemischen Familienarbeit weiter beschäftigen wollen.

Bei VAK erschien 2005 von ihm bereits das erste deutschsprachige Lehrbuch für Coaching: *Das Coaching-Handbuch* (inzwischen in 2. Auflage).

Dr. Birgit Jackel:

Lernen, wie das Gehirn es mag

Praktische Lern- und Spielvorschläge für Kindergarten, Grundschule und Familie

Leseprobe unter: www.vakverlag.de

Spielend Denken lernen, selbstständig die Umwelt erforschen, Neugierde wecken und die Dinge be-greifen – so sieht gehirngerechtes Lernen aus, das Spaß macht, weil es der kindlichen Gehirnentwicklung entspricht. In diesem Praxishandbuch finden Sie zahlreiche bewährte Erkundungs-, Spiel- und Übungsvorschläge, die die Neugier und Entdeckungslust wecken und Kinder zwischen 3 und 10 Jahren in ihrer Entwicklung fördern – ohne sie zu unter- oder zu überfordern!

Für Pädagogen in Kindergärten, Schule und Hort und für Eltern.

184 Seiten, 35 Abbildungen, Paperback (17 x 24,5 cm)

ISBN 978-3-86731-014-7

Irmtraud Große-Lindemann:

Das Lernhaus-Konzept – genial einfach lernen im Alltag

111 Alltagssituationen kreativ nutzen

Leseprobe unter: www.vakverlag.de

Lernen ist ein aktiver Prozess, der jederzeit und überall stattfindet: Die erfahrene Sprachheilpädagogin zeigt, wie Sie den gesamten Alltag spielerisch als Lernfeld nutzen und bei Kindern Neugier und Freude am Lernen und am Leben wecken können: Bei Abwasch, Spielen, Spazierengehen oder Zähneputzen können Kinder ganz nebenbei Neues lernen und das Gehirn entwickeln – eben genial einfach! Und vor allem mit Spaß. So verschwinden Lernhürden wie von selbst. Mit vielen Vorschlägen und einfachen Übungen, die sich leicht in den Alltag integrieren lassen.

224 Seiten, 125 Abbildungen, 4-farbig, Hardcover (16,5 x 24,5 cm),

ISBN 978-3-86731-031-4

Werner Winkler:

Warum Kinder so verschieden sind

Kinder besser verstehen und fördern

Leseprobe unter: www.vakverlag.de

Haben Sie sich auch schon einmal gefragt, warum Sie mit Ihrer Tochter „auf einer Welle liegen", mit Ihrem Sohn aber nicht? Der Grund hierfür ist nicht im Geschlecht, sondern in den unterschiedlichen Persönlichkeitstypen zu suchen. Während Sie und Ihre Tochter vielleicht Sachtypen sind und gut miteinander „können", ist Ihr Sohn ein Handlungs- oder ein Beziehungstyp und fühlt sich unverstanden. Hier hilft die Psychographie weiter: Diese Persönlichkeits-Typologie zeigt auf, welche „typischen" weit reichenden Konsequenzen im Umgang miteinander sich durch die „typischen" Bedürfnisse und Verhaltensstrategien ergeben können: beim Lösen von Problemen, im Sprach- und im Lebensstil.

144 Seiten, zahlreiche Abbildungen, Paperback (17 x 21,5 cm)

ISBN 978-3-935767-88-0

Abonnieren Sie unseren Newsletter (gratis): www.vakverlag.de